고 전 으 로
미 래 를
읽 는 다
0 2 9

연애론

스탕달(Stendhal) 지음 권오석 옮김

홍신문화사

서문

연애론

contents

이런 맹목적이고 배타적인 편애는 피에 굶주린 열광으로 나타난다. 문명국에서는 그것이 1년 내내 안절부절못하는 초라하고 침착성 없는, 조금이라도 상처를 받게 되면 자포자기로 바뀌는 허영심이 되어 나타나는 것이다.

시몽의 《스위스 기행》 서문에서

저자가 독자의 관용을 바란다는 것은 부질없는 일이다. 출판이라는 사실이 그러한 혀끝만의 겸허함을 부정해 버린다. 오히려 독자의 명확하고 재빠른 판단, 참을성, 공정성에 모든 것을 내맡기는 것이 깨끗한 태도이다. 그러나 이 책의 저자로서 호소하는 것은 특히 이 마지막의 자질, 곧 공정성에 대해서이다.

저자는 곧잘 프랑스에서 '참으로 프랑스다운' 저작이나 의견이나 감정에 대해 왈가왈부하는 것을 들어왔으므로, 사실을 있는 그대로의 모습으로 제공하고 또한 '어떤 곳에서라도 참된' 감정이나 의견에 대해서만 경의를 표한다든가 하여 그 성격이 매우 애매함에도 불구하고 얼마 전부터 미덕으로 찬양되고 있는 저 배타적인 정열을 자극한 것이 아닐까 하고 걱정하는 것도 무리는 아니다.

실제로 역사나 도덕, 나아가서는 과학 또는 문학이 라인 강이나 산악지대나 영불해협을 건너자마자 실로 독일적, 러시아적, 이탈리아적, 그리고 에스파냐적 혹은 영국적이 아니면 안 된다고 한다면 어떻게 되겠는가. '참으로 에스파냐적인 충성'이라든가 '참으로 영국적인 미덕'이라는 표현이 외국의 애국자들의 연설 속에서 진지하게 사용되고 있음을 볼 때, 우리나라에서도 비슷한 표현을 강요하는 감정을 경계하여 마땅할 것이다.

콘스탄티노플을 비롯한 미개한 여러 나라에 있어서는, 자기 나라에 대한

제1부

제1장 연애에 관해

나는 그 모든 진솔한 과정이 미(美)의 성질을 갖고 있는 이 정열을 이해하고자 힘쓴다.

사랑에는 네 종류가 있다.

① 열정적인 사랑

포르투갈 수녀의 사랑[1], 엘로이스의 아벨라르[2]에 대한 사랑, 베젤의 대위나 첸토의 헌병의 사랑[3].

② 취미적인 사랑

1760년경 파리에서 지배적이었던 사랑으로서, 당시의 회상록이나 소설, 예를 들어 크레뷔용, 로잔, 뒤크로, 마르몽텔, 샹폴, 데피네 부인 등에게서 찾아볼 수 있는 것.

그것은 그림자에 이르기까지 일체의 것이 장밋빛이어야만 하는 한 폭의 그림으로서, 어떤 명목이든 불쾌한 것이 들어 있어서는 안 된다. 만일 그런 것이 끼어들면 예의 · 기품 · 섬세함을 잃는 결과가 된다. 좋은 자질을 갖춘 남

1 마리안나 알코포라도(Marianna Alcoforado : 1640~1723)를 가리킨다. 샤밀리 백작에게 보낸 사랑의 편지로 유명하다.

2 프랑스의 스콜라파 철학자 중 가장 예리한 웅변가. 그가 파리에서 강의를 했을 때는 전유럽의 학생들이 운집했을 만큼 당대의 대가로서 군림했다. 제자였던 엘로이스와의 연애사건은 그의 절정기에 발생했으며, 이 때문에 그는 오명을 입고 각지의 수도원을 방랑하다가 쓸쓸한 참회의 생애를 마쳤다.

3 첸토(Cento)는 이탈리아 페라라(Ferrara) 근처의 작은 읍. 최근에 발견된 사본에 의하면, 첸토의 헌병이 어떤 양가의 처녀를 유혹했다는 죄로 투옥되었는데, 연인들은 감옥의 쇠창살을 사이에 두고 함께 음독자살했다고 한다.

자는 이 사랑의 모든 단계에서 자신이 취해야 할, 또는 부딪치게 될 태도를 미리부터 알고 있다. 이 사랑에는 열정적인 것, 예기치 못한 것은 하나도 없으므로 흔히 참된 사랑 이상의 섬세함이 있다. 이 사랑에는 항상 재치가 넘친다. 그것은 카라치[4]의 그림에 비할 수 있을 정도의 세밀화(細密畵)이다.

그리고 열정적인 사랑이 온갖 이해관계를 뛰어넘게 하는 데 비해 취미적인 사랑은 항상 그것들에 순응할 수 있도록 만든다. 이 초라한 사랑으로부터 허영심을 제거한다면 거의 아무것도 남지 않을 게 확실하다. 일단 허영심이 벗겨지고 나면 이 사랑은 간신히 발을 끌며 걷는 회복기의 환자와 다를 바 없다.

③ 육체적인 사랑

사냥하러 가서 숲속으로 도망치는 아름답고 싱싱한 시골 처녀를 발견한다. 누구라도 쾌락에 바탕을 둔 이런 유의 사랑을 알고 있다. 아무리 무미건조한 성격의 불행한 남자라도 16세쯤 되면 그런 것부터 시작하는 것이다.

④ 허영적인 사랑

대다수의 남자는, 특히 프랑스에서는 아름다운 말〔馬〕을 갖는 것과 마찬가지로 청년의 사치에 필수적인 것으로서 사교계에서 인기 있는 여자를 소유하고 싶어하며, 또 소유하고 있다. 많든 적든 부추김을 받거나 혹은 상처를 받은 허영심은 곧 열중하게 만든다. 여기에는 때때로 육체적인 사랑이 있는 수도 있지만, 언제나 그렇다고는 할 수 없다. 육체적인 쾌락이 따르지 않는 경우도 있는 것이다. '부르주아지(신흥계급)에게 있어서는 공작부인이 결코 30세 이상으로는 보이지 않는 법이에요.' 라고 숀 공작부인은 말했다.

저 공평한 인물인 네덜란드의 루이 왕의 정신(廷臣)들은 지금까지도 헤이

4 Carracci : 16세기 후반 볼로냐에서 활약한 이탈리아의 화가 일족. 라파엘로, 미켈란젤로 등의 화풍을 취사 선택한 절충주의를 창시하여 바로크 양식으로의 길을 열었으므로 '볼로냐파'로 불린다.

그의 어떤 아름다운 여성의 이야기를 떠올리면서 재미있어 한다. 그녀는 공작이나 대공(大公)이라면, 그 사나이가 사랑스럽지 않다는 것을 아무래도 인정하려 하지 않았다. 그러나 군주제(君主制)의 원칙에는 충실하여, 대공이 궁정에 도착하면 공작 따위는 쫓아냈던 것이다. 즉, 그녀는 외교사절단의 훈장 같은 것이었다.

이 멋없는 관계에서 가장 행복한 경우는 습관의 힘으로 육체적 쾌락이 증대했을 때이다. 그런 경우는 추억이 이 관계를 얼마쯤 사랑 비슷한 것으로 만들어 준다. 버림 받으면 자존심이 상처를 받고 슬픔을 느낀다. 그리하여 소설 같은 생각이 목을 조여, 자신이 사랑에 빠져 우울해진 것처럼 생각하게 된다. 그것은, 허영심은 자기야말로 위대한 정열의 소유자라고 생각하고 싶어하기 때문이다. 확실한 것은, 쾌락이란 어떤 종류의 연애로부터 비롯되는 것이든간에 영혼이 고양되면 쾌락이 강해지고 그 추억이 마음을 도취시킨다는 점이다. 그리하여 이 정열에 있어서는 다른 대부분의 정열과는 반대로 잃어버린 것에 대한 추억이 언제나 장차 기대할 수 있는 것을 뛰어넘는다고 생각된다.

허영적인 사랑에 있어서는 때때로 습관이나 더 이상의 상대를 발견할 수 없다는 절망감이 온갖 종류 중에서 가장 싱거운 우정을 낳는 일도 있다. 이 우정은 '확실성'을 자랑으로 삼는다.

육체적 쾌락은 자연스러운 것이므로 누구라도 알고 있지만, 애정이 깊고 열정적인 인간의 눈에는 종속적인 것으로밖에는 안 보인다. 그러므로 그런 사랑은 살롱에서 놀림감이 되는 일이 있고, 때때로 사교계의 인사가 계략을 써서 그들을 비참한 꼴로 만드는 일도 있지만, 그 대신 허영심이나 금전 때문이 아니라고 주장하며 열정이 없는 자들로서는 영원히 도달하지 못하는 쾌락을 알고 있다.

정숙하고 애정이 깊은 여자 중에는 육체적 쾌락이 어떤 것인지 거의 짐작도 못하는 사람이 있다. 이렇게 말해도 좋다면, 그녀들은 그런 쾌락에 좀처럼 몸을 던진 일이 없고 설사 그런 기회가 있다 해도 열정적 사랑의 황홀감이 육체의 쾌락을 거의 잊게 만드는 것이다.

알피에리풍(風)의 걷잡을 수 없는 자존심에 희생이 되어 그것에 시달리는 남자들이 있다. 이런 사람들은 매우 잔인하다. 그것은, 그들이 네로처럼 자기 자신의 마음을 기준으로 삼아 모든 인간을 판단하고 언제나 두려움을 갖기 때문이다. 다시 말하면, 그 사람들은 최대한의 자존심의 만족이 동반되지 않는 한, 즉 쾌락을 주는 상대에게 잔인한 행위를 하지 않고서는 육체적 쾌락에 도달하지 못한다. 그것이 《쥐스틴(Justine)》[5]의 잔인함의 원천이다. 그런 사람들은 그런 행위를 하지 않으면 안도감을 느끼지 못한다.

이와 같이 사랑을 네 가지의 다른 종류로 나누는 대신 여덟 가지 또는 열 가지의 색별(色別)을 인정하는 일도 충분히 가능하다. 어쩌면 인간에게는 사물에 대한 견해와 같은 수만큼의 느낌이 있을지도 모르지만, 그런 분류상의 차이도 이하의 추론을 결코 변경시키지는 못한다.

이 세상에서 볼 수 있는 온갖 사랑은 같은 법칙에 의해 태어나고 자라고, 죽거나 혹은 불멸에까지 승화되는 것이다.

제2장 사랑의 발생에 관해

다음과 같은 것이 마음속에서 생긴다.

5 1791년에 발간된 사드(Sade) 후작의 유명한 소설.

1. 감탄

2. '저 사람에게 키스하고, 키스를 받으면 얼마나 좋을까' 생각한다.

3. 희망

상대의 미점(美點)을 검토한다. 최대한의 육체적 쾌락을 얻고 싶다면, 여자는 이때야말로 몸을 내맡겨야 한다. 아무리 소극적인 여자라도 이 희망의 시기에는 '눈 가장자리가 붉어진다'. 열정이 너무나도 격렬하고 쾌감이 너무나도 강하므로, 그것이 첫눈에 알아볼 수 있는 표적이 되어 겉으로 드러난다.

4. 사랑의 탄생

사랑이란 자기가 사랑하고 자기를 사랑해 주는 상대를 되도록 가까이서 보거나 만지거나, 혹은 모든 감관을 통해 감지함으로써 쾌감을 느끼는 일이다.

5. 제1의 결정작용(結晶作用)이 시작된다

상대방 여성의 애정에 확신을 갖게 되면, 여러 가지 미점으로 그녀를 장식하며 기뻐한다. 한없는 자기만족 속에서 스스로의 온갖 행복을 자세히 되새긴다. 이것은 요컨대 갑자기 하늘에서 떨어진, 무엇인지는 모르지만 그것이 자기 소유인 것만은 분명한 보물을 스스로에게 과장하여 그려 보이는 것이다.

사랑을 하고 있는 남자의 머리를 24시간 동안 멋대로 활동하도록 내버려두면 다음과 같은 일이 일어남을 알게 될 것이다.

잘츠부르크의 염갱(鹽坑)에, 겨울이 되어 잎이 떨어진 나뭇가지를 폐갱(廢坑) 깊이 넣어두었다가 두서너 달이 지난 다음 꺼내보면 반짝거리는 결정체로 덮여 있다. 굵기가 곤줄박이의 다리 정도 밖에 되지 않는 가장 가느다란 가지조차도 눈부신 숱한 다이아몬드로 장식되어 있어 이미 본래의 나뭇가지의 모습은 찾아볼 수가 없다.

결정작용이라고 부르는 것은, 눈앞에 나타나는 모든 것으로부터 사랑하는 상대방의 새로운 미점을 발견하는 정신의 활동이다.

타는 듯한 여름날 한 여행자가 제노바 해안의 오렌지 숲이 얼마나 서늘한지 말했다고 하자. 그녀와 함께 그 서늘함을 맛본다면 얼마나 즐거울까! 친구 중 누군가가 사냥을 갔다가 팔이 부러졌다고 하자. 사랑하는 여인의 간호를 받는다면 얼마나 좋을까! 언제나 그녀와 함께 있고, 자기를 사랑해 주는 그녀를 항상 볼 수 있다면 고통마저도 축복이 될 것이다. 그리하여 당신은 친구의 부러진 팔로부터 출발하여, 연인의 천사와 같은 친절함을 조금도 의심하지 않게 된다. 요컨대 어떤 미점에 대해 생각하는 것만으로도 사랑하는 사람 속에서 그 미점을 충분히 찾아낼 수가 있는 것이다.

'결정작용'이라고 부르는 이 현상은, 우리에게 쾌락을 맛보라고 명령하며 뇌에 혈액을 공급해 주는 자연의 본성이나 사랑하는 상대의 미점과 함께 쾌락도 증대된다는 의식, 또한 그녀는 자기 것이라는 생각에서 비롯되는 것이다.

미개인은 한 발짝 이상 앞으로 나아갈 여유가 없다. 쾌락은 느끼지만, 뇌의 활동은 숲속으로 도망치는 사슴을 쫓는 일에 소비된다. 사슴 고기를 먹고 되도록 빨리 체력을 회복시키지 않으면 적의 도끼에 자신이 쓰러질 염려가 있는 것이다.

다른 한쪽, 즉 문명이 발달한 곳에서는 애정이 두터운 여성은 사랑하는 남자 곁에서만 육체적 쾌락을 찾아내게 된다는 사실을 나는 의심하지 않는다.[6] 이것은 미개인과는 반대이다. 문명국에서는 여자가 여가를 갖지만, 미개인의 경우에는 일에 쫓기므로 암컷을 마소처럼 다루지 않을 수 없다. 많은 동물의 암컷이 (인간의 여자보다) 더 행복한 것은 수컷의 생활이 훨씬 안정되어 있기

6 (원주) '이 특색을 남자에게서 볼 수 없는 것은, 남자에게는 흔히 희생으로 삼아야 할 수치심이 존재하지 않기 때문이다.'

때문이다.

숲에서 나와 파리로 돌아가자. 열정에 사로잡힌 남자는 사랑하는 사람 안에서 온갖 미점을 본다. 그러면서도 때때로 주의가 산만해지기도 하는데, 왜냐하면 영혼은 비록 완전한 행복일지라도 단조로운 것에 싫증을 내기 때문이다.[7]

그래서 주의를 집중시키기 위해 다음과 같은 일이 생긴다.

6. 의혹이 생긴다

상대방의 열 번이나 스무 번쯤의 시선, 혹은 한순간밖에 지속되지 않거나 며칠씩 이어지는 일도 있는 그밖의 어떤 일련의 행위에서 최초로 희망을 얻고, 이어서 그것이 헛된 것이 되지 않을까 초조하게 생각하지만, 결국 남자는 최초의 놀라움에서 벗어나 자기의 행복에 익숙해지거나, 혹은 유혹적인 여자에게 이끌려 좀더 분명한 보증을 요구하고, 좀더 행복해지려는 마음이 된다.

그가 과도한 자신감을 보이면 상대는 무관심이나 냉담함, 혹은 노여움으로 거기에 반응한다. 예컨대 프랑스에서라면 '꽤나 자신만만하시군요' 하고 비꼬는 것이다. 여자가 그런 태도를 취하는 것은, 한순간의 도취에서 깨어나 혹시 도리에 위배된 것은 아닐까 조바심을 내면서 수치심의 명령에 복종했기 때문이거나, 단순한 조심 또는 교태에 불과하다.

사랑을 하는 남자는 자기가 굳게 믿고 있던 행복을 의심하게 된다. 분명히 보았다고 생각한 희망의 근거에 대해서 엄격해진다. 그는 창끝을 돌려 인생의 다른 쾌락으로 마음을 달래고자 한다. '그런데 그런 것은 아무데도 없다.' 그리하여 무서운 불행이 닥치지 않을까 하는 두려움에 사로잡히고, 그와 함께 상당한 주의력이 생긴다.

7 (원주) '어떤 똑같은 생활의 뉘앙스는 한순간의 완전한 행복밖에 주지 않는다는 의미이다. 그런데 열정에 사로잡힌 남자의 생활은 하루에 열 번은 바뀐다.'

7. 제2의 결정작용

이때 제2의 결정작용이 시작되고, 다음과 같은 생각에 대한 확신을 굳히게 된다.

'그녀는 나를 사랑하고 있다.' 의혹의 발생에 뒤이은 밤, 사랑을 하는 남자는 무서우리만큼 비참한 한때가 지난 뒤 15분마다 이렇게 중얼거린다. '그렇다. 그녀는 역시 나를 사랑하고 있다.' 그리하여 결정작용은 새로운 매력의 발견에 착수한다. 그리고 무시무시한 눈초리를 번뜩이는 의혹이 덤벼들어 그를 움추리게 한다. 그의 심장은 호흡하는 것을 잊는다. 그는 중얼거린다. '그런데 그녀는 정말 나를 사랑하고 있는 것일까?' 이런 가슴을 쥐어뜯는 생각과 달콤한 도취가 교차되는 가운데 사랑을 하는 남자는 절실하게 느끼게 된다. '그녀가 내게 주는 기쁨은 이 세상에서 오직 그녀만이 가능한 것이다'라고.

이 진리의 명징성, 한쪽 손으로는 완전한 행복을 감지하면서 걷는 이 무서운 벼랑가의 좁은 길이 제1의 결정작용에 비해 제2의 결정작용에 그토록 우위를 주고 있는 까닭이다.

사랑을 하는 남자는 다음과 같은 세 가지 생각 사이를 방황한다.

① 그녀는 모든 미점을 갖추고 있다.

② 그녀는 나를 사랑한다.

③ 그녀로부터 사랑의 가장 큰 증거를 손에 넣으려면 어떻게 해야 좋을까?

사랑이 무르익기 전의 가장 비통한 순간은, 잘못된 추론을 하고 있었음을 깨닫고 결정작용으로 생긴 어떤 면을 완전히 파괴하지 않으면 안 된다고 생각했을 때이다.

결정작용 그 자체까지 의심하게 되는 것이다.

제3장 희망에 관해

사랑의 탄생을 위해서는 매우 작은 희망만 있으면 충분하다.

그러고서 2, 3일 지나고 희망이 없어져도 상관없다. 사랑이 태어난 것에는 변함이 없다.

확고한, 대담한, 격렬한 성격과 인생의 무수한 불행에 의해 키워진 상상력을 가진 사람의 경우에는 희망의 정도가 더욱 작아도 괜찮다. 희망이 한층 빨리 없어져도 역시 마찬가지로, 사랑을 죽이거나 하지는 않는다.

수많은 불행과 만난 적이 있고 애정도 풍부하며 생각이 깊은 남자가 다른 여자들에게 절망하고 있으며 사랑하는 그 여자에 대해 강한 감탄의 심정을 갖고 있다면, 흔해빠진 어떠한 쾌락일지라도 제2의 결정작용으로부터 그의 마음을 벗어나게 할 수는 없을 것이다. 그는 통속적인 여자로부터 그녀가 줄 수 있는 모든 것을 받는 것보다는 언젠가는 사랑하는 여성의 마음에 들지도 모른다는 도무지 불확실한 가능성을 꿈꾸는 쪽을 택할 것이다.

사랑하는 여자가 냉혹한 행동으로 그의 희망을 빼앗아 버리고 두 번 다시 사람들 앞에서 얼굴을 들 수 없을 만큼 모욕을 줄 생각이라면 바로 이 시기, 좀더 늦지도 이르지도 않은 바로 이 시기가 가장 좋다.

사랑의 발생은 이상과 같은 하나하나의 시기 사이에서 좀더 훨씬 많은 시간이 걸려도 상관이 없다.

냉정하고 끈질기며 신중한 사람에게 사랑의 발생은 훨씬 많은 희망, 더욱이 훨씬 일관되어 있어 약해지지 않는 희망을 필요로 한다. 이것은 나이 많은 남자에게도 마찬가지이다.

사랑의 지속을 보증하는 것은 제2의 결정작용이고, 그 동안은 사랑을 받느냐 아니면 죽어버리느냐 하는 문제를 끊임없이 통감한다. 1분마다 되씹는 이 확신이 몇 달이나 걸린 사랑에 의해 습관화되어 버린 뒤에, 어찌 사랑하는 것을 그만둘지도 모른다는 생각을 견뎌낼 수 있겠는가! 성격이 강하면 강할수록 변심의 가능성은 적다.

너무 빨리 몸을 맡기는 여자와의 사랑에는 이 제2의 결정작용이 거의 완전하게 결여되어 있다. 결정작용, 특히 훨씬 강한 제2의 결정작용이 이루어지면, 무관심한 사람의 눈에는 본래의 나뭇가지는 보이지 않게 된다. 왜냐하면 첫째, 그 가지는 그들의 눈에는 띄지 않는 무수한 미점, 즉 다이아몬드로 장식되어 있기 때문이다.

둘째, 그 가지는 그들에게 있어서는 미점이 아닌 미점으로 장식되어 있기 때문이다.

사랑하는 여자의 옛 남자 친구들이 들려준 그녀의 매력과 그 남자의 눈에서 어떤 싱싱한 광채를 의식하게 되면, 그것이 델 로소[8]의 결정작용인 다이아몬드의 하나인 것이다. 저녁 때 문득 그 말이 생각나면, 그는 밤새도록 몽상에 잠긴다.

어쩌다 우연한 대답 속에서, 정감이 풍부하며 고매하고 열렬한 영혼, 즉 속되게 표현한다면 '로마네스크' 한 영혼을 가진 연인과 단둘이서 한밤중에 마을에서 멀리 떨어진 숲을 산책한다는 단순한 즐거움을 왕후의 행복보다도 높게 평가하는 마음을 엿보게 되면 나는 또 밤새도록 몽상에 잠긴다.

델 로소는 아마도 이러한 나의 연인을 가리켜 겉다르고 속다른 여자라고 할 것이다. 그렇다면 나는 그의 연인을 창녀라고 부르리라.

8 이탈리아의 가극 작곡가 안토니오 로시니(Antonio Rossini : 1792~1868)라고 추정된다. 스탕달의 《로시니전》(1823) 중의 기술과 일치되고 있다.

제4장

남자에 대해 전혀 생각해 본 적이 없는, 이를테면 두메산골처럼 외딴 십에 살고 있는 처녀에게는 매우 작은 놀라움도 작은 감탄의 심정을 불러일으키는 일이 있고, 거기에 극히 희미한 희망이라도 계속되면 사랑과 결정작용이 생겨나게 된다.

이 경우, 사랑은 먼저 재미있는 것으로서 받아들여진다.

놀라움과 희망은, 16세가 되면 누구나가 느끼는 사랑의 욕구와 우수에 의해 강력하게 뒷받침된다. 이 나이의 불안은 사랑의 목마름이고, 목마름의 특성은 우연으로부터 주어진 음료의 성질에 대하여 별로 까다롭게 굴지 않는다는 점이다.

1. 감탄
2. 얼마나 즐거울까 등등
3. 희망
4. 사랑의 탄생
5. 제1의 결정작용
6. 의혹의 발생
7. 제2의 결정작용

제1과 제2의 과정 사이에 1년이 지나는 일도 있다.

제2와 제3의 과정 사이는 한 달. 만일 희망이 곧 찾아오지 않으면, 불행을 가져다주는 것으로서 어느덧 제2를 단념한다.

제3과 제4의 과정 사이는 눈 깜짝할 사이이다.

제4와 제5의 과정 사이에는 간격이 없다. 제5와 제6의 과정 사이에는 성격이 어느 정도 격렬한가, 얼마만큼이나 대담성에 익숙해져 있는가에 따라

며칠 걸리는 일이 있다.

제6과 제7의 과정 사이에는 간격이 없다.

제5장

인간은 다른 어떤 행위보다도 먼저 쾌락을 주는 행위를 하지 않고서는 견디지 못하는 존재이다.[9]

연애는 열병과 같은 것으로서 의지가 조금도 관여하는 일 없이 태어났다가 사라진다. 그것이 취미적 연애와 열정적 연애의 중요한 차이 중 하나이다. 우리는 사랑하는 사람의 미질(美質)을 행복한 우연의 선물로서 기뻐할 뿐이다.

아무튼 사랑은 나이를 문제삼지 않는다. 미남이라고 할 수 없는 호레이스 월폴에 대한 데팡 부인[10]의 정열을 보라. 가장 최근에 일어난, 특히 가장 사랑스러운 예[11]를 파리의 인사들은 아직 기억하고 있을 것이다.

나는 우스꽝스러운 결과를 가져오는 증거만을 위대한 열정의 증거로서 인정할 뿐이다. 이를테면 수줍음은 사랑의 증거이다. 그렇다고 학교를 갓 나왔을 무렵의 저 수줍음을 말하는 것은 아니다.

9 (원주) '범죄에 대해 말하면, 훌륭한 교육이란 뉘우치는 관념을 심어주는 것이고, 미리 예측되면 이 뉘우침은 저울대의 한쪽에 무게를 둔다.'

10 (Mme Deffand, Marie, marquise du : 1697~1780). 프랑스의 후작부인으로서 사교계에서 인기를 모았으며, 그녀의 살롱에는 퐁트넬, 볼테르, 몽테스키외, 흄 등 많은 명사들이 출입했다. 그녀가 남긴 《서간집》은 18세기의 정신사이기도 하다. 그녀는 53년에 실명했다. 또 68세 때에는 영국의 문인이며 정치가였던 호레이스 월폴(1717~1779)을 열렬히 사랑했는데, 월폴의 당시 나이는 50세였다.

11 샹피용판의 주석자는 우드트 부인이 1831년 1월 28일에 애인 소말리바의 팔에 안겨 죽은 이야기이거나 혹은 1811년 훨씬 연하인 로카와 결혼한 스타르 부인을 가리킨다고 한다.

제6장 잘츠부르크의 작은 나뭇가지

연애에 있어 결정작용은 거의 그치는 일이 없다. 그 경과는 다음과 같다. 사랑하는 사람과의 관계가 순조롭지 않은 동안은 '상상에 의한 해결에 바탕을 둔' 결정작용이 있다. 다시 말해서 사랑하는 여성에게 이러이러한 미점이 있음을 상상력에 의해서밖에는 확신할 수가 없는 것이다. 다정한 사이가 된 후라면 끊임없이 생겨나는 불안감도 좀더 현실적인 해결에 의해 해소된다. 따라서 행복은 그 근원에 있어서만 한결같을 뿐이며, 날마다 다른 꽃이 피게 된다.

만약 사랑받고 있는 여성이 자기가 느끼고 있는 열정에 눌려 지나치게 열중한 나머지 상대의 걱정을 묵살하는 엄청난 잘못을 저지르면 결정작용은 얼마 동안 중단된다. 그러나 사랑은 그 격렬함, 즉 온갖 불안감을 잃게 되지만 그와 동시에 완전한 평안, 무한한 신뢰라고 하는 매력을 얻게 되는 것이다. 그리하여 일종의 즐거운 습관이 생겨나 인생의 온갖 고뇌를 누그러뜨리고 사랑의 기틀에 또 다른 흥취를 곁들인다.

그러나 상대에게 버림을 받으면 다시 또 결정작용이 시작된다. 그리하여 감탄할 만한 그녀의 행위를 생각하고, 여러분이 일찍이 생각해 본 적은 없지만 그녀라면 줄 수 있으리라고 여겨지는 행복을 하나씩 그려볼 때마다 비통한 반성을 하게 된다. '그렇듯 매혹적인 그 행복을 나는 이제 두 번 다시 맛볼 수가 없으리라! 더욱이 내 잘못으로 그것을 잃었던 것이다.' 당신은 다른 종류의 감각에서 행복을 구하려고 하지만, 마음이 그것을 허용하지 않는다. 확실히 상상력은 외적인 상황을 그려 보이고 준마를 타고 데번[12]의 숲에서

12 영국 남서부에 있는 주.

사냥하는 자기의 모습을 눈앞에 떠오르게 해주지만[13], 그런 것으로는 아무런 기쁨도 느낄 수 없다는 것을 당신도 잘 알고 있다. 이렇게 되면 착각을 불러일으켜 권총 자살로 끝을 맺게 될지도 모른다.

또한 도박에 있어서도 딴 돈을 무엇에 쓸까 생각하는 데서 오는 결정작용이 있다. 귀족들이 정통 왕조라는 미명하에 그토록 그리워하고 있는 저 궁정의 정치적 흥정도, 그것이 불러일으키는 결정작용이 있었기에 그다지도 매력적이었던 것이다. 륀[14]이나 로잔과 같이 신속한 출세를 꿈꾸지 않는 궁정인은 없었으며, 폴리냐크 부인[15]의 공작령(領)을 미래에 예상하지 않는 숙녀도 없었다. 합리적인 정부는 결코 그와 같은 결정작용을 두 번 다시 줄 수가 없다. 미국 정부만큼 상상력과 상반되는 정부는 없는 것이다. 그곳과 인접해 있는 미개인도 결정작용을 거의 모른다는 것은 이미 앞에서 말한 대로이다. 고대 로마인은 결정작용이 어떤 것인지 거의 알지 못했고, 육체적인 사랑에 대한 그것밖에 몰랐었다.[16]

증오에도 결정작용이 있다. 원한을 풀 수 있는 희망이 보이면 다시 새로이 증오하기 시작하는 것이다.[17]

'부조리한 것이나 증명할 수 없는 것' 을 포함하고 있는 온갖 신앙은 반드시 가장 부조리한 자들을 무리의 우두머리로 삼는 경향이 있는데, 이것 또한 결정작용의 결과 중 하나이다. 수학에 있어서조차 자기들이 믿고 있는 바를 증명함에 있어 모든 부분을 언제나 동시에 머리에 떠올릴 수 없는 인간에게

13 (원주) '왜냐하면 만약에 그것을 행복이라고 상상할 수 있을 정도였다면, 결정작용이 이미 여러분의 연인에게 그 행복을 주는 배타적인 특권을 부여했을 것이기 때문이다.'
14 Luynes, Charles, duc de(1578~1621). 루이 13세의 총신(寵臣).
15 마리 앙투아네트 왕비의 친구로서 왕자의 가정교사.
16 단장(斷章) 93 참조.
17 단장 138 참조.

있어서는 결정작용이 존재한다(1740년의 뉴턴 학파를 보라).

독일의 대철학자들의 운명이 그 증거이다. 그들의 불멸이 그렇듯 자주 거론되면서도 그 운명이 3, 40년을 넘는 일은 결코 없다. 아무리 현명한 사람이라도 음악에 있어 광신적이 되는 것은 자기 감정의 '원인'을 이해하지 못하기 때문인 것이다. 이러한 반대자에 대항하여 자기들 쪽이 옳다는 것을 스스로에게 증명해 보이는 것은 쉬운 일이 아니다.

제7장 남녀의 연애 발생의 차이에 관해

여자는 자기가 주는 은혜에 의해 남자에게 집착한다. 하루하루의 몽상 중 거의 대부분은 사랑에 대한 것이므로, 육체 관계를 갖고 난 후부터는 단 한 사람에게 집중된다. 왜냐하면 이렇듯 예사롭지 않고, 이렇듯 결정적인, 이렇듯 수치심의 습관에는 어긋나는 하나의 행위를 정당화시키는 데 몰두하기 때문이다. 이런 작용은 남자에게는 존재하지 않는다. 이윽고 그 상상력은 한가할 때마다 자못 달콤한 순간을 자세히 마음속으로 펼쳐본다.

사랑은 가장 분명한 사실마저도 의심하게 만든다. 따라서 몸을 허락하기 전에는 자기의 연인이 보통 사람과 다르다고 믿어 의심치 않던 여자도, 이제 아무것도 거절할 것이 없어졌다는 데 생각이 미치면, 다만 그 사랑의 명단에 한 여자를 더 첨가하기 위해서가 아닐까 하며 걱정한다. 이때 비로소 제2의 결정작용이 나타난다. 그것은 의혹을 동반하고 있기 때문에 가장 강력하다.

여자는 자신의 지위가 여왕에서 노예로 전락했다고 생각한다. 이러한 정신 상태는 드물기 때문에 그만큼 더 격렬한 쾌락이 가져다주는 신경적인 도취에 의해 부추겨진다. 여자는 아무 재미도 없는 일, 단순히 손만 움직이면 되는 자수 따위를 놓아가며 애인에 대해 공상한다. 한편 남자는 기병대에 들어가 평원을 질주하므로, 조금이라도 규칙을 어기면 외출금지를 당하게 된다.

따라서 나는 제2의 결정작용은 여자 쪽이 훨씬 강하다고 생각한다. 왜냐하면 의혹은 한층 강하고, 허영심과 명예는 위험에 놓여 있기 때문이다. 적어도 기분전환을 할 만한 것이 없다.

여자는 이성을 좇는다는 습관에 이끌리지 않는다. 그런데 남자인 나는 싫어도 책상 앞에 붙어앉아 매일 6시간씩 일하며, 무미건조한 이성적인 일에 얽매어 있다. 여자는 사랑을 하고 있지 않을 때에도 공상에 잠기는 경향이 있고, 언제나 흥분상태에 있다. 따라서 여자에게는 사랑하는 상대의 결점이 보이지 않게 되는 것도 훨씬 빠른 셈이다. 여자는 이지보다는 정(情 : émotion)을 좋아한다. 그 이유는 간단하다. 우리들이 알고 있듯이 여자는 가정 안에서 아무런 사업에도 종사하고 있지 않다. 그러므로 '이성은 그녀들에게 있어 쓸모가 없다'. 그녀들은 이성이 무엇인가에 도움이 된다고는 느끼지 않는다. 오히려 반대로, 그녀들에게 있어 이성은 언제나 '해로운 것'이다. 이성은 어제 즐거운 쾌락을 누렸다 하여 그녀들을 꾸짖거나, 내일은 그런 시간을 갖지 말라고 명령하기 위해서밖에는 모습을 나타내지 않기 때문이다.

여러분의 소유지를 맡고 있는 소작인과의 교섭을 아내에게 맡겨보라. 장부정리에 관한 한 여러분들보다 훨씬 잘하리라는 것을 보증한다. 그러나 그렇게 되면 여러분은 허울뿐인 전제군주로 전락하여 아내에게 사소한 불평을 늘어놓는 권리만을 갖게 될 것이다. 따라서 여러분은 아내에게 자신을 사랑하게 만드는 재능조차 갖지 못했다는 말이 된다. 왜냐하면 여자가 일반적인 사항에 대하여 이것저것 생각하기 시작하면 자신도 모르는 사이 그것에 깊이 빠져버리기 때문이다. 자질구레한 일에 대해서 여자는 남자보다 한층 엄격하고 정확하다는 것을 뽐낸다.

소매업의 절반은 여자의 손에 맡겨져 있고, 남자보다 더 큰 이익을 올리고 있다. '여자와 상담할 때에는 아무리 신중을 기해도 지나치지 않는다'라는 것은 유명한 금언이다. 왜냐하면 여자는 언제 어디서나 감동에 대해 탐욕스럽기 때문이다. 이는 스코틀랜드의 장례식의 소란스러움을 보면 알 수 있다(스코틀랜드에서는 시신을 매장한 뒤 남자들은 술을 마시고 엉망으로 취하여 떠들지만, 여자들은 조용히 슬퍼한다).

제8장

이것은 그녀가 마음에 들어하는 동화의 나라였다. 그곳에 그녀는 공중누각을 세운다.

—〈램머무어의 신부〉[18] 제1권 70페이지

18세 여자는 충분한 결정작용을 일으킬 만한 능력이 없고 인생 경험이 부족한 까닭에 극히 한정된 욕망밖에 품지 않는다. 따라서 28세 여자만큼의 열정을 가지고 남자를 사랑할 수는 없다.

오늘 밤 이런 내 견해를 어떤 재치 있는 여성에게 들려주자 그녀는 즉시 반박했다.

"젊은 여성의 상상력은 어떤 불유쾌에 의해서도 얼어붙어 있지 않을 뿐더러 한창 청춘의 불길이 활활 타오르고 있기 때문에 누군가 한 남성에 대하여

18 월터 스코트(Socott, Walter : 1771~1832)의 소설로서 1818년에 프랑스어로 번역되었다. 스탕달은 깊은 감명을 받았던 모양으로 이 책에서 자주 인용하고 있다.

황홀한 이미지를 만들 수가 있어요. 연인을 만날 때마다 실제의 그가 아니라 자기 나름대로 만들어낸 달콤한 이미지를 즐기는 거예요. 그후 그녀가 자기의 연인이나 다른 남자들의 참모습을 알고 나면 슬픈 현실의 체험으로 말미암아 그녀 내부에 있는 결정작용의 능력은 약해집니다. 요컨대 불신이 상상력의 날개를 꺾어버리는 것이죠. 어떠한 남자에 대해서도, 비록 그가 비범한 남자일지라도 전과 같이 마음을 뒤흔드는 이미지를 만들 수 없게 됩니다. 따라서 젊은 시절과 같은 열정으로 사랑할 수는 없습니다. 그리고 연애에 있어서는 스스로 만들어낸 환영만을 즐기는 것이므로, 28세에 만드는 이미지에서는 결코 16세의 첫사랑이 바탕이 된 이미지의 찬란함과 숭고함은 찾아볼 수 없는 것입니다. 두 번째 사랑에는 어딘지 모르게 희화화된 느낌이 드는 법입니다."

"아닙니다, 부인. 16세 때에는 없었던 불신이 있다는 것, 이것은 틀림없이 제2의 사랑에 다른 색채를 곁들일 것입니다. 첫사랑은 큰 강과 같은 것으로서, 온갖 것들을 다 떠내려 보냅니다. 거역할 수 없다는 느낌이 드는 법이지요. 그런데 부드러운 영혼은 28세가 되면 자기 자신을 압니다. 만일 그녀의 인생에 아직도 행복이 있다면, 그것은 사랑에서 찾아야만 한다는 것을 깨닫게 됩니다. 이렇게 동요하는 가엾은 마음속에서 사랑과 불신의 무서운 싸움이 시작되는 것입니다. 결정작용은 천천히 진행됩니다. 그러나 끊임없이 무서운 위험을 응시하면서 영혼이 그 모든 움직임을 경험하는 이 괴로운 시련을 극복한 결정작용은, 젊음의 특권에서 비롯된 명랑하고 행복한 16세 무렵의 결정작용보다 1000배나 더 찬란하고 단단한 것입니다. 그러므로 그 사랑은 젊었을 때처럼 명랑하지는 않지만, 한층 더 열정적인 것이지요."[19]

19 (원주) '에피쿠로스는 이렇게 말했다.' 〈쾌락을 누리기 위해서는 식별력(discernement)이 필요하다〉고.

이 대화(볼로냐, 1820년 3월 9일)에 의해 그때까지 틀림없다고 생각한 점을 반박당한 후로, 나는 다정한 여자의 마음 깊숙한 내부에서 일어나고 있는 일에 대해 남자는 조리 있는 말은 거의 한마디도 할 수가 없다는 것을 짐짐 획신하게 되었다. 단, 창녀형 여자의 경우는 별개이다. 우리들이라도 그런 여자에 대해 분별과 허영심은 갖고 있다.

남녀의 사랑의 차이는 성질이 다르다는 데서 비롯된다. 한쪽은 공격하고 다른 한쪽은 방어한다. 한쪽은 요구하고 다른 한쪽은 거부한다. 한쪽은 대담하고 다른 한쪽은 매우 겁이 많다.

남자는 중얼거린다. "그녀가 나를 마음에 들어할까? 그녀는 나를 사랑하고 있을까?" 여자는 중얼거린다. "그 사람은 나를 사랑한다고 했지만 농담이 아닐까? 변덕스럽지 않은 사람일까? 나에 대한 그의 사랑이 영원히 이어진다고 보장할 수 있을까?"

많은 여자가 23세의 청년을 어린아이 취급하는 것은 이 때문이다. 그러나 그가 여섯 번이나 전장(戰場)을 밟은 사나이라면 모든 것이 달라진다. 그는 젊은 영웅이다.

남자에게 있어 희망은 오직 사랑하는 사람의 행동에 달려 있다. 이보다 더 분명한 일은 없다. 여자에게 있어 희망은 바르게 평가하는 것이 극히 곤란한 도덕적 고려에 바탕을 두고 있는 것이 분명하다. 대부분의 남자는 모든 의혹을 한순간에 날려보낼 수 있는 사랑의 증거를 바란다. 그러나 여자는 불행하게도 그런 증거를 찾아낼 수가 없다. 여기에 연인 중 한쪽에게는 안심과 행복을 주는 것이 다른 한쪽에게는 위험과 굴욕마저 가져다준다는 인생의 불행이 있는 것이다.

사랑을 하게 되면 남자는 남몰래 괴로워해야 한다는 위험을 범한다. 여자는 사람들의 웃음거리가 되기 쉽다. 여자는 남자보다 겁이 많다. 게다가 여자는 여론에 신경을 써야 한다. 왜냐하면 '무엇보다도 평판이 중요하기'[20] 때문이다.

여자는 목숨을 걸고 여론을 정복할 만한 확실한 수단을 갖고 있지 못하다. 따라서 여자는 남자보다 훨씬 더 경계심이 많다. 그녀들의 습관 때문에 사랑의 발생의 각 시기를 형성하는 모든 지적인 운동은 남자보다 잔잔하고 소심하며 완만하여 과감성이 없다. 그러므로 남자 이상으로 정절을 중요하게 여긴다. 일단 시작된 결정작용을 남자만큼 순순히 단념할 수가 없는 것이다.

여자는 연인을 만나면 재빨리 행복에 대해 생각하고 혹은 그것에 몸을 내맡기지만, 남자가 조금이라도 공격적으로 나오면 그녀는 마지못해 이 행복으로부터 빠져나온다. 싸우기 위해서는 모든 쾌락을 버려야 하기 때문이다.

사랑을 하는 남자의 역할은 좀더 간단하다. 그는 사랑하는 여자의 눈을 보기만 하면 된다. 고작 그녀의 미소만으로도 그는 행복의 절정에 도달한다. 그래서 그는 끊임없이 그런 미소를 얻기 위해 노력한다. 사랑의 공세가 오래 지속되는 것은 남자에게는 치욕이지만, 여자에게는 반대로 영광이 된다. 여자는 마음속으로는 남자를 사랑하면서도 1년 동안 그에게 고작 10번이나 12번의 말만을 건네고도 지낼 수가 있다. 그녀는 남자를 몇 번 만났는지 마음속에 계산해 둔다. 나는 그 사람과 두 번 극장에 갔다. 또 두 번 식사를 했다. 그 사람은 산책길에서 나에게 세 번 인사를 했다.

어느 날 밤, 그는 장난삼아 그녀의 손에 입을 맞추었다. 그 이후로 그녀는 어떤 이유가 있더라도, 또 이상하게 보일 염려가 있을 때에도 다른 남자가 손에 키스하는 것을 허락하지 않게 되었다.

20 프랑스의 극작가 보마르셰(Beaumarchais : 1732~1799)의 격언이 있다. '자연의 소리는 여자에게 말한다. 가능한 한 아름다워져라, 똑똑해져라, 그러나 무엇보다도 존경받도록 하라, 이것은 절대로 필요하다.' 프랑스에서는 존경을 받지 못하면(평판이 나쁘면) 감탄도 없고, 따라서 연애도 없다. 인용은 《피가로의 결혼》(1784) 제1막 제4장의 마르스린의 대사인데 스탕달은 약간 바꾸고 있다.

레오노르[21]는 '남자 쪽이 이런 짓을 하면 사람들은 용기가 없는 사랑이라고 말하겠지요.' 라고 우리에게 말했었다.

제9장

나는 되도록 '냉정하게' 쓰려고 노력하고 있다. 할 말이 많다고 생각하는 것 같은 나의 마음에 침묵을 명한다. 하나의 진리를 쓴 것으로 알고 있지만 사실은 탄식을 늘어놓은 데 불과한 것이 아닐까 하여 가슴을 졸이고 있다.

제10장

결정작용의 증거로서 나는 하나의 에피소드를 말하려고 한다. 어떤 젊은 여성이 머지않아 전장에서 돌아오게 될 친척인 에두아르가 매우 훌륭한 청년이라는 소문을 들었다. 그리고 그 역시 그녀의 평판을 듣고 그녀를 사랑하고 있다는 말을 들었다. 그러나 그는 부모에게 정식으로 구혼하기 전에 그녀를 한번 보고 싶다고 한다. 그녀는 교회에서 어떤 낯선 청년을 보았다. 그리고 사람들이 그를 에두아르라고 부르는 것을 들었다. 그후 그녀는 온통 그 남자 생각으로 머릿속이 가득 찰 정도였다. 1주일이 지나자 진짜 에두아르가 도

21 레오노르는 다음에도 자주 나오는데, 모두 마틸드를 가리킨다.

착했는데, 교회에서 본 남자가 아니었다. 그녀는 창백해졌다. 만일 그녀를 억지로 결혼시킨다면 일생 동안 불행하게 지낼 것이었다.

이것이야말로 재치 없는 사람들이 사랑의 부조리라고 부르는 것이다. 어떤 마음 넓은 남자가 불행한 한 여자를 빈틈없이 뒷바라지해 주었는데, 그 이상의 친절은 없을 정도였다. 바야흐로 사랑이 싹트려고 했다. 그러나 그는 이상한 모자를 쓰고 서툴게 말을 타는 것이었다. 여자는 그 모습을 보고 한숨을 지으며 그의 호의에 보답할 생각이 들지 않는다고 고백했다.

어떤 남자가 매우 예의 바른 사교계의 한 여성을 사랑하여 접근하려고 했다. 그런데 그녀는 그가 이상한 육체적 결함을 갖고 있다는 말을 들었다. 그러자 그가 견딜 수 없을 만큼 싫어졌다. 그녀는 그에게 몸을 맡겨야겠다고 생각한 적은 한 번도 없었고, 그의 비밀스러운 결함이 그의 재치와 사교술에 전혀 손상을 입히는 것도 아니다. 요컨대 결정작용이 불가능해졌을 뿐이다.

한 인간이 사랑하는 대상을 더할 나위 없는 쾌락을 갖고 신격화할 수 있기 위해서는, 아르덴의 숲에서 만나든 쿨롱[22]의 무도회에서 만나든, 우선 그 대상이 완벽하다고 생각하지 않으면 안 된다. 생각이 아닌 현실로 눈에 보이는 모든 점에서 완벽하다고 생각되지 않으면 안 되는 것이다. 상상할 수 있는 모든 점에서 완벽하다고 생각되는 것은, 제2의 결정작용이 시작된 지 며칠이 지난 뒤다. 이것은 매우 간단하다. 그때가 되면, 연인의 내부에 어떤 미점(美點)이 있다고 생각하기 위해서는 다만 그 미점의 관념에 도달하기만 하면 되는 것이기 때문이다.

이로써 '미(美)' 가 사랑의 발생에 왜 필요한지 알 수 있다. 즉, 추함이 최

22 아르덴(Arden)은 잉글랜드 동부에 있는 숲으로서 '로맨틱한 고장' 이라는 의미를 갖고 있다. 특히 스탕달이 사랑한 셰익스피어의 희극 〈마음대로 하세요〉의 무대가 되었던 곳이다. 쿨롱(Coulon)은 프랑스 대혁명 시대부터 나폴레옹 시대에 걸쳐 유명했던 무용단의 명칭이다.

초의 장애가 되어서는 안 된다. 이윽고 사랑에 빠진 남자는 '참다운 미' 따위는 거들떠보지도 않고 연인을 그 모습 그대로 아름답다고 생각하게 된다. 참다운 미를 형성하는 얼굴을 남자가 볼 때, 그곳에 가령 1이라는 수로 나타낼 수 있는 행복의 양이 약속되어 있다고 하자. 그렇다면 연인의 얼굴은 그 모습 그대로 1000이라는 행복의 양을 약속하는 것이다.

아름다움은 사랑이 싹틀 때까지 '간판'으로서 필요하다. 아름다움은 앞으로 사랑하게 될 대상에 사람들의 눈길을 모음으로써 이 열정을 준비한다. 매우 강한 감탄은 희미한 희망까지도 결정적인 것으로 만든다. 취미적인 연애, 그리고 아마도 열정적인 연애일지라도 최초의 5분간에는, 여자는 연인을 선택함에 있어 그녀 자신이 남자를 보는 견해보다 다른 여자가 그를 보는 태도를 더 중요시한다.

대공(大公)이나 장교들의 성공의 원인은 여기에 있다. 늙은 루이 14세의 궁정의 미인들은 왕을 연모하고 있었다. 상대방이 감탄하는지를 확인하기도 전에 상대방의 희망에 가벼이 응하는 태도를 보여서는 안 된다. 그러면 상대는 싱겁게 여겨 사랑을 영원히 불가능하게 만들거나, 적어도 자존심이라도 자극해 주지 않으면 회복할 수 없는 것으로 만든다. 바보 또는 아무에게나 미소를 던지는 남자에게는 어느 누구도 호감을 갖지 않는다. 따라서 사교계에서는 외관상 여자에게 싫증이 났다는 듯한 태도를 보일 필요가 있다. 이것이 곧 기품 있는 태도이다. 너무 시시한 식물(植物)은 웃음거리의 대상조차 되지 못한다. 연애에서도 우리들의 허영심은 너무 쉬운 승리를 경멸한다. 무슨 일에 있어서나 남자는 상대편이 주는 것을 별로 고마워하지 않는 법이다.

제11장

일단 결정작용이 시작되면, 사람은 사랑하는 대상에게서 새로이 발견되는 하나하나의 아름다움에 넋을 잃는다. 아름다움이란 무엇인가? 여러분에게 쾌락을 주는 새로운 능력을 말한다. 쾌락은 사람마다 각각 다르고, 곧잘 상반되고 있다. 어떤 사람에게는 아름다운 것이 다른 사람에게는 추한 것이 되기도 한다(델 로소와 리지오의 경우가 결정적인 예이다. 1820년 1월 1일).

미의 본질을 찾아내기 위해서는 각자의 쾌락의 성질을 알면 된다. 이를테면 델 로소의 경우에는 어떤 유의 대담한 행위도 견뎌내고 아무리 심한 장난을 쳐도 웃으면서 용서해 주는 여자가 필요하다. 다시 말해서 항상 육체적 쾌락을 상기시켜 주고, 델 로소식의 격의 없는 태도를 자극하는 동시에 그것을 마음껏 발휘할 수 있도록 해주는 그런 여자 말이다.

델 로소는 연애를 육체적 연애라고 생각하고, 리지오는 열정적인 연애라고 생각했다. 따라서 그들이 '미'라는 낱말에 대해 의견의 일치를 보이지 않음은 당연하다.[23]

그러므로 여러분이 발견하는 미란 여러분에게 쾌락을 주는 하나의 새로운 능력이고, 사람마다 각각 쾌락이 다른만큼 각자의 머릿속에서 만들어지는 결정은 당연히 그 사람이 갖는 쾌락의 색깔을 띠게 된다. 어떤 남자가 연인에게 행하는 결정작용, 즉 그녀의 '아름다움'은 바로 그가 그녀에 대하여 잇따라 품었던 온갖 욕망의 만족이 축적된 것일 따름이다.

23 (원주) '나에게 있어서의 아름다움, 즉 나의 영혼에 있어 필요한 성격을 약속하는 것, 그것은 관능적인 매력을 초월한 것이다. 관능적인 매력이란 하나의 특별한 매력에 불과할 뿐이다(1815년).'

제12장 결정작용의 연속

사람이 사랑하는 대상에게서 새로운 미를 발견하고, 그 하나하나에 황홀해하는 이유는 무엇일까? 그것은 새로운 미가 각각의 욕망에 완전한 만족을 주기 때문이다. 여러분은 연인이 다정한 여자였으면 좋겠다고 생각한다. 그녀는 다정하다. 다음에는 그녀가 코르네유의 에밀리[24]처럼 오만했으면 좋겠다고 생각한다. 그러면 다정과 오만은 본래 공존할 수 없는 것임에도 불구하고 그녀는 곧 로마 인의 영혼을 갖고 나타난다. 이것이 연애를 모든 열정 가운데 가장 강한 것으로 만드는 정신적인 이유이다. 다른 열정에서는 욕망이 차가운 현실과 타협할 수밖에 없지만, 여기에서는 현실 쪽이 곧 욕망을 좇아 스스로를 형성한다. 따라서 격렬한 욕망이 최대의 기쁨을 얻는 것은 사랑의 열정에 있어서이다.

개개의 욕망의 만족을 지배하는 행복에는 다음과 같은 일반적인 조건이 있다.

1. 그녀는 당신의 소유물과 같은 존재이다. 그녀를 행복하게 해줄 수 있는 것은 오직 당신뿐이기 때문이다.

2. 그녀는 당신이 가진 가치의 결정자이다. 이 조건은 프랑수아 1세와 앙리 2세의 화려하고 기사도적이던 궁전이나, 루이 15세의 우아한 궁정에서는 아주 중요한 조건이었다. 입헌적이고 합리적인 정부 밑에서는 여자는 이러한 영향력을 잃고 있다.

3. 로마네스크한 영혼에 있어서는 그녀가 숭고한 영혼을 갖고 있을수록 그

24 코르네유(Pierre Corneille : 1606~1684)의 비극 《신나(Cinna)》의 여주인공. 애인 신나와 함께 아버지의 원수인 오귀스트 황제의 목숨을 노렸다.

만큼 더 당신이 그 품안에서 발견하는 쾌락은 천상적이고, 온갖 속된 상념의 진흙탕을 벗어난 것이 된다.

18세의 프랑스 청년들은 대부분이 장 자크 루소의 제자이다. 따라서 그들에게 있어 제3의 행복의 조건은 매우 중요하다.

행복의 욕망에 있어 이렇듯 기만적인 작용에 휩쓸려 가는 사이에 사람은 이성을 잃게 된다. 사랑을 하는 순간부터 가장 현명한 남자라도 대상을 '있는 그대로' 보지 않는다. 자신의 장점은 과소평가하고 사랑하는 대상의 사소한 호의는 과대평가한다.

그 결과 염려와 희망이 곧 일종의 로마네스크한 색깔을 띠기 시작한다. 이미 무엇 하나도 우연이라고는 생각하지 않는다. 그는 확률(Probabilité)의 감정을 잃는다. 상상된 것도 그의 행복에 미치는 효과로 말한다면 실재하는 사물인 것이다.

이성을 잃게 되는 무서운 징후의 하나는, 관찰하기도 곤란한 무언가 작은 일을 생각함에 있어 그것을 백(白)이라 간주하고 자기의 사랑에 유리하도록 해석하는 일이다. 그것이 시간이 지나면 사실은 흑(黑)이었다는 것을 깨닫지만, 그런데도 역시 자기의 사랑에 유리한 결론을 끌어내는 것이다.

이때 비로소 격렬한 불안에 사로잡힌 영혼은 친구의 필요성을 절실하게 느끼는 것이다. 그러나 사랑을 하는 남자에게 있어 이미 친구란 존재하지 않는다. 이는 궁정에서 흔히 볼 수 있는 예이다. 이와 같은 원인에서 범하는 무분별함은 이해심 있는 여자라면 용서해 주게 마련이다.

제13장 첫걸음, 상류 사교계, 불행에 관해

사랑의 열정에 있어 가장 놀랄 만한 것은 그 첫걸음, 즉 남자의 머릿속에서 일어나는 엄청난 변화이다. 화려한 행사가 펼쳐지는 상류 사교계는 이 첫발을 손쉽게 내디딜 수 있는 것으로 사랑에 도움이 된다. 첫걸음이란 먼저 단순한 감탄(제1)을 애정이 깃들인 감탄(제2)으로 바꾼다. 저 사람에게 키스할 수 있다면 얼마나 좋을까 등등.

수많은 촛불이 켜진 화려한 살롱에서의 템포 빠른 왈츠는 젊은 마음을 도취로 이끌고, 그것이 수줍음을 없애면서 힘의 의식을 증대시키고, 마침내는 '사랑에 대담성'을 부여한다. 왜냐하면 아주 매력적인 사람을 그저 바라보는 것만으로는 충분하지가 않기 때문이다. 이와 반대로 뛰어난 매력은 부드러운 영혼의 소유자의 용기를 꺾는다. 상대방이 자신을 사랑해 주는 것은 아닐지라도, 최소한 위엄을 벗어던지고 있다는 것을 알지 않으면 안 된다. 상대방이 사랑을 속삭여 오지 않는 한 누가 감히 여왕을 사랑할 엄두를 내겠는가! 그러므로 고독하여 지루하기만 할 때 마침 고대하던 무도회가 열린다면 이것만큼 사랑의 발생에 적절한 일은 없다. 딸을 둔 어머니는 이 점을 잘 계산하고 행동한다.

프랑스 궁정의 대사교계, 사견(私見)에 의하면 이는 1780년 이후로 없어지고 말았지만, 그것은 그다지 연애에 편리한 것은 아니었다. 왜냐하면 결정작용이 이루어지는 데 있어 없어서는 안 될 '고독'과 한가로움을 거의 주지 않았기 때문이다. 궁정생활은 많은 '뉘앙스'를 보거나 행하는 습관을 길러준다. 그리고 가장 작은 뉘앙스도 하나의 감탄, 하나의 정열의 시작이 될 수 있다.

연애 특유의 불행이 다른 불행(연인이 여러분의 정당한 자존심 · 명예심 · 개인적 위엄에 상처를 주었을 경우의 '허영심'의 불행과 건강 · 금전 · 정치적 박해 등과 같은 불행)과 함께 닥쳤을 때, 이와 같은 장애에 의해 한층 더 두터워지는 듯한 느낌이 드는 경우도 있다. 그러나 이것은 외관상의 일에 지나지 않는다. 그것들은 상상력을 빛나가게 함으로써 희망을 갖기 시작한 연애에 있어서는 결정작용을, 행복한 연애에 있어서는 작은 의혹의 발생을 방해하는 것이다. 이러한 불행들이 사라졌을 때 사랑의 달콤함과 광기가 되돌아온다.

주의할 것은, 변덕스러운 또는 감각이 무딘 성격의 소유자에게는 이러한 불행이 사랑의 발생에 도움이 된다는 점이다. 사랑이 싹튼 후에도 만일 그때까지 여러 가지 불행을 경험한 사람이라면 슬픈 추억밖에 남아 있지 않은 인생의 다른 사건에 싫증이 난 상상력이 한눈도 팔지 않고 결정작용에 열중한다는 점에서 불행은 사랑에 도움이 된다.

제14장

이제부터 풀이하는 효과에 대해서는 여러 가지 반대 의견이 나올 것이라고 생각된다. 그러나 나는 단지 오랜 세월에 걸쳐 열정적으로 사랑하고, 어려운 장애를 극복하며 사랑해 온 불행한 사람들에게만 이야기하려는 것이다. 자연 또는 예술에 있어 매우 아름다운 것을 보고 있노라면 사랑하는 사람에 대한 기억이 섬광처럼 스치고 지나간다. 그것은 잘츠부르크의 염갱에서 작은 나뭇가지가 다이아몬드로 장식되는 메커니즘에 의해, 이 세상에 존재하는 아름답고 숭고한 것은 모두가 사랑하는 사람의 아름다움의 일부가 되기 때문이다. 이리하여 생각지도 않았던 행복을 맛보면 눈에 눈물이 넘친다. 이러한 아름다움에 대한 사랑과 연모는 서로 생명을 주고받는다.

인생에서 하나의 불행은 사랑하는 사람과 만나 이야기하는 행복이 뚜렷한 기억을 남기지 않는다는 데 있다. 영혼은 너무나도 감동하여 갈팡질팡하고 있기 때문에 그 감동의 원인 또는 그것에 따르는 사정에 주의를 기울일 수가 없다. 영혼은 감각 그 자체가 되는 것이다. 아마도 그 때문에 이러한 쾌감은 의식적으로 떠올리는 일에 의해서도 본래의 힘을 잃지 않는 것이다. 또한 우리가 사랑하는 여자에 대한 몽상에 잠겨 있을 때, 무엇인가가 방해하여 몽상을 깨고 어떤 새로운 관련[25]으로 말미암아 한층 더 생생하게 그녀의 일을 떠올리게 한다면 엄청난 힘을 갖고 부활하는 것이다.

어떤 늙고 보잘것없는 건축기사가 매일 밤 사교계에서 그녀[26]를 만나고 있었다. 어느 날 나는 마음을 가라앉히고 그녀에게 그 건축기사에 대해 부드럽게, 약간 과장을 섞어 칭찬을 했다. 전에 그 남자에 대해 그녀에게 어떤 말을 했는지 잊고서. 그녀는 나를 비웃었다. 나는 이렇게 말할 용기가 없었던 것이다. 즉 "그는 매일 밤 당신을 만나고 있지요."라고.

이 감각은 매우 강했으므로 언제나 그녀의 곁에 있는 나의 적[27]에게까지 미쳤다. 이 여자를 만나면 곧 레오노르의 일이 생각났으므로, 나는 아무리 노력해도, 최소한 그때만은 그녀를 미워할 수가 없었다. 마음은 이상한 것이다. 사랑하는 여자는 실제로 그가 가지고 있는 것보다 그 이상의 매력을 발산한다. 이전에 그녀와 잠시 말을 나눈 적이 있는 먼 도시[28]를 떠올리면 실제로 그녀를 만나고 있을 때보다 한층 깊고 달콤한 몽상에 빠지게 된다. 왜냐하면 그

25 '향기'를 말한다.
26 몇 줄 뒤에 나오는 레오노르, 즉 마틸드를 가리킨다.
27 마틸드의 사촌언니 트라벨시 부인을 말한다. 마틸드에게 스탕달의 방문을 거절하라고 권했다.
28 1819년 6월, 스탕달이 마틸드를 뒤쫓아갔던 토스카나의 고도 볼테라(Volterra). 피사의 남쪽에 있다.

녀로부터 냉담한 취급을 받았기 때문이다.

사랑의 몽상을 다 기록할 수는 없다. 좋은 소설은 3년마다 다시 읽어도 언제나 같은 기쁨을 준다. 때로는 내가 그때 잠겨 있는 부드러운 기분에 맞는 정서를 베풀어 주기도 한다. 또 무감각한 상태에 있을 때라면 관념에 변화를 주기도 한다. 나는 또한 같은 음악을 몇 번이라도 즐겁게 들을 수가 있다. 단, 그때 추억이 개입되려고 해서는 안 된다. 작용하는 것은 오직 상상력뿐이어야 하는 것이다. 하나의 오페라를 20번 들어도 더욱 큰 즐거움을 느낄 수 있다면, 그것은 우리들이 음악을 보다 잘 이해하게 되었거나 또는 최초로 들은 날의 감동이 되살아났기 때문이다.

소설이 우리들에게 가르치는 인간의 마음의 지식에 관한 새로운 견해에 대해서는, 나는 대체로 전에 읽었을 때의 감상을 생각해 낸다. 그리고 그것이 책 이외의 것에 기입되어 있음을 보는 것도 좋아한다. 그런데 이런 종류의 쾌락은 나를 인간에 관한 지식에 있어 진보시키는 것으로서의 소설에는 적용할 수 있지만, 소설의 참된 쾌락인 저 몽상과는 아무런 관계도 없는 것이다. 이러한 몽상은 기록할 수가 없다. 기록하면 현재의 몽상을 말살하는 것이 되는데, 왜냐하면 그렇게 함으로써 그것이 쾌락의 철학적 분석으로 전락하기 때문이다. 나중에 이르러서는 더한층 확실히 몽상을 말살한다. 기억에 호소하는 일만큼 상상력을 마비시키는 것은 없기 때문이다.

3년 전 내가 피렌체에서 스코트의《옛날 사람들》을 읽었을 때의 느낌을 적은 노트를 발견했다고 가정하자. 나는 그 즉시 내 생애의 역사, 그리고 옛날과 지금의 행복의 비교, 요컨대 최고의 철학 속에 몰입할 것이다. 다정한 감각에 푹 잠겨 있는 것 따위와는 이제 영원히 이별이다.

발랄한 상상력을 가진 대시인은 예외없이 내성적이다. 그는 누군가가 그의 달콤한 몽상을 중단시키거나 방해할까 봐 두려워한다. '주의력' 을 빗나가게 하지 않을까 두려워하며 전율한다. 그런데 속인은 비속한 이해관계에 의해 그를 아르미다의 동산[29]에서 끌어내어 악취를 풍기는 늪시로 밀어넣는다. 그들은 시인을 짜증나게 하지 않고서는 그 주의력을 자기들 쪽으로 돌리게 할 수가 없는 것이다. 감동적인 몽상으로 영혼을 기르는 습관과 속인에 대한 혐오감으로 말미암아 대예술가는 사랑과 그처럼 인연이 많다.

예술가가 위대하면 위대할수록 성채(地砦)로서 지위나 훈장 등을 탐내는 것은 당연한 일이다.

제15장

더할 나위 없이 격렬한, 더할 나위 없이 장애가 많은 열정에 사로잡혀 있을 때, 갑자기 이제는 사랑하고 있지 않다고 생각되는 순간과 만나는 일이 있다. 이것은 바닷속에서 솟아나는 민물의 샘과 같은 것이다. 연인을 생각하는 것으로도 거의 기쁨을 느끼지 못한다. 그리하여 비록 연인의 박정함 때문에 괴로워할망정 이미 인생의 어떤 일에도 흥미를 가질 수 없게 된 자신만큼 불행하지는 않다고 생각한다. 확실히 차분함은 없었지만 신선한, 열정적인, 흥미롭게 했던 생활에 음산하고 무기력한 허무감이 대체된다.

최근에 사랑하는 사람을 찾아간 일이, 당신이 처해 있던 어떤 상황에서는

29 아르미다는 이탈리아의 서사시인 타소(Torquato Tasso : 1544~1595)의 《구원된 예루살렘》에 나오는 매혹적인 여주인공. 그 이름은 곧잘 마법과도 같은 매력으로 남자의 마음을 사로잡는 여자를 가리키는 데 사용된다. 그리고 '아르미다의 동산' 또는 '아르미다의 궁전'은 이 마녀가 십자군의 장군 리날드를 우군에서 이탈시켜 붙잡아 둔 사랑의 동산이다. 비유적으로 '몽환경(夢幻境)'이라고도 한다.

이미 상상력이 줄 수 있는 모든 감각을 소멸시켜 버렸기 때문이다. 이를테면 일정 기간 쌀쌀한 태도를 보이던 그녀가 전보다 더 당신을 존중하고, 당신에게 이전의 어떤 시기에 품었던 거의 똑같은 정도의 희망을 똑같은 외부적 표적에 의해 품게 해주는 것이다. 어쩌면 이러한 일들을 그녀 자신도 의식하지 못하는 상태에서 하고 있을지도 모른다. 상상력이 도중에서 기억과 그 음산한 충고를 만나므로, 결정작용은 즉시 활동을 멈춰버린다.

제16장

페르피냥[30]에서 가까운 이름 모를 작은 포구에서.

—1822년 2월 25일

나는 오늘 밤 음악이 — 그것이 완전한 것이라면 — 우리들의 마음을 사랑하는 사람과 만나 기뻐할 때와 똑같은 상태임을 경험했다. 말하자면 이 세상에 있어 가장 생생한 행복을 줄 수 있다는 것을. 누구나 다 이렇게 느낀다면, 이 세상에서 음악만큼 사람의 마음을 연애로 이끄는 것은 없다. 이미 작년에 나는 나폴리에서, 완전한 음악은 완전한 무언극[31]과 마찬가지로 당시의 내 몽상의 대상을 연상하게 하여 여러 가지 희한한 생각을 불러일으킨다는 사실

30 페르피냥(Perpignan)은 프랑스의 동피레네에 있는 해안도시. 스탕달은 앞에서 리지오를 1819년에 죽은 것으로 했다는 점을 잊었던 것이다. 스탕달은 1822년 내내 파리에 있었으며, 페르피냥에 갔었던 것 같지는 않다.

31 비가노(Vigano)의 무언극 〈오셀로〉와 〈라 베스탈〉.

을 깨달았다. 나폴리에서의 그 희한한 착상이란, 어떻게 하면 그리스 인들을 무장시키는가 하는 일이었다. 그러나 오늘 밤, 나는 불행하게도 '부인의 너무나 큰 찬미자' 라는 위치에 있음을 부정할 수가 없다.

다행히 오늘 밤에 들은 완전한 음악도—두서너 달 동안이나 매일 밤 오페라 극장에 다녔으면서도 들을 수 없었던 것이지만—역시 이전부터 인정하고 있었던 효과밖에 낳지 못했던 모양이다. 즉, 마음을 차지하고 있는 일을 생생하게 기억하도록 만든다는 효과를.

—3월 4일, 1주일 뒤

나는 위의 관찰을 취소도 허락도 하고 싶지 않다. 그러나 그것을 썼을 때 내가 그것을 나 자신의 마음에서 읽고 기록했다는 것은 확실하다. 만일 내가 오늘 이것을 의심한다면, 아마도 그때 인정한 것에 대한 기억이 사라져 버렸기 때문일 것이다. 음악을 들으며 몽상하는 습관은 연애의 바탕을 만든다. 다정하고 구슬픈 노래는, 다시 말해서 별로 극적인 것이 아니며 다만 사랑의 몽상을 자극할 뿐 상상력에 행동을 생각하는 일을 강요하지 않는다면, 다정하고 불행한 영혼에게는 감미로운 것이 된다. 이를테면 〈비앙카와 팔리에로〉의 사중창 첫 부분의 클라리넷의 긴 일절(一節), 사중창 중간쯤의 라 캄포레지의 독창 같은 것이 그 예이다.

사랑하는 여자와의 일이 잘 진행되고 있는 남자는 황홀한 심정으로 로시니의 〈아르미다와 리날드〉의 유명한 이중창을 즐긴다. 그것은 행복한 연애에서 생겨나는 사소한 의혹과 화해로 이어지는 달콤한 기쁨의 순간을 매우 정확하게 묘사하고 있기 때문이다. 이중창의 중간쯤, 리날드가 달아나려고 하는 장면의 기악부(器樂部)는 정열의 투쟁을 경탄할 만큼 완벽하게 표현하고 있으며, 연인은 심장에 육체적 영향을 받는 것 같은 느낌이 든다. 진짜로 심장에 닿은 것 같은 느낌이 드는 것이다. 내가 이 음악을 듣고 느낀 것은 말하지 않겠다. 북방 사람으로부터 미치광이라고 여겨질지도 모르기 때문이다.

제17장 사랑으로 왕좌를 빼앗긴 아름다움

아르베리크는 극장의 관람석에서 자기의 연인보다 훨씬 더 아름다운 여자를 만났다. 수학적으로 계산하는 것을 허락해 준다면, 연인의 2단위에 대해 그 여자의 얼굴은 3단위의 행복을 약속하고 있었다(완전한 행복은 4라는 숫자로써 나타내는 행복의 양(量)을 준다고 가정하겠다).

그런데 이때 그가 연인의 얼굴이 더 아름답다고 생각하더라도 별로 놀라운 일은 아니다. 왜냐하면 연인의 얼굴은 그에게 100단위의 행복을 약속하고 있기 때문이다. 그녀 얼굴의 작은 결점, 이를테면 홍역자국도 사랑하는 남자를 황홀하게 만들고, 그런 결점을 다른 여자에게서 발견하면 깊은 몽상에 빠진다. 하물며 그것을 연인의 얼굴에서 보았을 때는 어떠하겠는가? 그것은 그가 그 얽은 자국을 눈앞에 보면서 숱한 감정을 경험한 일이 있고, 그것들은 거의 다 지극히 소중한 감미로운 감정이므로, 그런 흔적을 보면 비록 다른 여자의 얼굴에서 인식했을 경우라도 그 감정이 믿어지지 않을 만큼 격렬하게 되살아나기 때문이다.

이리하여 못생긴 쪽을 즐기고 사랑하게 되는 것이다. 이 경우 추함이 곧 아름다움이기 때문이다. 한 남자가 얼굴이 얽고 마른 여자를 열렬히 사랑하고 있었다. 그러나 죽음이 그에게서 그녀를 빼앗아 갔다. 3년 뒤, 그는 로마에서 두 명의 여자를 사귀었는데, 한 명은 미인이며 다른 한 명은 여위고 얽은 자국이 있는 꽤 못생긴 여자였다. 1주일 후에 나는 그가 못생긴 여자를 사랑하고 있음을 알았다. 그는 그 1주일 동안을 추억에 의해 그녀의 추한 모습을 지워버리는 데 소비했던 것이다. 미인이 아닌 그 여성도 충분한 애교로써 그의 피를 끓어오르게 만드는 작업에 힘을 빌려주는 것을 잊지 않았다. 남자가 한 여자를 만나 그녀의 못생긴 얼굴에 실망했다고 하자. 그러나 만약 그녀가 오만하지만 않다면, 그로 하여금 얼굴의 결점을 잊게 만들 수도 있다. 이윽고 좋은 여자라고 생각하며 사랑해도 괜찮으리라는 생각이 든다. 1주일 뒤에는 그가 희망을 품고, 다시 1주일이 지나면 그녀가 그에게서 희망을 앗아버리며, 또 1주일이 지나면 그는 미치광이처럼 되어 있는 법이다.

제18장

인기 배우에 대해서도 비슷한 반응을 찾아볼 수 있다. 관객은 그들의 아름다움과 추함에는 신경을 쓰지 않는다. 르캥[32]은 못생긴 편이었지만 여자들에게 상당히 인기가 있었다. 가릭[33]도 마찬가지이다. 그 이유는 여러 가지가 있는데, 첫째 관객에게는 배우의 얼굴이나 태도의 실제적 미가 보이지 않으며, 둘째 관객이 배우의 연기를 보고 느낀 쾌락에 대한 감사와 추억으로 말미암아 그들의 상상력이 배우에게 부여한 아름다움만을 보기 때문이다. 예컨대 희극 배우가 등장하면, 관객은 그 얼굴을 보는 것만으로도 웃음을 터뜨린다.

태어나서 처음으로 프랑스 극장에 간 젊은 여성은 제1막이 계속되는 동안

32 프랑스의 희극 배우.
33 영국의 셰익스피어극 배우.

르캥에 대해 싫다는 느낌을 가질지도 모른다. 그러나 이윽고 그는 그녀를 울리고 전율하게 만든다. 탕크레드[34]나 오로스만[35]의 배역에 어찌 저항할 수 있겠는가. 비록 추함이 종종 눈에 띄더라도 관객 모두의 감동 및 그것이 그녀의 마음에 미치는 '신경적인' 효과가 곧 배우의 추한 얼굴을 가린다. 그리하여 그 추함이라는 것은 이제 그 이름밖에 남아 있지 않다. 아니 그 이름마저도 이미 없어졌다. 르캥의 여성 팬들이 "아아, 얼마나 잘생긴 남자인가!" 하고 외치기 때문이다.

'미'는 성격, 다시 말해서 정신적 습관의 표현이고, 따라서 모든 열정과는 관련이 없음을 기억하자. 그런데 우리들에게 필요한 것은 '열정'이다. 미는 한 여자에 대해 단지 '확률'만을 줄 뿐이다. 더욱이 그것은 곧잘 그 여자가 냉정하다는 확률이다. 하지만 홍역자국이 있는 여러분의 애인의 눈빛은 모든 확률을 무(無)로 돌아가게 하는 매력적 현실인 것이다.

제19장 미의 예외의 계속

재치 있고 부드럽지만 소심하고 의심이 많은 여자, 사교계에 얼굴을 내민 이튿날에 자신이 쓸데없는 말을 한 것은 아닐까, 혹시 자기 마음을 꿰뚫어보지 않았을까 겁먹은 표정으로 하나하나 괴로운 마음으로 돌이켜보는 여자,

34 스타엘 부인(Me de Staël : 1766~1817)의 《델핀(Delphine)》을 보라. 별로 아름답지 않은 여자의 기교가 보인다. 《델핀》은 스타엘 부인의 서간체 소설. 그 소설의 제2부의 편지 14에 델핀이 '탕크레드'를 보러 가는 장면이 있다. 탕크레드는 로시니의 오페라인데, 일설에는 볼테르(Voltaire : 1694~1778)의 비극 《탕크레드》를 가리킨다고 한다.

35 볼테르의 비극 《자이르(Zaire)》의 주요 인물의 하나.

그런 여자들은 남자에게 아름다움이 결여되어 있더라도 곧 익숙해지며, 연심을 불러일으키는 데 아무 방해도 받지 않는다. 이와 마찬가지로 당신은 열렬히 사랑하고 있는데 상대는 언제나 냉담하게 대한다면, 이때 연인의 아름다움의 정도에는 거의 무관심하게 된다. 이제 미의 결정작용이 거의 없는 것이다. 그리하여 한 친구가 여러분의 상사병을 고쳐주기 위해 그 여자는 미인이 아니라고 말할 때 대부분 그 말에 동의하므로, 친구는 제법 잘되었다고 생각하게 된다.

오늘 밤 내 친구인 잘생긴 트라브 대위가 그 옛날 미라보[36]를 보고 느낀 인상을 들려주었다. 어느 누구도 이 대위를 보고 눈으로부터 불쾌한 느낌을 받은 사람, 다시 말해서 그를 못생겼다고 생각한 사람은 없었다. 모두들 그의 웅변에 압도되어 그 얼굴의 '아름다운' 부분밖에 주의를 기울이지 않았고, 또한 기울이는 일에 기쁨을 느끼지 않았던 것이다. 그의 얼굴에는 (조각의 미나 회화의 미와 같은) 아름다운 부분이 거의 없었으므로 모두들 그것과는 다른 미, 즉 표정의 미에만 주의를 기울였던 것이다.[37]

사람들의 주의력이 회화적으로 말해서 추한 모든 것에 눈을 감는 동시에 그런대로 밉게 보이지 않는 사소한 미점(美點), 이를테면 탐스러운 머리카락의 아름다움 같은 것에 강하게 이끌렸던 것이다. 만약 뿔이 있더라도 그 뿔까지도 '아름답다고' 생각했을 것이다.

아름다운 무용수들이 매일 밤 등장하는 일은, 오페라 극장의 '돌출 좌석'을 메우는 닳아빠진 작자들, 혹은 상상력을 결여하고 있는 작자들을 어찌되

36 Mirabeau(1749~1791). 프랑스 혁명기의 정치가. 웅변에 능했으며 국민의회 의장을 역임한 온건한 입헌군국주의자.

37 '~너는 못생겼다. 하지만 아무도 너의 못생긴 얼굴을 나무라지는 않는다. 너에게는 표정이 있으니까.' 이것은 스탕달이 그레노블을 출발할 때 숙부 로망 가뇽이 한 말. 얼굴이 연애에 아무런 영향도 미치지 않는다는 점에 대하여 그는 다시금 확인할 필요가 있었다.

었든 주의깊게 만든다. 무용수들의 아름답고 대담하며 특이한 동작은, 그들에게는 육체적인 사랑을 불러일으키고 그들에게 아직 가능할지도 모르는 결정작용을 유발시킨다. 이리하여 거리에서라면 누구도 거들떠보지 않는, 특히 호색가들이 거들떠보지도 않는 추녀라도 자주 무대에 등장하다 보면, 아주 비싼 값에 자신을 정부(情婦)로 삼아주는 상대를 발견하게 되는 것이다. 극장은 여자의 발판이라고 조플로이도 말했듯이, 무용수는 이름이 널리 알려져 있을수록 값이 나가는 것이다. 그래서 연극에는 이런 격언도 생겼다. '아무런 대가 없이 몸을 맡기는 상대를 갖지 못한 여자라도 돈을 받고 몸을 파는 상대는 발견된다.' 이러한 여자들은 자기 열정의 일부를 연인으로부터 훔치는 것이고, '자존심을 자극하면' 그녀들 역시 쉽게 사랑에 빠지기도 한다.

흠잡을 데 없이 완벽한 용모의 여배우가 매일 밤 2시간 동안이나 고귀한 감정을 표현하는 것을 보고 그외 그녀의 실제 모습은 모른다면, 어찌 그녀의 표정에 고매한 아름다운 감정을 부여하지 않을 수 있겠는가. 마침내 그녀의 집에 초대를 받고 간다면 그 용모에서 기분 좋은 감정을 느끼게 되므로, 그녀를 둘러싼 모든 현실이 고상하지 않더라도 곧 로마네스크하고 감동적인 색채로 물들게 된다.

'지루한 프랑스 비극[38]에 빠져 있던 젊은 시절의 어느 날, 나는 올리비에양과 저녁을 함께 할 수 있는 행운을 얻었다. 그런데 왠지 모르게 여왕과 이야기를 하고 있는 듯한 느낌이 들어, 마음속에 존경심이 가득했다. 그녀 앞에 있으면, 내가 여왕을 연모하고 있었는지 아니면 한낱 귀여운 아가씨에게 반해 있을 뿐인지 분명하지가 않았다.'

38 Geoffroy, Julien-Louis(1743~1814). 대혁명 후 〈데바〉 지(誌)에서 극평을 담당한 비평가. 저서로는 《극문학 강의》가 있다.

제20장

열정적인 사랑을 느낄 수 없는 남자야말로 미의 효과를 가장 생생하게 느끼는 사람일지도 모른다. 적어도 그것은 그들이 여자에게서 받을 수 있는 가장 강한 인상인 것이다.

사랑하는 사람의 흰 모자를 멀리서 보는 것만으로도 마음이 설레는 남자는 사교계의 최고 미인이 다가와도 자신이 냉정할 수 있음을 이상하게 여긴다. 그리고 남들이 열중하는 것을 보고서 조금 슬퍼지기도 한다.

뛰어난 미모의 여자도 이틀째가 되면 첫날만큼 사람을 놀라게 하지는 못한다. 이것은 대단히 불행한 일로서, 결정작용을 방해하고 해치는 것이다. 그녀들의 가치는 누구의 눈에도 분명한 것이다. 즉, 그것은 장식품의 일종이므로, 그녀들의 애인 명단에는 틀림없이 어리석은 사람들이 많을 것이다. 대공이라든가 백만장자 등등.

제21장

상상력이 풍부한 영혼은 다정하고 '의심이 많다'. 가장 소박한 영혼조차도[39] 그렇다고 말할 수 있다. 자신도 의식하지 못하는 사이에 의심이 많아지는 것이리라. 인생에는 실망을 느끼게 하는 것이 너무도 많다. 따라서 남자에게 소개되는 경우, 관습에 따라 평범한 태도를 취하면 모든 상상력을 위축시켜 결

39 《램머무어의 신부》의 여주인공인 아슈톤을 가리킨다.

정작용이 일어나기 어렵게 된다. 반대로 첫대면이 소설적인 형태로 이루어진다면 사랑은 개가를 올린다.

그 이유는 간단하다. 놀라움은 그 예사롭지 않은 사건에 대해 오랫동안 생각에 잠기도록 한다는 점에서 이미 결정작용에 필요한 두뇌활동을 반쯤 이루어 놓았기 때문이다. 세라핀의 사랑의 시작(《질 블라스》[40] 제2권, 142페이지)을 인용하려고 한다. 돈 페르난드가 이단심문(異端審問)의 경관에게 쫓기고 있을 때의 일이다.

'비가 주룩주룩 내리고 있었다. 캄캄한 어둠을 뚫고 몇 개의 골목길을 가로지른 뒤 나는 문을 활짝 열어놓은 살롱 앞에 이르렀다. 나는 안으로 들어갔다. 방은 매우 훌륭했다. 주위를 둘러보자 방의 한쪽에 밀면 열릴 듯싶은 문이 하나 있었다. 문을 조금 열고 바라보니 방들이 죽 이어져 있고 가장 안쪽의 방에 불이 켜져 있었다. 어떻게 할까 잠깐 망설였지만…… 호기심을 억제할 수는 없었다. 나는 앞으로 걸어갔다. 이윽고 몇 개의 방을 지나 불이 켜져 있는 방으로 들어갔다. 대리석으로 된 테이블 위에 금촛대가 있었으며, 촛불이 흔들리고 있었다.

곧이어 커튼을 반쯤 올리고 있는 침대로 눈길을 던졌는데, 그곳에서 본 것으로부터 눈을 뗄 수가 없었다. 그것은 한 젊은 여자로서, 조금 전의 천둥소리도 듣지 못한 채 깊이 잠들어 있었다. ……나는 다가갔다…… 매혹되었다…… 넋을 잃고 바라보고 있는 사이에 그녀는 잠에서 깨어났다.

한밤중에 낯선 사내가 자기 방에 들어와 있는 것을 본 그녀는 얼마나 놀랐을까? 그녀는 나를 보더니 몸을 떨었고 비명을 질렀다. 나는 그녀를 진정시키기 위해 무릎을 꿇고 이렇게 말했다. "아가씨, 무서워하지 마십시오." 그녀

40 르 사지(Le Sage : 1688~1747)의 장편소설. 인용은 매우 자유롭게 변경되고 있다. 뒤의 샹폴의 인용도 마찬가지다.

는 하녀를 불렀다. 하녀가 오자 그녀는 다소 대담해져서 오만한 태도로 나에게 누구냐고 물었다.'

이런 첫 대면은 쉽게 잊혀지지 않게 마련이다. 이에 반하여 현재의 풍습으로 젊은 딸에게 '미래의 남편'을 소개하는 저 형식적이고, 감상적이라고 해도 좋을 맞선만큼 우스꽝스러운 것은 없다. 이 합법적인 매음 행위는 수치심에 상처를 주기까지 한다.

'1790년 2월 17일, 나는 오늘 오후—라고 샹폴은 기록하고 있다. 제4권 155—에 이른바 가정의 축하 모임에 참석했다. 이것은 신분이 확실하기로 정평이 나 있는 사람들의 꽤나 존경할 만한 모임이었는데, 그곳에서 아름답고 재치가 있으며 덕도 높은 마리 양이, 병약한데다 천박하고 품행이 단정치 않으며 우둔한 그러나 돈은 많은 노인 R씨의 아내가 되는 행운을 축하해 주었다. 오늘 결혼계약서에 서명하기까지 그녀가 그를 만난 것은 단 세 번뿐이었다. 이 부끄러운 세기(世紀)의 특색을 이루는 무언가가 있다면, 그것은 이러한 사항이 공공연히 자랑되는 일이고 이러한 기쁨의 우스꽝스러움일 것이다. 그리고 장래에 대해서 말한다면, 같은 사회가 가엾은 사랑을 하는 젊은 아내의 작은 경솔에 대해 위선적인 잔혹함을 갖고 듬뿍 모욕을 퍼붓는 일이다.'

모든 의식은 그 성질상 겉모습을 중요시하고, 미리 정해진 것이라도 우선 그것에 '알맞는 태도'를 취하지 않으면 안 되므로 상상력은 마비되어 의식의 목적에 어긋나는 것, 즉 우스꽝스러운 것에 대해서밖에 활동하지 않는다. 여기서 사소한 농담의 마술적인 효과가 생겨난다. 미래의 남편과 형식에 얽매인 맞선을 보는 동안, 불안과 수줍음의 고통에 고뇌하는 가엾은 젊은 여성은 자기가 맡고 있는 역할밖에 생각하지 못한다. 이것 또한 상상력을 죽이는 확실한 방법 중 하나이다.

교회에서 세 마디쯤의 라틴어를 듣고 난 후에 그때까지 두 번밖에 만난 적이 없는 남자와 잠자리를 같이한다는 것은, 2년 전부터 열렬히 사랑하고 있는 남자에게 몸을 맡기는 것보다 훨씬 미풍양속에 어긋나는 일이다. 그러나 나는 아무래도 어리석은 말을 하고 있는 것 같다.

현대적 결혼으로 말미암아 발생하는 죄와 불행의 끊임없는 원천은 P[41]이다. 그것은 결혼 전의 여성으로부터 자유를 빼앗고, 그녀가 잘못 선택한 뒤에는 이혼을 금하고 있다(오히려 주변의 사람들이 그녀를 망쳐버렸다고 해야 할 것이다). 원만한 가정의 나라, 독일을 보라. 어떤 아름다운 귀부인(사…… 공작부인[42])은 최근 공공연히 네 번째 결혼을 했는데, 피로연에 세 명의 전남편을 초대하는 것을 잊지 않았다. 이 세 사람과 그녀는 그후로도 친밀하게 교제해 왔던 것이다. 이것은 조금 극단적인 예 같지만, 어쨌든 남편의 폭정을 벌하는 이혼만 허용된다면 불행한 수천의 가정이 구제될 것이다. 재미있는 것은, 로마가 이혼이 가장 많은 나라[43] 중 하나라는 점이다.

사랑은 첫 만남에 있어서 남자에게 무엇인가 존경을 재촉함과 동시에 어딘가 동정을 이끄는 듯한 것이 있음을 나타내는 표정을 즐기는 법이다.

제22장 열중에 관해

극히 섬세한 정신의 소유자는 자칫 호기심과 편견에 사로잡히기 쉽다. 이

41 로마 가톨릭(Papisme)을 말한다.
42 처음 원고에는 사강 공작부인(duchesse de Sagan)으로 되어 있었다.
43 1853년판은 교황청을 자극하지 않기 위해 이곳에 다음과 같은 주석을 달고 있었다. '이것은 1820년쯤 로마에서 씌어졌다.'

것은 특히 마음속에서 정열의 근원인 신성한 불이 꺼져버린 사람들에게 두드러지며, 가장 불길한 징후의 하나이다. 사교계에 처음 얼굴을 내미는 학생에게도 열중이 있다. 이 인생의 양극단에 있어서는 감수성이 지나치게 풍부하거나 너무 없기 때문에 대상을 있는 그대로 파악하지 못하고, 그런 대상이 당연히 주는 참된 감각을 받아들이려고 하지 않는다. 이 너무나도 열렬한, 혹은 발작적으로 열렬해지는 영혼, 이를테면 신용대부로서 사랑을 하는 영혼은 대상을 기다릴 수가 없어 이쪽에서 몸을 위탁한다.

대상의 본성의 결과인 감각이 그런 영혼에 도달하기도 전에 그들은 멀리서부터 대상을, 아직 그것을 속속들이 꿰뚫어보기도 전에 스스로의 내부에서 마르는 일이 없는 샘물을 발견하는 이 상상적인 매력으로써 감싸버린다. 그리고는 다가가서 대상을 보는 것인데, 그것도 있는 그대로가 아니라 자기가 만들어낸 대로 본다. 그리하여 이러이러한 대상의 겉모습 아래 자기 자신을 향수하면서 그 대상을 향수했다고 믿는 것이다. 그러나 어느 날 갑자기 하나에서 열까지 모든 일을 자신이 부담하여 처리해 나가는 데 지치면 그들은 열애하는 대상이 '공을 받아 다시 던져주지 않는 것'을 깨닫는다. 그 결과 열정은 식어버리고 자존심이 맛본 실의 때문에 그때까지 과대평가하고 있었던 대상에 관해 지나칠 정도로 가혹해진다.

제23장 우레의 일격

이 우스꽝스러운 말은 마땅히 바꾸어야 할지도 모른다. 그러나 사실은 존재하는 것이다. 나는 베를린의 '건달들'에게 있어 절망의 씨앗이었던 아름답고도 기품 있는 빌헬미네가 사랑을 경멸하고 그 광기를 비웃는 것을 보았다. 젊음 · 재치 · 미모, 그밖에 온갖 종류의 행복으로 빛나고, 무한한 재물은 그녀의 모든 장점을 늘려주는 기회를 제공하며, 자연과 협력하여 행복을 누리는 데 어울리는 사람으로 완전한 행복이 주어진 보기 드문 예를 세상에 제시한 것처럼 보였다. 그녀는 23세였다. 궁정에 나간 지도 이미 오래되었고, 신분이 높은 사람들이 보이는 호의를 보기좋게 거절하고 있었다. 그녀의 얌전한, 그러나 단호한 부덕은 여자의 본보기로 여겨졌다. 그 후로 가장 잘생긴 남자들도 그녀의 사랑을 받으려는 소망을 거두고 단지 그 우정만을 빌 뿐이었다. 어느 날 밤 그녀는 페르디난트 대공의 무도회에 참석했으며, 그곳에서 한 젊은 대위와 10분 동안 춤을 추었다. 그녀는 그후 여자 친구에게 다음과 같은 편지를 쓰고 있다.[44]

'그때부터 그는 나와 내 마음의 주인이었습니다. 만일 헤르만을 보는 행복이 내가 다른 일을 생각함으로써 깨진다면 내 마음은 온통 공포로 채워지는 듯한 느낌이 들 정도였습니다. 내가 생각하는 유일한 것은 그가 내게 조금이라도 관심을 보여줄 것인지 하는 점이었습니다.

지금 나의 잘못에 대한 유일한 위안은, 나로서는 도저히 손 쓸 수 없는 어떤 거대한 힘이 나에게서 이성을 빼앗아갔다는 환상으로써 스스로를 달래는 일입니다. 단지 그를 한번 본 것만으로도 나의 전 존재의 혼란과 전도(顚到)가 얼마나 심한 것인지, 그것을 사실에 가깝도록 표현할 수 있는 단어를 나는 모릅니다. 얼마나 빨리, 얼마나 강하게 그에게 이끌려 갔는지를 생각하면 얼굴이 붉어집니다. 그가 나에게 한 최초의 말이 "나를 사랑해 주시겠습니까"였다 하더라도, 나는 "네"라고 대답하지 않을 수 없었을 것입니다. 하나의 감

44 보트멜의 《회상록》 축어역(逐語譯).

정의 결과가 이렇듯 갑작스럽게 전혀 예상치도 못했던 형태로 나타나리라고는 꿈에도 생각지 못했습니다. 순간 독약이라도 먹은 게 아닐까 하고 생각했을 정도입니다. 불행히도 당신을 비롯하여 많은 사람들이 내가 헤르만을 사랑하고 있다는 것을 알고 있습니다. 그렇습니다. 그를 처음 본 지 15분만에 그는 나에게 있어서 너무나 소중한 사람이 되었습니다. 그리하여 그 이후로 이 이상 더 소중하게 생각되는 일은 없었습니다.

그의 결점은 모두 알고 있었습니다. 그러나 그가 나를 사랑해 준다면 모든 것을 용서할 수 있습니다. 그와 춤추고 나서 얼마 지나지 않아 왕이 돌아가셨습니다. 헤르만은 시위대의 한 사람이었으므로 왕을 수행하지 않으면 안 되었습니다. 그와 함께 자연의 모든 것이 사라졌습니다. 그가 내 곁을 떠난 순간부터 내가 느낀 고통의 격렬함은 어떤 말로도 전할 수가 없습니다. 단지 혼자 있고 싶다는 욕망이 그 고통과 같을 만큼 강하게 나를 지배했습니다.

마침내 나는 그곳을 떠나 집으로 돌아왔습니다. 방에 이중으로 자물쇠를 채우고 나는 곧 나 자신의 열정에 항거하려고 했습니다. 나는 그것에 성공했다고 생각했습니다. 아아, 이 밤과 그후에 이어진 며칠 동안, 나는 예전처럼 나 자신의 미덕에 자부심을 갖는다는 기쁨을 얻기 위해 얼마나 비싼 대가를 지불했는지 모릅니다.'

당신이 지금 읽은 것은 당시 소문이 자자했던 사건의 정확한 서술이다. 한두 달 뒤에 빌헬미네는 불행해져서, 누구라도 그녀의 심정을 분명하게 읽을 수 있었다. 아무튼 긴 불행의 시작은 이런 식으로서, 결국 그녀는 그 젊음으로 그렇듯 비극적인 죽음을 맞이할 수밖에 없었던 것이지만, 독약은 그녀가 스스로 마셨는지 연인에 의해 먹여졌는지 잘 알 수 없다. 그런데 이 젊은 대위에 관해 우리들이 알 수 있었던 것은 다만 춤을 아주 능숙하게 추었다는 것뿐이다.

그는 매우 명랑하며 자신감에 넘치고 선량하고 대범하며, 창녀와 어울려 살고 있었다. 게다가 귀족의 말단이라 할 정도에 지나지 않았고, 몹시 가난하여 궁정엔 나가지도 않았다.

경계심이란 있어서는 안될 뿐 아니라 경계심에 혐오감을 일으켜야만 하고, 말하자면 용기가 사건을 고대하고 있음을 필요로 한다. 자기는 모르고 있지만 사랑도 없이 하루하루를 보내는 일에 무료해 하고 있다. 인생의 속박을 뛰어넘은 여자들의 실례(實例)에 본의 아니게도 압도당해 자존심의 슬픈 행복에 불만을 느끼고, 영혼은 무의식중에 하나의 이상형을 만들어낸다. 어느 날 그 이상에 맞는 남자를 만난다. 결정작용은 그가 불러일으키는 동요를 구하고 있었던 대상인 증거라고 생각하며, 자기 운명의 주인에게 오랫동안 꿈꾸어 왔던 것을 영원히 바친다.[45]

이와 같은 불행에 빠지기 쉬운 여자의 영혼은 너무도 숭고한 까닭에 열정에 의하지 않고서는 사랑을 하는 방법조차 모른다. 보통의 정사(情事)에 몸을 떨어뜨릴 수 있었다면 오히려 구원되었을 텐데 말이다.

우레의 일격은 '공교요리(公敎要理)'가 덕이라고 부르는 것에 대한 은밀한 싫증과 완전한 덕행의 단조로움에 대한 권태로부터 오는 것이므로, 나는 그 우레의 일격을 자주 받는 것은 사교계에서 품행이 좋지 않은 사나이라고 일컬어지고 있는 사람들이라고 생각한다. 카토[46]풍의 태도가 우주의 일격을 일으키는 경우는 거의 없을 것이다. 우레의 일격이 드문 것은, 이와 같이 미

45 '많은 구절을 크레뷔용 제3권에서 인용했다.' 샹피용판의 주에 의하면 1777년판 크레뷔용 피스의 저작집 제3권에는 '마음과 느낌의 망설임, 일명 메유크르 씨의 회상'이 포함되어 있다고 한다. 다른 스탕달 주변 사람들의 설에 의하면 이것은 1772년판의 일로서, 그 제3권은 '소파'라고 한다. 그리고 이 빌헬미네의 에피소드는 스탕달이 직접 〈파리 월평지〉 1822년 10월호에 쓴 《연애론》의 서평에서 인용했다. 부록 참조.

46 Cato, Marcus Porcius(B.C. 237~142). 로마의 원로원 의원이며 웅변가.

리 사랑하고자 하는 마음이 만일 조금이라도 자기의 지위를 의식하게 되면 우레의 일격은 이미 일어나지 않기 때문이다.

불행을 당함으로 말미암아 경계심이 강해진 여자는 이런 영혼의 혁명을 경험하지 못한다.

우레의 일격을 촉진하는 것으로는, 그 대상이 될 인물에 관해 미리 들었던, 그것도 여자들의 입을 통한 찬사만큼 효과적인 것은 없다. 사랑의 모험의 가장 희극적인 시작 중 하나로서 거짓된 우레의 일격이 있다. 무료해 하고는 있지만 감수성이 없는 여자가 어느 날 밤 일생을 걸고 사랑을 하고 말았다고 믿었다. 그때까지 몇 번이고 공상한 이 위대한 영혼의 움직임을 마침내 경험했으므로 그녀는 우쭐해졌다. 이튿날부터 그녀는 벌써 어디에 몸을 숨기면 좋을지 찾게 된다. 무엇보다도 전날 밤 사랑한 가엾은 남자를 어떻게 피하면 좋을지를. 지혜로운 남자는 이런 거짓된 우레의 일격을 꿰뚫어 볼 수 있다. 즉, 이용할 수가 있는 것이다.

육체적인 연애도 역시 그 우레의 일격을 가지고 있다. 어제 우리들은 베를린 최고의 바람둥이 미인과 마차에 타고 있었는데, 갑자기 그녀가 얼굴을 붉히는 것을 보았다. 미남인 핀돌프 중위가 지나가고 있었던 것이다. 그녀는 완전히 생각에 잠겨 버렸고, 어쩐지 안절부절못했다. 그날 밤 그녀가 극장에서 고백한 바에 의하면, 그녀는 사랑으로 인해 정신을 잃을 지경이고 미칠 것만 같다고 한다. 아직 한 번도 이야기를 해본 적이 없는 핀돌프의 일로 머리가 터질 것만 같다는 것이었다. "용기가 있으면 그 사람을 부르러 보낼 텐데." 하고 그녀는 말했다.

그 아름다운 얼굴은 가장 강한 열정의 표적을 나타내고 있었다. 이것은 이튿날에도 여전히 계속되고 있었지만, 사흘 뒤 핀돌프가 어리석은 짓을 했으므로 그녀는 그에 대해 생각하는 것을 그만두었다. 그리고 한 달 뒤에는 그를 싫어하고 있었다.

제24장 낯선 나라의 여행

북방 나라에서 태어난 사람들은 이 장을 건너뛰는 편이 좋으리라 생각한다. 이것은 오렌지 나무에 관한 두세 가지 현상의 상당히 까다롭고 특수한 연구인데, 이 나무는 이탈리아와 에스파냐 이외의 지역에서는 자라지 않는다. 적어도 본래의 키만큼은 자라지 않는 것이다. 다른 나라에서도 이해하도록 하기 위해서 나는 좀더 사실을 '적게' 다루어야 했을 테지만.

한때라도 누군가가 읽어서 재미있는 책을 쓰고 싶은 생각이 있었다면, 나는 물론 그러했을 것이다. 그러나 불행히도 나에겐 문학적 재능이 없으므로, 주로 과학의 냉정함과 정확성을 가지고 내가 오랫동안 오렌지의 나라에 머무는 동안에 어쩌다가 목격한 사실에 관해 이야기하기로 하겠다. 하기야 우거질 대로 우거진 오렌지 나무를 본 적이 없었던 프리드리히 대왕과 그밖에 북방의 탁월한 인사는 내가 앞으로 말하게 될 사실을 부정할 게 틀림없다. 그것도 선의(善意)를 가지고. 나는 더할 데 없이 선의를 존경한다. 그 이유는 알고 있다. 이 진지한 선언은 오만이라고 해석될 염려가 있다. 다음의 성찰을 읽어주기 바란다.

우리들은 각각 나름대로 자기가 진실이라고 믿는 것을 쓰고, 이웃 사람이 쓰는 것을 부정한다. 이것은 우리들이 쓰는 책의 수만큼 복권의 제비가 있는 것과 마찬가지이다. 책에는 실제로 그만큼의 가치밖에는 없는 것이다. 후세는 그 어떤 것은 잊고 어떤 것은 재판함으로써 당첨되었음을 선고한다. 그때까지는, 우리들이 저마다 최선을 다하여 그 진실이라고 생각하는 바를 쓰고 있는 셈이다. 이웃 사람을 비웃을 권리는 아마도 없을 것이다. 풍자시는 다만 재미있기만 하면 된다. 특히 쿠리에[47]가 델 프리아에 대해 썼던 것처럼 쓰는 것이라면 얼마든지 써도 상관없다.

그럼 이 정도의 전제하에 나는 용기를 내어 파리에선 좀처럼 볼 수 없는(것이라고 나는 확신하고 있지만) 사실의 검토에 들어갈까 한다. 물론 파리는 다른 어떤 도시보다 뛰어난 것은 사실이지만, 소렌토(Sorrento)처럼 전역에 걸쳐 오렌지 나무가 나 있는 곳은 볼 수 없다. 그런데 리지오 비스콘티가 다음과 같은 사실[48]을 관찰하고 기록한 것은 저 타소(Tasso)의 나라 소렌토로서, 나폴리만(灣)의 산중턱에 있으며 나폴리보다 훨씬 경치가 빼어난 곳이다. 그곳에서는 누구도 〈미루아르(Miroir)〉[49] 지를 읽지 않는다. 리지오는 쓴다—

사랑하는 여자를 만나러 가는 날 밤, 큰 행복을 앞에 두고 있으므로 그때가 오기까지의 1분 1초는 견뎌내기 어려운 것이 된다. 열에 들뜬 것처럼 각가지의 일에 손을 대었다가는 팽개친다. 줄곧 시계를 본다. 잠깐 보지 않은 동안에 10분이나 지나고 있다면 기뻐 어쩔 줄을 모른다. 마침내 기다리고 기다리던 때가 왔다. 그런데 막상 그녀의 집 현관 앞에 서서 문을 두드리는 순간 그녀가 집에 없다면 오히려 안도할 수가 있었을 것이다. 집에 없다는 사실을 아쉬워하는 것은 반성한 결과이다. 요컨대 기다리는 동안의 고통이 이런 이상한 심정으로 만들어 버렸던 것이다.

47 Currier, Paul Louis(1772~1825). 풍자 작가이며 헬레니스트. 1810년 《다프니스와 크로에》의 원고를 잉크로 더럽혀 문제를 일으킴으로써 학자인 프리아를 격분하게 했다. 그는 책방 르누아르(프리아가 아닌)에게 보낸 편지에서 프리아를 야유했다.

48 이하는 스탕달의 일기의 단편(斷片)이라고 추정된다.

49 1822년 파리에서 창간된 오락 신문으로, '거울'이란 뜻이다.

대부분의 사람이 사랑의 부조리라고 말하는 것은 이와 같은 것이다. 이것은 상상력이, 한 걸음 한 걸음이 행복했었던 달콤한 몽상으로부터 강제로 끌려나와 엄격한 현실 앞에 놓였다는 일이다.

여자를 만나는 순간부터 시작되는 투쟁에 있어 조금이라도 방심한다거나 조금이라도 주의력 혹은 용기를 잃는다면 곧 패배하고 만다. 그리고 그것은 이후로 오랫동안 상상력의 활동을 방해한다는 사실을 다정한 영혼은 잘 알고 있다. 열정에 몸을 맡김으로써 그 해독으로부터 달아나고자 해도 패배는 실상 열정과는 무관하고, 자존심의 굴욕만이 남아 있을 뿐이다. '나는 재치가 없었다, 용기가 없었다' 고 마음속으로 중얼거린다. 그러나 연모하는 여자에게 용기를 낼 수 있는 것은 연애의 감정이 조금 식었을 때뿐이다.

결정작용의 몽상으로부터 남은 약간의 주의력을 북돋아 보아도, 사랑하는 여자에게 처음으로 마음을 털어놓을 때는 무의미한 일 또는 자신의 느낌과는 상반되는 의미의 것을 지껄이는 게 고작이다. 그리고 더욱 안타까운 것은, 자기의 감정을 과장하고 자기 자신의 눈에도 우스꽝스러운 것으로 만들어 버리는 일이다. 자신이 말하는 것에 충분한 주의가 작용하고 있지 않음을 막연히 느끼기 때문에 발작적으로 대사를 꾸미거나 강화한다.

그렇지만 침묵은 어색하다. 입을 다물고 있을 수만은 없다. 침묵을 지킨다고 그만큼 여자에 대해 더 생각할 수 있는 것은 아니다. 그래서 자기가 실제로는 느끼고 있지 않은 것을 느낀 것처럼 꾸미며 지껄여댄다. 만일 다시 한 번 말해 보라고 한다면 틀림없이 당황했을 것이다. 이리하여 자기를 한층 그녀의 것이라고 느끼는 까닭에 만나는 것을 그만두고자 생각하기조차 하는 것이다.

처음 사랑을 알게 된 무렵, 이러한 이상한 감정을 자신의 내부에서 느끼고, 자기는 사랑을 하고 있지 않다고 생각하기도 했던 것이다. 나는 두려움에 대해 잘 안다. 병사가 공포로부터 도망치기 위해 곧장 포화(砲火)를 향해 달려가는 심정이 어떠한지를. 2년 동안[50] 오지 잠자코 있지 않기 위해서만 지껄여댄 어리석은 일을 생각하면 전율을 느낀다.

이런 일로부터 열정적 연애와 정사(情事)의 차이, 다정한 영혼과 산문적(散文的)[51] 영혼의 차이에 대해서는 여자도 잘 알 수 있는 것이다. 이 결정적인 순간에는 한쪽이 잃은 만큼 다른 쪽은 그만큼 이득을 본다. 산문적인 영혼은, 정확히 그가 평소 갖고 있지 않을 만큼의 열기를 얻는다. 한편 가엾음이나 다정한 영혼은 지나친 감정 때문에 마음이 이상해지고 또한 그것을 숨기려고 한다. 자기의 흥분을 억제하는 데 정신을 빼앗긴 나머지 기회를 이용하기 위해 필요한 냉정함을 가질 수가 없다. 그리하여 산문적인 영혼이었다면 크게 진보했을 것이 분명한 방문으로부터 마음만 어지러워져 작별을 고할 뿐이다. 다정하고 기품 있는 영혼은 자기의 열정과 지나치게 밀접한 관계가 있는 것이 되면 사랑하는 사람 앞에서 조리 있게 말을 할 수가 없다. 왜냐하면 실수할 염려가 너무 많기 때문이다.

이에 반해 속된 영혼은 성공의 기회를 정확히 계산하고 실패의 고통을 예상하는 데 있어 헛된 시간을 사용하지는 않는다. 그것은 자기의 속물스러움을 자랑삼아 재치가 충분하면서도 극히 간단한 것을 말할 만한 자연스러움이 없고 가장 확실한 성공마저 놓치고 마는 다정한 영혼을 비웃는다.

다정한 영혼은 어차피 힘으로 빼앗는 일은 할 수 없으므로, 사랑하는 사람의 '자비'에 의하지 않고서는 무엇 하나 얻을 수 없어 체념하지 않으면 안 된다. 하기야 사랑하는 여자가 민감했다면 애써 사랑을 이야기하려 했던 일을 후회하게 될지도 모른다. 열정이 다른 확실한 표적으로 나타나지 않는 한 그

50 스탕달의 마틸드에 대한 사랑이 시작된 것은 1818년 3월 4일이다.
51 이것은 레오노르가 말한 것인데, '산문적'이라는 말에만 해당된다. '단장(斷章)' 10 참조.

태도는 단지 부끄러워하고 있는 듯한, 냉정한 듯한 의심스러운 것으로밖에 보이지 않을 것이다. 생활의 온갖 순간에 이렇듯 생생하게, 이렇듯 자세하게 느끼는 바를 표현한다는 것은 그가 스스로에게 부과하는 고역이지만, 그것은 그가 소설을 읽었기 때문이다. 자연 그대로 살고 있다면 결코 이런 고통스러운 일을 시작하지는 않을 것이다.

15분 전에 느낀 일을 이야기하거나 흥미진진하게 묘사를 하려고 애쓰지 않고서 순순히 그때그때 느낌을 표현하면 되는 것이다. 그런데 그는 결코 그렇게 하지 않는다. 많은 노력을 기울이고도 전혀 성공을 거두지 못하는 것이다. 말에는 참된 감정이 담겨 있지 않고 기억도 혼란스러우므로, 그때는 능숙한 것을 말했다고 생각되더라도 실은 가장 부끄러운 우스꽝스런 것을 말한데 지나지 않는다.

아무튼 1시간씩이나 괴로워한 끝에 엄청난 노력으로 겨우 이 상상 속 마법의 동산에서 빠져나와, 드디어 이제부터 사랑하는 사람의 앞에 있음을 순순히 즐기려는 단계에 이르면, 벌써 돌아가야만 할 때가 와 있든가 한다. 이것은 모두 있을 것 같지도 않은 일이라고 여겨질지도 모른다. 그러나 나는 좀 더 심한 예를 보았다. 내 친구 중 한 사람이 어떤 여자를 우상처럼 숭배하고 있었다. 그런데 솔직하게 털어놓지를 않아 확실히는 알 수 없지만 무언가 실례를 범했다고 하면서 갑자기 그 여자로부터 한 달에 두 번 이상 와서는 안 된다는[52] 말을 들었다는 것이다. 그렇게 되자 오랫동안 애타게 기다리다가 마침내 그녀를 방문할 때가 되면 거의 광적인 발작을 일으키곤 했다. 그리하여 그것을 밖으로 드러내지 않기 위해 사르비아티[53]는 온 힘을 다하지 않으

52 1819년 5월 스탕달은 볼테라로 마틸드를 따라가지만 아버지의 죽음으로 다시 프랑스로 돌아간다. 밀라노에 돌아온 것은 1819년 10월인데, 마틸드는 차가운 태도로 방문을 2주에 한 번으로 제한했다.
53 사르비아티는 리지오와 마찬가지로 스탕달의 분신(分身). 제31장 참조.

면 안 되었다.

방문 처음부터 놀아가야 할 일이 마음에 걸려 그는 전혀 즐거움을 느끼지 못한다. 자기가 무엇을 말하고 있는지도 생각하지 않은 채 지껄여댄다. 때때로 자기의 생각과는 상반되는 것을 말하기도 한다. 어떤 이론을 내세우는 일도 있지만, 대개는 문득 제정신으로 돌아와 자신이 하는 말에 귀를 기울인다면 그 우스꽝스러움에 놀라 입을 다물고 말아야 할 그런 것이다. 대단한 노력을 하고 있으므로 겉으로는 차갑게 보인다. 사랑은 너무나도 격렬해서 그 모습을 감추었던 것이다.

만나지 않고 있으면 상상력은 여자와 즐거운 대화를 나누고 가장 다정한, 가장 감동적인 흥분에 잠긴다. 이리하여 다음에 만나기까지의 10일이나 12일 동안에 그녀와 이야기할 용기가 생겼다고 믿게 된다. 그러나 행복해야 할 날의 이틀 전부터 열병이 시작되고 두려운 순간이 가까워짐에 따라 점점 더 증가되어 간다.

살롱에 들어갈 때는 터무니없는 것을 말하지 않기 위해 침묵을 지키고, 단지 나중에 그녀의 얼굴을 생각해낼 수 있도록 응시하기만 하자고 결심한다. 그러나 일단 그녀 앞에 나가면 별안간 눈앞이 캄캄해진다. 편집광처럼 무언가 이상한 짓을 저지를 것만 같은 느낌이 든다. 두 개의 영혼을 갖고 있는 것처럼 생각된다. 한쪽은 행동하려 하고, 다른 한쪽은 그 행동을 비난하고 있다. 어리석은 짓을 하지 않도록 애써 주의력을 집중하므로 한순간 피가 가라앉는다. 그 때문에 방문을 끝내야 할 때가 다가왔다는 것도, 다시 그녀와 만나기까지 2주일을 기다려야 한다는 불행도 떠올리지 않고 있을 수 있다.

시시한 긴 이야기를 늘어놓는 답답한 남자가 자리를 같이 하고 있으면, 가엾은 연인은 이리하여 그에게 있어 귀중한 시간을 소비하는 것이 재미있기나 하다는 듯 그 남자의 이야기에 귀를 기울인다는 영문 모를 심정이 된다.

그렇게도 즐거운 마음으로 생각하며 고대하던 시간은 섬광처럼 지나간다. 그 사이 그는 사랑하는 여자와 얼마나 인연이 먼 인간이 되어버렸는지 온갖 미세한 징후를, 무엇이라 표현하기 어려운 고통으로 느끼고 있다.

무관심한 방문객들 틈에 끼여, 자기는 그녀의 지난날의 자질구레한 사정을 모르는 단 한 사람이라는 것을 안다. 마침내 그는 밖으로 나간다. 그녀에게 넌지시 작별의 인사를 하면서, 이제부터 2주일 동안 만나지 못한다는 두려운 감정을 맛본다. 두 번 다시 만날 수 없는 편이 차라리 훨씬 고통이 적으리라는 것은 말할 필요도 없다. 이것은 폴리카스트로 공작의 경우와 매우 비슷하지만, 훨씬 더 비참하다.

공작은 그녀를 열렬히 사랑하는 질투 많은 남편에게 갇혀 있는 연인과 15분간 만나기 위해 6개월마다 레체[54]까지 400킬로미터를 다니고 있었다. 여러분은 의지가 연애에 아무런 영향도 주지 않는 예를 본 것이다. 애인에게 화를 내고 자기 자신에게도 화를 내며 왜 거의 미치광이가 되어 무관심 속에 뛰어드는 것일까? 이러한 방문의 유일한 은혜는 결정작용의 보물을 새로이 한다는 것뿐이다.

사르비아티에게 있어 생활은 2주간의 주기로 나뉘어져 있고, 각 주기는 그 전에 부인과 만난 밤의 색채를 띠고 있었다. 이를테면 5월 21일에는 행복으로 인해 거의 정신을 잃을 지경이었으나, 6월 2일[55]에는 단지 머리에 피스톨을 쏘고 싶다는 유혹에 지지 않기 위해 집으로 돌아오지 않는다는 꼴이었다.

나는 그날 밤 깨달았다. 소설가들은 자살의 순간을 매우 서투르게 묘사하고 있다. 사르비아티는 아무렇지도 않은 태도로 말했다. "갈증을 느낀다. 이 컵의 물을 마시자." 나는 그의 결심을 꺾지 않고 작별을 고했다. 그러자 그는

54 소렌토의 동남쪽 90킬로미터 지점에 있는 해안의 소도시.
55 스탕달은 1819년 5월부터 6월에 걸쳐 여행 중인 마틸드를 따라다녔고, 6월 3일 볼테라에 도착했다.

울기 시작했다.

사랑을 하는 남자의 말에는 착란(錯亂)이 따르게 마련이므로, 말의 일부를 분리시켜 그곳으로부터 너무 성급한 결론을 끌어내는 것은 현명하다고 할 수 없다. 그들은 뜻하지 않은 말에 의해서밖에는 자기의 감정을 바르게 표출하지 않는 법이다. 그때 그것은 마음의 외침이다. 어느 쪽이든 무언가 결론이 얻어지는 것은 그들이 한 말의 전체적 분위기로부터이다. 깊이 감동하고 있는 인간은 대부분의 경우 그 감정을 불러일으킨 상대의 감정을 꿰뚫어보는 여유를 갖지 않은 자라는 사실을 잊지 않도록 하자.

제25장 소개(紹介)

여자가 어떤 유의 자세한 사항을 파악할 때 보이는 민첩성이나 판단의 확실성에는 감탄할 따름이다. 그러나 한순간이 지나면, 나는 그녀들이 어리석은 자를 이치에 맞지도 않게 추어올리고, 대단치도 않은 일에 감동하여 눈물을 흘리며, 평범한 허세를 성격의 표현으로서 중시하는 것을 본다. 왜 이런 어리석은 일이 생기는지 나는 이해할 수가 없다. 여기에는 분명 무언가 내가 모르는 일반적인 법칙이 있을 것이다. 여자는 남자의 '하나의' 미점에 마음을 빼앗기고 '하나의' 세부에 이끌려, 오직 그것을 강하게 느낄 뿐 다른 것은 눈에 들어오지 않는다. 신경액(神經液)은 이 미점을 즐기기 위해 소비되고, 다른 것을 돌아볼 여유가 없다. 나는 몇몇 뛰어난 인물이 재치 있는 여자에게 소개되는 것을 보았지만, 대면의 인상을 결정하는 것은 언제나 약간의 선입관이었다.

독자가 비슷한 예를 허용해 준다면, 나는 친애하는 라 베도예르 대령[56] 이 쾨니히스베르크 최고의 시투르베 부인에게 소개되었을 때의 이야기를 하려 한다. 우리들은 서로 말했다. 'Farà colpo?(그 친구 잘 해낼까?)', 우리들은 내기를 했다. 나는 시투르베 부인을 만나, "대령은 이틀째 계속해서 같은 넥타이를 매고 있습니다. 이틀째에는 뒤집어서 매고 있는데, 가로줄이 나 있으니 잘 보십시오"라고 일러주었다. 실은 완전히 거짓말이었지만.

마침 이야기를 끝냈을 때 이 매력적인 인물의 방문이 알려졌다. 파리에서 제일가는 바보라 해도 그 대령보다는 좀더 좋은 인상을 부인에게 주었을 것이다. 그러나 주의할 일은, 시투르베 부인이 나중엔 그를 사랑하게 되었다는 점이다. 그녀는 진지한 여자였다. 그들 사이에 불미스런 일이란 있을 수 없었다. 이 두 사람의 성격만큼 잘 어울리는 성격은 없었다. 시투르베 부인을 지나치게 소설적이라고 비난한 사람이 있지만, 실상은 소설적으로 될 만큼의 덕이 있었던 것이며 라 베도예르는 그 점에 끌렸던 것이다. 그녀로 말미암아 결국 그는 젊은 나이로 총살당하게 되었다. 여자에게는 애정의 뉘앙스, 인간 육체의 가장 감지하기 어려운 변화, 자존심의 가장 가벼운 움직임까지도 쉽사리 알아차리는 능력이 주어져 있다. 이 점에서 여자는 우리 남자들에게는 없는 기관을 가지고 있는 것이다. 여자가 부상자를 간호하는 것을 보면 알 수 있을 것이다.

그러나 한편 여자는 아마도 저 재지(才智), 정신의 결합이 무엇인지를 모른다. 나는 가장 뛰어난 여자들이 어떤 재지 있는 남자(내가 아니다)에게 마음을 빼앗기는 것을 보았는데, 그녀들은 동시에 거의 같은 말로써 많은 바보들을 칭찬하고 있었다. 그때 나는 마치 사람들이 아름다운 다이아몬드를 인조

56 La Bédoyère 1807년 독일 전쟁에서 처음엔 근위기병대, 그뒤 제11 엽기병대에 속하여 참전했다.

(人造)라고 믿고, 크기만 하다면 인조 쪽을 택하는 것을 바라보는 감정인처럼 어처구니가 없었다.

그래서 나는 여자에 대해선 무엇이든 해보아야 한다는 결론에 도달했다. 라사르 장군[57]이 실패한 상대라 할지라도, 수염을 기르고 조리 없는 말로 맹세만 하고 있는 대위가 성공한다. 남자의 가치 중에는 무언가 남자로서는 알지 못하는 일면이 있을 게 틀림없다.

이런 문제라면 나는 언제든지 육체적 법칙에 돌리기로 하고 있다. 신경액은 남자에게 있어서는 뇌수(腦髓)에서 소비되고, 여자에게 있어서는 심장에서 소비된다. 여자가 남자보다 민감한 것은 이 때문이다. 우리들이 일생 동안 계속하는 직업상의 부득이한 대사업은 우리를 위안한다. 여자에게 있어서는 기분전환 이외에 위안이란 없다.

아피아니[58]는 덕이라는 것을, 그것이 극단까지 높여졌을 경우가 아니면 인정하지 않는 남자인데, 내가 오늘 밤 그와 토론하면서 이 장의 사상에 대해 이야기했더니 그는 대답했다.

"에포닌[59]의 영혼의 힘은 영웅적 헌신으로 남편을 지하의 동굴에 숨기고 그가 절망에 빠지지 않도록 하는 일에 소비되었습니다. 그러나 만일 두 사람이 로마에서 평화롭게 살고 있었다면, 그녀는 그 힘을 애인을 숨겨주는 데 사용했겠지요. 강한 영혼에는 양식(糧食)이 필요한 것입니다."

57 Lassale, Antoine-Charles-Louis, Comte de(1775~1809) : 나폴레옹의 전위 부대 제1의 맹장으로 기병 전술에 뛰어났다. 바그람(Wagram)의 전투에서 전사했다.
58 Appiani(?~1816) : 밀라노의 화가. 스탕달이 밀라노에 체재하고 있던 초기에 알았다는 것은 있을 수 있지만, '오늘 밤' 창작이다.
59 Eponine : 고트의 왕 사비누스(Sabinus)의 아내로서 로마에 반항하여 패배한 남편을 9년 동안 동굴에 숨겨두었는데, 마침내 발각되어 78년 남편과 함께 처형당했다.

제26장 수치심에 관해

마다가스카르의 여자는 우리들이 가장 감추고자 하는 부분을 태연히 노출한다. 그러나 팔을 드러내기보다는 죽음을 택할 것이다. 분명히 수치심의 4분의 3은 후천적인 것이다. 이것은 아마도 문명의 산물인 법(法) 가운데 행복을 낳는 단 하나의 것이리라.

사나운 새가 물을 마실 때 몸을 숨긴다는 것은 잘 알려진 일이다. 목을 물에 담그지 않으면 안 되므로 그 순간 무방비 상태가 되기 때문이다. 타이티에서 행해지고 있는 것을 아울러 생각한다면, 수치심에는 이것 이외에 자연의 근거가 있다고는 여겨지지 않는다.

연애는 문명의 기적이다. 미개인 혹은 매우 야만스런 민족에게는 육체적 연애나 가장 음란한 것밖에 발견되지 않는다. 수치심은 사랑에 상상력이라는 도움을 준다. 이것은 사랑에 생명을 불어넣는다. 수치심은 아주 어렸을 때부터 어머니에 의해 딸에게 가르쳐진다. 게다가 대단한 질투를 가지고서. 어쩌면 그것은 단체 정신에 의해 가르쳐진다고 할 수도 있을 것이다. 여자들은 미래의 연인의 행복을 미리부터 생각해 두는 것이다.

수줍음이 많은 다정한 여자에게 있어 남자 앞에서 얼굴을 붉혀야 하는 것만큼 고통스러운 일은 없다. 조금쯤 교만한 여자라면 천 번의 죽음이라도 택하리라는 것을 나는 의심하지 않는다. 조금 대담한 행동을 해보고 그것이 사랑하는 남자에게 다정한 의미로 해석되면, 한순간 강한 기쁨을 느낀다. 그러나 그가 만일 그것을 비난하는 듯한 혹은 별로 기뻐하지 않는 태도를 보인다면, 그것만으로도 그녀의 마음엔 무서운 의심이 남게 된다. 속된 마음을 갖지 않은 여자는 조심성 있는 태도를 지키는 것이 좋다. 도박은 평등하다고 할 수 없다. 조그마한 기쁨, 조금쯤 더 귀엽게 보인다는 이익에 대해 날카로운 후회와, 연인이 이전만큼 소중하게 생각되지 않을 정도의 부끄러움이 남는 위험이 있기 때문이다. 태평스럽게 들뜬 기분으로 보낸 파티는 상당히 비싼 대가를 지불해야 한다. 그 사람에게 지난번 만났을 때에도 이런 추한 모습을 보였던 것은 아닐까 생각하면 며칠은 만나고 싶은 마음이 사라진다. 가장 가벼운 위반도 견디기 어려운 치욕에 의해 처벌되는 이 습관이라고 하는 힘에는 새삼 놀랄 필요도 없을 것이다.

수치심의 효용은, 그것이 연애의 어머니라는 점이다. 이것은 이미 반론의 여지가 없는 일이다. 감정의 메카니즘으로서 이토록 간단한 것은 없다. 영혼은 무엇인가를 요구하려고 하지 않은 채 오로지 부끄러워만 하며 욕망에 눌려 있다. 사람을 행동으로 이끄는 것은 욕망임에도 불구하고.

분명한 것은, 다정하고 기품 있는 여자는 누구라도(이 두 가지 성질은 원인-결과의 관계에 있으므로 그 한쪽이 다른 쪽을 동반하지 않는 경우는 별로 없다) 거절당한 남자가 새침떼기라고 일컫는 저 냉담한 습관을 몸에 익히고 있다는 점이다. 이 비난이 한결 그럴 듯하게 들리는 것은, 수치심이 중용(中庸)을 지키기란 매우 어렵기 때문이다.

재치가 없고 자존심만 강한 여자는 곧 수치심에 관한 한 지나친 것은 없다고 믿어버린다. 영국 여자가 자기 앞에서 어떤 의복의 이름을 일컫는 것을 모욕으로 받아들이는 것은 이 때문이다. 영국 여자는 별장의 파티에서 남편과 함께 살롱을 나가는 장면을 남에게 보이지 않도록 조심한다. 좀 더 중요한 것은, 남편 이외의 남자 앞에서 수선스러운 행동을 하는 것은 부끄러운 일이라고 믿고 있다는 점이다.[60] 영국 남자들 중 재치가 있는 사람조차도 가정의 행

60 이 고리타분한 풍속의 칭찬할 만한 묘사를 《코린(Corinne)》의 끝에서 보라. 스타엘 부인은 너무 아름답게 묘사하고 있다. 《코린》은 스타엘 부인의 자전적 소설인데, 영국의 장교 오스왈드에 대한 이탈리아의 여류시인 코린의 사랑을 그렸고, 당시 평판이 높았다. 영국인의 사고방식이 오스왈드를 통해 잘 나타나고 있다.

복에 그렇듯 심심해하는 듯이 보이는 것은, 아마도 이렇듯 지나치게 세심한 배려 때문일 것이다. 그것은 자업자득이다. 왜 이렇게 오만한 것일까?

한편 만일 플리머스로부터 단숨에 카디스나 세비야[61]로 옮기면, 에스파냐에서는 더운 기후와 격렬한 열정으로 인해 필요한 분별을 조금쯤 잊고 있다는 것을 나는 알게 된다. 나는 매우 짙은 애무가 남들 앞에서 자연스럽게 행해지는 것을 본다. 나는 감동하기는커녕 오히려 그 반대의 심정이 되었다. 이렇듯 흉한 모습은 어디에도 없다.

수치심이라는 이름 아래 여자가 몸에 지니는 습관의 힘은 '계량할 수 없는' 것이라고 각오하지 않으면 안 된다. 속된 여자도 수치심을 과장함으로써 빼어나게 아름다운 여자와 동등해질 수 있다고 믿고 있다. 수치심의 위력은, 다정한 여자가 연인에 대해 말보다는 행위로써 마음을 전달한다는 곳까지 간다.

그 미모와 재산, 또한 바람끼에 있어서도 볼로냐에서 제일가는 어떤 여자가 나에게 이런 이야기를 해주었다. 어떤 도시에 머물고 있는 멍청한 프랑스 인이 — 프랑스 국민에 관해 참으로 이상한 생각을 품게 하는 작자였다 — 어젯밤 그녀의 침대로 기어들어가겠다는 엉뚱한 생각을 했다. 한 달 전부터 그는 우스꽝스런 사랑의 고백으로 그녀를 괴롭히고 있었는데, 그는 그것을 헛되게 하고 싶지가 않았던 것이다. 하지만 이 인물은 재치라는 것이 없었다. 그는 M…… 부인이 하녀를 물리치고 잠자리에 들 때까지 기다리고 있었는데, 모두가 잠들 때까지는 기다리지 못했던 것이다.

61 플리머스(Plymouth)는 영국의 군항(軍港), 카디스(Cadiz)는 에스파냐 남부의 지브롤터에서 가까운 군항, 세비야(Sevilla)는 에스파냐 남부 안달루시아의 수도. 이 책을 쓸 당시 스탕달은 아직 에스파냐에 간 적이 없었다.

그녀는 곧 방울을 울렸고, 대여섯 명 하인들의 욕설과 주먹질에 창피만 당하고서 쫓겨나고 말았다. "만일 그 남자가 2시간만 더 기다리고 있었다면 어떻게 되었을까요?"라고 나는 물었다. "꽤나 난처했으리라고 생각해요. 그 사람은 틀림없이 '누구라도 제가 당신의 부름을 받고 왔다고 생각할 것입니다'라고 말했을 게 뻔하니까요."

이 미인의 집을 나온 나는 다른 부인의 집으로 갔다. 그 부인은 내가 아는 한 가장 사랑받을 만한 가치가 있는 사람으로서, 그녀의 섬세함은 아마도 사람의 마음을 사로잡는 미모보다도 더 뛰어날 것이었다. 그녀는 혼자 있었다. 나는 M…… 부인의 이야기를 하고 담론(談論)을 벌였다. 그녀는 말했다. "하지만 만일 그 여자가 그 사람을 전부터 좋아하고 있었다면 그런 짓을 했더라도 용서해 주었으리라고 생각합니다. 그래서 결국에는 사랑하게 되었을 텐데." 고백하지만, 인간의 마음속 깊이 드리워진 이 뜻하지 않은 광명에 나는 잠시 멍청해졌다.

이윽고 침묵을 깨며 나는 말했다. "그러나 남자도 사랑하고 있었다면 그렇듯 난폭한 행위를 할 용기를 낼 수 있었을까요?"

만일 여자가 이 장을 썼다면 이토록 애매하게 표현하지는 않았으리라. 이른바 여자의 자존심에서 비롯되는 오만, 지나친 부끄러움의 습관, 어떤 유의 '섬세함' (대부분은 남자에게 없는 '감각의 결합' 에 의존하고 있는 것), 그것도 곧잘 자연에 근거를 두지 않는 '섬세함'. 이 모든 것들을 남에게서 들은 바를 근거로 하여 그 범위 내에서 쓸 수밖에 없었다.

어떤 여자가 철학적인 솔직함을 가지고 다음과 같은 의미의 것을 말했다. "언젠가 누군가에게 나의 자유를 바칠 때가 오리라는 가정하에 내가 선택한 남자는, 내가 그때까지 아무리 사소한 좋고 싫음이라 해도 그에 대해 엄격했음을 알게 된다면 더한층 나의 감정을 존중해 주리라고 생각합니다." 그런 남자와 만날 기회는 거의 없으리라고 생각되지만, 어쨌든 그 남자를 위해 이처럼 다감한 성격의 여자가, 실제로 지금 이야기를 나누고 있는 남자에게는 냉담해지는 것이었다. 이것이 최초의 수치심의 과장이다. 이것은 어쨌든 존경해 두자. 제2의 과장은 여자의 자존심에서 비롯된다. 제3의 과장의 원인은 남편의 자존심이다. 이와 같은 사랑의 기대는 곧잘 가장 정숙한 여자의 몽상에도 나타난다고 나는 생각한다. 그것도 무리도 아니다. 사랑하도록 만들어진 영혼을 하늘로부터 받으면서 사랑을 하지 않는다는 것은 자기로부터도 타인으로부터도 하나의 큰 행복을 빼앗는 일이다. 이것은 죄를 짓는 것을 두려워하여 꽃을 피우지 않는 오렌지 나무와 같은 것이다.

사랑을 하도록 만들어진 영혼은 타인의 행복에 관한 한 격렬한 기쁨을 느끼지는 않는다는 점에 주의하기 바란다. 이른바 사교계의 즐거움도 두 번째에는 참을 수 없는 공허로 비친다. 미술이나 자연의 경관이 좋아지는 듯한 느낌을 받는 경우도 있다. 그러나 실은 그와 같은 것도 그녀에게 사랑을 약속하고 혹은 과장하는(그런 일이 있을 수 있다는 가정하에) 데 지나지 않는 것이다. 마침내 그녀는 그것이 스스로에게 금지한 저 행복을 말해주고 있다는 것을 자각한다.

수치심에 있어 비난해 마땅하다고 생각되는 유일한 것은, 그것이 거짓말을 하는 습관으로 이끄는 일이다. 이것은 바람둥이 여자가 마음씨 고운 여자에게 가지고 있는 유일한 이점(利點)이다. 바람둥이 여자는 여러분에게 말한다. "당신이 좋아지면 곧 말할게요. 정말로 그렇게 되면 나도 속이 편할 텐데. 왜냐하면 난 당신을 존경하고 있기 때문이에요."라고. 그런데 연인에게 굴복한 뒤 다음과 같이 외치는 콘스탄스의 격렬한 만족은 어떠한가. "남편과 다투고 나서 8년간 어느 누구에게도 몸을 허락하지 않기를 잘했어요!"

나는 이 생각이 좀 우스꽝스럽지만, 환희는 신선했으리라고 여겨진다. 여기서 애인으로부터 버림을 받은 어떤 세빌랴의 귀부인의 뉘우침이 어떤 것이었는지를 이야기하지 않으면 안 된다. 연애에 있어서는 모든 것이 '표적'임을 잊지 않도록 부탁하고 싶다. 그리고 나의 문장에 다소의 관용을 가지고 대해주기 바란다.

....

남자인 내 시각에서 보면 수치심에는 아홉 가지 특징이 있다.

① 적은 것을 위해 많은 것을 건다. 따라서 극히 신중하고, 때로는 허세가 되기도 한다. 이를테면 아무리 재미있는 일이 있더라도 결코 웃지 않는다. 그러므로 적당히 수치심을 나타내는 데는 대단한 재치가 필요하다. 그러므로 소수의 모임에서 대부분의 여자는 어느 정도 수치심을 잊기 쉽다. 분명히 말하면 남자의 이야기가 별로 완곡하지 않더라도 반드시 화를 내거나 하지는 않는 것이다. 그리하여 취기와 소동이 늘어감에 따라 베일을 벗는다.

많은 여자가 남자의 뻔뻔스러움밖에 존중하지 않는 이유는 수치심 또는 그로 인해 참아야만 하는 죽고 싶을 정도의 심심함 때문일까, 아니면 뻔뻔스러움을 성격의 강함이라고 잘못 알고 있기 때문일까?

② 제2의 법칙. 나의 수치심으로 인해 연인은 나를 더한층 존경해 주리라.

③ 습관의 힘은 가장 정열적인 순간에 있어서도 승리한다.

④ 수치심은 남자에게 자부심을 고조시키는 쾌락을 준다. 여자가 자기를 위해 어떠한 법도(法度)를 깨뜨렸는지 느끼게 해준다.

⑤ 그리하여 여자에게는 한층 '도취적인' 쾌락을 준다. 그 쾌락은 하나의 강력한 습관을 깨뜨리게 하므로 한결 영혼을 혼란하게 만든다. 바르몽 백작[62]이 한밤중에 미인의 침실로 숨어든다. 이것은 그가 매주 하는 일이지만, 여자

62 소설 《위험한 관계》(1782)의 등장 인물.

에게는 아마도 2년에 한 번쯤 있는 일일 것이다. 따라서 호기심과 수치심은 여자에게 훨씬 강력한 쾌락을 준비해 줄 것이 틀림없다.[63]

⑥ 수치심에 있어서 곤란한 점은 끊임없이 거짓말을 하도록 만든다는 것이다.

⑦ 지나친 수치심과 그 엄격함은 다정하고 수줍음 많은 영혼의 사랑하는 용기를 꺾는다. 그런 영혼이야말로 남자에게 연애의 기쁨을 주고, 자기 자신도 그것을 맛보도록 만들어져 있음에도 불구하고.

⑧ 여러 명의 연인을 사귀어 본 경험이 없는 정감이 넘치는 여자에게 있어서는 수치심이 그녀가 활달한 태도를 취하는 것을 방해한다. 이리하여 그녀들은 자칫 마음에 꺼림칙한 그와 같은 결점을 갖지 않은 여자 친구들의 뜻대로 되는 경향이 있다. 그러한 여자는 맹목적으로 습관에 내맡기지 않고 매사에 주의를 기울인다. 섬세한 수치심은, 그 동작을 어딘가 부자연스럽게 만든다. 자연스러움이 지나쳐 오히려 자연스러움이 없는 듯한 겉모습을 띤다. 그러나 이 부자연스러움은 천상적(天上的)인 다정함과 연결되어 있다.

만일 때로 이와 같은 여자의 스스럼없는 행동이 애정 표현과 닮았다면, 그것은 이 천사와 같은 영혼이 자기 자신도 의식하지 못하는 사이에 교태로 변화되어 있었기 때문이다. 몽상을 그만두기도 귀찮고 이야기를 하든가 남자에게 건네는 어떤 상냥하고 예의바른(더구나 예의 이상으로 나가지 않는) 말을 생각해내는 일도 번거롭기 때문에 그녀는 살며시 남자의 팔에 매달린다.

63 이것은 다혈질과 비교했을 경우의 우울질에 대한 이야기이다. 카바니스에 의하면 기질(氣質)은 생리적 활력의 표현이고, 각자의 신체조직의 상위에 의해 여섯 가지로 구분된다. 즉 다혈질 · 담즙질(膽汁質) · 우울질(憂鬱質) · 점액질(黏液質) · 신경질(神經質) · 역사질(力士質) 등이다. 스탕달은 이 가설을 답습했고, 제40장에서는 그의 네 가지 연애를 다시 이 여섯 가지의 기질의 상위에 의해 구분하고 그 변화를 기록하고자 계획하고 있다. 참고로 말하면 대부분의 프랑스 인이 다혈질에 속한다고 스탕달은 말했고, 그 자신은 우울질이라고 일컬었다.

⑨ 여자는 작가가 되어도 숭고함에 도달하는 경우가 거의 없지만, 간단한 편지에도 우아한 느낌이 있는 것은 그녀들이 절반쯤밖에 솔직해지지 않기 때문이다. 그녀들에게 있어 솔직해진다는 것은 숄을 걸치지 않은 채 나들이하는 것과 마찬가지이다. 그런데 남자는 상상력이 내키는 대로 써 내리는 일 등은 매우 흔하다.

요약

흔한 잘못 중 하나는 남자와 여자를 똑같이 대하는 일이다. 즉, 여자를 남자보다 한결 너그럽고 한결 변덕스러우며, 특히 경쟁의식을 느낄 필요가 없는 남자와 같은 존재로 여기는 일이다. 인간성의 일반적인 경향 이외에 이 변하기 쉬운 존재를 지배하는 두 개의 새로운 기묘한 법칙이 있음을 우리들은 깜박 잊고 있는 것이다. 즉, 여자의 자존심과 수치심, 그리고 곧잘 그 수치심의 딸인 이해하기 어려운 여러 가지의 습관을.

제27장 눈길(시선)

이것은 정숙한 교태의 큰 무기이다. 눈으로는 어떤 것이라도 말할 수가 있지만, 그러면서도 언제라도 부정할 수가 있다. 그 눈빛을 고스란히 그대로 재현할 수는 없기 때문이다.

이 점에서 나는 로마의 미라보라고 할 지로 백작을 상기한다. 그 나라의 친애할 정부의 좁은 소견이 그로 하여금 독특한 화법(話法)을 터득하게 만들었다. 그것은 모든 것을 말하면서도 아무것도 말하지 않는 띄엄띄엄 이어지는 화법이다. 그는 모든 것을 암시하지만, 비록 누군가 그가 말한 것을 그대로 전부 되풀이하더라도 태연하며, 그로써 그를 죄로 떨어뜨리기란 불가능하다. 추기경 란테는 그에게 "당신은 이 재능을 여자로부터 훔친 것"이라고 말했지만, 내 입장에서 말한다면 그것은 가장 정숙한 여자들로부터 훔친 것이다. 이 교활한 방식이야말로 남성의 포학에 대한 잔혹한, 그러나 정당한 복수이다.

제28장 여자의 자존심에 관해

여자는 일생 동안 남자들에게 그들의 이른바 중대한 일, 즉 일확천금이나 전장의 공훈, 결투에서 죽은 사람, 잔혹한 또한 놀라운 복수 등에 대해 듣게 된다. 자긍심이 강한 여자는 스스로 이런 중대한 일을 할 수 없는 이상, 사항의 중요성에 있어 강한 자존심을 발휘할 수는 없다고 느낀다. 그녀는 주위의 누구보다도 능력과 품위과 뛰어나다고 가슴으로 느끼면서, 남자 중에서 가장 수준이 낮은 인간이라도 자기보다는 존중되고 있음을 본다. 자기가 내세울 수 있는 것은 보잘것없는 사항, 적어도 감정에 의해서만 비로소 중요한 것이 되는 사항, 따라서 제삼자는 도저히 알지 못하는 사항들뿐이라는 것을 깨닫는다.

운명의 덧없음과 자기 영혼의 숭고함과의 슬퍼할 대조(對照)로 괴로워하면서, 그녀는 그 격렬한 감정에 의해, 또한 그 감정에 따라 정한 명령을 굳게 지킴으로써 자기의 자랑을 존중하게 하려고 한다. 육체관계를 맺기 이전이라면 이런 여자는 연인과 만날 경우, 그가 자기를 공격하려 한다고 생각한다. 남자는 사랑을 하고 있는 것이므로 결국 그 사랑을 제시하고자 할 수밖에 없지만, 그녀는 나름대로 상상을 하며 남자의 방식에 짜증을 낸다. 호의를 베풀고 있는 남자의 감정의 표출을 즐기는 것이 아니라 그에 대해 허영심으로만 치닫는 것이 된다. 이리하여 그 감수성이 하나의 대상에 고정되지 않는 한 가장 부드러운 영혼을 가진 여자라 해도 일단 사랑이 시작되면 속된 코케트(교태를 떠는 여자)와 마찬가지로 허영심밖에는 갖고 있지 않은 것이 된다.

교만한 성격의 여자는 연인을 위해서라면 천 번이라도 목숨을 내던질 것이다. 그러나 이를테면 하나의 문을 열어둘 것인가 닫아야 할 것인가 따위의 자존심의 다툼으로 인해 연인과 영원히 헤어져 버리는 경우가 있다. 여기에는 그녀의 명예가 걸려 있었다. 나폴레옹은 하나를 적에게 내주지 않으려고 대규모 전투를 벌이다가 결국 그 하나를 잃은 적이 있었다.

나는 이런 유의 싸움이 1년 이상이나 계속되는 것을 보았다. 어떤 매우 뛰어난 여자가 연인에게 그 자존심의 관용 정도를 조금이라도 의심하도록 하기보다는 단번에 자기의 행복을 희생시키는 쪽을 택했다. 화해는 내 여자 친구 집에서 이루어졌는데, 그것은 우연이었으므로 잘되었다. 연인과 딱 마주치자 그녀는 마음이 약해짐을 어찌할 수가 없었다. 그녀는 연인이 그 집에서 160킬로미터나 떨어진 곳에 있는 줄로만 알고 있었다. 그로서도 그런 곳에 그녀가 오리라고는 전혀 생각지도 못했다. 그녀는 갑작스런 행복의 감격을 숨길 수가 없었으며, 남자는 그녀보다 더 감동하고 있었다. 그들은 서로가 거의 무릎을 꿇을 정도였다. 나는 이렇게 눈물을 흘리는 광경을 본 적이 없다. 이것은 그들이 갑자기 행복을 보았기 때문이다. 눈물은 미소의 극점인 것이다.

아르지르 공작은 리치먼드(Richmond)에서 캐롤린 여왕을 알현했을 때, 여자의 자존심 다툼을 유발하지 않도록 주의를 기울였다. 이것은 언제나 머리를 써야만 하는 일의 좋은 본보기이다.[64] 한 여자의 성격이 고귀하면 고귀할수록 그만큼 이 폭풍은 격렬하다.

다시 없는 검은 하늘이
다시 없는 격렬한 폭풍을 예고하듯이

《돈 주앙》[65]

여자가 평소 연인의 훌륭한 성질을 기쁘게 생각하면 생각할수록, 애정이 식었다고 느끼는 저 잔혹한 순간에는 언제라도 그가 다른 남자보다 뛰어나다고 생각하고 있었던 바로 그 점에 관해 복수하고자 하는 것 같다. 그녀는 자기가 다른 남자와 함께 취급되는 것을 두려워하는 것이다.

지루한 〈클라리사 하로우(Clarissa Harlowe)[66]를 읽은 지는 꽤 오래되지만, 클라리사가 라블레이스의 구혼을 끝내 거부하며 죽어가는 것은 여자의 자존심 때문이라고 생각된다. 라블레이스의 허물은 큰 것이었다. 그러나 그녀도 어느 정도 그를 사랑하고 있었으므로, 자기의 마음에 물어본다면 사랑으로 인한 그의 죄를 용서해 줄 수가 있었을 것이다. 이것과는 반대로 모니무[67]는 여성적인 섬세함의 감동적인 모범이라고 생각된다. 이 역할에 어울리는 여배우가 다음과 같은 대사를 읊는 것을 듣고서 기쁨으로 얼굴을 붉히지 않을 수 있겠는가?

64 월터 스코트의 소설 《미드로디안의 심장(The Heart of Midlothian)》 제3권.
65 바이런(Byron, George Gordon : 1788~1824)의 서사시. 돈 주앙은 방탕한 생활로 일생을 보낸 에스파냐의 전설적인 귀족이다.
66 리처드슨(Richardson, Samuel : 1689~1761)의 소설.
67 라신(Racine, Jean : 1639~1699)의 비극 《미드리다트(Mithridate)》의 여주인공. 대사 인용은 그 제4막 제4장이다.

내가 억제해 온 이 숙명적인 사랑은……
당신의 음모로 인해 폭로되고, 분명히 알려졌습니다.
그러나 한번 알려진 이상 이 사랑은 지킬 작정입니다.
당신도 잊을 수는 없겠지요.
나 역시 당신에게 강요된 이 부끄러운 고백은
언제까지라도 마음에 남겠지요.
언제나 당신이 나를 의심하고 있다고 생각해야만 하겠지요.
그리하여 무덤이라도 이토록 슬프지는 않겠지요,
나를 모욕하고 이런 잔혹한 승리를
나로부터 빼앗은 남편인 당신과 잠자리를 함께하기보다는.
나에게 영원한 고통을 주고
당신의 가슴에서 타오르는 불길로 인해 나의 볼을
붉히게 하는 당신과.

라신

후세는 말할지도 모른다. '여기에 군주정체(君主政體)의 좋은 일면이 있었다.[68] 이와 같은 성격을 낳고, 대예술가에 의해 그것이 묘사되었다고 하는 것이' 라고. 그러나 중세의 공화국에 있어서도 나는 이 긍지의 훌륭한 실례를 발견한다. 그것은 열정에 미치는 정체(政體)의 영향에 관한 나의 체계를 뒤엎는 것처럼 보이지만, 아무튼 솔직히 보고하자. 그것은 단테의 저 감동적인 시구이다.

아아, 언젠가 그대 세상에 돌아가

68 헌장도 의회도 없는 군주정체.

먼 나그네길의 피로로 인해 몸을 쉬게 되면
나에 대해 생각하시라. 나의 이름은 피어,
시에나에서 태어나고 마렘마에서 죽었노라.
내 신상에 대해서는, 인연을 맺을 때
나에게 반지를 준 사람이 알리라.

'연옥편' 제5의 노래

이렇듯 조심스럽게 이야기하는 여자는 남모르게 데스데모나[69]의 운명을 감추고 있었다. 그리하여 아예 한마디만 하면 지상에 남겨두고 온 벗에게 남편의 죄를 알릴 수가 있었던 것이다.

네로 델라 피에트라는 시에나에서 가장 부유하고 가장 고귀한 트로메이 가문의 유일한 후계자인 피어 양과 결혼했다. 토스카나의 찬미의 대상이었던 그녀의 미모는 남편의 마음에 질투심을 일으켰다. 그것은 거짓된 보고나 끊임없는 의혹에 자극되어 마침내 남편으로 하여금 무서운 계획을 품게 만들었다. 그녀가 정말 죄가 없는지 어떤지를 오늘날 결정하기란 곤란하지만, 아무튼 단테는 무고한 것으로 묘사하고 있다.

남편은 그녀를, 당시에도 오늘날과 마찬가지로 장기(瘴氣)로 유명했던 시에나의 마렘마(늪지대)로 데려갔다. 그는 이런 위험한 곳에 감금한 이유를 불행한 아내에게 밝히지 않았다. 그녀도 자존심 때문에 아무런 한탄도 불평도 말하지 않았다. 그는 황폐한 탑 속에서 아내와 단둘이서만 살았다(나는 바닷가에 있는 그 폐허를 보러 간 적이 있다). 그는 결코 모멸적인 그 침묵을 깨뜨리지 않았다. 젊은 아내의 질문에 대답하지 않았고, 그 애원에 귀를 기울이지도

69 셰익스피어의 비극 《오셀로》의 여주인공. 간통의 의심을 받고 오셀로에 의해 살해되었다.

않았다. 그녀의 옆에 있으면서 냉정하게도 장기가 그 효과를 나타내기를 기다리고 있었다. 늪지대의 가스는 이윽고 그 세기에 지상에 나다난 가장 아름다운(라고 일컬어졌다) 모습을 시들게 하였다. 몇 달 후에 그녀는 죽었다.

이 오랜 시대의 연대기(年代記) 작가 중 어떤 사람은 네로가 단검으로 그녀의 죽음을 재촉했다고도 한다. 아무튼 그녀는 마렘마에서 무서운 죽음을 맞았던 것이다. 그러나 결국 그녀가 어떻게 죽어갔는지는 당시의 사람들도 전혀 알지 못했다. 네로 델라 피에트라는 여생을 침묵 속에 보냈고, 결코 그 침묵을 깨뜨리지 않았다.

젊은 피어가 단테에게 말을 건넨 태도만큼 숭고하고 섬세한 것은 없다. 그녀는 그 젊음으로 지상에 남기고 온 벗들에게 자기의 일을 추억해 달라고 소원했다. 그러나 스스로 이름을 밝히고 또한 남편의 이름도 밝히면서 그녀는 전대미문의, 그러나 이미 돌이킬 수 없는 남편의 잔함함에 관해서는 조금도 불평을 입밖에 내려고 하지 않는다. 다만 그가 그녀의 죽음의 진상을 알고 있다고 지적하는 데 그쳤다.

자존심의 복수가 이 정도로 이어지는 것은 남방의 나라에서밖에 볼 수 없다고 나는 생각한다. 피에몬테[70]에서 나는 우연히 이것과 거의 비슷한 사건의 목격자가 되었다. 하기야 당시에는 자세한 내용은 알지 못했지만 말이다. 나는 밀수방지를 위해 25명의 기병(騎兵)과 함께 세지아 강을 끼고 있는 숲으로 파견되었다. 밤이 되어서야 이 미개한 마을과도 멀리 떨어진 곳에 도착했다. 내가 나뭇가지 사이로 거의 폐허가 된 하나의 저택을 발견하고 가보았더니, 놀랍게도 사람이 살고 있었다. 그는 음산한 얼굴을 한 고장의 귀족으로, 키가 180킬로미터나 되는 40대 남자였다. 그는 마지못해 두 개의 방을

70 이탈리아 롬바르디아 지방의 도시로 프랑스 및 스위스와의 국경지대.

빌려주었다. 나는 그곳에서 중사와 음악을 들으며 보냈다. 며칠 뒤 우리들은 이 남자가 한 여자를 숨겨두고 있음을 알았다. 우리들은 그 여자를 장난삼아 카뮈라고 부르고 있었지만, 물론 그곳에 무서운 사실이 숨겨져 있으리라고는 꿈에도 생각지 못했다.

6주일 후 그녀는 죽었다. 나는 관 속의 여자를 보고 싶다는 이상한 호기심이 생겼다. 나는 장례식의 신부를 매수했다. 한밤중, 성수(聖水)를 뿌린다는 구실로 그는 나를 예배당으로 데리고 갔다. 그곳에서 죽고 난 뒤에도 아직 그 아름다움을 잃지 않은 저 숭고한 미모의 한 여인을 보았다. 그녀는 큰 매부리코를 가지고 있었는데, 고귀하고 다정한 그 윤곽은 좀처럼 기억 속에서 사라지지 않는다. 나는 이윽고 이 불길한 곳을 떠났다. 5년 뒤 나의 연대로부터 한 지대(支隊)가 이탈리아 왕의 대관식에 참가했을 때, 나는 자세한 사정을 들을 수 있었다.

질투심 많은 백작은 어느 날 아침, 아내의 침대에 영국제 시계가 하나 걸려 있음을 발견했다. 그것은 그들이 살고 있던 작은 도시의 젊은 남자의 것이었다. 그는 그날 당장 아내를 세지아의 숲속에 있는 고성으로 데려갔다. 네로 델라 피에트라와 마찬가지로 그는 한마디도 입을 열지 않았다. 그녀가 무엇인가를 애원하면 그는 말없이 잠시도 몸에서 떼는 일 없이 갖고 있던 시계를 들이댔다. 이리하여 그는 거의 3년간 그녀와 단둘이서 살았다. 마침내 그녀는 절망한 나머지 한창 젊은 나이로 그만 죽고 말았다. 남편은 시계의 주인을 단검으로 찌르려고 했지만 실패하고, 제노바에서 배를 탄 뒤 소식이 끊겼다. 그의 재산은 분배되었다.

만일 여성 특유의 자존심이 강한 여자 앞에서 굴욕적인 말을 들으며 웃고 귓가로 흘린다면(이것은 군대생활의 습관에 익숙해지면 흔히 범하는 일이다) 여러분은 이 드높은 영혼을 낙담하게 할 것이다. 그녀는 여러분을 비겁자라 생각하며 결국에는 모욕하게 될 것이다. 이처럼 교만한 성격은 다른 남자를 용서하지 않는 남사에게 굴복히는 것을 기뻐한다 그러므로 선택의 여지는 없는 것처럼 생각된다. 연인과 다투지 않기 위해 친구와 싸워야 할 경우도 있다.

런던의 유명한 여배우인 코넬 양은 어느 날 갑자기 그녀에게 소중한, 부유한 대령의 방문을 받았다. 그녀는 마침 단지 유쾌한 장난 상대라고 할 연인과 함께 있었다. 그녀는 매우 당황하며 대령에게 말했다. "이분은 내가 팔려고 내놓은 망아지를 보러 오셨어요."라고. 그러나 "나는 전혀 다른 용건으로 왔습니다."라고 이 귀여운 연인은 당당하게 대답했다. 그녀는 그에게 조금 싫증을 느끼던 참이었으나, 이 대답을 듣고부터 다시 열정적으로 그를 사랑하기 시작했다. 이와 같은 여자는 애써 허세를 부리는 대신 연인의 자존심에 공감하는 법이다.

로잔 공작과 같은 성격은, 처음 만난 날 그 우아함이 결여되어 있는 점을 용서할 수 있다면 이러한 여성에게는 유혹적일 것이며, 혹은 모든 상류층 여성에게 있어 그럴지도 모른다. 이 이상의 위대함은 그녀들에게는 보이지 않는다. 모든 것을 꿰뚫어보고 세부적인 데에는 동요되지 않는 잔잔한 눈을 그녀들은 냉담이라고 해석한다. 생크루[71]의 여관(女官)들은 나폴레옹이 메마른 산문적인 성격을 갖고 있었다고 주장하지 않았는가. 위인은 독수리와 같은 것이어서, 높이 오르면 오를수록 사람들의 시야로부터 사라지게 된다. 그리하여 위대함의 벌로서 영혼의 고독으로 인해 고뇌하는 것이다.

여자의 자존심에서 여자들의 이른바 '섬세함의 결여'가 생긴다. 이것은 국왕들의 이른바 불경죄와 매우 비슷하여 자칫하면 걸려들게 되므로 조심하지

71 파리 근교로서 나폴레옹의 궁정이 있었다.

않으면 안 된다. 가장 다정한 연인이라도 재치가 풍부하지 않으면 섬세함이 결여되어 있다고 비난받을 염려가 있다. 그리고 더욱 슬퍼해야 할 일은, 그가 만일 사랑의 가장 큰 매력, 즉 사랑하는 사람에 대해 자연스럽게 행동하고 상대방의 말에 주의를 기울이지 않는 행복에 빠지면, 역시 섬세함이 결여되어 있다고 비난을 받는다는 점이다.

이와 같은 일은 모두 훌륭한 출신의 사람들로서는 생각할 수도 없는 일이고, 이것을 얻기 위해서는 먼저 그것을 경험해 보는 일이 필요하다. 그들은 남자 친구와의 바르고 담백한 사귐에 너무 익숙해져 있는 것이다. 우리들이 항상 조심해야만 할 것은, 비록 잘못일지라도 자기가 우리들보다 성격의 힘에 있어 뒤진다고 생각할지도 모르는 존재를 상대로 하고 있다는 점이다. 더욱 적절하게는 우리들에게 그렇게 여겨지고 있다고 생각할지도 모를 존재라는 점이다. 여자는 그 참된 자랑을, 그녀가 남자의 내부에서 불러일으키는 감정의 힘에 걸어야만 하는 게 아닐까?

프랑수아 1세의 왕비를 모시는 젊은 시녀를, 사람들은 그녀의 연인이 바람둥이라고 놀려댔다. 남자는 그녀를 그다지 사랑하고 있지 않다고 사람들은 말했다. 어느 정도 시간이 지나자 남자는 병든 몸에 벙어리가 되어 궁정에 나타났다. 그 뒤 2년 동안 그녀가 여전히 그를 사랑하고 있다는 데 대해 모두들 놀랐는데, 어느 날 그녀는 그에게 말했다. "이야기하세요."라고. 그랬더니 그는 이야기를 할 수 있게 되었다.

제29장 여자의 용기에 관해

그대, 오만한 성당의 기사들이여, 잘 들어라. 가장 치열한 전투에서 너희들이 보인 용기라 할지라도, 사랑과 의무를 위해 고난을 택하는 여성의 용기에는 미치지 못한다.

—〈흑기사〉 제3권 220페이지

어떤 역사책 속에서 이와 같은 내용을 본 기억이 있다. 남자는 모두 이성을 잃고 있었다. 여자가 남자에게 단호한 우월감을 나타내는 것은 이때이다. 여자의 용기에는 그녀의 연인의 용기에는 없는 하나의 '예비군'이 있다. 그녀는 연인에 대해 자존심을 자랑한다. 그리하여 극한 위험에 처했을 때까지도 곧잘 보호와 힘을 과시하며 그녀에게 상처를 입혀온 남자들과 자존심의 군건함을 경쟁하는 일에 큰 쾌락을 느낀다. 그 기쁨의 에너지는 그와 같은 순간에 있어서의 남자의 약점인 공포를 초월한다. 남자 또한 그 순간 그런 도움을 받게 되면, 모든 것을 두려워하지 않고 행동하게 된다. 왜냐하면 공포란 위험에 있는 것이 아니라 우리들의 마음에 있는 것이기 때문이다. 그렇다고 하여 내가 특별히 여자의 용기를 비난하는 것은 아니다. 때로는 가장 용감한 남자보다도 더욱 용감한 여자를 볼 수 있다. 다만 그러기 위해서는 여자에게 사랑하는 남자가 있어야 할 필요가 있다. 그녀는 이미 연인을 통해 모든 것을 느끼므로 아무리 비정하고 직접적인 개인적 위험이라도 그녀들에게는 연인 앞에서 꺾는 장미꽃과 같은 것이다.

나는 또 사랑을 하고 있지 않은 여성 중에서도 가장 냉정하고 가장 놀랄만한, 강한 정신의 대담성을 보았다. 사실 그녀들이 그렇듯 용감한 것은 단지 상처의 아픔을 모르기 때문이라고 생각했지만 말이다. 그 누구보다도 뛰어난 저 정신의 용기에 관해 말한다면, 자기의 사랑과 싸우는 여성의 의연한 태도야말로 이 세상에서 가장 칭찬할 만한 것이다. 다른 어떤 용기도 이렇듯 강하게 자연에 거스르고 이만큼 고통스러운 행위에 비한다면 하찮은 것이다. 여자는 아마도 이런 힘을 수치심이 강요하는 저 희생적 습관으로부터 얻고 있을 것이다. 여자의 불행 중 하나는 이런 용기의 증거가 항상 숨겨져 있으며 거의 외부에 드러나지 않는다는 점이다. 더욱 불행한 일은 그 용기가 언제라도 그녀들의 행복에 역행하여 사용된다는 점이다.

클레브 공작부인은 남편에겐 아무런 말도 하지 않고 느므르 씨에게 몸을 맡겨야만 했을 것이다. 어쩌면 여자는 끝내 지킬 수 있다는 자존심으로 대부분 지탱되고 있는 것이다. 또한 연인이 그녀를 손에 넣으려고 하는 것은 허영심 때문이라고 상상하는데, 그것은 인색하고 소심한 생각이다. 어떠한 우스꽝스런 입장에도 기꺼이 몸을 던지는 열정적인 남자에게 허영심 같은 것을 생각할 겨를이 있겠는가. 이것은 악마를 잡아넣었다고 믿으면서 단지 그 고행의 띠나 금욕으로 자존심을 만족시키는 데 지나지 않는 수도사와 같다.

클레브 공작부인도 늙어 자기의 인생을 판단하고 자존심의 기쁨이 얼마나 비참한 것인지 알 수 있는 나이가 되었을 때 아마도 후회했을 게 틀림없다. 라 파예트 부인[72]처럼 살았더라면 좋았으리라고 생각했을 것이다.

이 시론(詩論)을 100페이지쯤 다시 읽어보았지만, 나는 참된 연애에 관해 참으로 빈약한 관념만을 풀이하고 있는 것 같다. 다시 말해서 영혼 전체를 차지하는 사랑, 때로는 가장 행복하고 때로는 가장 절망적이며, 그러면서도 항상 숭고한 이미지로 영혼을 채우는 사랑, 다른 모든 존재에 대해 완전히 무감

72 널리 알려진 것처럼 이 유명한 부인은 아마도 라 로슈프코와 공동으로 《클레브 공작부인(La Princesse de Clèves)》이라는 소설을 썼다. 이 두 작가는 만년의 20년 동안을 완전한 우정 속에서 보냈는데, 그야말로 이탈리아풍의 사랑이었다.

각하게 만들어 버리는 그와 같은 사랑을 말이다. 자기에게는 이렇듯 분명하게 보이는 것을 표현할 방법을 알지 못하는 것이다. 나는 자신의 재능의 부족을 이만큼 고통스럽게 느낀 적은 없다.

몸짓과 성격의 단순함, 한량없이 깊은 진실함, 그렇듯 정확하게 그렇듯 천진난만하게 감정의 뉘앙스를 그려내는 눈빛, 특히 되풀이해서 말하지만 사랑하는 여자 이외의 모든 사람에 대한 이 무어라 말할 수 없는 무관심 등을 어떻게 하면 생생하게 묘사해낼 수 있을 것인가? 사랑을 하는 남자의 입을 통해 나오는 하나의 '예스', 하나의 '노'는 다른 남자로부터는 발견할 수 없는, 또 그 남자일지라도 다른 때에는 발견할 수 없는 '감동'을 내포하고 있는 것이다.

오늘 아침(8월 3일) 9시경, 나는 츠안피에리 후작의 영국풍의 아름다운 정원 앞을 말을 타고 지나갔다. 그것은 볼로냐를 뒤에 둔, 큰 나무들로 우거진 언덕들의 가장자리에 위치하고 있으며, 그 언덕 위에서는 세계에서 가장 아름다운 나라, 풍요한 푸르름의 아름다운 롬바르디아의 조망을 즐길 수가 있다. 츠안피에리 씨의 정원은 내가 마침 지나가는 카사 레키오의 레노 폭포로 가는 길에 있었는데, 그 월계수의 덤불 사이로 나는 데르판테 백작의 모습을 보았다. 그는 깊은 몽상에 잠겨 있었다. 전날 밤의 파티에서 우리들은 2시까지 함께 있었는데, 그는 나의 인사에 제대로 답례도 하지 않았었다.

나는 폭포로 갔다. 레노 강을 가로지르고 3시간 뒤에야 다시 츠안피에리의 정원 쪽 나무들 아래를 지났는데, 그는 아직 그곳에 있었다. 그는 월계수의 덤불 위로 솟은 소나무의 큰 줄기에 기대어 정확히 같은 자세로 서 있었다.

독자는 이와 같은 자세한 사정이 참으로 간단한, 아무런 의미도 없는 것이라고 생각할지도 모른다. 그런데 그는 눈물을 글썽거리며 나에게로 다가오더니, 자기가 여기서 꼼짝도 않고 있었다는 것을 누구에게도 말하지 말라고 부탁했다. 나는 감동했다. 그리하여 다시 한 번 가서 저녁까지 시골에서 보내자고 권했다. 2시간 뒤 그는 나에게 숨김없이 고백했다. 이것은 아름다운 영혼이었다. 그가 말한 것에 비하여 여러분이 이제까지 이 책에서 읽은 페이지는 얼마나 냉정하게 느껴질까!

게다가 그는 자기가 '사랑받고 있지 않다' 고 생각하고 있었다. 그러나 나는 그렇게 생각하지 않는다. 그날 밤 우리들은 기지 백작부인을 찾아갔다. 대리석과 같은 그녀의 아름다운 얼굴에서는 아무것도 읽을 수가 없었다. 다만 때때로 갑자기 얼굴에 떠오르는 붉그스름한 빛—그녀는 그것을 억제하지 못했던 것이다—이 흥분된 여자의 자존심이 강한 감정과 싸우는 마음의 갈등을 엿보이게 하고 있었다. 눈처럼 새하얀 목덜미도, 드러난 카노바[73]풍의 아름다운 어깨도 붉어졌다. 그녀는 여자다운 섬세함으로써 간파당하고 싶지 않다고 생각하는 사람들의 관찰로부터 그 검고 깊은 눈을 피하는 방법을 알고 있었다. 그러나 나는 그날 밤, 데르판테가 무엇인가를 말하고 그녀가 그것을 반박할 때 등, 갑자기 그녀가 얼굴을 붉히는 것을 보았다. 이 오만한 영혼은 그가 자기에게 어울리지 않는다고 생각하고 있었던 것이다.

그러나 데르판테의 행복에 관한 나의 추측이 잘못되어 있더라도, 허영심을 제외하면 그는 무관심한 나보다는 훨씬 행복하다고 생각된다. 설사 내가 얼핏 보기에, 혹은 실제로도 매우 행복한 상태에 있더라도.

볼로냐, 1818년 8월 3일

73 Canova, Antonio(1757~1822). 이탈리아의 고전주의를 대표하는 저명한 조각가이며 스탕달의 친구. 특히 그의 작품 《클레멘스 14세의 묘비》는 바로크로부터 고전주의로의 전환을 증명해 주는 중요한 것이다.

제30장 슬프고도 이상한 정경

여성은 그 특유의 자존심에 의해 어리석은 사람을 위해 재치 있는 사람에게 복수하고, 재물이나 완력을 자랑하는 산문적인 영혼을 위해 고매한 마음에 복수하는 존재이다. 그녀들은 아무래도 이렇게 될 수밖에 없는 모양이다.

자존심과 사교계의 규칙에 관한 사소한 걱정이 몇몇 여성을 불행에 빠뜨렸던 것이며, 또한 자존심으로 인해 그녀들의 부모가 그녀들을 가엾은 입장에 몰아넣었던 것이다. 운명은 그녀들을 위해, 그녀들의 모든 불행을 충분히 상쇄하고도 남을 보상으로서 열정적으로 사랑하고 사랑받는 행복을 준비해 두었다. 그럼에도 불구하고 그녀들은 어느 날 문득, 자기들이 맨 먼저 그 피해자가 된 미치광이와도 같은 자존심을 그녀들의 적으로부터 빌리는 것이다. 그것도 일부러 자기들에게 남겨진 단 하나의 행복을 날려버림으로써 그녀들 자신과 그녀들을 사랑하는 남자를 불행에 빠뜨리기 위해서 말이다. 세상에 잘 알려진 열 번의 정사(情事)—그것도 항상 하나가 끝나고 다음으로 옮겨가는 것이 아닌—를 알고 있는 여자 친구들이 진지하게 "만일 연애를 하면 세상에 대해 명예를 잃는답니다." 하고 설득한다. 그런데 이 선량한 세상은 이제까지 비열한 생각으로부터 한 걸음도 진보한 적이 없으므로, 관대하게도 그녀가 매년 한 사람씩 연인을 갖도록 해준다. "그것이 규정이니까" 하고 세상은 말한다.

그리하여 다음과 같은 이상한 일이 일어나지만, 이것만큼 마음을 슬프게 하는 정경은 없다. 즉 한 다정한 여자, 섬세하고 순결한 천사와 같은 여자가 섬세함을 갖지 못한 어느 음란한 여자의 뜻대로 움직여 자신에게 남겨진 단 하나의 큰 행복으로부터 달아난다. 더구나 이것이 이미 백 년 전부터 장님으로서 왜가리와 같은 목소리로 "저 여자는 검은 옷을 입고 있다"고 외쳐대고

있는 어리석은 법관 앞에 눈부신 흰옷을 걸치고 나타나기 위해서인 것이다.[74]

제31장 사르비아티 일기의 발췌

저 아가씨야말로 나에게 시재(詩才)를 준 사람.

프로페르티우스[75] 제2권

볼로냐, 1818년 4월 18일

사랑으로 인한 이 불행에 자포자기하여 나는 스스로의 생활을 저주한다. 무엇인가 하고 싶은 생각도 없다. 하늘은 어둡고 비가 내린다. 때 아닌 추위가 찾아와서 긴 겨울이 지난 뒤 봄을 향해 몸을 솟아오르게 하려던 자연을 다시금 음울하게 한다.

휴직 중이던 대령 스키아세티[76]라는 침착하고 분별력 있는 친구가 찾아와 2시간 정도 함께 있었다. "자네는 그 여자를 단념해야 할 거야.", "어떻게 하면 좋지? 전쟁에 대한 나의 열정을 돌려주게.", "그녀를 알았다는 사실은 자네에게는 엄청난 불행이지." 나는 거의 그것을 인정하게 되었다. 그만큼 나 자신이 맞아 쓰러지고 기력을 잃고 있음을 느낀다. 그만큼 우수가 나를

74 이 일장은 마틸드의 사촌언니 트라벨시 부인의 중상에 대한 변명이다. 최후의 어리석은 법관이 '선량한 세상'임은 말할 것도 없다.
75 Propertius, Sextus Aurelius(B.C. 58~15?). 로마의 시인. 그 《비가(悲歌)》 제1~3권은 킨티아에 대한 사랑을 노래한 것이다. '단장' 93에서 다시 나온다.
76 스탕달이 밀라노에서 사귄 장군. '이탈리아군에서 가장 용감한 경기병' 인데, 나중에 그의 벗 자크몽이 사랑한 가수 아델라이데 스키아세티의 아버지.

지배하고 있는 것이다. 우리들은 함께 어떤 이해(利害)가 있어 그녀의 여자 친구[77]가 그녀에게 나를 모략했는지 생각해 보았다. 그러나 '사랑과 젊음에게 버림받은 여자는 사소한 일에도 화를 낸다' 고 하는 저 옛날 나폴리의 속담 이외에는 아무것도 발견되지 않았다. 확실한 것은 그 잔인한 여자가 나에 대해 '격분하고' 있다는 점이다. 그녀와 가까운 어떤 남자가 그 사실을 내게 말해 주었던 것이다. 무엇인가 잔인한 방법으로 보복을 할 수는 있다. 하지만 그녀의 증오에 관한 한 나에게는 어떤 손톱만한 방어 수단도 없다.

스키아세티는 돌아갔다. 나는 목표도 없이 빗속으로 나섰다. 그녀와 처음 알게 되었을 무렵, 즉 그녀와 매일 밤 만나고 있었을 무렵에 살았던 나의 이 하숙집, 이 방이 이제는 견디기 어려운 것이 되고 말았다. 하나 하나의 그림, 하나 하나의 가구가 그 앞에서 내 꿈과 같은 행복, 영원히 잃어버린 내 행복을 나에게 반문하는 것이다.

나는 차가운 빗속에서 이 거리 저 거리로 돌아다닌다. 우연이 — 물론 이것을 우연이라고 부를 수 있다면 말이다 — 나로 하여금 그녀의 창문 아래를 지나게 한다. 해가 저물 무렵, 나는 눈물이 가득 고인 눈을 그녀의 침실 창문에 던지며 걷고 있었다. 갑자기 커튼이 살짝 열렸다가 곧 닫혔다. 마치 광장을 내려다보려는 듯이. 나는 심장 부근이 쿡쿡 쑤시는 아픔을 느꼈다. 서 있을 수가 없었다.

나는 돌출되어 있는 옆집의 현관 밑으로 도망쳐 들어갔다. 나의 생각은 갈기갈기 찢기는 것만 같았다. 우연이 그 커튼의 움직임을 생기게 했는지도 모른다. 하지만 만일 그 커튼을 살짝 연 것이 그녀의 손이었다면!

이 세상에는 두 가지의 불행이 있다. 뜻대로 되지 않는 열정의 불행과, 죽

77 원고에는 베르논 부인(Lady Vernon)이라고 되어 있지만, 트라벨시 부인을 말한다.

음의 공허(dead blank)로서의 불행이 그것이다. 사랑을 하고 있으면 나는 바로 자기 눈앞에 나의 모든 소원마저도 초월하는 한없이 넓은 행복이 존재하는 것을 느낀다. 단 한 마디, 단 하나의 미소에 달려 있는 행복.

스키아세티처럼 열정도 사라지고 음산한 날에는 나는 어디에서도 행복을 보지 못하고, 자기를 위해 행복이 존재하고 있다는 따위의 것을 의심하기에 이른다. 우울한 기분이 가라앉는다. 애당초 격렬한 열정 같은 것은 갖지 않고 단지 약간의 호기심이나 허영심 등을 가져야만 하리라.

지금은 밤 2시이다. 커튼이 살짝 움직이는 것을 보았을 때는 저녁 6시였다. 나는 그로부터 열 집을 방문했고 극장에도 갔었다. 그러나 어디에 가서도 묵묵히 생각에 잠긴 채 밤새도록 다음과 같은 의문을 생각해 보았다. "그렇게 화를 낸 뒤에—그것도 전혀 근거가 없는 것이다. 나는 그녀를 화나게 할 생각이 전혀 없었다. 게다가 선의에서 비롯된 일이었다는 것을 알면 용서하지 못할 일이 이 세상에 어디 있겠는가—그녀는 조금이라도 나에게 사랑을 느껴주었던 것일까?

이상의 것을 페트라르카[78] 난외(欄外)에 써넣은 가엾은 사르비아티는 그 뒤 얼마 지나지 않아 죽었다. 그는 우리들, 즉 스키아세티와 나의 친구였다. 우리들은 그의 생각을 자세히 알고 있었으며, 이 책의 우울한 부분은 모두 그에게서 들은 것이다. 그는 경솔의 화신(化身)과도 같은 남자였다. 그리고 그가 그렇게도 많은 미치광이 노릇을 벌인 상대는, 내가 지금까지 만나본 여성 가운데 가장 흥미로운 여성이었다. 스키아세티는 나에게 말했다. "그러나 이 불행한 열정이 사르비아티의 입장을 조금도 이롭게 하지 않았다고 생각하

78 Petrarca, Francesco(1304~1374). 이탈리아 문예 부흥기의 시인. 시재(詩才)와 학식으로 일세를 풍미함으로써 로마에서 계관시인의 명예를 얻었고, 다른 한편 우수한 고전학자로서 이후 인문주의의 선구가 되었다.

나?" 무엇보다도 그는 일반적으로 상상할 수 있는 가장 통렬한 금전적 불행[79]을 경험했다. 이 불행이 화려한 청년시대의 뒤로 그의 경제적인 사정을 몹시 불안한 것으로 만들고, 다른 상황이었다면 그것이 그를 미칠 듯이 화나게 만들었을 것이 분명하지만, 그는 2주일 동안 그것을 한 번도 떠올리지 않았던 것이다.

다음으로, 그 정도의 두뇌를 가진 인간에게 있어서는 좀더 중요한 일이지만, 이 정열은 그가 지금까지 받은 최초의 참된 논리학의 강의가 되었던 것이다. 궁정생활을 보낸 인간으로서는 이것이 이상하다고 생각될지도 모른다. 그렇지만 그것도 그의 남다른 용기를 생각해 보면 설명이 된다. 이를테면 그는 자기를 허무로 던져넣은 ○○○의 날[80]을 눈썹 하나 까딱하지 않고 보냈다. 그는 당시 러시아 원정 때와 마찬가지로 아무런 특별한 것을 느낄 수 없다는 데 대해 놀라고 있었다. 그가 이틀 동안이나 겁에 질려 있을 만큼 무언가를 두려워한 적은 한 번도 없었다는 것은 사실이다. 그렇듯 태평스러웠던 그가 2년 전부터는 줄곧 용기를 내고자 애쓰고 있었다. 그때까지는 그의 눈에는 위험이 들어오지 않았던 것이다. 경솔과 선의의 해석에 대한 과신(過信)의 결과 그가 사랑하는 여자를 한 달에 두 번밖에 만날 수 없게 된 이후로, 우리들은 그가 환희에 취하여 밤늦게까지 그녀와 이야기하고 있는 것을 보았다. 왜냐하면 그녀는 그가 전부터 그녀에 대해 참으로 감탄하고 있던 저 기품 있는 천진스러움으로 그를 맞이했기 때문이다. 그는 ○○○부인과 자기는 이 세상의 누구와도 비교될 수 없는 영혼을 가지고 있어서, 눈빛 한번만

79 1819년 6월 20일, 스탕달은 아버지의 부음을 받고 곧 그레노블로 돌아갔지만, 아버지는 파산한 상태였다. 1814년 밀라노 체류 이래 이 상속을 기대하며 생활 방침을 세우고 있던 그에게 있어 이것은 대단한 충격이 아닐 수 없었다.

80 1814년 4월 11일, 즉 나폴레옹이 퇴위한 날을 말한다. 스탕달은 참사원(參事院) 사무관의 직책과 함께 출세의 꿈을 잃었다.

으로도 서로를 이해할 수 있다고 믿고 있었다. 그녀가 그를 죄인처럼 취급하는 시시한 부르주아적 평판에 조금이라도 귀를 기울인다고는 그로서는 상상할 수도 없는 일이었다.

그의 적으로 둘러싸인 한 여성에 대한 이 아름다운 신뢰의 결과, 그는 그녀로부터 방문 금지를 선고받았다. 나는 그에게 말했다. "○○○부인에 대해 자네는 평소의 격언을 잊고 있는 것 같네. 즉, 영혼의 위대함은 그 극단으로 높여진 경우 이외에는 사용해서는 안 된다는 것을 말일세."

그는 대답했다. "그럼 자네는 그녀의 영혼에 좀더 어울리는 마음의 소유자가 달리 있다고 생각하는가? 확실히 나는 지평선을 구획짓는 폴리니의 바위산[81]에서도 레오노르의 화내고 있는 모습을 본다고 하는 이런 열정적인 생활방식 때문에, 현실생활에서는 내가 하는 일이 하나같이 제대로 되지 않는다고 하는 대가를 지불하고 있네. 그 실패는 인내심을 갖고 노력을 하지 않고 그때그때의 강렬한 인상에서 생겨나는 경솔을 범했기 때문이지." 그가 어느 정도의 광기를 보였는지는 이로써 알 수 있을 것이다.

사르비아티에게 있어서는 생활이 2주일의 주기로 나뉘어지고, 각각의 2주간이 그전에 그에게 허락된 만남의 색채를 띠는 것이었다. 그러나 내가 몇 번이고 알아차린 바에 의하면 그가 그다지 냉정하지 않다고 생각하는 대접에서 맛보는 행복도, 섭섭한 대접이 그에게 주는 불행한 심정에 비교한다면 그 강도에 있어 훨씬 못 미치는 모양이었다. ○○○부인은 때때로 그에 대해 솔직함을 보이지 않았다. 이상이 내가 그에 대해 입밖에 낼 수가 없었던 두 가지의 이론(異論)이다. 그의 고뇌에는 지극히 내면적인 부분이 있어서, 그는

81 폴리니는 프랑스 동부 쥐라(Jura)현의 읍. 이 근처의 산의 형태가 마틸드의 이미지를 나타내고 있다고 《앙리 브륄라르전》에서 쓰고 있다.

그것을 아무리 가깝고 아무리 질투를 받을 염려가 없는 친구라 하더라도 결코 표현하지 않는다는 섬세한 심정을 보였다. 그러나 그 점은 예외로 하고, 그는 레오노르에게서 섭섭한 대접을 받으면 그곳에서 솔직하고 고매한 인간에 대한 산문적이고 음흉스런 자들의 승리를 보았다. 그래서 미덕이라는 것, 특히 명예라는 것에 절망하는 것이었다. 그는 벗들에게 그의 열정이 도달하게 만든, 정직하게 말해서 음산한 생각밖에는 이야기하려 하지 않았지만, 그런 생각들만으로도 철학적인 눈으로는 다소의 흥미가 있을지도 모른다. 나는 이 기이한 영혼을 관찰하는 데 호기심을 느낀다. 보통 자존심이란 독일풍의 다소 둔감한 인간에게서 볼 수 있는 것이다. 그런데 사르비아티는 그 반대로 내가 알고 있는 가장 꿋꿋한, 가장 재치가 풍부한 남자들 속에 포함되는 것이다. 그런 섭섭한 대접을 받고 돌아오면 그는 레오노르의 냉정함을 정당화하는 이유가 발견되기까지는 침착을 되찾지 못하는 것처럼 보였다. 그를 괴롭힌 것이 그녀의 잘못이라고밖에 생각되지 않는 동안에 그는 불행했다. 사랑이 이토록 허영심을 버리게 하리라고는 나로서는 생각지도 못한 일이었다.

그는 우리들을 향해 줄곧 사랑을 찬미하며 들려주었다. "만일 어떤 초자연적인 힘이 〈이 시계의 유리를 깨라, 그러면 레오노르는 너에게 있어 3년 전의 그녀와 같은 여자, 아무것도 아닌 여자가 되리라〉고 나에게 말했다고 하자. 솔직히 말해서 그래도 나는 일생의 어떤 순간에도 그 유리를 깰 용기를 낼 수 없을 것이라고 생각한다." 나는 그가 그런 이치를 늘어놓으면서도 얼마나 광기를 보이고 있는지 잘 알고 있었으므로, 전에 말한 이론(異論)을 제기할 용기를 아무래도 낼 수가 없었다.

그는 덧붙이는 것이었다. "중세기 말에 루터의 종교개혁이 사회를 그 밑바닥까지 뒤흔들고 바른 기초 위에 세계를 새로이 건설했던 것과 마찬가지로, 고매한 성격도 역시 사랑에 의해 새로워지고 다시 단련되는 것이지. 그때 비로소 고매한 인간은 인생의 온갖 어린아이 같은 장난을 벗어던진다네. 이런 혁명이 없다면 그에게는 여전히 어딘가 어색한 연극과도 같은 점이 남게 될 것일세. 내가 성격적으로 위대한 면을 갖는 방법을 배운 것은, 내가 사랑을 하고 나서부터의 일이라네. 그만큼 우리들의 사관학교 교육은 우스꽝스러운 것이었지.

잘 해내고 있었던 것 같지만, 나폴레옹의 궁정이나 모스크바에서는 실상 나는 어린아이였다네. 의무는 물론 다하고 있었지. 그러나 나는 완전한 자기 희생과 성실의 결과인 저 영웅적인 단순함을 알지 못했다네. 이를테면 내가 티투스 리비우스에 의해 묘사된 로마 인의 단순함을 이해하게 된 것은 겨우 1년 전의 일이지. 전에 나는 그들이 빛나는 무훈을 세운 우리들의 연대장에 비해 차갑다고 생각했다네. 그들이 조국 로마를 위해 행한 일, 나는 그것을 나의 레오노르에게 바친 마음속에서 발견한다네. 내가 만일 그녀를 위해 무언가 해줄 수 있다는 행복을 가졌다 하더라도, 나의 가장 큰 소원은 그것을 감추는 일일 걸세. 레굴루스[82]나 데시우스[83]와 같은 사람들은 당연한 일을 했을 뿐이고, 그들에게 있어 그것은 결코 놀랄 만한 일은 아니었다네. 사랑을 하기까지 나는 이따금 위대해지고 싶다는 심정에 이끌릴 만큼의 쓸모없는 인간이었지. 나는 그것에 일종의 노력을 느끼고 혼자서 기뻐하고 있었다네. 또 일반적인 애정이라는 점에서 우리들은 과연 연애에서 어떠한 도움도 얻고 있지 않은 것일까? 청춘의 언덕이 지나면 마음은 공감에 대해 닫히고 만다네. 소년시절의 벗들은 죽거나 뿔뿔이 흩어지거나 하지. 한 손에 자〔尺〕를 들고

82 Regulus, Marcus Atilius. 기원전 267년 및 256년에 로마의 집정관을 지냈다. 카르타고에 붙잡혀 포로 교환의 사자로서 로마에 송환되자 카르타고의 제안을 거부하라고 원로원을 설득했으며, 자기는 다시 포로의 고통을 감수하기 위해 카르타고로 돌아갔다.

83 Decius. 3대에 걸쳐 로마군의 승리를 위해 생명을 바친 애국적 로마의 일족.

인제나 이해(利害)관계와 허영심을 재고 있는 차가운 공동 출자자와 나날을 보내지 않으면 안 된다네. 영혼의 다정하고 고매한 부분은 경작하는 일 없이 버려져 있음으로써 점점 황폐화되고, 30세도 되지 않아 온갖 달콤하고 부드러운 감정에 대해 화석(化石)이 되지. 이 불모의 사막 한복판에서 사랑은 청춘시절보다도 좀더 풍요롭고 좀더 신선한 감정의 샘물을 솟아나게 한다네. 청춘시절에는 막연한 희망, 거의 광적이라고 할 만한 늘 방심 상태에 있는 희망이 있을 뿐이었지. 결코 무언가에 몸을 바치는 일이란 없었고, 결코 영원한 깊은 욕망을 갖지 못했었다네. 영혼은 언제나 안정을 찾지 못한 채 새로움을 구하였고, 어제 찬미한 것을 오늘은 버리고 돌아보지 않았다네. 사랑의 결정(結晶)만큼 명상적이고 신비적이어서 영원히 그 대상과 일체가 된 것은 없다네. 청춘시절에는 마음을 기쁘게 해주는 것, 한때라도 마음을 기쁘게 해주는 것은 유쾌한 것이 아니면 안 되었지. 그러나 지금은 사랑하는 사람과 관계가 있는 것이라면 모두, 설령 그것이 보잘것없는 것이라 할지라도 나를 깊이 감동시킨다네. 레오노르가 사는 시로부터 160킬로미터나 떨어진 큰 도시에 닿았을 때 나는 완전히 겁쟁이가 되어 떨고 있었다네. 거리 모퉁이를 돌 때마다 나는 ○○○부인의 친구이며 내가 아직 모르는 알비차 부인[84]과 만나지는 않을까 가슴이 두근거렸다네. 모든 것이 나에게 있어 무언가 신비적인 신성한 색채를 띠고 있는 것처럼 보였다네. 어떤 나이 많은 학자와 대화를 나누고 있을 때조차 내 마음은 두근거렸다네. 레오노르의 여자 친구가 사는 곳 근처에 있는 성문의 이름을 듣는 것만으로 나는 얼굴을 붉히지 않을 수 없었다네."

사랑하는 여자에게는 그 냉정함에조차 무한한 다정함이 있다. 그것은 모든

84 Mme Alviza. 여기서는 트라벨시 부인을 가리키고 있지만, '단장' 90에서는 마틸드라고 한다.

여자 곁에서 발견하는 가장 득의의 순간에도 느끼지 못하는 것이다. 코레조[85] 그림의 짙은 그림자 부분은, 다른 화가들의 경우처럼 별로 느낌이 좋지 않은 일부가 되는 것이 아니라 오히려 밝은 부분을 돋보이게 하며 인물을 부각시키는 데 필요한 것으로서, 그 자체만으로도 매혹적인 다정함을 간직한 채 보는 사람을 달콤한 몽상으로 끌어들이는 것이다.

'그렇다, 인생의 절반, 가장 아름다운 절반은 정열을 가지고 사랑을 한 적이 없는 남자에게는 숨겨져 있다.' 사르비아티는 언제나 다음과 같이 주장하는 현명한 스키아세티와 대항하기 위해 그 변증법을 들어 싸우지 않으면 안 되었다. "행복해지고자 한다면 고생이 없는 생활, 조금씩 매일 맛보는 행복으로 만족하게. 대정열의 복권을 단념하게." 그러자 "그렇다면 당신과 비슷한 호기심을 주게" 하고 사르비아티는 대답했다.

그는 잠시 우리의 현명한 대령의 의견에 따라보려는 생각이 들었던 모양이었다. 그는 어느 정도 그 투쟁에 성공한 것으로 생각하고 있었다. 그러나 이 결의는 실로 그의 능력을 초월하고 있었던 것이다. 그렇다고는 하나 이 영혼에 힘이 결여되어 있었던 적이 있었을까!

길에서 문득 멀리 ○○○부인의 모자를 닮은 흰 벨벳 모자를 보면 그의 심장은 멈추어 버려 벽에 기대서지 않으면 안 되었다. 가장 슬플 때에도 그녀와 만난다는 행복은 언제나 그에게 모든 불행, 모든 이론의 영향을 떨쳐버리고 그에게 몇 시간의 도취를 맛보게 해주었다. 어쨌든 그는 죽음을 맞기 전의 2년 동안 이와 같은 고매하고 끝이 없는 정열 뒤에 몇 가지의 숭고한 습관을 몸에 지니던 것도 사실이며, 적어도 그 점에 관한 한 그는 자기를 바르게 판

85 Correggio, Antonio Allegri da(1494~1534). 일락적(逸樂的) 나체의 묘사에 뛰어난 이탈리아 르네상스기의 화가. 파르마(Parma)파의 우두머리로서 라파엘로의 라이벌이었다. 《이탈리아 회화사》 이래 스탕달이 가장 좋아한 화가이다.

단하고 있었다.[86]

즉, 만일 좀더 오래 살고 상황이 다소라도 그에게 호전되었다면, 그는 사람들의 화제에 오르는 인간이 되었을 것이 분명하다. 어쩌면 또 지나치게 꾸밈이 없어 그의 참된 가치는 이 세상에서 사람의 눈에 띄지 않은 채 끝났을지도 모른다.

가엾다, 불행한 자로다,
오, 달콤한 생각, 간절한 소원을 지닌
그를 죽음으로 이끈
금발, 그 얼굴은 아름답고 다정하도다.[87]

그러나 기품 있는 상처자국이 그 한쪽 눈썹을 가로질렀도다.[88]

단테

제32장 친밀함에 관해

사랑이 줄 수 있는 최대의 행복은, 사랑하는 여성의 손을 처음으로 잡는 일이다. 정사(情事)의 행복은 그보다 훨씬 현실적이고 농담의 재료가 되기

86 죽기 며칠 전 그는 한 편의 짧은 시를 지었는데, 그것은 그가 우리들에게 이야기한 감정을 바르게 나타내고 있었다.
87 '지옥편' 제5가 중에서.
88 '연옥편' 제3가 중에서.

쉽다.

열정적 연애에 있어서 친밀한 관계가 되는 것은, 완전한 행복이라기보다는 오히려 그것에 도달하기 위한 최후의 한 걸음인 것이다. 그러나 행복이 추억을 남기지 않는다면 어찌 행복을 그릴 수 있겠는가?

모티머는 가슴을 떨며 긴 여행에서 돌아왔다. 그는 제니를 열렬히 사랑하고 있었지만, 그녀가 그의 편지에 한 번도 답장을 해주지 않았던 것이다. 그는 런던에 도착하는 즉시 그녀를 만나기 위해 별장으로 말을 달렸다. 그가 도착했을 때 그녀는 정원을 산책하고 있었다. 그는 가슴을 두근거리면서 뛰어갔다. 그가 그녀의 앞에 이르자 그녀는 당황하면서 손을 내밀어 그를 맞았다. 그는 사랑받고 있음을 깨달았다. 정원의 오솔길을 함께 거니는 사이 제니의 옷자락이 가시가 있는 아카시아 덤불에 걸렸다. 그때부터 모티머는 행복해졌지만, 제니는 그에게 충실하지 않았다.

나는 그에게, 제니는 그를 사랑하지는 않았던 것이라고 말했다. 그는 그녀의 사랑의 증거로서 여행에서 돌아왔을 때 그녀가 그를 맞이한 태도를 끌어댔지만, 무엇 하나 구체적인 것은 말하지 못했다. 다만 그는 아카시아의 덤불을 보면 눈에 띄게 떨었다. 그것이 실제로 생애에서 가장 행복했던 순간에 관해 그에게 남아 있는 단 하나의 뚜렷한 기억이었던 것이다. 감수성이 풍부하고 솔직하며 전에 기병(騎兵)이었던 인물이 (가르다 호에서 폭풍에 흔들리고 있는 배에서) 자신의 풍부한 사랑의 체험을 나에게 들려주었다. 그것을 이번에는 내가 독자들에게 밝힐 생각은 없지만, 나는 그 고백담에서 이렇게 결론짓는 것은 용서되리라고 생각한다. 즉, 친밀한 사이가 된 시기는 5월의 저 훌륭한 날씨와 같은 것으로서, 가장 아름다운 꽃에 있어도 미묘한 계절, 자칫 치명적이 되고 아무리 멋진 희망이라도 시들게 해버리는 순간인 것이다.

....

'지연스러움'이라는 것은 아무리 칭찬해도 지나치다고 할 수 없다. 이것은 어디로 가는지 자기 자신도 알지 못하는 베르테르풍의 사랑과도 같은, 진실한 사랑에 있어서도 허용되는 유일한 교태이다. 그리고 그것은 동시에 정숙에 있어서는 뜻밖의 행운이지만, 최대의 전술이기도 하다. 자기 자신도 의식하지 못한 채 정말로 감동한 남자는 매력적인 것을 말한다. 그는 자기가 알지 못하는 언어를 지껄이는 것이다.

비록 조금이라도 허세가 있는 남자에게 재앙이 있을지어다! 비록 자신이 가진 최대의 재주와 지혜를 기울인다 해도, 그런 남자는 이점의 4분의 3을 잃는다. 한순간이라도 허세에 이끌린다면 1분 뒤에는 무미건조한 순간과 만나게 마련이다.

사랑을 하는 기술이란 결국 그때그때의 도취 정도에 따라 자기의 마음을 정확히 전달하는 데 있다고 하겠다. 즉, 달리 말하면 자기의 영혼에게 묻는 일이다. 그것을 간단한 일이라고 생각해서는 곤란하다. 참으로 사랑을 하는 남자는 연인에게서 기쁜 말을 들으면 말을 할 힘을 잃어버리기 때문이다. 이리하여 그는 그에게 할 말을 제공해 주었을 효과를 날려버리는 것이지만, 기회를 놓치고서 부드러운 말을 하기보다는 차라리 침묵을 지키는 편이 좋다. 10초 전에는 적절했던 말도 이미 전혀 적절하지가 않고, 지금은 부조화로 울리는 것이다. 내가 이런 규정을 어기고 3초 전에 떠올린, 자기에게는 이것이 괜찮다고 생각되는 일에 대해 말하면, 그때마다 레오노르는 반드시 나에게 핀잔을 주었다. 나중에 집으로 돌아오면서 나는 중얼거리는 것이다. "그녀가 하는 말도 당연하다. 그런 일이야말로 섬세한 여자에게 있어서는 가장 기분을 상하게 하는 일이다. 아마도 감정의 모독이라는 것이겠지." 그녀들은 오히려 짓궂은 수사가(修辭家)들이 그러하듯이 어느 정도의 약함이나 냉정함을 용서했을 것이다. 무릇 이 세상에서 가공할 만한 것이라고 하면 그것은 연인의 거짓말로서, 아무리 사소한 불성실함일지라도, 그것이 또한 다시 없을 만큼 순진한 것이라 하더라도 그녀들로부터 즉각 모든 행복을 빼앗고 그녀들을 의혹 속에 빠뜨린다.

정숙한 여자는 격렬함이나 엉뚱함에 대해 매우 부자연스러움을 느낀다. 그것이 정열의 특성임에도 불구하고. 격렬함은 수치심을 불안하게 만들 뿐 아니라, 그녀들은 자기 몸을 지키려고 한다. 어떤 질투나 불쾌감 등이 침착성을 되찾게 하면, 일반적으로 사랑에 유리한 저 도취를 생겨나게 하기에 알맞은 화제를 시도할 수가 있다. 그리하여 도입부(導入部)에 해당되는 두세 마디를 하고서 영혼이 시사하는 것을 정확히 말하는 기회를 놓치지 않는다면, 사랑하는 여자에게 싱싱한 기쁨을 주게 될 것이다.

대부분의 남자들이 범하는 오류는, 스스로가 멋지고 감각적이며 감동이라고 생각하는 사항을 억지로라도 말하려 하는 데 있다. 그러나 순간적으로 느끼는 일을 순순히 표현한다는 그런 정도의 친밀성과 자연스러움에 도달하기까지, 세상의 일반적인 예의에서 자기를 해방시키는 것이 실제로 그가 해야 할 일이다. 만일 그런 용기가 있다면, 즉각 일종의 화해라고 할 수 있는 것으로 보상을 받을 수 있을 것이다.

사랑하는 사람에게 주는 쾌락이라는 신속하고도 무의식적인 이 보상이야말로 이 열정을 다른 모든 열정보다 우위에 둘 수 있게 하는 것이다. 완전한 자연스러움이 있을 때 두 사람의 행복은 융합하기에 이른다. 요컨대 우리들의 본성에 바탕을 둔 공감이나 그밖의 몇몇 다른 법칙을 위해 이것이야말로 존재할 수 있는 최대의 행복인 것이다.

사랑에 의한 행복의 필수조건인 '자연스러움'—이 말의 의미를 결정하는 것은 상당히 어려운 일이다.

습관적인 행동방식으로부터 일탈되지 않는 것이 '자연스러움'이라고 일컬어지고 있다. 사랑하는 사람에게 결코 거짓말을 해서는 안될 뿐 아니라, 또한 아무리 조금이라도 미화시켜 참된 순수한 모습을 헤쳐서는 안됨은 말할 것도 없다. 왜냐하면 만일 미화할 경우 주의력은 미화하는 일에 집중되고, 이미 피아노의 건(鍵)처럼 눈에 나타나 있는 감정과 순순히 호응할 수는 없게 될 것이기 때문이다. 상대 역시 아무것도 모르지만 곧 냉랭한 것을 느끼고는, 이번에는 그녀 쪽에서 교태에 구원을 청한다. 이것이 어쩌면 자기보다 훨씬 재치가 부족한 여자를 사랑할 수가 없다는 숨은 이유가 아닐까? 왜냐하면 그런 여자에 대해서는 아무리 가식을 한다 해도 벌 받는 일이 없기 때문이고, 습관적으로 가식을 하는 쪽이 편하므로 자연스러움이 결여된 태도를 아무렇지도 않게 생각하게 되기 때문이다.

그때부터 사랑은 이미 사랑이 아니라 흔해 빠진 홍정에 지나지 않는 것으로 전락하고 만다. 단 하나의 차이가 있다면 그것은 돈을 버는 대신 쾌락이나 허영심, 혹은 두 가지가 혼합된 것을 손에 넣는 것뿐이다. 그러나 이쪽이 아무리 연극을 하더라도 벌을 받지 않는다는 여자에 대해서는 어느 정도의 경멸을 느끼지 않고서는 견디기가 곤란하며, 따라서 그 점에서 가장 뛰어난 여자를 만나면 쉽게 그녀를 버리게 되는 것이다.

때로는 습관이나 맹세 등이 그것을 만류하는 일도 있다. 그러나 내가 말하는 것은 마음의 경사(傾斜)로서, 그 자연스러운 충동은 최대의 쾌락을 향해 날아가는 일이다. 다시 한 번 이 '자연스러움' 이라는 말에 대해 언급하면, 자연스러운 것과 습관적인 것과는 다르다. 이 두 가지의 말을 같은 의미로 이해할 경우, 감수성이 풍부하면 풍부할수록 '자연스럽게' 하기가 곤란해진다는 것은 분명하다. 왜냐하면 습관 쪽이 생활방법이나 행동방식에 영향력이 약하고, 인간은 그 이상으로 개개의 상황에 좌우될 수 있기 때문이다. 냉정한 인간의 일생은 어느 페이지를 보아도 같다. 오늘의 그를 조사하고 어제의 그를

조사해 보면 그것을 알 수 있다. 언제나 그것은 한결같은 나무손이다.[89]

감수성이 풍부한 인간은 일단 감동하게 되면 이미 자기 속에서 자기의 행동을 이끌어야 할 습관의 흔적을 발견할 수 없게 된다. 그렇다면 어찌 실감을 주지 못하는 길을 걸을 수가 있겠는가? 그는 사랑하는 사람을 향한 한마디 한마디에 얼마나 큰 무게가 실려 있는지 느끼고, 단 한 마디로 자기의 운명이 정해지는 것처럼 생각한다. 어찌 그가 능숙하게 말하려 하지 않을 수 있겠는가? 혹은 자기는 능숙하게 말하고 있다는 의식을 갖지 않을 수가 있겠는가? 그때부터 이미 순진성은 존재하지 않게 된다. 그러므로 의도적으로 순진하고자 해서는 안된다. 왜냐하면 그것은 자기를 조금도 뒤돌아보지 않는 영혼의 특징이므로.

인간은 자기의 한계를 초월하는 일은 할 수 없지만, 자기가 누구인가는 느낀다. 여기서 우리들은 섬세한 마음의 소유자가 사랑에 있어 의도할 수 있는 자연스러움의 마지막 단계에 도달했다고 생각한다. 열정적인 남자는 폭풍 속의 유일한 방패로서 어떤 점에서도 절대로 진실을 왜곡시키지 않고 정확히 자기의 마음을 읽는다는 맹세를 굳게 지킬수밖에 없다. 만일 대화가 활기를 띠고 띄엄띄엄 건너뛰게 되면 그는 멋진 자연스러움의 순간을 기대할 수 있지만, 그렇지 않을 경우 그의 사랑이 어느 정도 광열적(狂熱的)이 아니게 될 때 이외에는 완전히 자연스러워지기를 기대할 수는 없다.

사랑하는 사람 곁에 있을 때에는 자연스러움이란 고작 '행동 속에 어렴풋

89 괴테의 《젊은 베르테르의 슬픔》, 편지 42 참조.
'망원경을 들여다보고 있는 것처럼 작은 사람과 말이 앞을 돌아갑니다. 때때로 자신의 눈의 착각이 아닌가 의심하게 되지만, 결국 나도 함께 어우러져 춤을 추지요(라고 하기보다는 오히려 꼭두각시 인형처럼 춤을 추게 됩니다). 그리고 때때로 옆의 꼭두각시 나무손을 잡고 깜짝 놀라 뒤로 물러나지요.' 이것은 스탕달이 좋아하는 비유로서, 《이탈리아 회화사》(35장)에서도 '나는 인간의 손을 원했는데 잡은 것은 나무손이었다' 라는 구절이 나온다. 그리고 참고로 제6장의 '자살로 이끄는 눈의 착각' 도 생각건대 이 일절을 가리키는 듯싶다.

이 남아 있을 뿐이며, 그런 경우에도 습관이 근육 속에 깊이 뿌리를 내리고 있다. 나는 레오노르에게 팔을 빌려주고 있으면 언제라도 자신이 쓰러질 것 같은 느낌이 들고, 그래서 꿋꿋하게 걷는 일밖에는 생각하지 않았었다. 고작 할 수 있는 일은 결코 자발적으로는 허세를 부리지 않는 것뿐이다. 자연스러움의 결여야말로 생각될 수 있는 가장 불리한 조건이며, 수많은 큰 불행의 근원으로 되기 쉽다는 것을 확신하고 있어야만 한다.

여러분이 사랑하는 여자의 마음은 이미 여러분의 마음의 소리를 듣지 않고, 여러분은 솔직성이 솔직성에 대답하는 저 신경적이고 무의식적인 충동을 잃어버린다. 그것은 그녀를 움직이는—아니 하마터면 유혹한다고 말할 뻔했지만—온갖 수단을 잃는 일이다. 그렇다고 하여 내가, 사랑을 할 자격이 있는 여성은 '감기지 않으면 시들어버린다' 는 저 등나무 덩굴에 관한 아름다운 격언 속에서 자기의 운명을 보는 일도 있다는 것을 부정하는 것은 아니다. 이것은 자연의 법칙이지만, 그러나 사랑하는 남자를 행복하게 하는 일은 언제라도 행복을 위한 결정적인 한 걸음이다.

분별이 있는 여자는 마침내 저지할 수가 없게 된 경우가 아니면 연인에게 모든 것을 주지 않을 것이라고 나는 생각하므로, 여러분 마음의 성실성에 관한 아무리 희미한 의심이라도 그녀에게 즉각 어느 정도의 기력(氣力)을, 적어도 그녀의 패배를 하루 더 늦추기에 충분할 만큼의 기력을 되찾도록 하게 마련인 것이다. 이와 같은 모든 것을 우스꽝스럽기 짝이 없는 것으로 만들고자 한다면, 이것을 취미적 연애에 적용시키는 일만으로도 충분하다는 것을 새삼 덧붙일 필요는 없을 것이다.

제33장

언제라도 진정시켜야 하는 작은 의심[90]이 있다는 것, 이것이 끊임없는 목마름이 되어 행복한 연애에 생명을 준다. 의혹은 결코 떠나지 않으므로, 그런 사랑의 쾌락은 절대로 지루하게 만드는 일이란 없다. 이 행복의 특징은 극히 진지하다는 것이다.

제34장 사랑의 고백에 관해

무릇 친구에게 여러분의 열정적인 연애를 고백하는 것만큼 신속한 보복을 받는 실례는 없다. 그 친구는 만일 그대의 말이 사실이라면, 그대가 그보다도 천 배나 큰 쾌락을 맛보고 그 때문에 그의 쾌락을 경멸하고 있음을 안다. 여자끼리라면 그보다 더욱 심한 것이 된다. 그녀들의 일생은 남자에게 열정을 일으키는가 어떤가에 달려 있고, 대부분의 경우 고백을 받는 당사자도 역시 연인의 눈앞에서 자기의 매력을 시험해 본 경험이 있기 때문이다.

한편 이 열병을 앓고 있는 인간에게는 끊임없이 자기의 마음을 엄습하는 가공할 의혹에 관해 침착하게 대화를 나눌 수 있는 친구만큼 긴급한 정신적 필요는 없다. 왜냐하면 이 가공할 열정에 있어서는 '상상된 사물은 항상 존

90 결정작용과 더불어 곧잘 인용되는 이론이다. 제39장에도 '재지가 매우 뛰어난 어떤 여성의 편지'로부터 채택했다 하며 인용되고 있다. 《마틸드의 소설》(추가)의 난외에 1802년 2월 16일자로 다음과 같은 비슷한 말이 있다. '언제나 진정시켜야 하는 작은 의심이 있다는 사실, 이것이 열정적인 연애에 생명을 준다.'

재하기' 때문이다.

시르비아티는 1817년에 이렇게 기록했다.

'내 성격의 큰 결함은 이 점에서 나폴레옹의 성격과 정반대였던 셈이지만, 열정에 관해 논의하고 있을 때 무엇인가가 심리적으로 증명되어도 그것을 영원히 확립된 사실로 간주하고 그것을 근거로 하여 출발할 수가 없다는 점이다. 그리하여 본의 아니게, 또한 이것이 그의 큰 불행이지만, 끊임없이 그것을 재론하는 것이다.'

야심에 있어 용기를 갖는 것은 쉽다. 결정작용은 가지고 싶다는 욕망에 의해 제약이 되지는 않으며, 그것은 오히려 용기를 북돋운다. 그러나 연애에 있어서 결정작용은, 우리들이 그것에 대해 용기를 불러일으키지 않으면 안 될 대상을 위해 활동하고 있는 것이다.

여자는 마음속에 두 가지 생각을 품고 있는 여자 친구와 맞닥뜨리는 일이 있고, 또한 무료해 하는 여자 친구와 마주치는 일도 있다.

어떤 35세의 공녀(公女)[91]가 무료함을 느껴 줄곧 '무언가를 하고 싶다. 뭔가 재미있는 게 없을까?' 등을 생각하고 있었다. 그녀는 연인의 불분명한 태도가 불만스러웠지만, 그렇다고 다른 남자를 만날 가망도 없고 몸을 불태우는 정열의 발산이 뜻대로 되지 않아, 그 불만을 폭발시키는 것을 유일한 위안으로 삼고 있었다.

이와 같은 여자는 자칫 참된 열정, 즉 연인이 옆에 잠들어 있음에도 불구하고 다른 여자에게 호감을 느끼는 남자의 정열을 불행한 꼴로 만들어 주는 것에서 하나의 일거리, 즉 하나의 쾌락 및 인생의 목표를 찾기 쉽다. 이것은 '증오'가 행복을 낳는 유일한 경우이다. 왜냐하면 그것이 일과 노동을 주기

91 이 공녀는 마틸드의 사촌언니 트라벨시 부인을 말한다.

때문이다. 처음 한동안은 무엇인가를 한다는 데 대한 쾌락, 그 기도를 모든 사람이 알아차리면 성공하고 싶다는 '자극'이 그 일거리에 매력을 곁들인다. 여자친구에 대한 질투가 그 연인에 대한 증오라는 가면을 쓴다. 그렇지 않다면 어떻게 한 번도 만난 적이 없는 남자에게 분노를 느낄 수가 있겠는가? 이러한 여자는 자기가 상대를 부러워하고 있음을 인정하지 않는다. 그러기 위해서는 우선 상대방의 가치를 인정하지 않으면 안 되기 때문이다. 그리하여 그녀의 궁정에 있는 것은 자기의 선량한 벗을 조롱함으로써 그 지위를 유지하고 있는 아첨꾼들뿐인 것이다.

고백을 듣는 두 생각을 품은 여자는 한편으로는 사악한 행동을 하면서도 아무 거리낌 없이, 자기는 오로지 귀중한 우정을 잃고 싶지 않다는 욕망에 따르고 있을 뿐이라고 믿는 일도 충분히 가능하다. 무료해하는 여자는, 우정마저도 사랑과 그 죽을 만큼의 불안에 시달리는 여자 친구의 마음속에서는 시든다고 생각한다. 사랑을 하고 있을 때는 우정이란 고백에 의해서밖에 유지할 수가 없지만, 그러한 고백만큼 선망에 있어 불쾌한 일은 없는 것이다.

여자들 사이에서 허용되는 유일한 고백은 다음과 같은 솔직한 추론을 동반할 경우이다. '우리들의 폭군들이 유행시킨 편견으로 말미암아 이런 어리석은 전쟁을 끈질기게 해야만 하는 거예요. 오늘은 제발 나를 도와주세요. 내일은 내가 도움이 될지도 모르니까.'

이 예외 이전에도, 어린 시절에 싹터서 그 이후로 어떤 질투에 의해서도 더럽혀지지 않은 참된 우정의 경우가 있다.

....

열정적인 연애의 고백이 환영을 받는 것은 사랑을 동경하는 학생들이나, 혹은 호기심으로 불타고 애정을 쏟는 데 곤란을 겪고 있는 젊은 처녀들 사이에서뿐이다.

아마도 처녀들은 그 점에 평생의 중대사가 있고, 그것은 아무리 빨리 알아도 결코 빠르다고 할 수 없다며 숙식이는 본능[92]을 따르고 있을지도 모른다. 누구나 다 알고 있는 바와 마찬가지로 세 살짜리 어린 여자아이라도 정사(情事)의 법에 맞는 동작을 훌륭히 해내고 있는 것이다. 취미적 연애는 고백에 의해 불타오르고, 열정적 연애는 고백에 의해 식어버린다. 그와 같은 위험 이외에도 고백을 하기가 어려운 점이 있다. 열정적 연애에 있어서는 표현할 수 없는 것이라 하더라도(그런 뉘앙스에 도달하기에 말은 너무도 조잡하므로) 역시 존재하고 있음에는 변함이 없지만, 다만 그것들은 매우 미묘한 것이므로 그것을 관찰함에 있어 오류를 범하기가 쉽다. 게다가 몹시 감동하고 있는 관찰자는 잘못된 관찰을 하고 우연에 대해 부당한 판단을 내린다.

아마도 가장 현명한 것은 자기 자신을 고백하는 상대로 택하는 일일 것이다. 오늘 밤에 당장 인물의 이름을 바꾸고, 그러나 특징적인 점은 전부 그대로 둔 채 여러분이 조금 전에 연인과 나눈 대화와 여러분을 고뇌하게 한 곤란을 적도록 하라. 그리고 1주일이 지나, 만일 여러분이 열정적 연애를 느끼고 있다면 여러분은 다른 사람이 되어 있을 테지만, 그때 이 진단서[93]를 읽으면 적절한 충고를 얻게 될 것이다.

남자끼리는 두 사람 이상 모여 선망이 생겨날 여지가 있을 경우, 육체적 연애만을 이야기하는 것이 예의이다. 남자뿐인 식탁의 끝을 보라. 그들은 바퍼의 소네트[94]를 낭독하는데, 그것이 무한한 기쁨을 준다. 왜냐하면 각자가 그 옆에 앉은 남자의 칭찬이나 감격을 곧이곧대로 받아들이고 있기 때문이지만, 실제로는 그들은 대부분 예의상 유쾌함을 가장하고 있는데 불과한 경우가 많

92 대문제. 생후 8개월 혹은 10개월부터 시작되는 교육은 별도로 하고라도, 아직 본능은 있는 것 같다.
93 consultation. 이것은 1811년 알렉산드르 다뤼 부인을 유혹하고자 스탕달이 실행한 것이다.
94 바퍼(1694~1768)는 베네치아의 시인으로서 우아함과 기지에 넘치는 호색적인 시를 썼는데, 소네트는 그의 14행 시를 말한다.

다. 페트라르카의 매력적인 다정함이라든가 프랑스의 연가(戀歌)는 격에 어울리지 않는다.

第35장 질투에 관해

사랑을 하면, 의회의 비좁고 답답한 자리에 앉아 토론에 귀를 기울이고 있을 때에도, 적의 포화를 무릅쓰고 전초중대(前哨中隊)의 교대로 말을 달릴 때에도, 뭔가 눈이나 기억을 자극하는 새로운 사물을 만나면 사람은 반드시 그때까지 연인에 대해 가지고 있던 관념에 새로운 미점을 덧칠하게 된다. 혹은 연인으로부터 좀더 사랑을 받을 새로운 수단(그것은 처음에는 희한한 것으로 비친다)을 발견하기도 한다.

상상력의 한 걸음 한 걸음은 황홀감을 맛보는 것에 의해 보답된다. 따라서 이런 경지를 버릴 생각이 들지 않는 것도 무리는 아닌 것이다. 질투가 생겨날 때에도 이와같은 영혼의 습관은 남아 있다. 그러나 그로부터 파생되는 결과는 반대이다. 여러분 쪽에서는 사랑하고 있지만, 어떤지 다른 남자를 사랑하고 있는 것 같은 여자의 왕관(王冠)에 여러분이 더하는 이점의 하나 하나는, 여러분에게 천국의 희열을 주기는커녕 오히려 심장에 단검을 들이대는 것이 된다. 하나의 목소리가 여러분에게 말한다. "이렇게도 매력적인 쾌락, 그것을 맛보는 사람은 너의 연적(戀敵)인 것이다."라고.

그리하여 여러분을 자극하는 사물도 앞에서 사용했던 것과 같은 효과를 낳지는 않는다. 도리어 이전처럼 사랑받는 새로운 수단을 여러분에게 제시하는 대신 연적의 새로운 이점을 발견하도록 해주는 것이다.

공원에서 말을 달리는 미인을 보았다. 그런데 여러분의 라이벌은 50분에 16킬로미터를 날릴 수 있는 준마를 갖고 있었냐고 하자. 이런 상태에서는 자칫 미칠 것만 같은 노여움이 생기기 쉽다. 사랑에 있어서는 '소유한다는 것은 의미가 없으며 즐기는 것이 중요하다'는 점을 잊어버린다. 라이벌의 행복을 과장하여 생각하고, 그 행복이 자기에게 주는 모욕을 과장하며 고뇌의 절정에 도달한다. 즉, 일말의 희망이 남아 있는 만큼 더욱 괴롭기 이를 데 없는 불행으로.

유일한 요법(療法)은 아마도 연적의 행복에 다가가서 자세히 바라보는 일일 것이다. 여러분은 문제의 여자의 살롱에서 그 남자가 매우 편안하게 졸고 있는 모습을 보게 되리라. 여러분이 거리에서 그 여자의 모자와 비슷한 모자를 보게 될 때마다 심장이 멈출 것같이 되는 여자의 눈 앞에서 말이다. 그 졸고 있는 연적을 깨우고 싶다면, 여러분의 질투를 보여주는 것이 좋다. 그러면 아마도 여러분보다 그 남자를 선택한 여자의 가치를 일부러 라이벌에게 가르쳐주는 셈이 되어, 그도 비로소 여자를 사랑하게 되고 여러분께 매우 감사하게 되리라.

라이벌에 관한 한 중용이란 있을 수 없다. 가능한 한 아무렇지도 않은 태도로 농담을 나누거나, 그렇지 않다면 그를 위협한다. 질투만큼 괴로운 것은 없으므로, 목숨을 거는 일 따위는 오히려 유쾌한 기분전환이 된다. 그때 우리들의 몽상은 더럽혀지지 않고 모든 일을 나쁜 쪽으로만 생각하지 않게 될 것이다(상기의 메카니즘에 의해). 연적을 죽이는 공상을 하는 것도 하나의 방법이다. 결코 적에게 힘을 빌려주어서는 안된다는 원칙하에 여러분의 사랑은 연적에게 감추어져야만 한다. 그리고 가능한 한 사랑과는 무관한 허영심이나 어떤 구실을 발견하며, 가능한 한 예의바르게 가장 차분하고 가장 시원스러운 태도로 그에게 살며시 일러주는 편이 좋다. "여보게, 어째서 모두들 저런 여자와 소문을 내게 하고 있는지 도무지 모르겠어. 더구나 내가 저 여자에게 반해 있다고 단정해 버렸다구. 자네가 저 여자를 좋아한다면 나는 기꺼이 양보하고 싶을 정도이지만, 단 그렇게 될 경우 내가 조롱의 대상이 될까봐 그것이 곤란할 뿐이지. 반 년이 지나거든 사양 말고 차지하게나. 지금은 어찌된 까닭인지 모르지만, 아무튼 이런 유의 사건을 두고 세상은 명예 운운하니까 말일세. 만일 자네가 차례가 올 때까지 얌전히 기다리고 있을 수 없다면, 유감이지만 우리들 가운데 어느 쪽인가가 죽어야만 하네."

여러분의 연적은 어차피 정열적이지 않을 것이고 아마도 매우 신중한 남자일 것이므로, 여러분의 결심이 이해되면 무언가 적당한 구실이 발견되는 대로 선뜻 문제의 여자를 여러분에게 양보할 것이 틀림없다. 그러므로 선언은 명랑하게 하고, 또 교섭은 매우 은밀하게 하지 않으면 안 되는 것이다. 질투로 인한 고통을 이렇듯 날카롭게 만드는 까닭은, 허영심이 그 고통을 참는 데는 아무런 도움도 되지 않기 때문이다. 그런데 지금 말한 방법에 의하면, 여러분의 허영심은 일종의 만족을 얻는 셈이 된다. 그리하여 자기를 한낱 친절한 남자일 뿐이라고 경멸하지 않으면 안 된다 해도 다소 용기가 있다고 자부할 수는 있다.

만일 사건을 비극적으로 생각하고 싶지 않다면 즉시 출발하여 65킬로미터쯤 떨어진 곳으로 가서, 지나는 길에 눈에 띄는 무희를 애인으로 삼는 편이 좋을 것이다. 라이벌이 조금이라도 속된 영혼을 갖고 있다면, 그는 여러분이 위안을 발견했다고 생각할 것이다. 그러나 대부분의 경우 가장 좋은 방법은, 연적이 스스로 실수를 범하여 '정나미가 떨어질 때까지' 유유히 기다리는 일이다. 왜냐하면 처녀시절부터 점점 키운 큰 열정이 아닌 한 재치 있는 여자는 속된 남자를 언제까지나 사랑할 수는 없기 때문이다. 육체관계가 있는 여자에게 질투를 느꼈을 경우에는 더더욱 겉으로는 무관심한 척 가장하고 이면에서 다른 상대와 즐기는 것이 좋다. 왜냐하면 대부분의 여자는 자기가 아직도 사랑하고 있는 남자에게 화를 내면, 그가 질투를 보인 내성의 남자와 오히려 더 가까워지는 일이 있고, 그리하여 장난은 곧잘 진실이 되기 때문이다.

나는 약간 자세히 살펴보았다. 왜냐하면 인간은 질투를 일으킬 경우에 이성을 잃기 쉬운데, 그때 앞에서 서술해 둔 충고가 도움이 될 것이기 때문이다. 그리고 중요한 점은 냉정을 가장하는 것이므로, 철학적인 책을 읽고 기분을 조정하는 일이 바람직하다. 상대방이 여러분을 지배하는 것은, 정열만이 그 가치의 전부를 낳게 하고 있는 것을 여러분에게서 빼앗거나 여러분이 그것을 희망하는 일에 의해서이므로, 여러분이 무관심하다고 믿게 하는 일에 성공한다면 적은 곧 무기를 잃게 될 것이다.

우선 별로 하는 일도 없고 어떤 위안이 필요하다는 생각이 들었다면《오셀로》를 읽는 것도 나쁘지는 않다. 그러면 가장 결정적인 겉모습조차도 의심할 수 있다는 사실을 알게 될 것이다. 여러분은 기쁨을 느끼며 다음과 같은 말에 시선을 멈추리라.

공기처럼 가벼운 것이라도
질투하는 자에게는 성서의 말씀과
같을 만큼 확고한 증거가 된다.[95]

《오셀로》 제3막

나는 아름다운 바다의 조망이 위안을 주는 것임을 알았다.

'조용히 빛나며 떠오른 아침 해는 성으로부터 물 쪽으로 바라볼 수 있는 황

95 이것은 〈오셀로〉의 제3막 제3장 이아고(Iago)의 대사인데, 데스데모나의 손수건으로 의심을 부추기는 장면이다. 《이탈리아 회화사》에서도 스탕달은 이 구절을 인용하고 있다.

랑한 산에 화려한 풍정(風情)을 주었다. 한편 수천의 은빛 물결을 일으키며 반짝이고 있는 큰 바다는 수평선의 끝까지 그 무서운, 그러나 부드러운 위엄을 펼치고 있다. 이런 잔잔하고 숭고한 풍경 앞에서는 고뇌에 넘친 인간의 마음도 그것과 하나가 된다. 그 큰 영향은 명예와 덕의 행위로 몰아세운다.

《램머무어의 신부》 제1권 193페이지

사르비아티는 이렇게 쓰고 있다.

'1818년 7월 20일[96]—나는 잘못하고 있는지도 모른다. 그러나 어쨌든 자주, 마치 야심가나 선량한 시민이 하나의 회전(會戰)이 벌어지고 있는 동안에 병참 창고 등 아무런 위험도 작전도 없는 곳의 경비로 보내졌을 때 경험하는 것과 같은 감정을 나의 생애에 대해 느끼는 일이 있다. 40세가 되면, 나는 틀림없이 사랑할 시기를 뜨거운 열정 없이 보낸 데 대해 후회하리라. 또한 어리석게도 인생을 무의미하게 보내는 것을 뒤늦게 깨닫고 쓰디쓴 굴욕적인 불쾌감을 느끼게 되리라.

어제는 사랑하는 여자와 3시간 동안 함께 있었다. 그 자리에는 한 명의 경쟁자가 있었는데, 그녀는 그의 존재를 나에게 알리고 싶은 모양이었다. 그녀의 아름다운 눈이 때때로 그에게 멈추는 것을 보는 일은 고통이었다. 그리하여 돌아올 때 나는 희망이 섞인 극도의 불행으로부터 희망에의 격렬한 감정의 변화를 맛보았다. 그러나 얼마나 많은 새로운 일, 얼마나 싱싱한 사상과 재빠른 추리가 있었던 것일까! 연적의 표면적인 행복에도 불구하고 나는 내 사랑이 그의 사랑을 앞선다고 느꼈던 것일까! 나는 생각했다. 나라면 기쁘게 용솟음치면서 해치웠을 조그만 희생에도 그 작자의 볼은 가장 저열한 공포로

96 이 무렵 스탕달은 밀라노에 있었다. 마틸드와 최초로 만난 것은 3월 4일이다.

인해 창백해지리라. 이를테면 〈그녀에게 사랑받는다〉, 〈즉시 죽는다〉고 쓴 두 장의 쪽지가 있는 모자에 손을 집어넣는 일—더구나 이런 감정은 나에게 있어 결코 이상할 것도 없으므로, 나는 태연히 애교 있는 대화를 계속할 수가 있으리라.

2년 전, 나에게 이런 이야기를 하는 남자가 있었다면 나는 아마도 그를 조롱했을 것이다. 1806년에 미주리 강을 거슬러올라간 두 선장 루이스와 클라크의 항해기[97]를 읽었다. 그 215페이지—〈리카라족은 가난하지만 선량하고 너그럽다. 우리들은 그 세 부락에서 꽤 오랫동안 머물렀다. 이곳의 여자는 우리들이 본 다른 부족의 여자보다도 아름답고, 연인들을 지루하게 만들지 않는다. 우리들은 고장이 바뀌면 물건도 바뀐다는 것을 알고 싶다면 세계를 돌아다닐 필요가 있다는 진리의 새로운 실례를 발견했다. 리카라족은 여자가 남편이나 형제의 동의 없이 남자에게 몸을 허락하는 것을 금지했다. 그런데 그 형제나 남편의 경우 벗에게 그런 대접을 할 기회가 생기면 더없이 만족하는 것이다. 우리들은 한 명의 흑인을 데리고 있었다. 원주민들은 이런 피부색을 가진 사람을 처음 보았으므로, 그는 원주민들 사이에서 대단한 흥미를 끌었다. 그는 마침내 여자들의 인기를 한몸에 모으게 되었는데, 남편들은 그를 질투하기는커녕 오히려 그가 집에 오는 것을 매우 기뻐했다. 우스웠던 것은, 비좁은 오두막 안에서는 무슨 일이든 모두 보인다는 점이다.〉

97 이 두 미국인이 조직한 탐험대는 1802년 세인트루이스를 출발하여, 이듬해 미주리의 수원(水源)에 도달했다. 콜럼비아 강의 지류를 거쳐 1805년 멕시코 만으로 나갔다. 그 일기는 1905년에 간행되었는데, 일부는 1815년 《에든버러 평론》 지 2월호에 소개되고 있었다. 스탕달은 1816년에 그것을 읽었다고 노트에 기록하고 있다.

제36장 질투에 관해(계속)

변심한 것처럼 보이는 여자에 대해.

그녀가 여러분을 배신한 것은, 여러분이 그 결정작용을 방해했기 때문이다. 그러나 짐작컨대 여러분은 아직도 그녀의 마음속에 습관적으로 자리잡고 있을지도 모른다. 그녀가 여러분을 배신한 것은, 그녀가 여러분에게 깊이 안심하고 있기 때문일지도 모른다. 여러분이 불안을 없애버렸던 것이고, 그리하여 사소한 의심도 이미 생겨날 수 없게 되었던 것이다. 그녀에게 불안감을 주는 것이 좋다. 그리고 특히 시시한 변명을 늘어놓으면 안 된다.

그녀와 가까이 지낸 기간 동안 여러분은 틀림없이 그녀가 질투를 느끼고 가장 두려워하는 것은 도시의 어떤 여자, 사교계의 어떤 여자인지를 알아냈을 것이므로, 그 여자에게 접근하는 것이다. 그렇지만 당신의 구애를 드러내 보이지는 말고 그것을 감추듯이 하라. 그것도 진심으로 감추듯이 말이다. 다음에는 증오의 눈을 믿는다면, 그녀의 눈은 모든 것을 꿰뚫어보고 모든 것을 알아낸다. 어차피 여러분은 몇 달 동안 어떤 여자에게도 깊은 혐오밖에는 느끼지 않을 것이므로, 이런 일을 하는 것은 오히려 간단할 것이다. 이와 같은 상황에서 여러분의 열정을 겉으로 나타낸다면 모든 것이 헛수고로 돌아간다는 점을 잊어서는 안 된다. 사랑하는 여자와 자주 만나는 것을 삼가고 품위 있는 동료와 샴페인이라도 마시는 것이 좋다.

연인의 사랑을 판단할 때는 다음과 같은 점을 잊어서는 안 된다.

① 사랑의 기초, 즉 처음에 두 사람의 육체를 결합시킨 것 속에 쾌락이 들어 있다면 그만큼 그 사람은 변심과 특히 배신의 위험이 있다. 이것은 특히 16세경, 결정작용이 청춘의 힘에 의해 성립된 사랑에 적용된다.

② 서로 사랑하는 두 사람의 사랑은 대부분의 경우 똑같지 않다. 열정적

인 연애에도 여러 시기가 있어서, 그 각각의 시기에는 번갈아 두 사람 중 어느 쪽인가의 애정이 보다 강하게 나타난다. 단순한 유희이거나 허영적인 연애가 열정적인 연애로 변하는 일도 흔히 있다. 그리하여 자신을 잊고 열중하는 것은 여자 쪽이다. 연인 중 어느 한쪽이 느끼는 애정이 어떤 것이든 일단 질투심을 일으키면 그는 상대방에게 열정적인 연애의 조건을 채우도록 요구한다. 허영심이 그 사람 속에서 다정한 마음의 온갖 욕구를 위장하는 것이다.

요컨대 취미적 연애에 있어 상대의 열정적 연애만큼 혐오감을 불러일으키는 것은 없다. 재치 있는 남자가 여자에게 구애할 경우 그는 그녀의 생각을 오로지 사랑으로 향하도록 함으로써 그 마음을 무장해제시킨다. 여성은 그런 기쁨을 주는 그 남자에게 호감을 나타낸다. 그는 희망을 갖는다. 어느 날, 이 여자는 그가 이야기해 준 것을 실제로 느끼게 하는 다른 남자를 알게 된다.

남자의 질투가 연인의 마음에 어떤 효과를 미치는지 나는 모른다. 그러나 여자가 그 남자를 귀찮게 여기고 있으며, 질투의 대상이 된 남자가 연인인 남자보다 매력이 있을 경우, 남자의 질투는 거의 증오에 가까운 심한 혐오감을 여자에게 불러일으키는 법이다. 클랑즈 부인의 말을 인용하면, 그녀들은 여자들의 질투의 대상이 되는 남자가 아니면 질투 같은 것은 받고 싶어하지 않기 때문이다.

여성이 질투하는 남자를 사랑하고 아무런 근거도 없이 행해지는 남자의 질투는 저 다루기 어렵고 헤아리기 어려운 여자의 자존심에 상처를 주게 된다. 질투는 오만한 여자에게는 자기의 힘을 확인하는 방법으로 쓰이기도 한다. 질투는 사랑을 다시 한 번 확인하는 방법이기도 하고, 또한 매우 섬세한 여성의 수치심에 상처를 주기도 한다. 질투는 때로 연인의 용감성을 나타내기도 한다. 'ferrum amant〔그녀들은 검(劍)을 사랑한다.〕'[98] 여기서 사랑받는 것은 단지 용맹으로서, 흔히 차가운 마음과 공존하고 있는 튀렌[99]풍의 용기가 아니라는 점에 주의해야 한다. 결정작용의 원리로부터 비롯되는 규칙 가운데 하나는, 여자는 자기가 배신한 남자에게서 아직 무엇인가를 끌어내고자 하는 생각이 있다면 결코 '네, 말씀대로예요'라고 고백해서는 안된다는 점이다. 우리들을 끌어당기는 대상에 관해 우리들 스스로가 만든 저 완벽한 이미지를 계속 즐기는 기쁨이 그렇게도 큰 것이므로, 이 치명적인 '네'라는 대답을 듣기까지는,

죽기보다는 살아서 괴로워하기를 바라고
어디까지나 편리한 구실을 찾는다.

앙드레 셰니에[100]

프랑스에서는 소메리의 일화가 유명하다. 연인에게 정사 현장을 목격당하자 그녀는 대담하게도 그것을 부정했고, 상대가 따지자 그녀는 말했다. "알았어요. 당신은 이제 나를 사랑하지 않는 것이겠죠? 내 말보다 자기가 본 일을 믿고 있으니까 말이에요."라고. 부정을 저지른 애인과 화해하는 일, 이것은 끊임없이 생겨나려고 하는 결정작용에 칼로 일격을 가하는 것과 마찬가지이다. 이리하여 사랑은 죽고, 여러분의 마음은 한 걸음 한 걸음 죽음의 고뇌

98 1853년판은 주베날리스(Juvenalis : 50~130)의 정확한 원문 'ferrum est quodamant'로 적었다. 주베날리스는 로마 제정시대의 풍자시인. 이것은 로마의 미녀들이 검투사를 애인으로 삼았던 일을 가리킨다.

99 Turenne, Henri de la Tour d'Auvergne, Vicomte de(1611~1675). 명장으로 이름 높은 프랑스의 원수. 그의 승리는 치밀한 계산과 면밀한 사고의 결과였다고 한다.

100 André Chénier(1762~1794). 18세기 최대의 서정시인이라고 일컬어진다. 로망파의 선구자로서 대혁명에 즈음하여 온건한 개혁파에 속하였으나, 급진파에 의해 왕권을 지키려 한다는 의심을 받아 단두대로 보내졌다. 《비가(悲歌)》 제24에서 인용한 구절인데, 정확하지는 않다.

를 느끼며 찢기고 만다. 이것은 이 열정과 생활의 가장 불행한 결합 중 하나이다. 한낱 벗으로서가 아니라면 화해하지 않는 힘을 가져야 한다.

제37장 록산[101]

여자의 질투에 대해서 알아보면, 여자는 의심이 많고 우리 남자들 이상으로 위험을 무릅쓰며 사랑에 더 많은 희생을 치른다. 또한 여자는 우리들처럼 기분전환의 방법을 갖고 있지 못하며, 특히 연인의 행동을 확인할만한 방법을 갖고 있지 못하다. 여자는 질투에 의해 스스로가 천해졌다고 생각한다. 자기가 남자의 꽁무니를 쫓아다니는 것처럼 보이고, 자기가 연인의 농담거리 소재라면 특히 그가 자기의 열정을 비웃는다고 믿는다. 그녀는 이따금 잔인한 심정에 사로잡히는 일도 있다. 그럼에도 불구하고 경쟁 상대인 여자를 합법적으로 죽일 만한 방법을 갖고 있지 못하다.

따라서 질투는 남자보다 여자에게 있어서 더욱 무서운 고통일 것이다. 그것은 인간의 마음이 파괴되지 않고 견딜 수 있는 범위 내에서의 무력한 분노와 자기혐오[102]의 극치이다. 이렇게 잔인한 고통을 치유하는 방법은 그 고통을 불러일으키게 한 사람, 혹은 그로 인해 괴로워하는 사람이 죽는 것밖에 없다. 《운명론자 자크와 그 주인》[103]의 라 프므레 부인 이야기 속에서 프랑스적

101 Roxane. 라신의 비극 《파자제》의 여주인공. 질투하는 여자의 전형으로 자주 인용된다.
102 이 혐오는 자살의 원인 중 하나이다. 사람은 명예를 회복하기 위해 자살한다.
103 원제는 Jacques le fataliste et son maître. 당시의 사회를 비판한 디드로(Denis Diderot : 1713~1784)의 대화체 소설이다. '그의 소설 가운데 내가 평가하는 유일한 것'이라고 스탕달은 말한다(《에고티즘의 회상》 제1장).

인 질투의 실례를 볼 수가 있을 것이다.

라 로슈프코는 이렇게 말했다. "사람은 질투를 고백하는 것을 부끄러워한다. 그러나 이전에 질투한 적이 있었다는 것, 이제부터라도 할 수 있다는 것은 자랑한다." 가엾은 여자들은 이 잔혹한 고문과도 같은 질투를 느낀 일조차 고백하지 못한다. 고백하면 웃음거리가 될 것이기 때문이다. 이렇듯 통증이 심한 상처는 결코 완벽하게 아물지 않는다.

만일 냉정한 이성이 상상력의 불에 대해 조금이라도 성공의 여지가 있다면 나는 질투로 인해 고뇌하는 불행한 여자들에게 말하리라. "남자의 부정과 당신들의 부정은 엄청난 차이가 있습니다. 당신들에게 이 행위가 일부는 〈직접적 행동〉이고 일부는 〈표적〉인 것입니다.

육군사관학교의 교육 결과 남자에게 있어서 이것은 아무런 표적도 아니지만, 수치심의 결과로서 여자에게는 반대로 이것이 헌신에 관련되는 표적 중에서 가장 결정적인 것입니다. 남자에게 정사는 나쁜 습관이지만 하나의 필요한 것처럼 되어 있습니다.

젊은 시절 학교에서 이른바 〈상급생〉의 실례를 본받아 우리들은 허영심과 가치의 증거를 이런 유의 성공의 숫자에 두고 있습니다. 그런데 당신들 여성의 교육은 전혀 반대 방향을 취하고 있지요."

'표적'으로서의 행동의 가치에 대해 알아보면, 내가 분노에 사로잡혀 옆에 있는 남자의 발 위에 테이블을 뒤엎었다고 가정해 보자. 그는 매우 아프겠지만, 이야기는 간단히 끝난다. 그런데 내가 그의 뺨을 때렸다면 일은 확대된다. 양성(兩性)의 부정의 차이는 이렇게 뚜렷한 것이라서, 열정적인 여자는 남자의 부정을 용서할 수 있지만, 남자로서는 불가능한 일이다.

열정적 연애와 '자존심의 자극'에 의한 연애를 구별하는 결정적인 실험이 있다. 여자에게 있어 상대방의 부정행위는, 열정적 연애의 경우는 거의 사랑을 죽이지만, 자존심의 자극에 의한 연애일 경우의 부정행위는 사랑이 점점 더 커진다. 오만한 여성은 자존심 때문에 질투를 감춘다. 그녀는 며칠 동안 사랑하는 남자와 긴 밤을 보내면서도 차갑게 침묵을 지킨다. 그러면서도 그를 잃게 될까 봐 가슴을 졸이며 자신이 그의 눈에 매력 없는 여자로 비친다고 믿는다.

이것은 확실히 가장 큰 고통이고, 사랑으로 인한 불행의 근원이다. 이러한 존경할 가치가 있는 여성의 고뇌를 치료하기 위해서는 남자 쪽에서 무언가 엉뚱하고 강력한 행동을 보이지 않으면 안 된다. 더구나 두 사람 사이에 무슨 일이 벌어지고 있는지 모르는 척하지 않으면 안 된다. 이를테면 함께 24시간 동안 긴 여행을 해보면 좋을 것이다.

제38장 자존심에서 비롯되는 고집에 관해

고집은 허영심의 충동이다. 나는 상대가 나에게 이기기를 바라지 않는 것이고, '나는 그 상대를 나의 가치의 판정자로 삼는다'. 나는 그의 마음에 강한 인상을 심어주고 싶은 것이다. 이리하여 우리들은 자칫 정상적인 궤도에서 벗어난 행동을 하게 된다. 때로는 자기의 터무니없는 행동을 정당화하기 위해 상대가 우리들을 속이려 하는 것이라고 믿는다.

'고집은 명예심의 병'이므로 군주제를 채택하고 있는 나라에서 좀더 자주 볼 수 있고, 행동을 그 효용도에 의해 평가하는 습관이 지배적인 나라, 예를 들어 미국에서는 이것을 거의 볼 수가 없다. 무릇 인간이란, 특히 누구보다도 프랑스 인은 기만당하는 것을 아주 싫어한다. 하지만 지난날의 왕정하에서의 프랑스 인 기질[104]의 경솔함 덕분에 이런 '고집' 도 정사(情事)나 취미적 연애 이외에는 그다지 해로움을 미치지 않았다. 고집이 두드러진 간악(奸惡)을 발휘하는 것은, 기후 탓으로 국민성이 한층 음산한 군주제 제국(포르투갈, 피에몬테[105])뿐이다.

프랑스의 시골 사람들은 사교계에서 '멋쟁이' 라고 일컬어지는 사람에 관해 참으로 우스꽝스러운 모범을 만들어내고 있다. 그리하여 서로 남의 눈치만 살핀다. 누군가 규정에서 벗어나는 행위를 하지는 않을까 살피는 가운데 일생을 소모해 버린다. 이리하여 자연스러움이 사라지고 그들은 언제나 고집을 피우며, 그런 편집(偏執)이 그들의 사랑까지도 우스꽝스러운 것으로 만들고 마는 것이다. 이것이 선망에 이어 소도시에서는 체재를 가장 견딜 수 없게 만드는 것이고, 소도시의 어느 멋진 풍경을 감상할 때 자기에게 들려주지 않으면 안되는 것도 그 점에 대해서이다. 다시없을 고매하고 고상한 감동도 문명 중에서 가장 저열한 것과의 접촉에 의해 마비된다. 더욱 따분한 일로는, 이러한 부르주아지들은 대도시의 부패[106] 이외에는 화젯거리가 없다는 것이다.

고집은 열정적 연애 속에는 존재할 수가 없다. 그것은 '만일 그 사람에게 버림을 받고도 그대로 있는다면, 그 사람은 나를 경멸하고 이제 다시는 사랑해 주지 않을지도 모른다' 고 중얼거리는 여성 특유의 자존심이거나, 가지고 있는 최대의 기세로 사납게 몰아치는 질투가 된다. 질투는 자기가 두려워하

104 법률이 개인적 고려 없이 집행되는 나라에서라면 1778년경의 프랑스 귀족 중 4분의 3은 전과자였을 것이다.

105 Piemonte. 프랑스와 스위스 및 이탈리아의 롬바르디아에 둘러싸인 왕국. 현재의 토리노(Torino)에 해당된다.

106 그들은 부러움에서 서로 감시하고 있으므로, 연애에 관한 한 지방에는 사랑이 보다 적고 방탕이 많다. 이탈리아는 가장 행복하다.

는 상대의 죽음을 바란다. 그러나 자존심에 상처를 받은 남자는 전혀 다르다. 그는 적이 살아 있으면서 그 자신의 승리의 목격사가 되기를 바란다. 자존심을 손상당함으로써 화가 난 남자는 연적이 경쟁을 포기하는 것을 보며 아쉬워한다. 왜냐하면 그 남자가 마음속으로, '이 이상 그 여자에게 몰두하여 저 녀석을 이기게 되면 미안하니까' 라는 무례한 생각을 하고 있을지도 모르기 때문이다. '고집' 은 결코 뚜렷한 목적을 갖지 않으며, 다만 승리가 있을 뿐이다. 이같은 현상은 흔히 오페라의 무용수의 사랑에서 볼 수 있다. 만일 여러분이 그녀의 경쟁자를 걷어찬다면, 그때까지 창문 밖으로 몸을 던질 것만 같았던 거짓 열정은 곧 식어버린다.

자존심에 의한 사랑은 순간적으로 지나가지만, 열정적 연애는 그 반대이다. 그것은 부정할 수 없는 행동에 의해 경쟁 상대가 경쟁을 단념한다고 고백하면 충분하다. 그렇지만 나는 이 격언을 제시하기를 망설인다. 실례를 한 가지밖에 모르고, 게다가 그것에도 의문점이 있기 때문이다. 사실은 다음과 같다. 판단은 독자 스스로가 하기 바란다.

돈나 디아나는 23세의 젊은 여성으로, 세비야에서 가장 부유하고 기품이 있는 부르주아지의 딸이었다. 물론 그녀는 미인이었지만 한창때는 지나고 있었다. 사람들은 그녀가 매우 재치 있고 오만하다고 말했다. 그녀는 가족들이 바람직하지 않다고 생각하는 젊은 장교를 열정적으로 사랑하고 있었다. 적어도 겉으로 보기에는 그러했다. 그 장교는 모릴로 장군[107]을 따라 아메리카로 떠났다. 두 사람은 끊임없이 편지를 주고받았다. 어느 날 돈나 디아나의 어머니 집에서 많은 손님이 있는 가운데, 한 어리석은 사람이 이 친애하는 청년의

107 Morillo(1777~1838). 에스파냐의 장군. 반란을 일으킨 신(新) 그라나다를 진압하기 위해 페르디난트 7세의 명에 따라 아메리카로 파견되었는데, 볼리바 장군에게 패하고 1820년 마드리드로 소환되었다.

죽음을 알렸다. 모든 사람의 눈은 그녀에게 집중되었다. 그녀는 "그렇듯 젊은 나이에, 안 됐군요!"라고 말했을 뿐이었다. 그날 우리들은 때마침 노대가(老大家) 마신저[108]의 희곡을 낭독하던 참이었다.

내용은 비극적으로 막을 내리고 있었는데, 여주인공은 역시 겉으로는 냉정한 표정으로 애인의 죽음을 맞는 것이었다. 나는 그녀의 어머니가 그 오만과 증오에도 불구하고 떨고 있음을 보았다. 아버지는 기쁨을 감추기 위해 방을 나갔다. 이런 일이 벌어지는 동안 사람들이 당황하며 그 소식을 전한 어리석은 자에게 연신 눈짓을 하고 있는데, 돈나 디아나는 침착했으며 아무 일도 없었던 것처럼 이야기를 계속했다. 두려움을 느낀 어머니는 하녀에게 딸의 태도에서 눈을 떼지 말라고 일렀다. 그러나 그녀의 일상생활에는 아무런 변화도 나타나지 않았다.

그로부터 2년 후 한 잘생긴 청년이 그녀에게 접근했다. 이때도 역시 돈나 디아나의 부모는 같은 이유로, 즉 구혼자가 귀족이 아니라는 이유로 결혼을 반대했다. 그러나 그녀는 무슨 일이 있어도 결혼하겠다고 선언했다. 이 부녀 사이에는 자존심으로 인해 고집이 발생했다. 청년은 집안 출입을 금지당했고, 돈나 디아나는 시골의 별장에도 교회에도 거의 갈 수 없게 되었다. 연인과 만나기 위해 생각될 수 있는 모든 수단이 그녀로부터 박탈되었다. 그러나 그는 매우 드물기는 했지만 변장을 하고 은밀히 그녀와 만나고 있었다. 그녀는 더욱더 고집스러워져서 훌륭한 구혼자도, 페르디난트 7세의 궁정에서의 칭호도, 훌륭한 지위마저도 거절해 버렸다. 두 연인들의 불행과 그 영웅적인 절개는 온 도시에 소문이 자자했다.

마침내 돈나 디아나의 성년(成年)이 가까워졌다. 그녀는 아버지에게 스스

108 Massinger, PhiliP(1583~1640). 영국의 극시인.

로 자기의 장래를 책임질 권리를 행사하겠노라고 선언했다. 가족도 이제는 어쩔 도리가 없어 결혼 준비를 시작했다. 양가의 만남이 이루어지고 이야기가 절반쯤 진척되었을 때, 6년 동안 변함없는 사랑을 보냈던 청년은 그녀와의 결혼을 거부했다. 15분 뒤에 그녀는 아무 일도 없었던 것처럼 보였다. 그녀는 안정을 되찾고 있었다. 그녀는 자존심으로 인한 고집에서 사랑을 하고 있었던 것일까, 아니면 고뇌함으로써 세상의 웃음거리가 되기를 원치 않는 위대한 영혼의 소유자였기 때문일까?

열정적 연애에서는 자존심에서 오는 '고집'을 생겨나게 하지 않으면, 행복에 도달할 수 없는 경우가 종종 있다. 자존심에 의한 고집을 불러일으키면 외적으로는 바라는 것 모두를 손에 넣을 수 있으며, 불만을 표시하는 것은 우습게 되고 비상식적으로 보이게 될 것이다. 따라서 마음속으로는 늘 불행하다고 느끼고 스스로 확인하고 있음에도 불구하고 그것을 남에게 털어놓지 못한다.

불행의 증거는 모두 기쁜 상황, 황홀한 환영을 품게 하는 데 편리한 상황과도 얽히고 있다. 이 불행은 감미로운 순간에도 그 무서운 얼굴을 치켜들고 사랑하는 남자에게 달려들고, 지금 그가 팔에 끌어안고 있는 매력적이고 무감각한 여자에게 사랑받는 행복과 그런 행복이 결코 자기 것이 되지 않으리라는 것을 동시에 그에게 느끼도록 하려는 것과 같다. 이것이야말로 어쩌면 질투 다음으로 가장 잔혹한 불행일지도 모른다.

어떤 큰 도시[109]에서는 지금도 그와 같은 종류의 분노에 사로잡혀, 누이동생에 대한 자존심에서 비롯되는 오기로밖에는 사랑해 주지 않는 애인을 살해하기에 이른 온순하고 선량한 사나이의 일을 기억한다. 그는 어느 날 밤 그녀

109 이탈리아의 토스카나 공국의 도시 리보르노(Livorno)를 가리키는데, 지중해에 위치한 항구이다.

를 유혹하여 자기가 준비한 멋진 나룻배로 단둘이서 바다에 나갔다. 먼 바다까지 나갔을 때 그가 하나의 용수철을 눌렀고, 배는 둘로 갈라져 영원히 모습을 감추었다.

나는 어떤 60세의 남자가 런던 극장계의 가장 바람둥이이며 변덕스럽지만 가장 귀엽고 놀랄 만한 코넬이라는 여배우를 애인으로 원하는 것을 보았다. 그러나 "그녀가 당신만을 지킨다고 생각합니까?" 하고 누군가가 그에게 물었다. "천만에! 하지만 그 여자는 나를 사랑하게 되지. 그것도 어쩌면 미친 듯이 말이오"라고 그는 대답했다. 그리고 그녀는 꼬박 1년간, 그것도 자주 미칠 듯이 그를 사랑했는데, 3개월 내내 불만을 터뜨릴 빌미를 그에게 주지 않을 정도였다. 그는 그녀와 자기 딸과의 사이에서 기분을 상하게 하는 자존심의 충돌을 일으켰던 것이다.

자존심에서 비롯되는 오기는 취미적 연애까지도 지배하고 그 운명을 좌우한다. 이것은 취미적 연애를 열정적 연애로부터 구별하는 좋은 실험이다. 젊은이가 군대에 들어가면 가장 먼저 듣게 되는 군대의 오랜 금언(金言)이 있다. 그것은 자매가 있는 집에서 숙박을 하게 되었을 때 그중 한 사람의 사랑을 받고 싶다면 다른 한 사람에게 구애하는 게 좋다는 것이다. 에스파냐의 젊은 바람둥이 여자의 사랑을 원한다면 아주 진지하게, 그러나 겸손하게 자기는 그 집의 여주인에게 아무런 특별한 감정도 품고 있지 않다는 말을 퍼뜨리는 것만으로도 충분하다. 나에게 이런 유익한 금언을 가르쳐 준 사람은 친애하는 라사르 장군이다. 이것은 정열적 연애를 위태롭게 하는 가장 위험한 방법이다.

자존심을 근거로 하는 '고집'은 연애 끝에 결혼한 뒤라도 행복한 결혼의 열쇠가 된다. 대부분의 남편들은 결혼을 하고서 두 달쯤 지난 후 정부(情婦)를 만듦으로써 아내의 애정을 오래 붙들어 둘 수가 있다. 그러면 아내는 오로지 남편 한 사람의 일밖에는 생각지 않게 되고, 가정의 굴레가 이 습관을 불발(不拔)의 것으로 만든다.

루이 15세의 궁정에서 어떤 귀부인(샤바즈르 부인)이 남편을 열렬히 사랑하고 있었는데, 그것은 남편이 그녀의 자매 글라몽 공작부인에게 매우 흥미를 가지고 있는 것처럼 보였기 때문이다. 우리들이 버리고 돌아보지 않게 된 연인이라도 그녀가 다른 남자를 좋아하는 듯한 태도를 보이면, 우리들은 곧 침착함을 잃고 마음에 온갖 열정의 징후가 나타남을 느낀다.

이탈리아 인의 용기는 분노의 발작이고, 독일인의 용기는 도취의 한순간이며, 에스파냐 인의 용기는 자존심의 표출이다. 한 국민[110]이 있어 그 용기가 곧잘 중대의 각 병사, 사단의 각 연대간의 자존심에 달려 있다면, 패군(敗軍)에 즈음하여 이미 구심점을 잃은 이 군대를 멈추게 할 수 있는 것은 아무것도 없으리라. 위험을 예측하고 대책을 강구하고자 하는 것은 이런 허영심이 강한 패잔병에게는 우스꽝스러운 일인 것이다.

친애하는 프랑스의 한 철학자[111]가 이렇게 말했다.

'북아메리카의 미개 지역에 대한 어떤 여행기를 보라. 그곳에서 포로는 산 채로 불태워져 먹히고 마는데, 그 이전에 불타는 화형대 옆의 기둥에 묶인 채 몇 시간 동안 인간의 광기가 발명할 수 있는 가장 악랄하며 교묘한 방법으로 고문당한다. 이와 같은 무서운 광경에 대해, 그곳에 있는 자들의 식인종적인 환희나 특히 여자나 아이들의 광란과 잔혹함을 경쟁하는 그들의 광포한 즐거움을 목격한 여행자의 이야기를 읽을 필요가 있다. 거기에는 포로의 영웅적

110 프랑스 국민을 가리킨다. 즉, 프랑스군이 모스크바에 패배한 데 대한 암시이다.

111 볼네이(Volney, Constantin Francois, Comte de : 1757~1820)의 《미국의 내막》 491~496페이지 참조. 볼네이는 프랑스의 역사가이며 자유사상가로서 대혁명 때부터 루이 18세 시대까지 줄곧 자기의 입장을 지켰다. 스탕달이 존경하는 인물 중 한 명이다. 《미국의 내막》은 뒤에서도 자주 인용되는데, 미국에서 반대가 있었던 책인 듯 제35장의 주(註)에서도 언급하고 있다.

인 꿋꿋한 침착성도 기록되어 있다. 포로는 아무런 고통의 표정도 나타내지 않을 뿐 아니라 오히려 더없이 높은 자존심과 가장 신랄한 빈정거림과 가장 무례한 욕설로써 사형 집행인에게 도전한다. 자신의 무공(武功)을 노래하고 자기가 죽인 구경꾼의 친척이나 벗의 이름을 거론하며, 그들에게 가한 고문에 대해 자세히 이야기한다. 그리고는 자기를 둘러싸고 있는 자들을 비겁자, 겁쟁이, 고문의 방식도 모르는 무지한 놈들이라고 욕한다. 그리하여 마침내 그 몸은 무너져 내리고, 분노에 취한 적의 손에 의해 산 채로 자기의 살이 뜯어먹히는 것을 보면서 목소리의 마지막 메아리, 마지막 욕설과 함께 그의 생명은 끊어지는 것이다. 이런 모든 일들은 우리 문명국의 사람으로서는 믿기 어렵고, 가장 용감한 우리의 척탄병(擲彈兵) 대장에게도 꾸며낸 이야기로밖에는 생각되지 않을 것이다. 그리하여 언젠가 후세에 의해 그 진위를 의심받기에 이를 것이다.'

이런 생리적 현상은 죄수 특유의 정신 상태로 인해 생기는 것인데, 그것은 죄수와 사형집행인 사이에서 굴하지 않는 자존심의 투쟁과 허영심의 경쟁이 생기기 때문이다.

우리의 용감한 군의관들은 다음과 같은 사실을 자주 보아왔다. 정신과 감각의 평정한 상태에서는 어떤 유의 수술을 하는 동안 과장된 비명을 질렀을 것이 분명한 부상병도, 일정한 방법으로 준비되면 오히려 침착과 영혼의 위대성을 보인다고 한다. 여기서 준비는 명예심을 자극하는 것이다. 처음엔 우회적으로, 다음엔 반박에 의해 짜증스럽게 만들면서, 당신은 소리를 내지 않고서는 수술을 견뎌내지 못할 것이라고 말하는 것이다.

제39장

1. 싸움을 동반하는 사랑에 관해

이 사랑에는 두 종류가 있다.

① 싸움을 거는 당사자가 사랑하고 있을 경우

② 사랑하고 있지 않을 경우

연인 두 사람 중 한쪽의 가치가 지나치게 기운다고 생각될 경우, 다른 쪽의 사랑은 소멸되어 버리지 않으면 안 된다. 왜냐하면 경멸된다는 두려움이 마침내 결정작용을 순식간에 중단시켜 버리기 때문이다.

평범한 사람에게는 뛰어난 정신력을 가지는 것만큼 좋은 것은 없다. 여기에 오늘날 사교계에서의 증오의 원천이 있다. 만일 심한 증오가 이 원칙에서 생기지 않는다면, 그것은 단지 이 원칙에 의해 구분된 사람들이 함께 사는 일이 불가피한 데 지나지 않는다. 모든 것이 자연스럽고, 특히 우월한 사람 측에서 어떤 사회적 배려에 의해 그 뛰어남을 숨기지 않는다면 이런 연애는 어떻게 진행되는가. 열정이 지속되기 위해서는 열등한 사람이 우월한 사람에 대해 냉정해질 필요가 있다. 그렇지 않다면 우월한 위치에 있는 사람은 상대방에게 모욕을 느끼게 하지 않고는 창문 하나조차도 닫을 수 없을 것이다.

우월한 사람은 상대방에 대해 환상을 품기 때문에 그가 느끼는 사랑은 어떤 위험과도 만나지 않을 뿐 아니라, 사랑하는 사람의 대부분의 약점이 그 사람을 한층 우리들과 친밀하게 만들 것이다. 같은 수준에 있는 사람끼리의, 그것도 상대로부터 보답을 받은 열정적 연애의 바로 다음에 지속이라는 점에서 필요로 하는 사랑이 '싸움을 동반한 사랑', 더욱이 싸움을 거는 당사자가 사랑을 하고 있지 않는 연애이다. 그러한 실례를 베리 공작부인[112]에 관한 에피소드 속에서 발견할 수 있다(뒤크로의 《회상록》).

인생의 산문적이고 이기적인 측면에 근거하여 무덤까지 결코 분리될 수 없는 인간의 반려가 되는 차가운 습관 같은 성질을 가지고 있으므로, 이 사랑은 열정적 연애보다도 오래 지속되는 일이 있다. 그러나 그것은 이미 연애가 아니며, 연애에 의해 유발된 그 열정의 추억과 육체적 쾌락밖에는 남아 있지 않는 하나의 습관이라고 할 수 있다. 이 습관은 그다지 고귀하지 않은 영혼을 전제로 한다. 매일 작은 드라마가 만들어진다. '저 사람이 나에게 화를 내지는 않을까' 하는 상상력을 포로로 하는 드라마가. 이것은 바로 열정적 연애에서 매일 무언가 새로운 애정의 증거가 필요했던 것과 마찬가지이다. 우(드트) 부인과 생 랑베르의 에피소드를 보라.[113]

자존심이 이런 관심의 습관화를 거부하는 것도 충분히 가능한 일이다. 그 경우에는 몇 달 동안 폭풍이 분 다음 자존심이 연애를 죽여 버린다. 그러나 이 고귀한 열정이 사라지기 전에 오랫동안 저항하는 경우도 발견된다. 행복한 사랑의 사소한 싸움은, 아직 사랑하고 있는 상대로부터 냉대받고 있는 마음에 오랫동안 환상을 심어준다. 몇 번의 다정한 화해가 과도기를 한결 견디기 쉽게 하기도 한다. 무언가 비밀스런 고뇌가 있기 때문이라거나 혹은 금전상의 불행이 있기 때문이라 생각하고, 여자는 자기가 사랑한 남자를 용서하게 마련이다.

실제로 열정적 연애를 제외하고, 도박이나 권력의 소유가 아니면 그 활기

112 Berry, Marrie-Louise-Elisabeth, duchesse de(1695~1719). 오를레앙 공(公)의 장녀로서 15세 때 베리 공작과 결혼했는데, 행실이 난잡했고, 부자 간통의 스캔들이 있었다. 나중에 가스코뉴의 가난뱅이 귀족 리옹을 사랑하게 되었는데, 그로부터 많은 학대를 받았다.

113 생각건대 데피네 부인의 《회상록》인 듯싶다. 혹은 마르몽텔일지도 모른다. 우(드트) 공작부인(1730~1813)과 시인이었던 생 랑베르(1716~1803)의 연애는 유명했는데, 에피소드에 관해서는 알려지지 않고 있다.

라는 점에서 이것에 필적할 만한 매일의 관심의 원천을 어디에서 발견할 수 있겠는가? 싸움을 걸어온 인간이 죽으면, 뒤에 남겨진 피해자는 언제까지나 단념하지 못하는 경우를 자주 보게 된다. 이런 원리가 많은 부르주아지들의 결혼생활의 굴레가 된다. 꾸지람을 받는 쪽은 하루 종일 자기가 가장 좋아하는 것이 자기의 관심의 대상이 되고 있음을 아는 것이다. 싸움을 동반하는 사랑과 비슷하지만 실제로는 그렇지 않은 것이 있다.

나는 더없이 재치가 풍부한 한 여성의 편지를 제33장으로 선택했다. '언제나 진정시켜야만 하는 작은 의심이 있다는 사실, 이것이 열정적 연애의 모든 순간의 목마름이 된다. ……더없이 격렬한 의심이 결코 떠나지 않으므로, 그러한 쾌락은 절대로 지루하게 만드는 일이 없다.'

무뚝뚝한 혹은 성장 환경이 좋지 않은, 아니면 극단적으로 난폭한 사람에게는 진정시켜야 할 이 작은 의혹, 이 희미한 염려가 싸움이 되어 나타난다. 사랑받는 사람은, 치밀한 교육의 성과인 극단적인 감수성을 갖고 있지 않다면 그와 같은 유의 연애 속에서 보다 많은 활기, 따라서 보다 많은 매혹을 느끼는 일이 있을 것이다. 그리고 아무리 섬세하더라도 '잔뜩 열이 오른 남자'가 자기의 격정의 희생자가 자기 자신임을 알면 더욱더 사랑하지 않을 수 없게 될 것이다. 모티머 경이 그 애인에 대해 가장 그리워한 것은 아마도 그녀가 그의 머리에 던진 촛대였을지 모르는 것이다.[114]

실로 자존심이 용서를 베풀고 그와 같은 감각을 인정한다면 저 행복한 인간의 거대한 적인 무료함에 대해 이것이 격렬한 싸움을 건다는 것을 인정하지 않으면 안 된다.

프랑스가 낳은 유일한 역사가인 생 시몽은 말했다(제5권 43페이지).

114 안젤라 피에트라그루아에 관한 스탕달 자신의 경험을 의미한다.

'참으로 많은 사랑의 행각을 벌인 끝에 베리 공작부인은 에디 가(家)의 막내아들로서 비롱 부인의 조카인 리옹에게 완전히 매료되고 말았다. 그는 미남도 아닐 뿐더러 재치가 풍부한 것도 아니었다. 그는 뚱뚱하고 키가 작으며 볼이 불룩한 창백한 청년으로서, 얼굴에 돋아난 많은 여드름은 부스럼딱지라고 여겨질 정도였다. 깨끗한 치아가 보기 좋기는 했지만 결코 금방 열정적인 정열을 불러일으킬 수 있으리라고는 생각되지 않았다. 그런데 그런 정열이, 확실히 들뜬 감정이나 한때의 변덕이라고는 하지만 오랫동안 계속되었다. 그에게 재산이라고는 하나도 없었으며, 많은 형제자매 역시 하나같이 가난했다. 그런데도 퐁스 씨와, 베리 공작부인의 미용사였던 퐁스 부인이 그 친척으로서 같은 지역 출신이었으므로 그를 어떻게든 해주리라 생각하고 용기병(龍騎兵) 중위였던 이 청년을 불러들였던 것이다. 그가 도착함과 동시에 연애는 공공연하게 이루어졌고, 그는 뤽상부르 궁에서 인기를 끌게 되었다.

로잔 씨는 자기 부인의 조카인 리옹의 성공을 보면서 남몰래 즐거워하고 있었다. 그는 자기의 마드무아젤 시대[115]가 뤽상부르 궁에서 리옹을 통해 재현되는 것을 보고 유쾌하게 생각했다. 그는 리옹에게 여러 가지 교훈을 알려주었다. 리옹은 예의바르고 겸손하며 온순하고 선량하며 진지한 남자였으므로 그 교훈을 따랐다. 그러나 그는 마침내 자기 매력의 한계를 깨닫게 되었는데, 그것은 이 공작부인의 변덕을 사로잡기에 충분한 것이었다. 그는 다른 사람에게는 그러한 매력을 드러내지 않았기 때문에 모든 사람에게서 호감을 샀다. 그러나 공작부인에 대해서만은, 마치 로잔이 이전에 마드무아젤에게 한 것과 같은 태도를 취했다. 마침내 그는 화려한 레이스나 은 · 장신구 · 보석으

115 루이 14세의 사촌누이 몽팡셰(Louise d'Orléans, duchesse de Mentpensier : 1627~1693)는 통칭 그랜데 마드무아젤(Grande Mademoiselle)이라고 불렀다. 그녀는 42세에 로잔을 사랑하게 되어 은밀히 결혼했다.

로 꾸며진 호화로운 의상으로 몸을 장식했다. 그는 여자들의 인기를 끌도록 행동하면서 장난삼아 공작부인이 질투를 일으키게 행동했으며, 그 자신도 질투하고 있는 것처럼 가장했다. 그는 부인을 자주 울게 만들었고, 그의 허락 없이는 하찮은 일조차도 할 수 없는 상태로 몰아넣었다. 그녀가 오페라 극장에 갈 준비를 하고 있을 때 외출을 못하게 한다거나, 가고 싶지 않을 때 억지로 가게 만들었다. 그리고 그녀가 좋아하지 않는 혹은 질투하고 있는 귀부인을 환대하도록 하는가 하면, 그녀가 마음에 들어 하는, 그리하여 그가 일부러 질투해 보이는 사람들에 대해 쌀쌀하게 대하도록 하는 것이었다. 화장을 하는 데 있어서도 그녀는 자유롭지가 못했다. 그녀가 몸치장을 모두 끝냈는데도 그는 장난삼아 그녀의 머리를 풀게 하거나 옷을 바꿔 입도록 했다. 그 같은 일은 너무 자주 벌어졌고 때로는 남들 앞에서 노골적으로 행해졌으므로, 그녀는 매일 밤 이튿날의 준비와 예정에 관해 명령을 받아두기로 했다. 그런데 이튿날이 되면, 그는 하나부터 열까지 모두 바꾸고 마는 것이었다. 공작부인은 줄곧 울고 있었다. 마침내 그녀는 시녀를 보내어 일일이 그의 분부를 받아오도록 하기에 이르렀다(그는 도착 이래 계속 뤽상부르 궁에서 살고 있었다). 그리하여 화장이 끝날 때까지, 어떤 리본을 달아야 할지 어떤 옷을 입어야 할지를 물었으며, 그 밖의 장신구에 대해서도 문의는 몇 번이고 반복되었다. 그는 대개 그녀가 싫어하는 것을 입도록 했다. 만일 조금이라도 멋대로 하면 하녀처럼 다루었다. 그녀는 며칠이고 울어야만 했다.

이 훌륭한 공작부인, 그토록 남다른 자존심을 가지고 행사하기를 좋아했던 그녀는 리옹이나 그 밖의 보잘것없는 남자들과 은밀히 식사를 할 정도로까지 전락하고 말았던 것이다. 이전에는 어엿한 대공이 아니면 감히 그녀의 식탁에 참석할 수 없었는데도 말이다. 어릴 때부터 그녀를 알고 있던 양육 담당자인 예수회의 리그레 신부는 이러한 가족적 식사에도 참석하고 있었는데, 그는 그다지 수치라고도 생각하지 않았고, 그녀 쪽에서도 난처해하는 것 같지는 않았다. 므시 부인이 이런 기이한 일의 의논 상대였다. 그녀는 리옹과 함께 참석자를 결정하고 날짜를 정했다. 이 부인이 언제나 연인들을 화해시키고 있었다. 이런 생활은 뤽상부르 궁에서는 공공연한 비밀로 되어 있었다. 모두들 리옹의 비위를 맞추고 있었지만, 리옹 쪽에서도 주의를 기울여 모두가 원만히 지내도록 하고 있었다. 그는 누구에게도 존경을 잃지 않도록 하고 있었지만, 단 공작부인만은 예외였다. 그는 모두가 지켜보는 앞에서 거칠게 대함으로써 그곳에 있던 사람들이 시선을 내리깔도록 하고 공작부인의 얼굴을 빨개지게 만들었지만, 그런데도 그녀는 그에 대한 열정적인 태도를 바꾸지 않았다.'

공작부인에게 있어 리옹은 더없는 심심풀이의 묘약이었던 셈이다.

어떤 유명한 여자[116]가 보나파르트 장군에게 말을 걸었다. 그가 아직 영광에 싸인 젊은 영웅으로서 자유에 대해 죄악을 범하기 이전의 이야기이다. "장군, 여자는 당신의 아내가 되거나 동생이 될 수밖에 없겠군요." 영웅은 이런 찬사를 이해하지 못했다. 그 때문에 그는 교묘한 독설로써 복수를 당했던 것이다. 이런 여성은 연인에게 경멸받는 것을 즐기는 것이다. 그녀들은 연인이 잔혹하지 않으면 마음에 들지 않는다.

2. 사랑의 묘약

루카디아의 벼랑에서 뛰어내리는 일은 고대의 아름다운 이미지였다. 사실 사랑의 요법은 거의 없다고 해도 좋을 것이다. 그러기 위해서는 남자의 주의

116 어떤 유명한 여자란 스타엘 부인을 말한다. 나폴레옹을 비난한 《대혁명에 관한 고찰》(1818)이 발간될 무렵이었다.

력을 자기 보존의 배려에로 강하게 불러오는 위험이 필요할 뿐 아니라, 더한층 곤란한 일이긴 하지만 교묘히 하면 피할 수 있는 다급한 위험이 계속됨으로써 자기보존을 생각하는 습관이 생겨나도록 하는 여유가 필요한 것이다. 내가 아는 바로는 그 같은 예는 돈 주앙이 만났던 16일 동안이나 계속되는 폭풍이라든가, 무어 인의 나라에서 난파한 코슈레 씨의 경우[117]밖에 발견되지 않는다. 그러한 경우가 아니면 우리들은 곧 위험에 익숙해지고, 적의 전방 20미터 지점에서 기마초병으로 있어도 평소보다 더 강한, 매력을 갖고 사랑하는 사람의 일을 떠올린다.

몇 번씩이나 거듭 썼지만, 참으로 사랑을 하는 남자의 연애는 상상하는 것을 '향락하고' 그것에 의해 '전율한다'. 그에게 있어 자연 속에서 사랑하는 사람의 일을 이야기하지 않는 것이란 없다. 그런데 향락하고 전율하는 것은 매우 중요한 관심사이므로, 다른 무엇도 그 앞에서는 무색해지고 만다.

친구의 사랑의 상처를 고쳐주려는 사람은 먼저 그에게 사랑받고 있는 여자의 편을 들어야만 할 것이다. 그러나 지혜보다 우정이 더 깊은 벗들은 대개 그와 상반되는 행동을 한다. 그것은 우스울 정도로 불균등한 병력으로 내가 앞에서 결정작용이라고 부른, 저 매력 있는 환영의 전체를 공격하는 것과 마찬가지이다.

사랑의 상처를 고쳐주려는 벗은 언제나 다음과 같은 점을 잊어서는 안 된다. 사랑을 하는 남자는 무언가 믿어야 할 우스꽝스런 일이 나타나면 그것을 인정하거나, 아니면 그를 인생과 결부하고 있는 모든 것을 단념하지 않으면 안 되므로 결국 그것을 인정한다고 하는 것, 연인의 아무리 명백한 결점이라

117 코슈레(Cochelet)의 저서 《1819년 3월 30일, 아프리카 서안에서 행방불명된 프랑스 선박 소피호의 난파 및 조난자 일부의 사하라 사막에서의 포로생활》을 가리킨다.

도 또 아무리 심한 배신이라도 모든 재치를 다하여 부정할 것이라는 점이다. 열정적 연애에서 어느 정도 시간이 흐르면 모든 일이 용서되는 것도 그 때문이다.

이성적인 냉정한 성격의 경우 연인의 결점을 인정하기 위해서는 몇 개월 동안 열정이 계속된 뒤 비로소 그것을 깨닫는 것이 아니면 안 된다. 사랑의 상처를 고쳐주려는 벗은, 노골적인 방식으로 사랑을 하는 남자의 마음을 다른 곳으로 돌리려 하지 말고 그에게 마음껏 그의 사랑과 애인에 관해 이야기해 주고, 동시에 그의 신변에 온갖 사소한 사건이 일어나도록 하는 것이 좋다. 그러나 '혼자서' 하는 여행은 효과가 없다. 대조(對照)만큼 사랑하는 사람을 다정하게 떠올리는 것은 없기 때문이다. 파리의 화려한 살롱에서 더없이 아름답다고 일컬어지는 부인들을 앞에 두었을 때만큼 로마니아 지방의 작은 방에서 혼자 쓸쓸히 살고 있는 가엾은 연인을 사랑스럽게 생각한 일은 없다.[118]

나는 마치 유배생활을 하고 있는 듯한 그 화려한 살롱의 고급스러운 괘종시계를 응시하며, 그녀가 여자친구를 만나기 위해 빗속을 걸어가는 시간을 재는 것이었다. 나는 그녀를 잊고자 하여 비로소 이러한 대조야말로, 일찍이 그녀와 만난 장소에 가서 느끼는 추억만큼 생생하지는 않지만, 훨씬 순수하다는 것을 인정했다.[119]

연인과 떨어져 있는 일이 효과를 발휘하기 위해서는 사랑의 상처를 고쳐주려는 벗이 언제나 곁에 있어 주고, 사랑을 하는 남자에게 그 사랑에 대한 경위를 곰곰이 반성해 보도록 할 필요가 있다. 그 반성이 길다는 것과 무의미함

118 사르비아티를 말한다.
119 스탕달은 파리에 돌아와서도 1825년 마틸드의 사망통지를 받기까지 거의 이 부분에 씌어 있는 대로의 심정으로 보낸다. 이 장과 다음의 장은 1821년 이 책의 교정을 보면서 추가로 써넣은 것으로 추정된다.

으로 인해 혐오를 느끼도록 해야 하는 것이다. 예컨대 좋은 술을 마시며 유쾌하게 식사를 한 다음 이상하게 고요하고 감상적인 이야기를 끄집어내듯이 하는 것이다. 일찍이 행복을 베풀어 준 여자를 잊기 어려운 것은, 상상력이 재현하고 미화하는 데 싫증이 나지 않는 몇몇 순간이 있기 때문이다. 잔혹한, 그러나 최상의 요법인 자존심에 관해서는 언급하지 않도록 하겠다. 이것은 정감이 풍부한 영혼에게는 쓸모가 없기 때문이다. 셰익스피어의 《로미오와 줄리엣》의 처음 몇 장면은 멋진 그림이다. '저 사람은 연애를 하지 않겠다고 맹세하고 있다.'[120]고 슬프게 중얼거리는 남자와, 행복의 절정에 있으면서 '어떤 슬픔이 올지라도'[121]라고 외치는 남자와는 많은 차이가 있다.

3

그녀의 정열은 기름이 다 닳아버린 램프처럼 사라지고 말리라.

《램머무어의 신부》 제2권 116페이지

사랑의 병을 고쳐주려는 벗은 이를테면 망은(忘恩)이니 하는 따위의 서투른 이유를 제시하는 것을 삼가야 한다. 결정작용에 승리와 새로운 쾌락의 기회를 남겨두는 것은, 그것을 돋우어주는 것이나 다를 바 없다. 사랑에 망은이란 있을 수 없다. 현재의 쾌락은 항상 모든 것을 보상하고, 그 위에 최대의 희생까지도 보상하는 것처럼 보이게 마련이다. 나로서는 솔직성을 결여한다는 일 이외의 부당한 행위는 생각할 수 없다. 자기의 마음의 상태를 분명히 정확하게 보여야 하는 것이다. 병을 고쳐주려는 벗이 정면에서 연애를 공격하면,

120 《로미오와 줄리엣》 제1막 제1장 중의 대사.
121 역시 《로미오와 줄리엣》 제2막 제4장, 제31장에서도 나왔다.

사랑을 하는 남자는 대답한다. "비록 사랑하는 사람이 화를 내고 있을지라도 사랑하지 않을 수 없다는 것, 이것은 자네들처럼 상업적으로 표현한다면 복권을 사는 셈이지. 만일 당첨된다면 그 기쁨은 자네들의 무관심과 개인적 이해의 세계에서 나에게 제공해 주는 어떠한 것보다도 훨씬 좋은 것일세. 하찮은 허영심은 얼마든지 갖도록 하게. 그래서 여자가 따르면 자네는 행복할 테지. 나는 다른 인간이 저마다의 세계에서 그렇게 하고 있는 것을 비난할 생각은 조금도 없다네. 그러나 레오노르 곁에는 모든 것이 순결하며 다정하고 고매한 하나의 세계가 있지. 자네들의 세계에서는 최상의, 거의 믿을 수 없을 만큼의 미덕도, 우리들의 대화에서는 아주 흔해빠진 일상적인 미덕에 지나지 않는 것이라네. 어쨌든 그런 사람 곁에서 일생을 보내는 행복을 꿈꾸도록 나를 내버려두게나. 나는 중상을 당하여 실패하고 이제는 가망이 없다고 생각되지만, 결코 그녀에게 복수 따위는 하지 않을 작정일세."

사랑은 그 콧대를 꺾는 것 외에 달리 방도가 없다. 카렌베르크 백작부인[122] 처럼 갑자기 여행을 떠나거나 억지로 대사교계의 심심풀이에 몸을 맡기는 것도 하나의 방법이지만, 이밖에 벗을 통해 사용할 수 있는 여러 가지 작은 방법도 있다. 예컨대 여러분이 사랑하는 여성이 여러분에 대해, 그 연적에게 베푸는 예절과 존경의 마음을 전혀 가지고 있지 않다는 점을 우연이기나 한 것처럼 여러분의 눈에 보여주는 것이다. 이 경우 아무리 사소한 일이라도 충분하다. 왜냐하면 사랑에 있어서는 모두가 '표적'이기 때문이다. 이를테면 그녀가 극장의 관람석에 올라가는 데 있어 여러분의 팔을 빌리지 않았다고 가정해 보자. 이런 사소한 일이라도 열정적인 마음에 의해 비극적으로 받아들

122 스탕달이 독일에 머무를 때 구애한 다뤼 백작부인은 1809년 카렌베르크로 여행했다. 그 추억에 얽힌 가공의 인물이라고 한다.

여지면, 결정작용을 형성하는 하나하나의 판단에 굴욕감을 결부시키고 사랑의 원천에 독을 타서 사랑을 죽이고 마는 일이 있다.

우리들의 벗에 대해 부당한 행동을 취하는 여자를, 검증할 수 없는 우스꽝스러운 육체적 결함이 있다고 모략해도 상관없다. 사랑을 하는 남자가 그 모략을 검증하여 설령 정당한 근거가 있었음을 알게 되었다 해도, 그런 결함이 상상력 덕분으로 인정할 수 있는 것이 되고 마침내 없었던 일이 되는 것이다. 상상력에 저항할 수 있는 것은 상상력 그 자체밖에는 없는 것이다. 앙리 3세도 유명한 몽팡셰 공작부인[123]을 비난했을 때 그러한 일을 충분히 알고 있었다.

그러므로 젊은 처녀를 연애로부터 지키고자 한다면 특히 상상력을 감시하지 않으면 안 된다. 그녀가 정신적으로 속된 면을 갖고 있지 않으면 않을수록, 그녀의 영혼이 드높고 고매하면 고매할수록, 요컨대 그녀가 우리들의 존경을 받을 가치가 있으면 있을수록 그녀가 만나는 위험은 클 것이다.

젊은 처녀의 경우, 추억의 촛점이 한 개인에게 맞추어져 몇 번이고 반복해서 되새기는 것을 방치해 두는 것은 위험한 일이다. 감사나 감탄, 호기심이 추억의 일념을 강화시키게 되면, 그녀는 틀림없이 벼랑가에 서 있을 것이다. 생활의 지루함이 크면 클수록 감사 · 감탄 · 호기심이라는 이름의 독(毒)은 그 영향력이 강력해진다. 그런 경우에는 신속하고 즉각적인 강력한 수단을 이용해 마음을 다른 곳으로 돌리지 않으면 안 된다. 따라서 처음 만날 때에는 다소의 난폭함과 '무관심' 을 보이는 것도 재치 있는 여자에게 존경을 받는 방법이다.

123 앙리 3세의 암살을 부추긴 가톨릭파의 기즈공의 누이동생. 앙리 3세는 그녀가 약간 다리를 절룩거리는 점을 그녀의 염문과 함께 퍼뜨렸다.

제2부

제40장

모든 연애, 모든 상상력은 사람에 따라 여섯 가지의 기질을 나타낸다.

다혈질 : 프랑스 인. 이를테면 프랑퀴 씨(데피네 부인《회상록》).

담즙질(膽汁質) : 에스파냐 인. 이를테면 로잔(생 시몽《회상록》의 페기랜).

우울질(憂鬱質) : 독일인. 이를테면 실러의 돈 카롤루스.

점액질(粘液質) : 네덜란드 인.

신경질(神經質) : 이를테면 볼테르.

역사질(力士質) : 이를테면 크로톤의 밀론[1].

야심과 탐욕 · 우정 등에서 이 기질의 영향력이 느껴진다면, 생리적인 것의 혼입이 불가피한 연애에 있어서는 더더욱 그러하다.

모든 연애가 앞의 네 가지 종류로 나뉘어진다고 가정하자.

정열적 연애. 이를테면 줄리 데탕주[2].

취미적 연애. 즉 장난삼아 하는 연애.

육체적 연애.

1 밀론은 기원전 6세기 그리스에서 태어난 전설적인 역사(力士).
2 Julie d'Etanges 루소의 소설 《신(新)엘로이스》의 여주인공.

허영적 연애(부르주아지에 있어 공작부인은 30세 이상으로는 보이지 않는다).

이 네 종류의 연애에 대해 앞에서 풀이한 여섯 가지의 기질이 상상력에 주는 습관으로 인해 생기는 여섯 가지의 변화를 적용해 보아야 한다. 헨리 8세와 같은 거의 광적인 상상력을 티벨리우스는 갖고 있지 않았다.

다음은 이렇게 하여 얻어진 모든 결합을 정부 또는 국민성에 의한 습관의 상위(相違)와 결부시켜 보자.

① 콘스탄티노플에서 볼 수 있는 아시아적 전제정체(專制政體).

② 루이 14세식의 절대왕정.

③ 영국처럼 헌장(憲章)의 가면을 쓴 귀족제, 또는 부자의 이익을 위한 한 국민의 지배. 그곳에서는 모든 것이 성서에 의한 도덕의 규율을 따른다.

④ 아메리카와 같은 연방공화정체. 만인의 이익을 위한 정부.

⑤ 입헌군주제. 즉……[3]

⑥ 에스파냐, 포르투갈, 프랑스처럼 혁명 상태에 있는 국가. 한 나라의 이러한 상태는 모든 사람에게 격렬한 정열을 불어넣고 풍속에 자연스러움을 주며, 사소한 일, 인습적인 도덕, 우스꽝스러운 예법을 파괴한다. 그리하여 청년을 진지하게 만들고 허영적 연애를 결별하도록 하며, 장난스런 연애를 무시하도록 만든다.

이런 상태는 오래 이어지고 한 세계의 습관을 형성할 수가 있다. 프랑스에서는 1788년에 시작되어 1802년에 중단되었다가 1815년에 다시 시작되었는데, 이것이 언제 끝날지는 하느님만이 알고 계신다.

3 스탕달은 여기서 입헌제 국가의 예를 발견할 수 없는 척하고 있다. 그러나 이것은 당연히 프랑스가 들어갈 자리이다. 1814년 나폴레옹의 엘바 섬으로의 유배와 함께 제1 제정이 붕괴한 프랑스는 루이 18세에 의한 입헌군주국가가 되었다. 그런데 스탕달은 여섯 번째의 '혁명 상태에 있는 나라'들에 프랑스를 포함하고 있다. 이것은 스탕달의 입장을 분명히 하고 있는데, 1822년에 이런 표현을 한다는 것은 매우 대담한 일이었다.

이와 같은 연애의 일반적 고찰을 거쳐 우리들은 다시 연령의 상위를 고찰하고, 마지막으로 개인적 특성에 도달한다. 예를 들면 우리들은 다음과 같이 말할 수 있을 것이다. '나는 드레스덴의 볼슈타인 백작 속에서 허영적 연애, 우울질, 군주제적인 습관, 나이는 30세, 그 개인적 특성을 발견했다' 고.

이런 사물의 관찰 방법이 문제를 간략화하고 연애에 대해 판단하는 인간의 두뇌에 냉정함을 가져다준다. 이것은 근본적이지만 극히 곤란한 일인 것이다.

그런데 우리들은 생리학에 있어서는 비교해부학에 의하는 것 이외에는 자기에 관해 아무것도 알 수가 없듯이, 열정에 있어서도 역시 허영심이나 그밖의 착각을 일으키는 많은 원인이 있기 때문에, 우리들은 타인 속에서 관찰된 약점에 의한 것 이외에는 우리들의 내부에서 생기는 것을 명시할 수가 없는 것이다. 만일 이 논문이 무언가에 도움이 되는 경우가 있다면, 그것은 정신을 이끌어 이런 유의 비교를 행하게 하는 일이 될 것이다. 이런 비교를 촉진하기 위해 나는 이하 제국민에 있어서의 연애의 일반적 특징의 대강을 풀이하고자 한다.

내가 자주 이탈리아에 대해 언급하는 일이 있더라도 용서해 주기 바란다. 유럽의 풍속으로는 이것이야말로 내가 그려내고자 하는 연애라는 식물이 자유롭게 자라고 있는 유일한 나라인 것이다. 프랑스에서는 허영심이, 독일에서는 우스꽝스러운 거의 미치광이와도 같은 이른바 철학이, 영국에서는 겁에 질리고 의기소침하며 원망으로 가득 찬 자존심이 이 식물을 괴롭히고 질식시켜 엉뚱한 방향으로 왜곡하고 있다.

제41장 연애로 본 제국민(프랑스에 관해)

나는 감정을 버리고 하나의 냉정한 철학자가 되려고 한다.

프랑스의 여자들은 허영심과 육체적 욕망만을 가지고 있는 친절한 남자들에 의해 교육되고 있다. 그 때문에 에스파냐나 이탈리아의 여자들보다 행동적이거나 정력적이지 못하다. 그녀들은 두려워하지 않고, 특히 사랑받지 못하며 권위가 없다.

여자는 그 애인에게 벌로서 줄 수 있는 불행의 정도에 따라 비로소 권위를 갖는다. 그런데 허영심밖에 없는 남자의 경우, 여자는 쓸모가 있지만 절실하게 필요하지는 않다. 남자에게 있어 성공은 정복하는 것이지만 소유하는 것은 아니다. 그리고 육체적인 욕망밖에 없는 남자에게는 창녀가 있다. 프랑스의 창녀가 아름답고 에스파냐의 창녀가 못생긴 것은 이 때문이다. 프랑스의 창녀는 대부분의 남자에게 평범한 여자와 거의 같은 정도의 행복, 즉 사랑이 없는 행복을 줄 수 있다. 그리하여 프랑스 남자는 항상 그 연인보다도 소중히 하는 것 하나를 갖고 있는데, 그것이 곧 허영심이다.

파리의 젊은이는 연인을, 자기에게 특별히 허영심을 충족시켜 주는 노예 이상으로는 생각하지 않는다. 만일 그녀가 이 지배적인 열정의 명령에 반항한다면 그는 여자를 버리고 그것으로써 한층 자기에게 만족을 느낄 뿐이다. 그는 친구에게 얼마나 훌륭하고 멋진 방식으로 여자를 버렸는지 자랑한다. 자기의 나라를 잘 알고 있던 한 프랑스 인(메일랑[4])은 말했다. "프랑스에서 대정열을 발견하기란 큰 인물을 발견하는 것과 마찬가지로 어렵다."라고.

4 Meilhan, Sênac de. 당시의 저명한 문학자. 이 구절은 《18세기 말의 명사의 초상과 성격》(1813)에서 인용되고 있다. 《마틸드의 소설》(추가)의 여백에도 스탕달은 같은 구절을 인용했다.

프랑스 인에게 있어 연인에게 버림을 받아 절망하고 있는 남자의 역할을 온 동네 사람 앞에서 연기한다는 것은 참으로 어려운 일이기 때문에, 그것을 표현할 만한 말이 없다. 베네치아나 볼로냐에서는 아주 흔한 일인데도 말이다. 파리에서 사랑을 찾는다면, 교육받지 못하고 허영심이 없으며 단지 닥쳐오는 필요와의 투쟁을 위해 아직도 에너지를 남기고 있는 계층까지 내려갈 수밖에·없다.

자기의 충족되지 않는 큰 욕망을 나타내는 것은 '자기의 열등'을 나타내는 것 이외에 아무것도 아니다. 그것은 프랑스에서는 최하류 계급의 사람들이 아니고서는 할 수 없는 일이다. 이것은 온갖 욕설이나 비웃음에 자기의 몸을 내맡기는 일이다. 자기의 마음을 경계하는 젊은이가 창녀를 추켜세우는 것은 이 때문이다. '자기의 열등'을 드러내는 일을 무조건 두려워하는 것, 이것이 시골뜨기의 대화의 원리이다. 최근까지 그런 예가 있었다. 어떤 시골 사람이 베리공 암살 소식을 듣고는 "알고 있었지"라고 말했다.[5]

중세에서는 위험의 존재가 마음을 단련했다. 아마도 16세기 인간의 놀랄 만한 우수성의 두 번째 원인은 여기에 있을 것이다. 우리들에게 있어서는 드물고 우스꽝스러우며 위험한 것으로서 곧잘 허세에 지나지 않는 독창성이, 당시에는 극히 일반적이고 허식(虛飾)이 없었다. 지금도 위험이 자주 그 무쇠의 손을 보이는 나라 코르시카, 에스파냐, 이탈리아는 아직도 큰 인물을 배출할 수가 있다. 1년 중 3개월은 타는 듯한 더위가 담즙을 흥분시키는 이같은 기후에 있어서는, 다만 원동력의 '지향'이 없을 뿐인 것이다. 파리에는 이런 '원동력' 그 자체가 없는 게 아닐까 하여 나는 두려워한다.

5 대부분의 시골 사람들은 여러 가지로 알고 싶어 견딜 수가 없음에도 불구하고 새로운 소식을 들으면 기분 나빠하게 마련이다. 그들은 그것을 이야기하는 사람보다 자기가 뒤늦게 안다는 점을 두려워하는 것이다.

몽미라유나 불로뉴의 숲에서는 그렇게도 용감한 우리 젊은이들 중 대다수가 사랑을 하는 데 대해서는 두려움을 가지는 것이다. 스무 살이 되어서도 아름다운 처녀와 만나려 하지 않는 것은 소심하기 때문이다. 그들은 전에 소설에서 읽은 적이 있는 사랑하는 남자가 '해야만 할 일'을 생각만 해도 전율을 느끼는 것이다. 이와 같은 차가운 영혼은 정열의 폭풍이 바다에 높은 파도를 일게 하고 동시에 배의 돛을 부풀게 하며 그 파도를 헤치는 힘을 준다는 것을 짐작조차 하지 못한다.

사랑은 달콤한 꽃이다. 그러나 벼랑 끝까지 가서 그것을 꺾을 용기를 갖지 않으면 안 된다. 남의 눈에 우스꽝스럽게 비춰지는 것은 제외하고라도 사랑은 연인으로부터 버림을 받는다는 절망을 항상 가지고 있다. 그리하여 인생의 다른 모든 일에 대해 죽음의 공허밖에는 남지 않는다.

문명의 완성은 19세기의 모든 쾌락에 좀 더 빈번한 위험의 존재를 결부하는 일에 있을지도 모른다. 자주 위험에 몸을 드러냄으로써 사생활의 기쁨을 무한히 증대시킬 필요가 있을 것이다. 나는 단지 군사상[6]의 위험만을 말하고 있는 것은 아니다. 그때가 오기까지 우리는 가장 훌륭한 교사가 완전한 방법에 의해 가르치고 있는 학교에서 멋쟁이, 즉 넥타이를 잘 매고 불로뉴의 숲에서 품위 있게 결투를 하는 것밖에는 알지 못하는 어리석은 자들의 가장 세련된 유형밖에는 나오지 않는 데 대해 깜짝 놀랄 것이다. 외국의 군대가 조국의 땅을 짓밟았는데도 프랑스에서는 도로가 건설되었고, 에스파냐에서는 게릴라가 태어났다.

만일 내가 아들을 스스로 운명을 개척하는 사나이, 자기의 재능에 의해 출

6 이하 장(章)의 끝까지는 시사에 관한 너무도 직접적인 비평을 포함하고 있으므로 유포본에서 한 장(초판본 11~12페이지)을 바꾸어 조판했다. 이후 제본(諸本)은 그 본문을 답습하고 있었지만, 가르니에판(1958)의 교정자 마르티노가 복원했다.

세하는 정력적이고 약삭빠른 악당으로 길러내고 싶다면, 나는 로마에서 교육을 받도록 할 것이다. 그곳에서는 일핏 보기엔 현학자가 우스꽝스러운 것을 가르치고 있는 것처럼 보이지만 말이다.

제42장 프랑스에 관한 계속

프랑스에 대해서 좀더 비판하는 것을 용서해 주기 바란다. 나의 풍자가 처벌되지 않고 무사히 넘어갈 것인지에 대해서는 걱정할 필요가 없다. 만일 이 글이 독자들에게 읽힌다면, 나에 관한 비방이 백 배로 되돌아올 것이다. 국민적 명예심은 눈감아 주지 않는 것이다. 이 글의 계획에서 프랑스는 중요한 위치를 차지하고 있다. 왜냐하면 파리는 그 대화와 문학이 뛰어나다는 점에서 현재에도 또 미래에도 유럽의 살롱으로서 머물 것이기 때문이다. 빈에서도 런던에서도 아침의 인삿장 가운데 4분의 3은 프랑스어로 씌어 있으며, 혹은 프랑스어의 암시나 인용으로 가득 찬다. 그러나 실로 한심한 프랑스어이다!

큰 정열이라는 점에서 생각하면 프랑스에는 독창성이 없는데, 그것은 다음의 두 가지 원인에서 비롯된다고 여겨진다.

① 참된 명예욕, 즉 사교계에서 존경 받고 매일 허영심을 충족시키기 위해 자기를 바야르 장군[7]과 닮게 하려는 욕망.

② 어리석은 명예욕, 혹은 파리 상류사회의 점잖은 신사와 닮으려는 욕망.

7 Bayard, Pierre Terrail, Seigneur de(1473~1524). 샤를 8세, 루이 12세, 프랑수아 1세를 따라 이탈리아 원정을 했던 프랑스 근세의 대표적 장군이다.

즉 살롱에 들어갈 때의 기교, 라이벌을 냉정하게 대하고 연인과 헤어지는 기교 등. 어리석은 명예욕은 첫째로 바보 같은 사람들에게 이해되기 쉽고 매일 매시간의 행위에 적용할 수 있다는 점에서 우리들의 허영심의 충족에 있어서는 참된 명예욕보다 훨씬 쓸만하다. 참된 명예욕을 갖지 않더라도, 단지 어리석은 명예욕만 있으면 사교계에서 환영을 받을 수 있다. 이 반대는 불가능이다.

상류사회의 경우란, ① 중대한 이해(利害)를 풍자적으로 취급하는 일. 과거에 상류사회 사람들은 무슨 일에도 깊이 감동하지 않는 것만큼 자연스러운 일은 없었다. 그들에게는 여유가 없었던 것이다. 그런데 시골에 살게 되면서 이런 습관은 바뀌었다. 프랑스 인들은 어떤 것에 대해 '감탄' 하는 태도를 보이는 일만큼 부자연스러운 것은 없다. 말하자면 찬탄하는 것에 비해 자기가 열등하다는 것을 드러내 보일 뿐 아니라(이것은 아직 좋다), 만일 누군가가 그가 찬탄하는 것을 비웃는다면 그 사람보다도 열등한 셈이 되기 때문이다.

이에 반해 독일이나 이탈리아, 에스파냐에서의 감탄은 진솔함과 행복에 넘쳐 있다. 이 나라에서 감탄하는 사람은 그 열의를 자랑하며, 나쁘게 말하는 사람은 가엾게 여긴다. 나는 비웃는 사람이라고는 말하지 않는다. 왜냐하면 우스꽝스럽다는 것은 단지 행복의 길을 잘못 걷는 일이고, 무언가 일정한 생활태도를 흉내내는 것이 아닌 이들 나라에서는 조소하는 자의 역할은 존재할 수 없기 때문이다. 남쪽에서는 생생하게 느껴지고 있는 쾌락이 벌받지는 않을까 하는 두려움이, 화려함에 대한 선천적인 감탄을 키운다. 마드리드, 나폴리의 궁정, 카티스(Cadiz)[8]의 축제를 보라. 그것은 열광에까지 이른다.

② 프랑스 인은 혼자 있게 되면 자기 자신을 매우 불행하고 거의 우스꽝스

8 에스파냐 남부의 항구도시

런 남자라고 믿어버린다. 그런데 고독이 없는 연애란 대체 무엇일까?

③ 열정에 사로잡힌 사람은 자기의 일 이외에는 생각하지 않으며, 존경을 바라는 사람은 타인의 일 이외에는 생각하지 않는다. 또한 1789년 이전의 프랑스에서는 개인적 안전은 어떤 '단체', 예컨대 법조단(法曹團)의 일원이 되어 그 단원에 의해서 지켜질 수밖에 없었다. 그러므로 여러분의 이웃이 여러분에 대해 품는 생각은 여러분의 행복과 불가분의 관계에 있었던 셈이다. 이것은 파리의 시가보다는 궁정에 있어 한층 더 그러했었다.

이런 습관은 날로 힘을 잃어가고 있지만, 그래도 아직 1세기 동안은 프랑스 인을 지배할 것이다. 그것이 큰 열정을 자극하는 것임은 분명하다. 창문 밖으로 몸을 던지면서도 멋진 모습으로 보도에 떨어지기를 바라는 남자를 보는 것 같은 느낌이 든다. 열정적인 사람은 그 자신과 닮아 있을 뿐이며, 타인과는 닮아 있지 않다. 이것이 프랑스에서는 비웃음의 원인이 된다. 게다가 그는 타인에게 상처를 입힌다. 이것이 비웃음에 박차를 가한다.

제43장 이탈리아에 관해

이탈리아의 행복은 순간의 영감을 따라도 좋다는 데 있다. 이 행복은 어느 정도까지는 독일과 영국에서도 향유된다. 또한 이탈리아에서는 중세 공화도시의 덕이었던 유용(有用)이 국왕들의 필요에서 생긴 덕, 즉 명예심[9]에 의해 왕좌를 빼앗기지 않았던 나라이다. 이곳에서는 참된 명예심이 우스꽝스러운

9 1620년에 사람들은 항상, 가장 경건하게 '우리의 주인 국왕'이라는 것을 긍지로 삼고 있었다.

명예심에게 자리를 내주지 않았다. 우스꽝스러운 명예심은 늘 스스로에게 묻는다. '나의 행복을 이웃사람은 어떻게 생각할까' 라고. 그런데 감정의 행복은 허영심의 대상이 될 수는 없다. 왜냐하면 그것은 밖으로 나타나지 않기 때문이다. 그 증거로서, 프랑스는 세계에서 애정에 의한 결혼이 가장 적은 나라이다.

이탈리아에는 이밖에도 여러 가지 장점이 있지만, 무엇보다도 끝없이 푸른 하늘 아래 차분한 한가로움이 있다는 것이다. 그것은 모든 형태의 미(美)를 민감하게 만든다. 또한 고독감을 키우며, 감미로운 친밀성을 증가시키는 극단의, 하지만 충분히 이유가 있는 의혹이 있다는 것이다. 누구도 소설 같은 것은 읽지 않는다. 도무지 어떠한 책도 읽히지 않으므로, 이것은 한층 그때그때의 아이디어에 따르도록 만든다. 그리고 마음엔 이렇듯 사랑과 비슷한 감정을 일으키는 음악에 대한 정열이 있다.

1770년경의 프랑스에는 의혹이란 없었으며, 반대로 남들 앞에서 살고 죽는 것이 아름다운 습관으로 여겨지고 있었다. 룩셈부르크 공작부인[10]은 백명의 남자와 가까이 지냈지만, 진정한 친밀함[11]도 애정도 없었다. 이탈리아에서는 열정을 가지는 것은 별로 대단한 장점이라고 할 수 없으므로 조금도 우스꽝스럽지가 않다. 살롱에서는 연애에 관한 일반적인 격언이 큰 소리로 이야기된다. 이 병의 징후나 단계는 누구든지 알고 있어 매우 조심하고 있다. 연인에게 버림받은 남자는 이렇게 일컬어진다. "여섯 달은 괴로워해야겠지. 그러나 그 뒤는 누구처럼 치유될 걸세."

이탈리아에서 민중의 판단은 정열의 극히 겸손한 하인이다. 이곳에서는 참된 쾌락이, 다른 곳에서는 사교계의 손 안에 있는 권위를 휘두른다. 그 이유

10 duchesse de Luxembourg(1707~1787). 대혁명 전의 프랑스 사교계의 재원(才媛)이며, 루소의 보호자였다.

11 여기서 친밀함이란 대부분 육체관계를 뜻한다.

는 매우 간단하다. 그곳에서는 허영심을 가질 겨를이 없고, 총독 따위는 염두에 두지도 않는 민중에게 사교계는 아무런 기쁨도 주지 않는다. 그러므로 그다지 권위도 없는 셈이다. 무료함을 느끼는 사람은 정열에 사로잡힌 사람을 비난한다. 그런데 여기서는 무료해하는 사람은 비웃음의 대상이다. 알프스의 남쪽에서 사교계란 뇌옥(牢獄)을 갖고 있지 않은 전제군주와 같다.

파리에서 명예심은 검에 의하든가 할 수 있다면 무언가 멋진 경구(警句)로 공공연한 대이해(大利害)를 지킬 것을 명한다. 그러므로 풍자의 그늘에 숨는 편이 훨씬 좋다. 그런데 대다수의 젊은이들은 이것과는 다른 길을 택했다. 그들은 장 자크 루소와 스타엘 부인의 유파(流派)에 몸을 던졌던 것이다. 풍자는 이미 진부한 방식이 되었으므로, 감정을 가질 필요가 생긴 셈이다. 현대의 프제[12]는 다를링쿠르 씨처럼 쓸 것이 분명하다. 어쨌든 1789년 이래 모든 사건은 '유용'이나 개인적 감정을 위해서 '명예' 혹은 여론의 지배와 싸워왔다. 의회의 실상은 모든 것을 논하고 농담조차도 의론의 재료로 삼도록 가르치고 있다. 국민은 점잖아지고 유희적인 연애는 발판을 잃었다.

나는 프랑스 국민의 한 사람으로서 말하지 않으면 안 된다. 한 나라의 부를 이루는 것은 소수의 거부가 아니라 다수의 중류 자산(資産)이라고. 어느 나라든 정열은 드물다. 그리고 프랑스에서는 유희적인 연애에 더한층 우아함과 섬세함이 있고, 따라서 보다 더 많은 행복을 가져오고 있다. 세계에서 최고인 이 대국민은 사랑에 있어서도 정신의 온갖 재능에 있어서와 같은 지위에 있다. 1822년에 있어서는 확실히 무어[13], 월터 스코트, 크라브[14], 바이

12 Pezai(1741~1797). 풍자시 작자. 다를링쿠르(D'Arlincourt : 1786~1856)는 소설가로서, 나폴레옹 시대의 참사원에 참여했고, 뒤에 부르봉 왕조를 섬긴다. 스탕달은 곧잘 그 감상적인 문장을 비웃었다.

13 Moore, Thomas(1779~1852). 아일랜드의 시인. 《랄라 루크》, 《아일랜드 시집》으로 유명하다.

14 Crabbe, George(1754~1832). 영국의 시인. 가난한 자의 참상과 고통을 현실에 근거하여 노래했다.

런, 몽티[15], 펠리코[16]를 갖고 있지 않다. 그러나 지혜롭고 친절하며, 세기의 정신의 수준에 도달한 재지가 풍부한 인사의 수에서는 영국이나 이탈리아를 능가하고 있다. 1822년에 있어 우리 하원(下院)의 논쟁이 영국 의회의 그것보다 그토록 뛰어나 있음은 이 때문이다. 영국의 자유주의자가 프랑스에 오면, 우리들은 그들이 시대에 뒤떨어진 사상을 가지고 있는 데 놀란다.

어떤 로마의 예술인[17]이 파리에 관해 썼다. '이곳은 참으로 불쾌하다. 아마도 마음 내키는 대로 사랑을 할 틈이 없기 때문이리라. 이곳에서는 감수성은 생겨나는 즉시 사라진다. 그리하여 적어도 나로서는 그 근원까지 고갈시켜 버리는 듯한 느낌이 든다. 로마에서는 매일매일의 사건에 신경을 쓰지 않아도 되고 외부적 생활은 잠자고 있으므로, 감수성은 축적되어 정열을 돕는다.'

제44장 로마에 관해

이런 일은 로마 이외의 곳에서는 일어나지 않는다. 나는 오늘 아침[18] 사륜마차를 탄 점잖은 어떤 부인이 별로 깊은 교제가 있는 것도 아닌 여자의 집에

15 Monti, Vincenzo(1754~1828). 이탈리아 낭만파의 서사 시인. 운율의 치밀하고도 정교한 사용으로 유명하다.

16 Pellico, Silvio(1789~1854). 이탈리아의 낭만파 시인으로 열렬한 애국자였었다. 카르보나리(Carbonari)의 일원이라는 혐의를 받고 체포되어 슈피르베르크 감옥에 투옥되었는데, 옥중에서 쓴 《옥중기》(1832)가 유명하다. 스탕달은 1816년 7월 밀라노에서 그를 알게 되었으며, 높이 평가하고 있었다.

17 원고에는 '이탈리아의 예술가'로 되어 있다. 마르티노는 스탕달 자신의 1817년 파리 체재의 감상일 것이라고 추정한다. 글 속의 '로마에서는……'은 마땅히 '밀라노에서는……'으로 이해해야 할 것이다.

18 1819년 9월 30일인데, 이 날짜는 허위로서, 스탕달은 당시 파리에 있었다. '단장' 14 참조.

가서 진심으로 다음과 같이 말하는 것을 들었다. "당신은 파비오 비텔레스키와 가까이 지내서는 안돼요. 차라리 강도에게 반하는 편이 낫죠. 그는 당신에게 다정하고 겸손한 태도를 짓고 있지만, 당신의 심장에 단검을 꽂고는 부드럽게 웃으면서 '아파요?' 라고 물을 사람이에요." 더구나 이것을 그녀의 15세 되는 아름답고 조숙한 딸 앞에서 말하는 것이다. 만일 불행하게도 북방 사람이 이런 남국의 자연스럽고 친밀한 태도에 불쾌감을 느끼지 않았다면—이 친밀한 태도는 얌전이나 흥미를 끌 만한 새로움이 없기 때문에 커다란 자연스러움이 소박하게 발전된 것이지만—그 사람은 1년 동안 이 나라에 체재할 경우 다른 나라의 모든 여자에 대해 혐오감을 갖게 될 것이다.

프랑스의 여자는, 최초의 3일간은 그 사람에게도 사랑스런 여러 가지의 뛰어난 아름다움을 갖고 있어 유혹적으로 보일 것이다. 그러나 치명적인 4일째부터는 이와 같은 모든 뛰어난 아름다움이 사전에 연구되고 암기된 것에 지나지 않으며, 매일매일 영원히 똑같고 더구나 누구에게도 휘둘러진다는 것을 알아차리고는 지루함을 느끼게 될 것이다. 그는 또 독일의 여자가 이와는 반대로 완전히 자연스럽고, 상상력에 깊이 빠지면서도 자연 그대로인 만큼 그 밑바닥에 있는 불모(不毛)와 무미건조와 기사도 이야기의 정애(情愛)를 보이는 데 지나지 않음을 깨닫는다. 알마비바 백작의 대사는 독일에서 만들어졌던 모양이다. '행복을 찾으러 갔었는데, 어떤 아름다운 밤 불쾌감만 느꼈다니 놀랐다.'[19]

로마에서는 외국인은 다음과 같은 점을 잊어서는 안 된다. 즉 모든 것이 자연스러운 나라에서는 무슨 일이든 지루하지는 않지만, 악(惡)은 다른 곳보다 한층 그 정도가 심하다는 사실이다. 이야기를 남자의 일로 한정하면, 이곳의

19 보마르셰의 《피가로의 결혼》 제5막 제7장.

사교계에는 다른 곳에서라면 사람들 앞에 나올 수 없는 일종의 기이한 인물이 나타나는 경우가 있다. 이것도 물론 정열적이고 총명한 인간이긴 하지만, 그러나 비겁자이다. 어떠한 악운으로 말미암아 그 남자가 신분이 높은 부인과 가까워졌다고 가정하자. 그는 이 부인에게 깊은 사랑을 느끼고, 그녀가 다른 남자를 택하면 불행을 그 바닥까지 맛본다. 그는 끊임없이 그 행운의 연민을 방해하고자 한다. 그는 어떤 일도 놓치지 않는다. 누구나 그것을 알고 있다. 그러나 그는 모든 명예심에 역행해 가며 그 여성과 연인과 자기 자신을 끊임없이 괴롭힌다. 그를 비난하는 사람은 아무도 없다. '왜냐하면 그는 자기가 좋아하는 일을 하고 있을' 뿐이기 때문이다.

어느 날 밤, 참다못해 연인은 그 남자의 엉덩이를 걷어찬다. 걷어채인 남자는 다음날 상대에게 사과하고는 여전히 아무렇지도 않은 듯 여자와 연인과 그 자신을 괴롭힌다. 이 저열한 영혼이 날마다 참아야 할 불행의 크기를 생각하면 전율을 느끼지 않을 수 없다. 그가 좀더 비겁하지 않았다면, 그는 분명히 독살자가 되었을 것이다.

젊고 기품 있는 백만장자가 큰 극장의 무용수를 하루 30수로써 우쭐거리며 농부로 삼고 있는 것도 이탈리아 이외의 곳에서는 볼 수 없는 광경이다. ……형제는 언제나 사냥을 하며 말을 달리는 미청년이었는데, 어떤 외국인에게 질투하고 있었다. 그들은 그 남자에게 직접 불만을 말하지는 않았지만, 이 가엾은 외국인에게 불리한 소문을 은밀히 퍼뜨렸다. 프랑스에서라면 여론이 이 남자로 하여금 자기의 말을 증명하도록 하거나, 또는 외국인에게 사죄하도록 강요할 것이다.

그런데 이곳에서는 여론도 경멸도 아무런 의미가 없는 것이다. 부(富)는 언제 어디서나 환영을 받는다. 파리에서 명예를 잃고 어느 집을 가도 문전박대를 당하는 백만장자라도 안심하고서 로마에 갈 수 있다. 그곳에서는 정확히 그의 부에 따라 존경을 받게 될 것이다.

제45장 영국에 관해

나는 요즘 발렌시아의 델 소르 극장의 무용수들과 가까워졌다.[20] 그녀들 대부분은 매우 몸가짐이 바르다고 한다. 그녀들은 자신들의 일에 너무나 지쳐 있기 때문이다. 비가노는 그녀들에게 매일 아침 10시부터 4시까지, 그리고 한밤중부터 새벽 3시까지 《톨레도(Toledo)의 유태인 아가씨》라는 발레를 연습시킨다. 게다가 매일 밤 두 가지의 발레를 추지 않으면 안 된다.

나는 에밀을 가능한 한 많이 걷도록 권한 루소를 떠올려본다. 오늘 밤 자정쯤 귀여운 무용수들과 시원한 해안을 산책하면서 나는 생각한다. 이 발렌시아의 하늘 아래, 손에 잡힐 듯 가까이서 반짝이는 별을 우러르며 상쾌한 바닷바람을 쐬는 이 더할 나위 없는 쾌락은 우리의 안개가 짙은 슬픈 나라에서는 맛볼 수 없다. 이것만으로도 1600킬로미터의 여행을 할 가치는 있다. 그런데 감각이 지나치게 풍부하므로 사색을 방해한다. 또한 나의 사랑스런 무용수의 순결은, 영국에서 남자의 자존심이 서서히 한 문명국민 속에 할렘의 습관을 부활시켜 가고 있는 사정을 잘 설명한다고 생각된다.

영국의 어떤 아가씨는 매우 아름답고 사람을 끌어들이는 표정을 하고 있지

20 발렌시아(Valencia)는 에스파냐의 지중해에 위치한 도시인데, 스탕달이 이곳을 찾은 일이 있었는지는 아무래도 의심스럽다. 스탕달의 추종자들은 이것도 아마 밀라노일 것이라고 추정한다. 《톨레도의 유태인 아가씨》는 1820년 밀라노에서 상연이 금지되었다. 스탕달은 비가노의 발레에 관해 1820년 12월 22일자 서간에서 이야기하고 있다. 비가노에 관해선 제16장의 주해 참조.

만, 사상적으로는 다소 부족한 점이 있는 것 같다. 자유는 최근에야 겨우 이 섬에서 쫓겨났을 뿐이고 그 국민성은 감탄할 만한 독창성을 갖고 있지만, 그녀들은 흥미로운 독창적인 사상을 갖고 있지 않다. 그녀들은 단지 그 유난스런 세심성에 의해 눈에 띄는 데 불과한 경우가 많다. 그 이유는 아주 간단하다. 즉 영국에서는 여자의 수치심은 곧 남자의 자존심이기 때문이다. 그러나 아무리 노예가 순종적일지라도 그 연애는 머지않아 부담스러운 것이 된다. 이리하여 남자는 이탈리아에서처럼 사랑하는 여자와 더불어 밤을 보내지 않고 매일 밤 서글픈 심정으로 술을 마실 수밖에 없다.

영국에서는 가정에 대해 흥미를 잃은 부자는 필요한 운동이라는 구실하에 매일 16킬로 내지 20킬로미터쯤 걷는다. 마치 인간은 걷기 위해 태어난 것이기라도 하다는 듯이. 이리하여 그들은 신경액을 발로써 소모하고 심장에서는 소모하지 않는다. 더구나 애써 여성의 섬세함을 이야기하고 에스파냐와 이탈리아를 경멸하고 있는 것이다. 이와는 반대로 이탈리아의 젊은이만큼 게으름뱅이는 없다. 그들로서는 감수성을 빼앗는 운동은 결코 해낼 수가 없는 것이다. 그들은 때때로 건강을 위해 참아가며 2킬로쯤 걷는다. 여자로 말하면, 로마의 여자가 1년 동안 걷는 거리는 영국 여자의 1주일분도 되지 않는다.

영국의 남편의 자존심은 매우 교묘히 그 가엾은 아내의 허영심을 부채질하고 있는 듯싶다. 남편은 아내에게, 특히 비속(卑俗)으로 타락해서는 안 된다고 주의를 준다. 그리고 젊은 처녀들에게 올바른 배우자를 만날 수 있도록 교육하는 어머니도 이 생각을 충분히 알아차리고 있다. 이리하여 유행은 경박한 프랑스보다도 이성적인 영국에 있어 한층 터무니없고 한층 전제적인 것이 된다.

'꼼꼼한 불신중(不愼重)이 발명된 것은 본드 가(街)'였다. 영국에서는 유행이 의무이지만, 프랑스에서는 쾌락이다. 유행은 런던의 뉴본드 가와 펜처치 가 사이에, 파리의 쇼세 당탱과 생마르탱 가 사이에서와는 전혀 다른 장벽을 만들고 있다. 남편은 아내에게 주는 무한한 슬픔에 대한 보상으로서, 이런 거의 광적이라고 할 수 있는 귀족적 취미를 허용한다. 한때 명성을 날렸던 버네이[21]의 소설을 읽어보면, 남자의 말없는 자존심이 만들어낸 영국 여자들의 사회가 어떠했는지 알 수 있다. 갈증을 느낄 때 한 컵의 물을 구하는 것은 천하다 하여 버네이의 여주인공은 갈증 때문에 죽어간다. 천박함을 피하려다가 가장 혐오할 허세에 빠져버렸던 것이다.

영국의 부유한 집안의 22세 청년에게서 볼 수 있는 신중함과 같은 또래의 이탈리아 인이 갖고 있는 깊은 불신과 비교해 보자. 이탈리아 인은 믿기 위해서 의심을 하지만 친밀해지면 곧 불신을 버린다. 최소한 잊어버리는 것이다. 한편 영국 청년의 신중함과 교만이 증가하는 것은, 바야흐로 가장 격의 없는 교제(외적으로만 그렇지만)의 정점에 있을 때이다. 나는 '7개월 남짓 저 사람과 브라이턴으로의 여행에 대해 이야기하지 않았지요.' 라는 말을 들었는데, 실은 당장 80루이가 없다는 말이나 다를바 없다. 더구나 이것은 사랑하는 여인에 관해 이야기하는 22세 청년이다. 그는 열정이 절정에 달한 순간에도 결코 신중함을 잃지 않았던 것이다. 하물며 이 연인에게 '상태가 좋지 않으니 브라이턴행은 그만둡시다' 라고 가볍게 말한다는 것은 상상조차 할 수 없는 것이다. 지안노네[22]나 펠리코, 그밖에 많은 혁명가의 운명이 이탈리아 인으로 하여금 많은 의심을 품게 하고 있는 데 대해 영국의 '미청년' 은 지나친 허영심과 거의 병적인 날카로움으로 인해 신중해진 것에 불과하다는 점에 주의하기 바란다. 프랑스 인은 단지 그때그때 머릿속에 떠오르는 일에 그다지 구

21 Burney(1752~1840). 영국의 여류작가. 26세 때 쓴 처녀작 《이브리나》는 평판이 대단히 좋았지만 명성은 급속히 떨어졌다.

22 Giannone, Pietro(1676~1748). 나폴리의 역사학자로서, 대표작에는 《나폴리 왕국사》가 있다.

애를 받지 않으므로, 사랑하는 사람에게 무엇이든지 이야기해 버린다. 이것은 하나의 습관이며, 만일 이것이 없다면 프랑스 인은 친근감을 상실하고 말 것이다. 그리고 친근감이 결여되어 있으면 품위와 아름다움이 없음을 그는 알고 있다.

고통, 나는 눈물을 글썽이며 이상의 것을 써왔다. 그러나 국왕에게도 아부할 생각이 없는 이상, 한 나라에 관해 내가 생각하는 것을 말한다 하여 무슨 상관이 있으랴. 물론 터무니없는 소리를 할 수도 있을 것이다. 이 나라가 '내가 가장 사랑할 여자를 탄생시킨 것만은 확실하므로. 이것은 군주제가 갖는 저열함의 또 하나의 발현일지도 모른다. 나는 다만 다음과 같은 것을 덧붙이는 데 그치고자 한다. 즉 이와 같은 습관에 모두 파묻히고 재지(才知)는 남편의 자존심의 희생이 되어 있는 그렇듯 많은 영국의 여자들 속에서 아직도 완전한 일개의 독창성이 존재하는 이상, 만일 후궁의 습관을 부활할 슬픈 속박으로부터 멀리 떨어진 하나의 상류가정이 있다면, 그것은 몇몇의 사랑스런 성격을 탄생시키기에 충분하다는 것이다. 이 사랑스럽다(charmant)라는 말은 그 어원이 매력(charme)임에도 불구하고 내가 말하고 싶은 바를 나타내기에는 얼마나 무의미하고 평범한가. 다정한 이모젠[23]이나 정이 두터운 오필리아의 살아 있는 수많은 모델이 아직도 영국에 있을지도 모른다.

그러나 이런 모델이, 완성된 참된 영국 여자가 누구에게나 받고 있는 높은 존경을 쟁취하기에는 아직도 먼 것이다. 완성된 영국 여자란 모든 관습을 충분히 지키고 그것에 가장 병적인 귀족적 자존심의 만족과 죽을 만큼 지루한 행복을 주는 것으로 되어 있다. 바람은 잘 통하지만 어둠침침한 열다섯 칸에서 스무 칸이나 이어진 방안에서 이탈리아의 여자는 낮은 소파에 깊숙이 누

23 셰익스피어의 《심벨린》의 여주인공.

워 낮의 6시간을 사랑이나 음악에 대한 이야기를 들으며 보낸다. 그리고 밤에는 또 밤대로 극장에 가서 4시간이나 관람석 안쪽에서 음악이나 사랑에 대한 이야기를 듣는다.

그러므로 에스파냐나 이탈리아에서는 기후뿐만 아니라 생활양식도 역시 음악과 더불어 사랑을 돕는다. 그러나 영국에서는 반대이다. 어느 쪽이 좋고 어느 쪽이 나쁘다는 것은 아니다. 나는 다만 이렇게 관찰했을 뿐이다.

제46장 영국에 관한 계속

나는 영국을 너무나도 사랑하고 있는데, 그럼에도 불구하고 가본 적이 없으므로 더 이상 쓸 것이 없다. 그러므로 어떤 친구의 관찰을 인용해 보고자 한다. 현재의 아일랜드(1822년)는 지난 2세기 이래 몇 번째인지는 알 수가 없지만, 매우 기묘한 사회 상태를 보여주고 있다. 그것은 용감한 결의에 넘치고 무릇 무료함과는 반대의 상태로서, 함께 웃으며 점심식사를 끝낸 자들이 2시간 뒤에는 전화(戰火) 속에서 얼굴을 마주 대하는 형편이었다. 다정한 정열에 가장 적당한 영혼의 상태, 즉 자연스러움을 이만큼 힘차게 직접적으로 불러일으키는 것은 없다. 이만큼 영국의 두 가지 악덕, 즉 위선(cant)과 수줍음(bashfulness)으로부터 동떨어져 있는 것은 없다(도덕의 위선과 자존심으로 충만한 채 끊임없이 고뇌하는 겁쟁이인 유스테이스의 《이탈리아 기행》[24]을 보라. 이

24 Eustace, John Chetwode(1762~1815). 아일랜드 출신의 고고학자. 설교가 버크(Edmond Burke)의 친구로 가톨릭교도였다. 1802년부터 1815년까지 세 차례에 걸쳐 이탈리아를 여행했고, 이탈리아에서 죽었다. 《이탈리아 기행(A Tour through Italy)》은 1813년에 발표된 작품이다.

여행가는 이 나라에 대해 그다지 잘 설명하고 있지는 않지만, 그 대신 그 자신의 성격에 관한 한 아주 정확한 관념을 주고 있다. 더구나 불행히도 이와 같은 성격은 시인 비이티[25] 〈그 친구가 쓴 전기를 보라〉의 성격과 마찬가지로 영국에서는 상당히 많은 것이다. 그 지위에도 어울리지 않는 성실한 성직자의 실례로는 랜다프의 사교[26]의 《서간집》을 보도록).

당신은 아일랜드가 2세기 이래 영국으로부터 받은 온갖 잔학한 압제로 말미암아 여전히 피를 흘리고, 그 때문에 매우 불행하다고 생각하는 것 같다. 그러나 바야흐로 영국의 정신상태에 한 사람의 가공할 만한 인물이 등장한다. 바로 성직자이다.

2세기 이래 영국은 거의 시칠리아와 같을 만큼 심한 통치를 받고 있었다. 이 섬의 비교를 진전시켜 500페이지 가량의 책으로 읽는다면 많은 사람들은 분개하고, 이제까지 존경이 바쳐지고 있던 대부분의 이론은 우스꽝스럽게 생각될 것이다. 그러나 다만 소수의 이익을 위해 미치광이에 의해 통치되어 온 이 두 나라 중에서는 명백히 시칠리아 쪽이 보다 행복하다. 적어도 총독은 그곳에 사랑과 일락(逸樂)을 남겨주었다. 물론 이것도 다른 것과 함께 빼앗고 싶었을 테지만, 다행히도 시칠리아에는 저 법률이나 정부라는 악덕[27]은 거의 없었다.

법률을 제정하고 그것을 실시하는 것은 노인과 성직자이다. 그것은 영국의 제도에 있어 쾌락을 박해하도록 한 저 우스꽝스러운 질투를 보아도 명백하다. 사람들은 디오게네스가 알렉산더에게 말한 다음과 같은 말을 그대로 정

25 Beattie, James(1735~1803). 스코틀랜드의 자연시인으로서 종교적 감정을 노래했다.
26 1817년에 자서전이 나온 리처드 와트슨(Richard Watson : 1737~1816)을 말한다. 뛰어난 화학자였으며, 정치적으로는 자유주의자였다.
27 나는 1822년에 양원(兩院)을 갖지 않은 정부를 도덕적 악(mal moral)이라고 부른다. 예외는 정부의 원수가 성실성에 있어 위대한 경우이다.

부에 말해도 좋을 것이다. '한직(閑職)을 이 이상 늘릴 필요는 없소. 나에게도 태양쯤은 남겨주시오.'[28] 법률 · 규칙 · 벌칙 · 형벌의 힘으로써 정부는 영국에 감자를 심게 했다. 영국의 인구는 시칠리아보다 훨씬 많은데, 이것은 영락하여 바보가 된 수백만의 농민을 이주시켰기 때문이다. 그들은 빈곤과 노동에 지칠 대로 지쳐 4, 50년의 불행한 일생을 옛날 그대로의 에린의 늪지대에서 보냈다. 그러나 세금은 꼬박꼬박 납부했으니 그야말로 기적이다. 이교(異敎)를 믿었더라면 이 가엾은 자들도 최소한 일종의 행복을 누릴 수는 있었을지도 모른다. 그러나 그것도 불가능했다. 그들은 성패트릭을 예배하지 않으면 안되었던 것이다.

영국의 농민은 미개인보다 더 불행하다. 자연의 상태라면 10만 명쯤 살아야 할 토지에 800만 명이나 살고 있어, 런던이나 파리에 있는 500명의 부재(不在) 지주로 하여금 호화로운 생활을 누리도록 하고 있는 것이다. 스코틀랜드 사회는 훨씬 진보되어 있으며, 여러 가지 점에서 정부도 좋다(범죄는 적고 책이 많이 읽히며 사교가 없는 일 등). 그 때문에 사랑의 열정은 훨씬 발달하고 있다. 이곳에서라면 우리들은 어두운 생각을 버리고 해학적인 기분을 느낄 여유가 있다.

스코틀랜드의 여자에게서는 일종의 깊은 우수를 느끼지 않을 수 없다. 이 우수는 특히 무도회에서 고혹적이다. 그것은 자신을 잊고 열정적으로 춤추는 무용수들의 민속춤에 두드러진 특이성을 덧붙인다. 에든버러는 이와 다른 장점을 갖는다. 그곳에는 천박한 황금만능주의가 없다는 것이다. 이런 점에서 이 도시는 독특하고도 원시적인 풍경의 아름다움과 함께 런던과 완전한 대조

28 그리스의 철학자인 디오게네스는 알렉산더가 방문하여 "뭔가 원하는 바가 있는가?"라고 물었을 때, "태양만은 남겨달라"고 대답했다고 한다. 즉, 햇볕을 가리지 말고 비켜달라는 뜻이었다. 그런데 스탕달은 그 앞에 다른 말을 붙인 것이다.

를 이루고 있다.

아름다운 에든버러는 로마와 마찬가지로 여행자를 오히려 명상적인 생활로 끌어들이는 것처럼 생각된다. 런던에는 끊임없는 소용돌이와 활동적 생활의 불안한 이해관계가 있다(이것은 좋은 점도, 나쁜 점도 있지만). 에든버러는 다소 현학적으로 빠지는 경향에 의해 자못 아는 척하는 악마에게 공물(貢物)을 바치고 있는 것 같다.

메리 스튜어트가 오랜 홀리루트에 살고 리치오가 그녀의 팔에 안겨 살해된 시대[29]인 편이 지금보다는 사랑에 더 어울렸다. 부인들께서는 이론이 없을 테지만, 그것이 지금은 누구 누구의 암석화성설(岩石火成說)보다는 수성설(水成設)을 택해야 한다는 등의 이야기를 여성 앞에서 장황하게 논하고 있는 것이다.

내가 런던에 갔을 때, 사람들은 이번에 국왕께서 근위병에게 하사한 제복이라든가, B. 블룸필드 경이 상원의원이 될 뻔했다는 등의 이야기를 하고 있었는데, 베르너[30]와 아무개 중 암석의 성질을 규명한 쪽이 누구인지를 가리는 논쟁보다는 이쪽이 나는 좋다.

스코틀랜드의 가공할 만한 일요일에 관해서는 이야기하지 않겠다. 이것에 비하면 런던의 일요일은 원유회 같은 것이었다. 이 하늘을 찬미할 하루는, 내가 지상에서 본 가장 뛰어난 지옥의 모습을 나타내고 있었다. "그렇게 빨리 걸으면 안 되네. 산책에서 돌아오는 것처럼 하게."라고 교회에서 돌아오는 길에 스코틀랜드 인이 프랑스 인 친구에게 말했다. 이 세 나라 중 가장 위선

29 비극의 여왕 메리 스튜어트는 앞에서도 나왔다. 리치오(Rizzio, Davide)는 미천한 신분의 음악가로서 여왕의 연인이었으나, 메리의 남편이었던 던리와 궁정 측근자의 음모로 말미암아 1566년 메리와 식사 도중 암살되었다.
30 Werner(1750~1817). 독일의 광물학자.

이 적은 것은 아일랜드라고 나는 생각한다(위선이란 영어의 cant이다. 1822년 1월의 New-Monthly-Magazine을 보라. 모차르트와 《피가로의 결혼》을 맹렬히 공격하고 있는데, 이것이 《시민(Citizen)》[31]을 상연한 나라에서 씌어졌으니 기묘하다. 그러나 어느 나라에서도 문예잡지를 사고 문학을 비판하는 것은 귀족이다. 4년 동안 영국의 귀족은 성직자와 동맹을 맺었다). 그곳에는 반대로 사물에 구애받지 않는 일종의 매우 애교 있는 발랄함이 있다. 스코틀랜드에서는 일요일에는 엄격히 의무를 다하지만, 월요일이 되면 런던에서는 볼 수 없는 환희와 망각을 갖고서 춤을 춘다. 스코틀랜드의 농민계층은 왕성하게 연애를 한다. 전능의 상상력이 이 나라를 16세기 이래 프랑스화했던 것이다.

영국 사회의 가공할 결함은 자칫 부채(負債)와 그 결과로 인한 가난한 자와 부유한 자간의 결사적인 싸움보다도 한층 슬픈 사태를 가져오고 있는 것인데, 이것은 이번 가을 크로이돈의 사교(司教)의 아름다운 동상 앞에서 내가 들은 다음과 같은 말로 요약되고 있다. "상류사회에서는 도중에서 배신당하지는 않을까 하는 두려움 때문에 누구도 앞장서는 자가 없는 것입니다." 이런 남자들이 수치심이라는 이름 아래 아내나 연인에게 과하는 법칙이 어떤 것인지를 상상하기란 어렵지 않다.

제47장 에스파냐에 관해

안달루시아는 이 세상에서 일락(逸樂)이 선정한 가장 아름다운 고장이다.

31 1761년에 발표된 아서 머피(Arthur Murphy)의 희극.

나는 두세 가지 에피소드를 알고 있는데, 그것은 그 결합이 사랑을 형성하는 몇몇 광적인 형태에 대해 내가 품고 있는 관념이 에스파냐에서는 얼마나 진실인지를 말해주고 있다. 사람들은 나에게 프랑스식의 섬세함을 위해 그것을 희생시키는 편이 좋을 것이라고 충고해 준다. 나는 확실히 프랑스어로 쓰고는 있다. 그러나 '프랑스 문학'으로서 쓰고 있는 것은 아니라고 항의했지만, 아무 소용이 없었다. 하느님의 은혜로 나는 오늘날 호평을 받고 있는 문학가와는 아무런 공통점도 갖고 있지 않다.

무어 인은 안달루시아를 포기했지만, 그들의 건축물과 풍습을 남겼다. 나는 이 풍습에 관해 세비네 부인의 문체로 쓸 수는 없지만, 어쨌든 무어식 건축의 주된 특징은 어느 집이나 우아한 주랑(柱廊)으로 둘러싸인 작은 뜰을 갖고 있는 점이라고만 말해두겠다. 견딜 수 없을 만큼 무더운 여름, 레오뮈르식 한난계가 30도 이하로 내려가지 않는 계절에도 이 주랑 아래에는 서늘한 그늘이 있다. 작은 정원 한복판에 있는 분수의 그 단조롭고 일락적인 울림이 이 즐거운 은신처를 휘젓는 유일한 소리이다. 대리석의 수반(水盤)은 열두 그루 가량의 오렌지나무와 협죽도(夾竹桃)에 둘러싸여 있다. 두꺼운 천이 텐트 모양으로 뜰 전체를 덮어 햇볕을 차단하고, 한낮쯤 산에서 불어내리는 미풍밖에는 통과시키지 않는다.

경쾌하며 싱싱한 안달루시아의 미인이 이곳에 살며 여러분을 대접한다. 검은 명주에 같은 색깔의 가장자리 장식이 붙은 간단한 의복이 그녀의 귀여운 발목을 살짝 드러내 보인다. 푸르스름한 얼굴, 부드럽고 격렬한 정열의 변화가 심한 뉘앙스가 넘치는 눈. 이것이 내가 등장시키는 것을 금지받고 있는 천상적인 존재의 모습이다.

나로서는 에스파냐의 국민은 현대에 있어서의 중세기의 대표자라고 생각된다. 그들은 무수한 작은 진리는 모른다(즉 그 이웃 나라 사람들의 어린아이 같은 허영심). 그러나 큰 진리는 깊이 알고 있어, 그 진리의 귀결을 가장 멀리까지 추구하는 성격의 힘과 재지를 갖추고 있다. 에스파냐의 성격의 힘은 프랑스 인의 기지와 두드러진 대조를 보인다. 완고하고 거칠며 우아함이 결여되고 사람을 사람으로 여기지 않는 오만으로 넘쳐 있으며, 전혀 타인을 생각하지 않는다. 이것은 정확히 15세기와 18세기의 대조를 이루고 있다. 그리고 에스파냐는 또 하나의 비교에 도움이 된다. 이 나폴레옹에 저항한 유일한 국민에게는 어리석은 명예심이나 혹은 명예심에 따르는 우열함이 전혀 없다고 생각된다. 훌륭한 군기(軍紀)를 정하고 6개월마다 제복을 바꾸며 커다란 박차(拍車)를 달지는 않지만, '별것 아님(no importa)' 장군을 가지고 있는 것이다.

제48장 독일의 사랑에 관해

항상 증오와 사랑 사이에서 흔들리고 있는 이탈리아 인은 정열로써 살고 프랑스 인은 허영으로 산다면, 선량하고 소박한 고대 게르만족의 후예인 독일인은 상상으로 살고 있다. 그 생존에 직접적으로 필요한 사회적 이해에 전혀 영향을 주지 않는 일에 관한 한 이 이른바 철학 속에 뛰어드는 그들의 신속함은 실로 놀랄 만한 것이다. 이것은 달콤하고 사랑할만한 것으로서, 조금도 증오를 포함하지 않는 일종의 광기이다.

내가 이곳에 인용하는 작품은(전혀 기억에 의한 것이 아니고 서둘러 작성한 노트에 의거해 인용한다) 반대의 입장에서 씌어 있음에도 불구하고, 저자가 칭찬할 경우조차도 군인정신의 극단적인 표출을 보이고 있다. 그것은 카데 가시쿠르 씨의 1809년에 있어서의 《오스트리아 기행》[32]이다. 1795년의 순수한 영웅주의가 이와 같은 오욕에 찬 이기주의로 끝나는 것을 보았다면, 고귀하고 관대한 데세 장군[33]은 뭐라고 말할까?

타라베라의 전투에서 두 친구가 같은 포병중대에 있었다. 한 사람은 대위로서 대장이었고, 또 한 사람은 중위였다. 탄환이 대위를 쓰러뜨렸다. 그러자 중위는 기뻐하며 말했다. "됐다. 프랑수아가 죽었다. 이제 내가 대장이 될 수 있다."라고. 프랑수아가 일어나면서 말했다. "지금 당장은 아닐세." 그는 탄환에 맞아 잠시 정신을 잃었을 뿐이었던 것이다. 중위도 대위도 나무랄 데 없는 젊은이였고, 전혀 악의를 갖고 있지는 않았었다. 단지 약간 바보스러운 자들로서, 황제에 열광하고 있었던 것에 불과하다. 황제가 전공(戰功)의 이름 아래 훈장을 수여함으로써 깨어난 사냥의 정열과 난폭한 이기주의가 그들로 하여금 사람의 도리를 망각하게 했던 것이다.

이런 자들이 센부른의 열병식에서 황제의 눈에 들어 남작의 작위를 얻어내고자 밀치고 밀리는 치열한 광경 속에서, 이 황제 전속 의사는 독일의 사랑에 관해 다음과 같이 쓰고 있다(288페이지).

'오스트리아의 여자만큼 유순하고 다정한 여자는 없다. 그녀들에게 연인은 하나의 신앙이다. 그녀가 프랑스 인을 사랑하게 되면, 사랑이라는 말이 갖는 힘을 최대한 발휘하여 사랑을 한다. 물론 어느 것이든 엉덩이가 가볍고 경박한 여자는 있게 마련이지만, 대체로 빈의 여자는 정숙하며 결코 남자를 유혹하거나 하지는 않는다. 내가 정숙이라고 말할 때, 그것은 선택한 연인에 대해

---

32 원제는 《1809년 전쟁 중 프랑스군에 종군한 뒤 저술한 오스트리아, 모라비아, 바바리아 기행》이며 1818년에 간행되었다. 이하 여러 페이지는 이 책에서 자유로이 인용한 것이다.

33 Desaix de Veygoux, Louis(1768~1800). 나폴레옹을 따라 상(上) 이집트를 정복한 장군으로서, 마렝고(Marengo : 이탈리아 북서의 마을)의 전투에서 전사했다. 고결한 성격으로 유명하다.

정숙하다는 의미이다. 남편이라는 존재는 빈이나 그 밖의 어디에서도 비슷한 것이다.

1809년 6월 7일—빈 최고의 미인이 황제 사령부에 소속되어 있는 내 친구 M대위의 사랑을 받아들였다. 그는 점잖고 재지가 있는 남자였는데, 그 모습도 얼굴도 남보다 뛰어난 점은 하나도 없었다.

며칠 전부터 그의 젊은 연인은 빈 거리를 활보하고 있는 장교들 사이에 화제로 떠올랐다. 미인을 차지하기 위해 온갖 전술이 사용되었고, 이 미인의 집은 미남과 부유한 장교들에게 포위되었다. 황제의 시종 무관과 무훈도 혁혁한 연대장, 근위장군, 대공작까지도 이 미인의 창문 아래서 시간을 허비했고, 고용인에게 돈을 뿌렸다. 그러나 모두 보기 좋게 거절당했다. 파리나 밀라노에서는 대공들이 거절당하는 예는 좀처럼 없었다. 내가 이 미인 앞에서 그들의 실패를 비웃자 그녀는 말했다. "그분들은 내가 M을 사랑하고 있다는 것을 모르는 것일까요?"라고. 이것은 상당히 기묘하고, 물론 실례가 되는 말이다.

290페이지—센부른에 있었을 무렵, 나는 황제 측근에 있는 두 청년이 빈의 숙소에 아무도 초대하지 않는다는 것을 알았다. 우리들은 그 신중함을 비웃었다. 어느 날 그 청년 중 한 사람이 말했다. "당신에겐 끝까지 감출 수가 없군요. 사실은 한 아가씨와 사랑하는 사이가 되었는데, 그녀는 나의 방에서 한 발짝도 밖으로 나가지 않고, 나는 그녀의 허락이 없이는 누구도 초대하지 않기로 약속했습니다." 나는 그녀가 보고 싶어졌다.

동양에서도 흔히 그러하듯이, 나는 의사라는 자격이 훌륭한 구실로 작용하여 청년으로부터 점심식사에 초대를 받았다. 여자는 청년에게 깊이 빠져 있었고, 집안일에 정신이 팔려 있어 때마침 산책하기에 알맞은 계절이었음에도 불구하고 전혀 밖으로 나가고 싶어하지 않았다. 더구나 연인이 프랑스로 데려가 줄 것이라고 굳게 믿고 있었다.

또 한 명의 청년도 역시 시내의 자기 숙소에 사람을 초대하지 않고 있었는데, 마침내 비슷한 일을 내게 고백했다. 나는 그의 연인도 만났다. 처음에 만난 여자처럼 그녀 역시 금발이었고 매우 아름답고 몸매도 훌륭했다. 한 사람은 18세로서 부유한 가구상의 딸이었고, 또 한 사람은 24세로서 요한 대공의 휘하에서 싸우고 있는 오스트리아 장교의 아내였다. 이 부인의 연애는 허영으로 가득 찬 우리들의 나라에서라면 영웅주의라고 일컬어질 만큼 진보되어 있었다. 남자는 여자에게 성실하지 않았을 뿐 아니라, 때때로 매우 아슬아슬한 고백을 그녀에게 하지 않으면 안 될 궁지에 몰리기도 했다. 그러나 그녀는 완전한 헌신으로 그의 시중을 들었고, 그의 병이 악화되자 더욱 떨어지기 어렵게 되었던 모양이다.

마침내 그는 중태에 빠졌는데, 그녀는 그 때문에 오히려 한층 사랑스러워졌던 것 같다. 물론 나는 외국인으로 승리자였으므로, 우리들이 접근하자 빈의 상류층은 헝가리의 영지로 가버렸다. 그러므로 상류사회의 연애를 볼 수가 없었다. 그러나 내가 본 것만으로도 파리의 연애와는 다르다는 증거가 된다.

독일인은 이 감정을 일종의 미덕, 신성(神性)의 발로(發露), 무언가 신비적인 것이라고 생각한다. 그것은 이탈리아 여자의 마음에 깃들였을 때처럼 싱싱하지도, 격렬하지도 않으며, 질투도 없고 압제적이지도 않다. 그것은 심원하며, 마치 천계설(天啓說)과도 같아 영국의 연애와는 엄청난 차이를 보이고 있다.

수년 전 질투에 사로잡힌 라이프치히의 한 재단사가 공원에서 연적을 살해했다. 그는 교수형을 받았다. 독일인다운 선량함과 감격성(이것이 그들 성격의 약점이지만)을 갖춘 시(市)의 지식인이 이 판결을 검토해 보고는 너무 엄격하고 가혹하다 하여 새딘사를 오로스만[34]에 비교하면서 그 운명을 동정했다. 그러나 판결을 뒤집을 수는 없었다. 다만 사형이 집행되는 날 라이프치히의 모든 젊은 여자는 흰 옷을 입고 길가에 꽃을 뿌리며 단두대까지 재단사를 따라갔다.[35]

누구도 이 의식을 이상하다고 생각하지 않았다. 이성적이라고 스스로 믿고 있는 나라에서라면, 이것은 마치 살인에 경의를 표하는 게 아닌가 생각할 수도 있을 것이다. 그러나 어쨌든 이것은 하나의 의식이었다. 독일에서는 의식이기만 하다면 결코 우스꽝스럽지 않은 것이다. 독일 소공국(小公國)에서의 궁정의식을 보라. 우리들의 눈에는 우스꽝스러운 일이지만, 마이닝겐이나 쾨텐에서는 아주 장엄하다고 생각된다. 그들에게는 훈장을 단 대공의 앞에서 행진하는 여섯 명의 밀렵(密獵) 감시병은 바루스의 로마군과 싸우기 위해 출전하는 아르미니우스의 병사처럼 보이는 것이다.

독일인과 다른 나라 국민의 차이는, 명상에 의해 마음이 진정되기는커녕 오히려 흥분한다는 점이다. 두 번째 차이점은, 그들은 확고한 성격을 갖게 되기를 간절히 바란다는 것이다. 보편적으로 연애의 발전에 아주 알맞은 궁정생활도, 독일에서는 그것을 둔화시킨다. 독일에서 궁정이라 불리고 있는 것이 최량의 대공의 궁정에서조차 얼마나 이해할 수 없는 사소한 일과 우열함으로 가득 차 있는지 여러분들은 상상조차 할 수 없을 것이다(뮌헨, 1820).

참모본부와 함께 독일의 도시에 입성하자 2주일 안에 상류층 여성들은 상대를 선택했다. 게다가 그 선택은 결코 흔들리지 않았다. 나는 프랑스 인이

34 볼테르의 비극 《자이르》의 주인공. 사랑하는 자이르의 부정을 의심하여 이를 죽였지만, 나중에 그 무고함을 알고는 자살한다.
35 가시쿠르의 인용은 여기서 끝난다. 이하는 스탕달의 창작이다.

그때까지 나무랄 데 없이 정숙했던 여자들의 암초였다고 일컬어지는 것을 들었다.

....

괴팅겐, 드레스덴, 쾨니히스베르크 등지에서 만난 젊은 독일인은 이른바 철학적 방법으로 교육되고 있었다. 이것은 하나의 난삽하고 서투른 시에 지나지 않는 것이지만, 도덕적 견지로서는 최고의 신성한 숭고함에 도달하고 있다. 그들은 그 중세로부터 이탈리아 인처럼 공화주의, 불신, 결투 따위를 계승하지 않고 열광과 신뢰에의 강한 경향을 계승한 것처럼 생각된다. 그들이 10년마다 다른 모든 위인을 기억 속에서 사라지게 해버릴 정도의 새로운 위인을 배출하는 것은 이 때문이다(칸트, 셸링, 피히테 등).

일찍이 루터는 도의심에 강력히 호소했다. 그리하여 독일인은 양심에 따라 30년 동안 싸웠다.[36] 신앙이란, 그것이 아무리 터무니없는 것이라 하더라도 역시 아름답고 존경해야 할 것이다. 나는 예술가에게 있어서조차 존경해야 하는 말이라고 하겠다. 잔트[37]의 영혼에 있어서의, 신의 세 번째 계율인 '너희는 살인하지 말라'와 그가 조국을 위해서라고 믿은 것과의 사이의 갈등을 보라. 타키투스의 《게르마니아》에는 이미 여자와 연애에 대한 신비적인 열광이 표현되어 있다. 설사 이 작가가 로마에 대한 풍자를 의도했더라도 말이다. 독일을 200킬로미터 가량 여행해 보면, 이 통일되지 못한 채 분할되어 있는 국민에게서 열렬하며 격렬하다기보다는 오히려 온화하고 다정한 열중이라는 공통점을 발견하게 될 것이다. 만일 이런 경향을 분명하게 볼 수가 없다면

36 1618년부터 1648년까지 30년 동안 독일을 중심으로 행해진 전쟁을 말한다. 합스부르크 가의 구교(舊敎)에 의한 독일 통일책에 대하여 대 제후들이 반란을 일으킨 것이 그 시초가 되었다.
37 Sand, Carl(1795~1820). 학생 혁명가. 조국을 배반하고 러시아의 황제 알렉산더의 앞잡이가 된 문인 코체브를 만하임에서 죽였다.

오귀스트 라 퐁텐[38]의 소설 두세 권을 다시 읽어보면 된다. 아름다운 프러시아의 여왕 루이자는 그가 《평화로운 생활》[39]을 잘 묘사한 데 대한 보답으로 그를 마그데부르크의 수도 회원으로 삼았다.

이런 독일인에게 공통적인 경향의 새로운 증거를 나는 오스트리아의 법전 속에서 본다. 그것은 거의 모든 범죄에 대한 처벌에 있어 범인의 자백을 필요로 한다는 점이다. 이 법전은 범죄가 거의 없으며 사회와 끊임없이 투쟁을 벌이고 있는 용감하고 이지적인 타산의 결과라고 하기보다는 약자의 거의 광적인 발작이라고 할 수 있는 그런 민족을 위해 고안된 것이지만, 이것은 이탈리아가 참으로 필요로 하고 있는 것과는 정반대이다. 더구나 오스트리아는 그것을 이탈리아에 이식하려 하고 있는데, 이는 품행이 올바른 사람들의 실수이다.

나는 이탈리아에 온 독일 재판관이 피고의 자백 없이 사형 혹은 그와 비슷한 무거운 징역을 선고할 수밖에 없음에 대해 절망하는 것을 보았다.

제49장 피렌체의 하루

피렌체 1819년 2월 12일[40]—나는 오늘 밤 극장의 관람석에서 50세의 법관

38 Auguste La Fontaine(1758~1831). 독일 가정소설의 대표적 작가.

39 오귀스트 라 퐁텐의 소설 제목이다. 《평화로운 생활》은 독일인 풍습의 또 하나의 큰 특징인데, 이것은 이탈리아 인의 안일(farniente)에 해당되고, 러시아의 사륜마차(drosky)와 영국의 멀리 나가는 승마(horseback)의 생리학적 비판이다.

40 이 날짜는 2월을 7월로 고치는 게 정확하다. 그리고 피렌체는 밀라노로 읽어야 할 것이다. 이 장에는 《로마, 나폴리, 피렌체》에서 발췌한 부분이 많다.

에게 탄원하기 위해 와 있는 어떤 남자를 만났다. 그가 첫번째로 한 질문은 '저 사람의 연인은 누구일까요(Chi avvicina adesso?)' 였다. 이 도시에서는 이런 유의 방법은 매우 공개적이다. 거기에는 자연적인 법칙이 있고, 일반에게 인정된 방식이라는 것이 있다. 그것은 정의에 바탕되고 있으며, 더구나 인습적인 면이라고는 전혀 없다. 따라서 이 법칙에서 벗어나면 '돼지' 라고 불리게 된다.

"뭔가 특별한 일은 없는가?" 라고 볼테라에서 돌아온 친구가 어제 물었다. 상대방은 나폴레옹과 영국인에 관해 한마디 격렬한 분통을 터뜨린 뒤, 큰일 났다는 투로 덧붙였다. "라 비테레스키가 남자를 바꾸었어. 가엾게도 게라르데스카는 절망하고 있다네."

"이번 남자는 누구지?"

몽테가리라는 수염을 기른 미남 장교인데, 이제까지 코로나 공작부인의 애인이었지. 보라구, 입석(立席)의, 여자의 좌석 밑에 달라붙어 있네. 그는 연극이 끝날 때까지 저러고 있는 것일세. 여자의 남편이 절대로 집에 들이지 않거든. 보게나, 입구에서는 게라르데스카가 슬픈 표정으로 기웃거리면서 변심한 여자가 새로운 연인에게 던지는 시선을 멀리에서 계산하고 있다네. 그는 완전히 변했어. 절망의 구렁텅이에 빠져 있는 거야. 모두들 파리나 런던에 다녀오라고 권했지만 받아들이지 않는다네. 그는 아마도 피렌체를 떠난다는 생각만 해도 거의 죽을 것 같은 심정이 되는 모양이야."

상류사회에는 이러한 절망이 매년 20건쯤 있고, 개중에는 3, 4년 계속되는 경우도 있다. 이런 가엾은 남자들은 그것을 조금도 부끄럽게 생각지 않고 만나는 사람마다 털어놓는다. 게다가 이곳엔 거의 사교계다운 곳이 없다. 첫째, 사랑을 하게 되면 그런 곳에는 거의 얼굴을 내밀지 않게 된다. 뜨거운 열정과 아름다운 마음이 아무 곳에나 굴러다닌다고 생각해서는 안 된다. 이탈리아조차 그러하다. 단지 한결 불타오르는 마음, 허영으로 인한 사소한 걱정 때문에 바라지 않는 마음만이 평범한 연애에서라도 날콤한 쾌락을 찾아내는 것이다. 이를테면 이 나라에서는 변덕스럽기 짝이 없는 사랑이, 파리의 위도(緯度)에서는 가장 맹목적인 열정을 가지고서도 맛볼 수 없는 망각과 도취를 불러일으키는 것을 나는 보았다.

나는 오늘 밤, 이탈리아어에는 사랑의 온갖 특수한 경우를 각각 표현하는 명사가 있음을 비로소 알았다. 프랑스어로 그것을 표현하기 위해서는 한없이 우회해서 말해야만 할 것이다. 예를 들어 소유하고 싶은 여자의 관람석에 대해, 입석에서 유혹의 시선을 보내다가 남편이나 하인이 객석의 난간으로 나오면 순간적으로 시선을 옆으로 돌리는 동작 등이 그것이다.

이 국민들의 성격적 특징을 살펴보면 다음과 같다.

① 습관적으로 깊은 열정에 지배되곤 하는 주의력은 신속히 움직일 수가 없다. 이것이 프랑스 인과 이탈리아 인의 가장 뚜렷한 차이점이다. 이탈리아 인이 합승마차에 올라탈 때나 지불할 때를 보라. '프랑스군의 돌격(furia francese)[41]' 이 빛을 보는 것은 바로 이때이다. 그렇기 때문에 무릇 아무리 저속한 프랑스 인이라 하더라도 데마즈르[42]풍의 못마땅한 남자가 아닌 한 이탈리아 여자에게는 언제라도 한층 뛰어난 듯이 보이는 것이다(로마의 D공작부인의 연인).

② 누구나가 연애를 하고, 그것도 프랑스에서처럼 은밀히 하지는 않는다. 남편이 연인의 최대의 벗이 되는 것이다.

41 1495년 이탈리아에 원정한 프랑스군이 북이탈리아의 포로노보에서 전개한 엄청난 돌격을 가리킨다.

42 데마즈르는 데트슈(1680~1754)의 희곡 《가짜 아니에스》(1736)에 등장하는 '푸아트에서 가장 재치 있는 인물'. 스탕달은 일기에서 '나는 파티에서 처음에는 데마즈르풍으로 충분한 재치, 우스꽝스런 재치를 갖고 있다' 고 썼다(1807년 6월 18일).

③ 누구도 책을 읽지 않는다.

④ 사교계가 없다. 남자는 자기 생활을 충족시켜 주는 것으로서 매일 누군가의 집에서 두 시간 동안의 대화와 허영심의 줄다리기에서 끌어내는 행복을 바라지 않는다. 환담(causerie)이라는 말은 이탈리아어로 번역할 수가 없는 것이다. 어떠한 정열에 도움이 되도록 하기 위해 말해야만 할 일이 있으면 지껄이지만, 능란하게 말하기 위해 모든 문제에 관해 지껄이는 일은 좀처럼 없다.

⑤ 우스꽝스럽다는 것은 이탈리아에 존재하지 않는다.

프랑스에서는 우리들 중 어느 쪽이나 같은 모델을 흉내내려고 하므로, 나는 여러분의 흉내내기 방식의 유능한 심판관이다. 이탈리아에 있어 나의 눈앞에서 행해지는 이상한 행위가 당사자에게 기쁨을 주고 있는지 나로서는 도무지 알 수가 없다. 로마에서는 허풍으로 여겨지는 말이나 태도도 200킬로미터 가량 떨어진 피렌체에서는 고상한 것으로 바뀐다. 혹은 특별히 눈에 띄지도 않는다. 리옹에서도 낭트에서도 프랑스어는 같다. 베네치아 사투리, 나폴리 사투리, 제노바 사투리, 피에몬테 사투리는 거의 완전히 다른 언어이며, 다만 그것을 사용하는 사람들도 책을 쓸 때는 공통의 언어, 즉 로마에서 사용하는 언어를 쓴다는 규정을 지키고 있다. 무대가 밀라노로서 등장인물이 로마 사투리를 사용하는 연극이 있다면 이보다 더 어처구니없는 일은 없다.

이탈리아어는 말하는 것 이상으로 노래하는 데 훨씬 알맞기 때문에, 점점 잠식해 들어오는 프랑스어의 명석함에 저항하려면 음악에 의지할 수밖에 없을 것이다. 이탈리아에서는 총독과 그 첩자에 대한 두려움이 '실용(實用)'을 중시하도록 만든다. 어리석은 명예심 같은 것은 전혀 없으며, 그 대신 고자질(Pettegolismo)이라고 불리는 사교계의 비열한 증오 같은 것이 존재한다. 요컨대 세금을 걷어들이고 남보다 우월한 모든 인간을 처벌하는 일에 정부의 힘과 능력이 쓰이는 나라에서는 비웃음의 재료를 제공한다는 것은 가장 증오할 적을 만드는 행위로서 매우 위험한 일이다.

⑥ '대기실의 애국심(Patriotisme d'antichambre).' 우리들이 이웃으로부터 존경을 받고 그것과 일체가 되도록 하는 저 자존심은 1550년경 이탈리아 소군주들의 질투심 많은 전제주의에 의해 모든 고상한 일에서 추방되었다. 그리하여 일종의 카리반[43]이라고도 할 야만스러운 산물, 열광과 어리석음으로 충만한 '대기실의 애국주의'라는 괴물을 낳기에 이르렀다. 이것은 《칼레의 포위[44](Le siège de Calais)》(당시의 농민병에 해당된다)에 관해 튀르고[45]가 한 말이다. 나는 이 괴물이 가장 재치 있는 사람들까지 바보로 만드는 것을 보았다. 이를테면 외국인이 그 도시의 화가나 시인 등에게서 발견되는 결점을 지적하고자 하면 그는 아름다운 부인들에게서조차 나쁜 평판을 받게 된다. '남의 집에 와서 비난을 하는 것은 실례죠'라고 분명하게 듣게 되는 것이다. 그리하여 베르사유 궁전에 관해 루이 14세가 한 말을 인용하든가 한다.

피렌체에서는 '우리들의 벤베누티'[46]라 하고, 브레시아(Brescia)에서는 '우리들의 아리치'[47]라고 한다. 이 '우리들의(nostro)'라는 말에 대해, 그들은 소극적이지만 상당히 우스꽝스러운 일종의 악센트를 곁들인다. 그것은 대체로 《미루아르》 지가 국민음악을 논하고, 유럽의 음악가인 몽시니[48]에 관해 논하

43 셰익스피어의 《템페스트(Tempest)》에 등장하는 괴물. 권위에 어쩔 수 없이 복종하면서도 끊임없이 반역을 꾀하는 비속한 것의 의인화이다.
44 뒤 벨로이(Du Belloy)의 비극으로 1347년 영국군의 칼레 포위에 대해 다룬 애국적 작품이다.
45 Turgot, Anne-Robert Jacques(1727~1781). 프랑스의 중농주의(重農主義)의 경제학자이며 정치가. 루이 16세 시대의 재무대신이다.
46 Benvenuti(1769~1844). 토스카나의 유명한 화가.
47 Arrici. 1782년 브레시아 태생의 시인이자 법률가. 브레시아는 북부 이탈리아 롬바르디아 지방의 도시.
48 Monsigny, Alexandre(1729~1817). 프랑스의 작곡가. 오페라 코믹의 창설자 중 한 사람이다.

는 감동적인 가락과 같다.

이들 용감한 애국자를 비웃지 않기 위해서는 우선 역대 교황의 사악한 정책으로 오염된 중세의 분쟁으로 말미암아 어느 마을이든 이웃 마을을 극도로 미워하고, 그 주민의 이름이 항상 어떤 유의 야비스런 결함과 같은 의미로 되어 있음을 상기하지 않으면 안 되는 것이다.

교황은 이 아름다운 나라를 증오의 나라로 바꾸는 데 성공했던 것이다. 이런 대기실의 애국주의는 이탈리아의 커다란 정신적 병폐로서, 이 해로운 티푸스균은 이탈리아가 우스꽝스러운 소군주들의 질곡(桎浩)을 벗어난 뒤에도 오랫동안 그 불길한 영향력을 잃지 않을 것이다. 이런 애국주의의 하나의 표출이 모든 외국 것에 대한 가차 없는 증오이다. 그러므로 그들은 독일 국민을 어리석다 생각하고, 만일 그들에게 '대체 18세기의 이탈리아는 예카테리나 2세[49]나 프리드리히 대왕[50]에 필적하는 어떤 인물을 배출했는가? 당신들은 기후 때문에 반드시 나무그늘이 필요하면서도 가장 빈약한 독일의 정원에나 비교할 수 있을 영국풍의 정원조차 없지 않은가?' 라고 한다면 그들은 매우 격분할 것이다.

⑦ 영국인이나 프랑스 인과는 반대로 이탈리아 인은 전혀 정치적인 편견을 갖지 않는다. 그들은 라 퐁텐의 시구를 외고 있다.

그대들의 적은 그대들의 주인이지.

성직자들과 성서적 사회에 의해 유지되고 있는 귀족계층은, 그들에게 있어

49 Ekaterina Ⅱ(1729~1796). 러시아의 여황제로서, 표트르 대제의 뒤를 이어 러시아의 개혁을 실시했다. 프러시아 귀족의 딸로 학문에 뛰어났던 그녀는 《회상록》을 남겼고 '작가의 여황제' 라고 불렸다.

50 프리드리히 1세(1657~1713)를 말한다. 프로이센의 국왕으로 계몽군주였다.

시대에 뒤떨어진 우스꽝스러운 기만수단이다. 그 대신 이탈리아 인은 비단 장수가 어떻게 과격 왕당파가 될 수 있는지 이해하기 위해서는 석 달 동안 프랑스에 머물러야만 한다.

⑧ 그들 국민성의 마지막 특징으로서, 나는 의론에 있어서의 불관용(不寬容)과 상대방의 논거에 대해 반박할 논거가 쉽게 발견되지 않을 때 금방 화를 내버리는 습관을 들고 싶다. 그런 경우 그들은 새파랗게 질린다. 이것은 극단적인 감수성의 한 가지 현상이지만 별로 기분 좋은 현상은 아니다. 그렇기 때문에 나는 극단적인 감수성이 존재하는 증거로서 맨 먼저 이것을 인정하고 싶은 것이다. 나는 영원한 사랑이라는 것을 보고 싶다는 생각으로 매우 열심히 그것을 찾아보았다. 그러다가 오늘 밤 비로소 훈사(勳士 : 작위를 받은 사람)와 그가 54년 동안 정을 나누었던 연인을 소개받을 수가 있었다. 나는 평온한 기분이 되어 이 친애하는 노인들과 헤어져서 돌아왔다. 이곳에야말로 참으로 행복해지는 기술, 너무나도 많은 젊은이가 알지 못하는 기술이 있었던 것이다.

두 달쯤 전, 나는 R사교(司教)와 만났는데, 《미네르바》 지[51]를 가지고 갔으므로 사교는 나를 환대해 주었다. 사교는 시골의 별장에서 D부인과 살고 있었는데, 이 나라의 표현을 빌리면 부인과는 34년 동안이나 친분(avvicina)을 유지하고 있었던 것이다. 부인은 아직도 아름다웠지만, 이 두 사람의 생활에는 어딘지 우수의 그늘이 있었다. 옛날에 부인의 남편이 아들을 독살했기 때문이라는 것이다.

여기에서는 사랑을 한다는 것은 파리에서처럼 1주일에 한 번 15분간 만나고 나머지는 때때로 시선을 교환한다거나 악수를 하는 데 그치지 않고, 사랑

51 1818년에 창간된 주간신문 〈La Minerve Francaise〉를 가리킨다고 한다.

을 하는 남자, 사랑을 성취한 남자는 매일 4, 5시간씩 사랑하는 여성과 함께 보낸다. 그는 그녀에게 자기의 소송 이야기, 영국식 정원, 사냥을 갔던 이야기, 자기의 지위가 상승된 것 등 무엇이든 이야기한다. 그것은 가장 철저하고 가장 정감이 풍부한 친밀성이다. 그는 그녀의 남편 앞에서는 물론 어떠한 곳에서도 그녀를 '당신'이라고 부른다.

이 나라의 한 청년은 스스로를 매우 야심만만한 사람이라고 믿고 있었는데, 빈의 어떤 요직(다름 아닌 대사)에 임명됨으로써 연인과 만나지 못하게 되자 도저히 참을 수가 없었다. 그는 반 년 뒤 요직을 사임하고는 연인의 극장 관람석에서의 행복을 맛보기 위해 귀국했다.

이렇듯 줄곧 얼굴을 마주 대하고 있다는 것은, 사교계에 나가면 어느 정도 겉치레가 필요한 프랑스에서는 번거로운 일이라고 생각될 것이다. 여러분의 연인이 "○○씨, 오늘 밤은 기분이 좋지 않으시군요, 아무 말도 하지 않으시니 말예요." 하고 말할 염려가 있기 때문이다. 이탈리아에서는 사랑하는 여성에게 머릿속에 떠오르는 일은 무엇이든지 말하면 된다. 생각하고 있는 일을 그대로 전달하면 되는 것이다. 이런 친밀성, 상대의 솔직성을 유발시키는 솔직성은 일종의 신경적인 효과를 동반하는 것이지만, 솔직성은 그 이외의 방법으로는 포착할 수가 없는 것이다. 그러나 한 가지 매우 불편한 일이 있다. 즉, 이와 같은 사랑의 방식은 취미를 마비시키고 인생의 다른 일들을 무미건조하게 만든다는 점이다. 이런 유의 사랑은 정열의 가장 좋은 후계자이다.

'인간이 어떻게 페르시아 인일 수 있는가'[52]를 이제 가까스로 이해했을 정도인 우리들의 파리 인사들은 뭐라고 말해야 좋을지 몰라, 그런 풍습은 외설

52 풍자문학의 걸작이라고 일컬어지는 몽테스키외의 《페르시아 인의 편지》(1721)를 암시한다. 그 내용은 두 명의 페르시아 인이 파리의 풍속에 대해 고국에 써보내는 형식이다. 이 작품이 큰 성공을 거두자 비슷한 것이 많이 등장하여 파리의 풍속을 비판했다.

스럽다고 떠들어댈 것이다. 우선 첫째로 나는 일개 역사가일 뿐이고, 그리고 또 나는 후일 적당한 기회가 오면 당당한 논진(論陣)을 전개함으로써 풍속에 관한 한 파리가 볼로냐에 조금도 뒤지는 것이 아님을 그들에게 증명해 보이고 싶다. 그것을 모르는 채 이 가엾은 자들은 아직도 1부 3수의 교리문답의 구절을 되뇌고 있을 뿐이다.

1821년 7월 12일—볼로냐의 사교계에는 결코 끔찍한 일이란 발생하지 않는다. 파리에서라면 배신당한 남편의 역할은 실로 견뎌내기 어렵지만, 이곳(볼로냐)에서는 대단한 일이 아니다. 배신당하는 남편이 이곳에는 없는 것이다. 말하자면 풍속은 같지만 증오가 없을 뿐이다. 아내의 '시종기사'[53]는 언제든지 남편의 벗이며, 상호 원조에 의해 굳게 결속된 이 우정이 다른 이해(利害)보다도 오래 계속되는 경우는 종종 볼 수 있다. 이러한 연애는 대개 5, 6년간 계속되고, 죽을 때까지 이어지는 경우도 매우 많다. 그들이 헤어지게 되는 시기는 모든 것을 서로 고백하는 일에서 기쁨을 느끼지 않기에 이르는 때인데, 헤어진 뒤 한 달 정도 지나면 서먹서먹한 느낌은 사라진다.

1822년 1월—자존심이나 에스파냐식 풍속과 함께 펠리페 2세에 의해 이탈리아에 수입된 그 옛날의 '시종기사'의 풍습은, 대도시에서는 완전히 쇠퇴했다. 내가 알고 있는 특별한 경우는 칼라브리아 지방[54]뿐인데, 그곳에서는 언제나 장남이 성직자가 되어 동생을 결혼시키고, 동생의 아내의 기사가 됨과 동시에 그 연인이 되는 것이다. 나폴레옹이 북부 이탈리아뿐 아니라 이 지방(나폴리)에서조차 방종의 기풍을 빼앗았던 것이다.

오늘날의 아름다운 여자들의 품속은, 어머니들에게 한탄을 하도록 만들고 있다. 왜냐하면 그녀들이 열정적인 연애에 한층 호감을 갖게 되었기 때문이

53 중세 봉건시대에 아내의 정식 애인이라고 인정된 기사를 말한다. 제51장, 제52장 참조.
54 이탈리아 반도의 발가락 부분인 코탄차로(Cotanzaro) 지역.

다. 육체적 연애는 완전히 쇠퇴하고 말았다.

제50장 미국의 사랑

자유로운 정부는 시민에게 결코 해를 끼치지 않을 뿐 아니라 적극적으로 안전과 평온함을 가져다주는 정부를 말한다. 그러나 이것만으로는 행복과 거리가 멀다. 행복은 자기 스스로가 만들지 않으면 안 된다. 평안과 조용함을 향수하고 있어 자기가 완전히 행복하다고 생각하는 영혼은 매우 범용한 영혼이다. 그런데 유럽에서는 이것을 혼동하고 있다. 우리들은 해를 가하는 정부에 익숙해 있으므로 그로부터 해방되는 것을 최상의 행복이라고 생각하는 것이다. 이는 마치 고통에 시달리고 있는 병자와 다를 바 없다.

미국은 그 반대의 예를 보여주고 있다. 이 나라에서는 정부가 그 임무를 매우 잘 수행하고, 누구에게도 해를 가하지 않는다. 그러나 운명은 우리들의 철학을 혼돈케 하여 부정하고, 혹은 오히려 수세기에 걸친 유럽의 불행한 상태로 말미암아 우리들이 참된 경험을 쌓을 수가 없었기 때문에 인간의 모든 요소를 모르는 점에 대해 지탄하고자 원했던 것 같다. 우리들은 우리들의 철학이, 정부에서 비롯되는 불행을 알지 못한 채 살아가는 미국인 또한 스스로를 위태롭게 하고 있음을 본다.

그들에게 있어서는 감수성의 샘이 고갈되어 버렸다고도 할 수 있을 것이다. 그들은 올바르고 이성적이지만, 조금도 행복하지 않다. 성서, 즉 기묘한 정신이 이 시와 단가(短歌)의 수집에서 연역한 우스꽝스러운 결론이나 행위의 준칙만으로 이 불행을 일으키는 데 충분할까? 원인에 비해 결과가 너무

중대하다고 나로서는 생각된다. 보르네가 이야기하는 바에 의하면, 그는 어느 날 시골에서 부유한 미국인에게 식사 초대를 받았다. 그는 이미 장성한 몇 명의 아들을 둔 아버지였는데, 마침 한 젊은이가 식당에 들어왔다. "아, 윌리엄. 앉아라, 잘 지냈던 모양이로구나" 하고 주인이 말했다. 나그네는 이 젊은이가 누구냐고 물었다. "차남입니다.", "어디서 왔습니까?", "광둥〔廣東〕이지요." 세계의 끝에서 아들이 돌아왔는데도 그의 인사는 그것이 전부였다.

그들의 주의는 모든 생활을 현명하게 처리하고 잘못을 막는 데 소비되는 것처럼 보인다. 그리하여 마침내 많은 생각과 다년간의 배려 끝에 열매를 수확할 때가 되면, 그것을 즐기기에는 생명이 얼마 남아 있지 않은 것이다.

펜[55]의 아들들은 그들의 생애를 이야기해 주는 것처럼 보이는 다음의 시구를 읽어본 적이 없었을 것이다.

살기 위해 사는 보람을 잃는다(Et propter vitam, vivendi perdere causas).

러시아와 마찬가지로 이 나라의 즐거운 계절인 겨울이 오면, 젊은 남녀는 밤낮을 가리지 않고 썰매를 타고 돌아다닌다. 그들은 매우 명랑하게 24킬로미터나 32킬로미터 정도 멀리 가지만, 감독하는 사람이 없어도 결코 사건은 일어나지 않는다.

이곳에는 청춘의 육체적 쾌활함이 있지만, 그것은 마침내 혈기와 함께 떠나가고 25세가 되면 사라져 버린다. 향락의 근원인 정열은 이미 찾아볼 수 없게 되는 것이다. 미국에는 '이성의 습관' 이 지나치게 많기 때문에 결정작용은 불가능해진다. 나는 이 행복에 감탄하지만, 결코 부러워하지는 않는다. 이것

55 Penn, William(1644~1718). 영국의 퀘이커교도. 미국의 펜실베이니아 주의 건설자이다. 인용된 시는 라틴의 시인 주베날리스(Juvenalis, Decimus Junius)의 《사타이어》 제8가.

은 나와는 다른 열등한 존재의 행복이라는 느낌이 든다. 플로리다나 중남미 쪽이 훨씬 좋지 않을까 하고 나는 생각해 본다. 북아메리카에 관한 나의 추측을 강화시키는 것은 예술가와 문학자가 전혀 없다는 점이다. 미국은 우리들에게 1막의 비극도, 한 장의 그림도, 한 권의 워싱턴전도 보내오지 않는다.

제51장 1228년 북방의 만인(蠻人)[56]에 의해 툴루즈를 점령당하기까지의 프로방스[57]의 사랑

1100년부터 1228년까지의 프로방스에서는 연애가 기묘한 형태를 취하고 있었다. 연애에 있어서의 양성(兩性)의 관계에는 오늘날의 '명예심'의 법도와 같을 만큼 엄격한 규칙이 있었으며, 그것은 충실히 지켜지고 있었다. 사랑의 규칙은 먼저 남편의 지상권(至上權)의 완전한 박탈로부터 시작되고 있었다. 그것은 전혀 위선을 예상하고 있지 않았다. 인간성이 있는 그대로 받아들여지고 있으므로 많은 행복을 탄생시킬 것이었다.

사랑을 고백하고 연인으로서 받아들여지는 데에는 일정한 방식이 있었다. 몇 달 동안이나 어떤 방법으로 사랑을 표시한 다음 가까스로 손에 입 맞추는 것이 허용된다. 사회는 아직도 젊었으므로 오늘날이라면 참을 수 없을 만큼 지루한 형식이나 의례도, 당시에는 문명의 한 표정으로서 환영되었다. 이러

56 북방의 만인은 1228년 시칠리아의 프리드리히 2세가 일으킨 제6차 십자군. 프리드리히는 독일의 황제를 겸하고 있었으므로 십자군에 다수의 프랑크 인이 참가했다.

57 Provence 남부 프랑스의 총칭. 스탕달의 고향 그레노블(Grenoble)도 이 프로방스에 속한다. 중세 말에 번영한 그 특수한 문화는 음유시인을 낳았다. 그리고 정복의 해는 초판 이래 1328년으로 되어 있었으나, 가로니에판을 따라 바로잡았다. 실제로는 1229년.

한 특징은 프로방스에서도 발견된다. 어렵고 복잡한 운(韻), 동일물을 나타내는 남녀 양성의 말, 게다가 시인의 수가 많다는 점 등이 그것이다. 귀족사회의 모든 '형식' 은 오늘날에는 참으로 무미건조한 것이지만, 당시에는 아직도 새로움이 갖는 신선함과 맛이 있었다.

여자의 손에 입 맞춘 뒤 남자의 지위에 따라 그녀의 지위도 상승한다. 결코 특전 같은 것은 없었다. 주의할 것은, 남편은 전혀 문제가 되지 않고, 연인들의 표면적인 진보도 오늘날의 우리들이라면 이성간의 다정한 우정이라 부를 만한 선에 머물러 있다는 점이다. 그러나 수개월 혹은 수년에 걸친 시련이 있은 뒤 여자가 남자의 성격과 분별을 신뢰하고, 남자가 여자에 대해 우정의 느낌과 적성(適性)을 갖게 되면, 이 우정은 정절에 상당히 위협을 주는 것으로 변한다.

나는 특전이라고 말했다. 이것은 한 여자가 수많은 연인을 갖더라도 높은 단계에까지 도달하는 남자는 단 한 명이라는 의미이다. 다른 사람은 손에 입을 맞추거나 매일 만나는 정도의 우정 이상으로 발전할 수가 없다. 이 색다른 문명이 남긴 것은 운문(韻文)으로 씌어 있는데, 그것은 참으로 기묘하고 어려운 운(韻)을 밟고 있다. 음유시인의 발라드로부터 우리들이 끌어내는 관념이 애매하고 부정확한 것이라 해도 놀랄 것은 없다. 결혼계약조차 운문으로 씌어 있었던 것이다. 1228년의 정복 이래 교황은 자주 이단이라는 구실로, 속어(俗語 : 라틴어가 아닌 언어)로 씌어진 모든 서적을 불태웠다. 교활한 지혜가 있는 이탈리아 인은 라틴어를 공인했다. 그것이 자기들처럼 재치 있는 인간에게 어울리는 유일한 언어라는 것이었다. 이것을 1822년에 다시 한 번 되풀이할 수가 있다면 이번에는 꽤나 유익한 조치가 될지도 모른다.

연애에 있어서의 이와 같은 공개성과 형식화는 얼핏 보기에 참된 정열과 양립하지 않는 것처럼 생각될 것이다. 귀부인이 그 기사에게 "저를 사랑하고 있다면 예루살렘에 가서 예수님의 무덤에 참배하고 오세요. 그곳에서 3년간 있다가 돌아오는 거예요!"라고 하면, 연인은 곧 출발한다. 그때 조금이라도 주저하면, 오늘날 명예에 관해 연약함을 보이는 것과 같은 굴욕을 받게 되었을 것이다. 이런 사람들의 말에는, 감정의 가장 포착하기 어려운 뉘앙스까지 표현하는 극도의 섬세함이 있다. 이런 풍습이 참된 문명의 도에 있어 극히 진보된 것이라는 또 하나의 증거는, 힘이 모든 것을 결정한 중세와 봉건시대의 공포에서 막 벗어났음에도 불구하고 약한 여성이 오늘날 '합법적'으로 받고 있을 만큼의 압제도 받고 있지 않았다는 점이다. 연애로 인해 몸을 망치고 매력도 상실하기 쉬운 가엾고 가냘픈 존재가 자기에게 접근하는 남자의 운명의 결정자가 되어 있음을 우리들은 자주 본다. 3년간의 팔레스티나에의 추방, 기쁨으로 충만한 문명으로부터 십자군 진영의 광신과 지루함으로 옮기는 일, 이것은 열광적인 기독교도가 아니라면 매우 참기 어려운 고역이었을 것이 분명하다. 연인에게 비열한 방식으로 버림을 받는 파리의 여자는 오늘날 그 애인에게 무엇을 할 수 있다는 것인가! 이 점에 대해서는 단 하나의 대답밖에 없다. 즉 자존심이 강한 파리의 여자는 애인을 갖지 않는 것이다. 신중성이 오늘날의 여성에게 정열적 연애에 몸을 던지는 일을 삼가도록 충고하는 것은 당연하다. 그러나 또 하나의 신중(나는 결코 이것을 좋다고 보지는 않지만)은 왜 육체적 연애로써 복수하라고 권하지 않는 것일까? 우리들은 위선과 금욕주의에 있어서는 진보했지만, 그것으로써도 덕에 대해 비중을 두지는 못했다. 자연에 역행하고서 벌을 받지 않는 경우는 결코 없기 때문이다. 다만 지상에 그만큼 행복이 적어지고 고매한 영감은 더욱 적어졌다.

10년 동안 친밀한 교제를 계속해 오다가 여자가 서른두 살이 된 것을 깨달았다는 이유로 그 연인을 버리는 남자는, 이 친애하는 프로방스에서는 명예를 잃게 된다. 그는 수도원의 고독에라도 파묻힐 수밖에 없다. 따라서 품위가 없고 지나치게 신중한 남자는 자기가 가진 열정 이상을 가장하지 않는 편이 현명하다.

이상은 모두 추측이다. 정확한 관념을 주는 자료는 남아 있지 않으므로.

....

풍속의 전체는 특수한 사실에 의해 판단하지 않으면 안 된다. 여러분은 연인을 격분하게 만든 시인의 이야기를 알고 있을 것이다. 2년 동안이나 그를 절망 속에 버려두고 있다가 그의 많은 편지에 겨우 답장을 해주었다. 즉, 그가 만일 '손톱'을 하나 뽑아서 그것을 여자에게 사랑과 충성을 맹세하는 50명의 기사의 손으로 바치게 한다면 용서해 줄 수도 있다고 했던 것이다. 시인은 곧 고통스러운 수술을 받았다. 그리고 자기의 애인에게서 보증된 50명의 기사가 가능한 한 성대한 의식으로서, 손등을 여자에게 전달했다. 그것은 마치 왕자가 왕국 내의 한 도시에 입성하는 것과 같은 당당한 행렬이었다. 연인은 뉘우침을 나타내는 복장을 하고 자기의 손톱에서 멀리 떨어져 따라갔다. 긴 의식이 끝난 뒤 여자는 겨우 그를 용서했다. 그는 그 여성과 처음으로 사랑에 빠졌을 때와 같은 행복에 잠겼다. 전하는 바에 의하면 그들은 오랫동안 행복한 세월을 보냈다고 한다. 분명히 2년간의 불행이 참된 정열을 증거하게 하고, 이미 이전과 같은 정열의 힘은 사라졌을 때 그것을 되살려냈던 것이다.

이런 예는 얼마든지 있는데, 어느 것이나 정의의 관념에 바탕되어 이성간에 행해진 친밀하고도 재치 있는 은근함을 보여주고 있다. '은근'이라고 표현한 이유는, 어떤 시대에 있어도 열정적 연애는 드물게 보는 기묘한 예외에 속하고, 따라서 법칙을 세울 수가 없기 때문이다. 프로방스에서는 타산적인 것, 이성으로 지배될 수 있는 것은 모든 양성간의 정의와 권리의 평등에 바탕되고 있었다. 나는 이것을, 불행을 가능한 한 막는 것으로서 찬미한다. 이에 반해 루이 15세의 절대 군주제에 있어서는 양성간에 비열함과 음흉스러움을 유행시켰다.

이렇듯 섬세하고 까다로운 운율로 묶여 있는 아름다운 프로방스어는 아마도 민중의 말은 아니었을 테지만, 상류사회의 풍습이 하류층에게로 옮겨졌던 것이다. 당시 프로방스의 하류층은 매우 부유했으므로 결코 조잡하지는 않았다. 상업은 번창하고 그들의 생활은 차츰 기쁨으로 충족되어 가고 있었다. 지중해 연안의 주민들은 하찮은 봉건군주를 좇아 근처의 거리에서 강도짓을 하기보다는 바다에 배를 띄워 장사를 하는 편이 훨씬 편하고, 유쾌하다는 것을 깨달았다(9세기). 마침내 10세기의 프로방스 인은 아라비아 인과의 교역을 통해 약탈 · 폭행 · 투쟁보다도 더 즐거운 일이 있음을 알게 되었다.

지중해는 유럽 문명의 요람이라고 보아야 할 것이다. 기후의 축복을 받은 아름다운 해안은 그 주민의 번영과 음산한 종교와 입법이 없었던 결과인 것이다. 당시의 프로방스 인의 지극히 쾌활한 정신은 기독교를 통과시켜도 거의 바뀌지 않았다.

같은 원인에서 생겨난 같은 싱싱한 모습은 이탈리아의 각 도시에서 발견된다. 그 역사는 가장 명료한 형태로 전해져, 다행히도 단테와 페르라르카와 그림을 남겼다.

프로방스 인은 《신곡》처럼 당시의 풍습의 특징을 그대로 반영한 위대한 시를 남기지 않았다. 그들을 이탈리아 인과 비교해 보면 정열에 뒤지고 쾌활함에서 우월한 것처럼 생각된다. 그들은 그 이웃인 에스파냐의 무어 인으로부터 생활을 즐기는 방법을 배웠다. 연애는 행복한 프로방스의 성곽의 연회와 일락을 즐겁게 지배하고 있었다.

여러분은 로시니의 즐거운 오페라 코믹의 피날레를 오페라 극장에서 들었던 것일까? 무대는 쾌활함과 미와 이상적인 장려함을 나타내고 있다. 그리하여 오욕에 찬 반면에서 천 리나 동떨어져 있는 듯한 느낌이 든다. 그러나 이윽고 오페라는 끝난다. 막은 내리고 관객은 떠난다. 매어단 촛대는 끌어올려지고 등불은 꺼진다. 램프의 그을음 냄새가 장내에 가득 찬다. 막이 다시 반쯤 올라간다. 더러운 옷차림을 한 남자들이 무대를 우왕좌왕하고 있다. 그들의 동작은 추하고, 조금 전까지 젊은 여자가 우아함으로 가득 채우고 있던 장소를 차지한다. 십자군의 툴루즈 점령이 프로방스 왕국에 준 결과는 바로 이와 같았다.

연애와 우아한 아름다움과 쾌활함 대신 북방의 야만인과 성 도미니크가 왔다. 나는 당시 그 초기의 열광적인 이단규문(異端赳問)의 전율스러운 이야기로 이 페이지를 더럽히고 싶지는 않았다. 야만인은 우리들의 조상 쪽이었다. 그들은 생명을 빼앗고 약탈을 했다. 자신들이 가져갈 수 없는 것은 단지 파괴함으로써 느껴지는 쾌락을 위하여 파괴를 일삼았다. 야만스런 분노가 문명의 흔적을 갖는 모든 것에 그들을 치닫게 만들었다. 이 아름다운 남프랑스의 말을 전혀 알지 못했으므로 그들의 격노는 커졌다. 가공할 성 도미니크에 의해 지도되고 미신에 깊이 사로잡혔던 그들은, 프로방스 인을 죽이면 천국에 갈 수 있다고 믿고 있었다. 프로방스 인에게 있어 모든 것이 끝났다. 연애도 쾌활함도 시도 이미 없었다. 정복에서 20년도 채 못 되어(1235년), 그들은 우리들의 조상 프랑스 인과 거의 같을 만큼 야만스럽고 난폭해졌다. 2세기 동안 상류사회의 행복을 이루고 있던 이 매력 있는 문명 형식은 어디로부터 세계의 이 일각(一角)에 떨어졌던 것일까? 그것은 명백히 에스파냐의 무어 인으로부터였다.

제52장 12세기의 프로방스

다음에 프로방스의 원고에서 하나의 이야기를 번역하고자 한다. 사건은 1180년경에 발생했으며, 이야기는 1150년경에 씌어졌다.[58] 이 이야기는 분명히 모든 사람이 알고 있었을 것이고, 당시의 풍속의 뉘앙스가 문체에 나타나 있다. 이하 축어적(逐語的)으로 번역하며 현대어의 우아함을 전혀 구하지 않는 태만을 용서하기 바란다.

레몽 드 루시용은 누구나 아는 용감한 성주(城主)였다. 그 아내 마르그리트는 당대 최고의 미녀로서, 아름다운 마음씨나 재치, 애교 등에서 그녀보다 더 뛰어난 사람은 없었다.

어느 날 카프스탕 성의 가난한 기사의 아들로 기욤 드 카프스탕이라는 사람이 레몽 드 루시용의 성을 찾아와 시종으로 고용해 달라고 부탁했다. 레몽은 이 젊은이의 잘생긴 얼굴과 사교적인 태도가 마음에 들었으므로 기꺼이 그 부탁을 받아들였다. 이리하여 기욤은 성에서 거주하게 되었는데, 그 행동이 매우 모범적이었으므로 모든 사람들로부터 사랑을 받았다. 그는 또한 남보다 열심히 일을 했으므로 마침내 레몽의 눈에 들어 마르그리트를 모시게 되었다. 기욤은 더욱더 말이나 행동을 삼가고 총애를 받도록 노력했다. 그런데 그 사이, 사랑에 있어서는 항상 그렇게 마련이지만, 기욤은 마르그리트의 마음을 사로잡아 그녀의 열렬한 사랑을 받게 되었다. 기욤의 말이나 태도가 마르그리트의 마음에 들었으므로, 어느 날 그녀는 기욤에게 이렇게 말하지 않을 수 없었다. "기욤, 만일 여자가 그대를 사랑하는 눈치를 보인다면 그 사

58 이 원고는 로렌티아나의 도서관에 있다. 레누아르는 그 저작 《음유시인》 제5권 189페이지에 이것을 싣고 있는데, 그의 본문에는 많은 오류가 있다. 그는 음유시인을 지나치게 칭찬하고 있을 뿐 아니라 그것을 너무 모른다.

람을 사랑할 용기가 있겠어?" 기욤은 마르그리트의 마음을 잘 알고 있었으므로 서슴없이 대납했다. "네, 어찌 사랑하지 않을 수 있겠습니까. 만일 그 태도가 진실이라면 말입니다.", "성(聖)요한께 맹세코, 이것은 남자다운 대답이다. 그렇다면 그대가 여자의 태도 가운데 어느 것이 참이고 어느 것이 거짓인가를 구별할 수 있는지 두고 보도록 하겠다."

이 말을 들은 기욤은 "마님, 좋을 대로 하십시오."라고 대답했다. 그는 생각에 잠기게 되었다. 사랑의 신이 싸움을 걸어왔다. 사랑의 신이 불어넣는 온갖 생각은 그의 마음속 깊이 들어갔다. 이후로 그는 그야말로 사랑의 종이 되어 버렸다. 그는 다정하고 명랑한 글귀나 무용곡이나 유쾌한 가락의 시 등을 짓게 되고, 그리하여 사람들에게 매우 사랑을 받았다. 특히 그가 목표로 삼아 노래한 마르그리트의 기쁨을 불러일으켰다. 본래 사랑의 신은 그 마음에 든 종에게는 보답을 내려주시게 마련이므로 기욤에게도 상을 주실 생각이었다. 그리하여 마르그리트의 마음을 단단히 사로잡아 사랑의 생각 이외에는 그 무엇도 생각하지 않도록 해버렸다. 그녀는 밤낮으로 끊임없이 기욤의 몸에 깃든 풍부한 재치와 용맹을 생각하면서 지냈다.

어느 날 그녀는 기욤에게 말했다. "기욤, 그대는 요즘의 내 태도를 참이라고 생각하나 아니면 거짓이라고 생각하나?"

기욤은 대답했다. "마님, 하느님께 맹세코 말씀드리지만, 마님을 모시게 된 이후로 마님이 이 세상에서 가장 뛰어난 분이시고, 말씀하시는 것과 그 태도에도 진실이 표시되어 있다는 것을 의심한 적은 없습니다. 아마도 일생 동안 그렇게 믿을 것입니다."

그녀는 대답했다. "기욤, 하느님께 맹세하겠어요. 그대는 이제부터 결코 나의 태도에 기만당하는 일은 없을 거예요. 그대의 생각을 저버리지 않겠어요." 이렇게 말한 후 그녀는 팔을 벌려 기욤을 다정히 안았다. 방에는 두 사람뿐이었고, 이리하여 정사가 벌어졌다.

그러나 결국 사람들이 수군거리기 시작했다. 기욤이 지은 노래는 마르그리트에 대한 사랑을 표현한 내용이라는 것이었다. 게다가 이 같은 말을 장소를 가리지 않고 지껄여댔으므로 마침내 레몽의 귀에까지 들어가게 되었다. 그는 매우 괴로워하고 슬퍼했다. 우선 아끼던 신하를 잃은 데 대해 슬퍼했지만, 그 이상으로 마르그리트의 불명예를 생각했다.

어느 날 기욤은 하인 한 명과 함께 매사냥을 나갔다. 레몽이 기욤의 행방을 물었더니 한 신하는 매사냥을 갔다고 대답했고, 사정을 알고 있는 또 한 사람은 다른 행선지를 가르쳐주었다. 레몽은 곧 칼을 숨기고 홀로 기욤이 있는 장소로 향했다. 오랫동안 말을 달린 끝에 마침내 기욤을 발견했다. 기욤은 레몽의 모습을 보고는 매우 놀랐고, 곧 불길한 예감에 사로잡혔다. 그는 레몽을 맞이하며 "주인님, 잘 오셨습니다. 왜 혼자 오셨습니까?" 하고 말했다.

레몽은 대답했다. "너와 함께 사냥을 하리라 생각하고 왔다. 사냥감은 아직 찾지 못했느냐?"

"아직 잡지 못했습니다. 발견되지 않는군요. 속담에도 발견되지 않는 것은 잡히지 않는다고 했지요."

"그런 이야기는 그만두자."라고 레몽은 말했다. "이제까지의 은의(恩義)를 잊지 않는다면, 너는 내가 묻는 말에 숨김없이 모두 대답하지 않으면 안 된다."

"하느님께 맹세코 말씀드릴 수 있는 것이라면 무엇이든지 말씀드리겠습니다."

"회피해서 말하지는 말라. 내가 묻는 말에 전부 사실대로 말하면 된다."

"주인님, 무엇이든 물어보십시오. 진실을 말씀드리겠습니다."

그래서 레몽은 물었다. "기욤, 신과 신성한 신앙을 걸고서 대답하라. 네가 노래로 표현한 사랑의 신에 사로잡혔다는 그 연인은 진실로 있는가?"

"주인님, 만일 사랑의 신에게 쫓기는 것이 아니라면 어떻게 노래를 지을 수 있겠습니까? 저는 진실로 사랑의 신의 종이옵니다."

"과연, 그렇지 않고서야 그토록 교묘히 노래할 수는 없겠지. 그렇다면 너의 연인은 도대체 누구냐? 그것을 말해주지 않겠느냐!"

"아아, 주인님, 너무도 가혹한 질문이군요. 연인의 이름을 발설하지 않는다는 것은 주인님도 잘 알고 계실 것이옵니다. 베르나르 드 반타도르도 그렇게 말하고 있지 않습니까."

단 한 가지 분별이 쓸모있었던 적이 있노라.
사람에게 내 기쁨에 대해 질문받았을 때,
언제나 거짓말을 하며 넘겨버린 것.
순조로운 연애를 하고 있는 자가
사랑의 도움을 줄 가능성이 없는
다른 남자에게 마음을 열어 보임은
그다지 현명하다고는 할 수 없으리라.
오히려 광기(狂氣)이다. 어린아이나 다름없는 짓이다.

레몽이 말했다. "그렇다면 맹세코 너를 힘껏 도와주마."

이렇게 되자 기욤도 더 이상 도망칠 수가 없었다. "주인님, 제가 사모하고 있는 사람은 마르그리트 님의 동생입니다. 그리고 동생께서도 저를 사랑한다고 믿고 있습니다. 자아, 이제 말씀드렸으니 힘을 써주시기 바랍니다. 물론 사랑의 방해는 하시지 않겠지요?"

레몽은 말했다. "내 손을 잡아라. 맹세하겠다. 그리고 너를 위해 할 수 있는 모든 일을 해주겠다." 맹세를 하고 나자 레몽은 말했다. "그럼 이제부터 처제의 성으로 가자. 바로 이 근처이다."

"고맙습니다."

두 사람은 리에트의 성으로 향했다. 성에 도착한 두 사람은 마르그리트의 동생 아그네스와 그 남편 로베르 드 타라스콩 경의 진심어린 환대를 받았다. 레몽은 아그네스의 손을 잡고 방으로 들어가 침대에 걸터앉아 말했다. "아그네스, 한 가지 묻고 싶은 일이 있소. 그대는 사랑을 하고 있는가?"

"네, 그래요."

"상대는 누구지?"

"그것은 말할 수 없어요. 그와 같은 것을 물어서는 안 되잖아요."

그러나 결국 레몽의 성화에 못 이겨 기욤 드 카프스탕을 사랑하고 있다고 고백했다. 아그네스가 이렇게 말한 이유는, 기욤이 슬픈 듯이 생각에 잠겨 있음을 눈치챘고, 그가 얼마나 언니를 사랑하고 있는지 잘 알고 있었기 때문이었다. 그래서 아그네스는 레몽이 기욤에 대해 나쁜 감정을 갖게 해서는 안 되리라고 판단했던 것이다.

이 대답을 듣자 레몽은 몹시 기뻐했다. 아그네스는 모든 사정을 남편에게 말했다. 그러자 그는 잘했다고 하면서, 기욤을 구하기 위해서라면 무슨 말이든 어떤 행동이든 해도 좋다고 허락했다. 그래서 아그네스는 곧 기욤을 방으로 불러들였다. 기욤이 오랫동안 그 안에서 나오지 않았으므로, 레몽은 그가 아그네스와 사랑을 속삭이고 있는 것이라고 생각했다. 이와 같은 일은 매우 그의 마음에 들었으므로, 그는 차츰 사람들이 수군거리는 일은 모두가 터무니없는 것이었다고 생각하기에 이르렀다. 이윽고 아그네스와 기욤은 방에서 나왔다. 식사가 준비되고 성대한 만찬이 열렸다. 식사 후 아그네스는 두 사람의 침대를 자기 방 입구 근처에 두게 하며 기욤과 교묘히 연극을 했으므로,

레몽은 그가 아그네스와 함께 잤을 것이라고 믿었다.

이튿날 성에서 즐겁게 점심식사를 마친 두 사람은 정중한 배웅을 받으며 루시용으로 돌아갔다. 도착하자마자 레몽은 기욤과 헤어져 마르그리트의 방으로 가서 기욤과 아그네스 사이에 있었던 일을 이야기했으므로 마르그리트는 밤새도록 한탄하고 슬퍼했다. 이튿날 기욤을 부른 마르그리트는 쌀쌀한 태도로 박정한 사람, 배신자라고 비난했다. 기욤은 그런 비난을 들을 만한 짓은 결코 하지 않았으니 용서해 달라며 그날의 일을 자세히 이야기했다. 마르그리트는 동생을 불러 그를 통해 기욤의 말이 거짓이 아니었음을 확인했다. 마르그리트는 기욤을 만나 앞으로 다른 여자에게는 결코 마음을 주지 않겠다는 내용의 노래를 지으라고 명령했다. 그는 노래했다.

사랑으로 말미암아 생겨나는
달콤한 그리움이여.

레몽 드 루시용은 기욤이 마르그리트를 위해 지은 이 노래를 듣고는, 기욤을 불러 성에서 멀리 떨어진 곳으로 데려가 그 목을 잘라 바구니에 담았다. 그리고 심장도 도려내어 바구니에 담아서 성으로 돌아왔다. 레몽은 하인에게 심장을 구워서 식탁에 올리게 한 다음 아무 말도 하지 않고 마르그리트에게 권했다. 마르그리트가 다 먹고 나자 레몽은 일어서서, 당신이 먹은 것은 기욤 드 카프스탕의 심장이라고 알려주었다. 그리고는 목을 보이며 심장은 맛있었느냐고 물었다. 남편의 말을 들은 마르그리트가 보았더니 확실히 기욤의 목이었다. 마르그리트는 "심장은 매우 맛있었다. 이후로 무엇을 먹고 무엇을 마셔도 기욤의 심장 맛은 입에서 사라지지 않을 정도였다"고 말했다. 레몽은 칼을 뽑아 마르그리트에게 덤벼들었다. 마르그리트는 달아나 발코니에서 뛰어내려 자살하고 말았다.

사건은 카탈로니아와 아라공 왕의 영지 전체에 알려졌다. 알폰소 왕과 이 지방의 영주는 모두 기욤의 죽음과 레몽의 이렇듯 잔혹한 살인에 충격을 받아 자살해 버린 마르그리트를 애도하며 슬퍼했고, 레몽에게 격렬한 공격을 가했다. 아라공 왕 알폰소는 레몽의 성을 공략하고, 기욤과 그 연인의 유해를 페르피냐크라는 시의 교회 앞 탑에 안치했다. 나라 안의 행복한 연인들은 두 사람의 영혼을 위해 하느님께 빌었다. 아라공의 왕은 레몽을 붙잡아 감옥에서 죽게 하였으며, 그 재산을 기욤의 부모와 죽은 마르그리트의 부모에게 주었다.

제53장 아라비아

참된 연애의 전형과 모국(母國)은 아라비아 베드윈(beduin) 족의 검은 텐트 안에서 찾을 수 있다. 여기서도 다른 곳에서와 마찬가지로 고독과 아름다운 기후가 인간의 마음에 가장 고귀한 정열을 탄생시킨다. 이 정열이 행복에 도달하기 위해서는 자기가 행복을 느끼는 것과 같은 정도로 상대방에게도 행복을 느끼게 하지 않으면 안 된다.

사랑이 인간의 마음속에서 모든 가능한 형태로 나타나기 위해서는 먼저 연인 사이에 가능한 한 평등이 확립되어 있어야만 한다. 그러나 우리의 슬픈 서구에는 이러한 평등이 없다. 버림받은 여자는 불행에 빠지거나 명예를 잃게 된다. 아라비아의 텐트 아래서는 한번 세운 맹세는 결코 파기할 수가 없다. 그것의 파기는 곧장 경멸과 죽음으로 이어진다.

이 민족에게 있어서는 관용은 매우 신성한 것이고, 주기 위해서라면 '훔치는' 것도 용서되고 있을 정도이다. 더구나 하루하루가 위험의 연속이므로, 이를테면 생활은 정열적인 고독 속에서 보내진다. 아라비아 인은 여럿이 모여 있어도 거의 잡담을 하지 않는다. 사막의 민족에게 변하는 것이란 아무것도 없으며, 모든 것이 영원이다. 그 독특한 풍습은 유감스럽게도 그다지 잘 알려져 있지 않으므로 빈약한 조묘(粗描)밖에 할 수 없지만, 생각건대 호메로스 시대부터일 것이다. 그것이 처음으로 기록에 남은 것은 기원전 600년경, 샤를마뉴의 2세기 전이다.

우리 서구인들이 십자군을 이끌고 그들을 괴롭힐 목적으로 갔을 무렵[59] 동양에 대해 야만인이었던 것은 우리들 쪽이었다. 우리들의 풍습 가운데 고상한 점은 모두 십자군과 에스파냐의 무어 인에게 힘입고 있는 것이다. 우리들이 스스로를 아라비아 인과 비교하는 것을 보고 산문적인 인간의 자존심은 가엾게 여기며 비웃을지도 모른다. 우리의 예술은 그들에 비해 매우 뛰어나며, 우리의 입법은 외관상으로는 더욱 뛰어나 보인다. 그러나 가정의 행복을 얻는 수단에 있어 그들을 앞서고 있는지는 알 수 없다. 이러한 행복을 위한 우리들의 성실과 단순함은 항상 결여되고 있다. 가정 관계 속에서는 속이는 자가 먼저 불행해진다. 그에게 있어 이미 마음의 평안이란 존재하지 않으며, 언제나 부정(不正)을 범하므로 계속되는 두려움 속에서 살아간다. 가장 오랜 역사적 기념물의 기원으로 거슬러 올라가면, 아라비아 인은 태고로부터 다수의 독립된 부족으로 갈라져 사막을 유랑하고 있었던 것 같다. 이들 부족은 인간생활의 기본적인 필요를 충족시키는 수단의 난이(難易)에 따라 저마다 약간씩의 고상한 풍속을 갖게 되었다. 관용은 공통이었지만, 부족의 번영 정도

59 1095년, 제1차 십자군의 시작을 말한다.

에 따라 생활에 필요한 어린 산양의 4분의 1의 선물로 표시되기도 하고, 혹은 가족관계나 환영의 뜻으로서의 백 마리의 낙타로 표시되기도 했다. 아라비아의 영웅적인 세기, 이 너그러운 영혼이 재치나 세련된 허세의 감정으로부터 분리되어 광채를 발한 시대는, 마호메트의 바로 전 시대였다. 이것은 바로 우리들의 5세기, 베네치아 탄생의 시기, 클로비스[60]의 치세에 해당된다. 나는 우리들의 자존심에 간청하거니와 아라비아 인이 남긴 연가(戀歌)나 《아라비안나이트》에 묘사된 숭고한 풍습과 클로비스의 역사가인 그레고아르드 투르를, 그리고 샤를마뉴의 역사가인 에지나르의 각 페이지를 피로 물들이고 있는 혐오스런 공포와 비교해 주기 바란다.

마호메트는 일종의 '청교도'였다. 그는 타인에게 아무런 해로움도 미치지 않는 쾌락조차 금했다. 그는 일찍이 이슬람교를 받아들인 나라들에서 연애를 말살해 버렸다.[61]

그의 종교가 그 요람의 땅 아라비아에서 다른 이슬람교국에 있어서만큼 행해지지 않는 이유는 바로 이 때문이다. 프랑스군은 이집트로부터 《노래의 책》이라고 이름지워진 인 포를리오(in forlio)판(전지 2절판) 네 권을 가져왔는데[62], 그 내용은 다음과 같다.

① 노래를 지은 시인의 전기.

② 노래의 본문. 시인의 흥미를 끈 온갖 것이 노래되고 있다. 연인을 노래한 뒤 자기의 빠른 말〔馬〕이나 활〔弓〕을 찬미하고 있다. 자주 작자의 연문(戀

60 Clovis(465~511). 프랑크 왕국의 창시자이며 메로빙(Meroving) 왕조의 시조.
61 콘스탄티노플의 풍습. 정열적 연애를 말살하는 단 하나의 방법은 용이함에 의해 결정작용을 방해하는 일이다.
62 이것은 1780년의 나폴레옹에 의한 이집트 원정 당시 이루어졌다.

文) 그대로, 사랑하는 사람에 대한 그의 마음의 모든 감정을 세밀하게 묘사하고 있다. 어떤 때에는 자기의 화살을 태워야만 했던 추운 밤에 관해 이야기한다. 아라비아 인은 집을 갖지 않는다.

③ 노래를 작곡한 음악가의 전기.

④ 끝으로 음보(音譜). 이 음보는 우리들에게 있어 상형문자처럼 이해하기 어렵다. 이 음악에 대해 안다는 것은 불가능할 것이다. 하기야 알아도 좋아질 리는 없지만 말이다. 그밖에 '사랑으로 인해 죽은 아라비아 인의 이야기' 라는 일문이 있다. 이들 진기한 책은 전혀 알려져 있지 않다. 소수의 학자가 그런 대로 해독할 수 있겠지만, 그들은 연구와 아카데믹한 습관으로 말미암아 마음이 메말라 있다.

이들 기념물은 그 연륜과 그곳에서 엿볼 수 있는 풍습의 기묘한 아름다움 때문에 흥미를 자아내게 하지만, 그것을 이해하기 위해서는 먼저 다소의 역사적 사실을 알지 않으면 안 된다. 아라비아 인은 어느 시대이든, 특히 마호메트 이전에는 카바(Caaba), 즉 아브라함의 집에 참배하기 위해 메카에 갔다. 나는 런던에서 이 성도(聖都)의 아주 정확한 모형을 본 적이 있다. 그것은 7, 800의 평평한 지붕을 가진 집의 집합체로서, 햇볕에 불타는 사막의 한 복판에 내던져진 것처럼 외롭게 건축되어 있다. 시의 변두리에 거의 정방형(正方形)에 가까운 거대한 건조물이 있는데, 이것은 카바를 에워싸고 있다. 긴 회랑으로 이루어진 이 건조물은 아라비아의 태양 아래서 신성한 산책을 하는 데 없어서는 안 되는 것이다. 이 회랑은 아라비아의 풍속과 시의 역사 속에서 극히 중요한 역할을 담당했다. 명백하게도 이것은 수세기에 걸쳐 남녀가 만날 수 있는 유일한 장소였다. 그들은 이곳에 들어가면 많은 사람들 속에 섞여 성스러운 노래를 합창하면서 카바를 천천히 돈다. 이 느릿한 걸음은 45분간 이어지며, 하루에 여러 번씩 반복된다. 이것이야말로 사막의 사방으로부터 남녀를 불러모으는 제전(祭典)이었다. 아라비아의 풍속은 이 카바의 회랑 아래서 발전했던 것이다. 그리하여 결국 아버지와 연인 사이에 다툼이 벌어지기도 했다. 아라비아 인이 아버지나 형제에 의해 엄격히 지켜지고 있는 젊은 아가씨 옆을 지나치면서 그의 정열을 전한 것은 사랑의 노래에 의해서이다. 이 민족의 관용적이고 감정적인 습관은 이미 유랑시대부터 있었다. 그러나 아라비아풍의 은근은 카바를 둘러싸고서 태어났다고 생각된다. 이것은 또한 그들의 문학의 온상이기도 했다. 처음에 그것은 시인이 느낀 그대로의 정열을 단순히 힘차게 표현하고 있었다. 그러다가 마침내 시인은 연인의 마음을 움직이는 것보다도 아름다운 말들을 늘어놓고자 의도하기에 이르렀다. 이리하여 허식이 생겨났고(무어 인이 에스파냐에 가져간 것은 이것이다), 지금까지 이 민족의 글을 해치고 있다는 것이다.[63]

아라비아 인이 연약한 여성에 대해 품는 존경의 감동적인 증좌를 나는 그 이혼 형식 속에서 본다. 이혼을 생각하는 아내는 남편이 집을 비운 사이 텐트를 접어 그때까지와는 반대쪽에 입구를 두도록 하여 다시 설치한다. 이 간단한 의식이 부부를 영원히 헤어지게 하는 것이었다.

단편(斷片)

이븐 아비 하지라트가 편찬한 《사랑의 책》이라는 아라비아의 책에서의 초역(抄譯)

(왕실도서관 사본 제 1461-1462호)

자파르 에라파자디의 아들 마호메트는 이야기한다. 소하일의 아들 에라바스가 죽음을 앞에 둔 자밀의 문병을 갔더니, 자밀은 이미 영혼을 하느님께 돌

63 파리에는 수많은 아라비아의 수사본(手寫本)이 있다. 후기의 것에는 허세가 엿보이지만, 그리스나 로마의 모방은 전혀 없다. 학자가 그것을 경멸하는 이유는 그 때문이다.

려줄 준비를 하고 있었다. 그는 말했다.

"오오, 소하일의 아들이여, 여기 한 남자가 있되 술을 마신 적도 없었고 부정한 돈벌이를 한 적도 없다네. 신께서 살생을 금한 생물을 이유 없이 죽인 적도 없고 신 이외에 다른 신은 없으며, 마호메트가 예언자임을 믿어 왔지. 이런 남자는 어떻게 된다고 생각하나?"

소하일의 아들은 대답했다.

"물론 그 남자는 구원받아 천국에 갈 것이 분명하네. 그런데 당신이 말하는 그 남자란 대체 누구인가?"

"바로 나라네." 하고 자밀은 대답했다.

"당신이 이슬람교도인 줄은 몰랐네. 그러나 20년 전, 당신은 보타이나를 연모하여 그녀에 대한 시가(詩歌)를 짓지 않았는가."

"나는 지금 저승의 첫날, 이승의 마지막 날을 맞았네. 그러나 내가 어떤 옳지 못한 행위를 보타이나에게 한 적이 있다면 나는 최후의 심판일에 이르러 마호메트의 관용을 빌고 싶은 생각은 없네."

이 자밀과 그 연인 보타이나는 아라비아의 부족 중에서도 연애로 이름 높은 벤 아즐라족 출신이었다. 그들의 사랑의 경위는 격언이 되었을 정도이다. 신은 아직까지 이 정도로 사랑에 다정한 인간을 만든 예가 없었다.

아구바의 아들 사히드는 어느 날 한 아라비아인에게 물었다.

"당신은 어느 나라의 사람이오?"

"연애를 위해서라면 죽음까지도 무릅쓰는 나라의 사람이오."

"그렇다면 아즐라 족 출신이겠군."

"카바의 주님께 맹세코 그렇소."

"어째서 당신들은 그런 식으로 연애를 하지?" 라고 사히드는 물었다.

"우리 부족의 여자는 아름답고, 젊은이는 순결하기 때문이지." 하고 아라비아 인은 대답했다.

어떤 사람이 아루하 벤 헤잠[64]에게 어느 날 물었다.

"당신들은 남자 중에서 가장 사랑에 다정한 마음을 가지고 있다고 들었는데, 그것이 사실이오?"

"신의 이름에 맹세코 사실이오. 우리 부족 중에 오로지 사랑의 병으로 인해 죽은 30명의 젊은이를 나는 알고 있지."

벤 파자라트의 아라비아 인이 어느 날 벤 아즐라의 아라비아 인에게 말했다. "당신들 벤 아즐라 족들은 사랑 때문에 죽는 것은 감미롭고도 고귀한 죽음이라고 생각하고 있지만, 그것은 명백한 약점이며 어리석은 짓이 아니겠는가. 당신들이 용감한 사람이라고 생각하는 것은, 실제로는 이성을 잃은 유일한 인간에 지나지 않는 게 아니겠는가."

그러자 아즐라 족의 아라비아 인이 이렇게 반박했다.

"당신이 우리 나라 여자의 긴 속눈썹으로 덮인 마치 화살을 쏘는 것 같은 큰 눈을 본다면, 또한 그녀가 미소를 지을 때 갈색 입술 사이에서 반짝이는 치아를 본다면 결코 그런 말은 할 수 없을 것이오."

엘자구니의 압달라의 아들 아브 엘 하산 알리는 다음과 같이 이야기하고 있다. 어떤 이슬람교도가 그리스도교도인 한 여자를 거의 이성을 잃을 정도로 사랑하게 되었다. 그는 어쩔 수 없는 사정으로 인해 자기의 사랑을 알고 있는 친구와 함께 외국으로 가게 되었다. 외국에서 일이 생각보다 길게 끄는

64 아루하 벤 헤잠은 앞에서 나온 아즐라 족 출신이었다. 그는 시인으로 유명했지만, 아라비아 인 가운데 수많은 사랑의 순교자 중 하나로서 더욱 유명했었다.

사이 그는 죽음의 병에 걸리고 말았다. 그는 친구에게 말했다. "최후의 순간이 다가왔네. 이미 이 세상에서 사랑하는 여자와 만날 가망은 없네. 그러나 내가 이슬람교도인 채로 죽으면 저승에서도 그녀와 만날 수 없게 될까 봐 걱정일세." 그리하여 그는 그리스도교로 개종하고서 죽었다. 그 친구는 귀국하여 그리스도교도인 그 여자의 집으로 찾아갔다. 그런데 그녀 역시 중병에 걸려 누워 있었다. 그녀는 말했다. "이제 그 분과는 이 세상에서는 다시 만날 수 없습니다. 하지만 저 세상에서는 그분과 더불어 부부의 인연을 맺고 싶습니다. 그러니 이제 나에게는 신 이외에 다른 신은 없으며, 마호메트가 신의 예언자임을 믿습니다." 이렇게 말한 후 그녀는 죽었다. 신이여, 그녀에게 은총을 내려주소서.

엘테미미는 이야기한다. 타글레브 족의 부유한 아라비아 인에게 그리스도교 신자인 딸이 있었는데, 그녀는 젊은 한 이슬람교도를 사랑하고 있었다. 그녀는 재산은 물론 자기가 가진 모든 귀중한 것을 바치겠다고 말했지만, 그 남자의 사랑을 얻을 수는 없었다. 모든 희망이 사라졌을 때 그녀는 조각가에게 100디나르를 주어 사랑하는 그 젊은이의 조상(彫像)을 만들게 했다. 조상이 완성되자 그녀는 그것을 어떤 장소에 안치하고 매일 그곳으로 찾아가 먼저 조상에 입을 맞춘 다음 그 옆에 앉아 하루 종일 울고만 있었다. 그러다가 날이 저물면 그녀는 조상에 인사하고는 집으로 돌아갔다. 그녀는 오랫동안 이런 일을 되풀이하고 있었다. 그러던 중 젊은이가 죽었다. 시체를 보러 찾아간 그녀는 그것에 입 맞추고 다시 조상이 있는 곳으로 돌아왔다. 그녀는 언제나처럼 인사하며 입을 맞추고 그 옆에 누웠다. 이튿날 아침 그녀는 죽어 있었다. 그녀의 한 손은 죽기 전에 쓴 쪽지 위에 놓여 있었다.

야멘국의 베다는 아라비아 인들 사이에서 미남으로 평판이 높았다. 그와 메르안의 아들 압드 엘 아지스의 딸인 옴 엘 보나인은 어릴 때부터 서로 깊이 사랑하고 있어 잠시도 떨어져 있을 수 없을 정도였다. 옴 엘 보나인이 발리드 벤 압드 엘 마레크의 아내가 되었을 때, 베다는 이성을 잃었다. 오랫동안 광기와 고뇌 속에서 보낸 뒤 그는 시리아로 갔고, 매일 마레크의 아들 발리드의 집 주위를 방황했다. 그러나 소원하는 사람과 만날 수 있는 기회는 좀처럼 오지 않았다. 마침내 어느 날, 그는 한 소녀를 만나게 되었다. 그는 끈질기게 각가지로 마음을 써서 그 소녀와 가까워졌다. 소녀를 믿어도 된다고 생각되었을 무렵, 그는 그녀에게 옴 엘 보나인을 알고 있느냐고 물었다.

"알고 있어요. 저의 주인인걸요"라고 소녀는 대답했다.

"그렇구나. 사실은 네 주인이 나의 사촌동생이란다. 그녀에게 내 소식을 전해주면 몹시 기뻐할 것이다."

"그러세요! 물론 알려드리겠어요."

소녀는 그렇게 말하며 곧 옴 엘 보나인에게로 베다의 소식을 갖고 달려갔다.

"뭐라구! 베다가 아직도 살아 있다고?" 하며 보나인은 부르짖었다.

"그렇습니다, 마님."

"그렇다면 내가 소식을 전할 때까지 어디에도 가지 말아달라고 전해다오."

그녀는 그를 집으로 불러들일 준비를 갖춘 다음 그를 불러 궤짝 속에 숨겼다. 그리고는 발각될 염려가 없다고 생각될 때에만 밖으로 나오게 하여 둘이서 이야기하고, 누군가가 오는 것 같으면 다시 궤짝 속에 숨겼다. 어느 날 그녀의 남편 발리드는 진주 한 개를 선물받았다. 그는 하인에게 "이 진주를 보나인에게 갖다주어라" 하고 명했다. 하인은 그것을 가지고 보나인의 방으로 갔다. 하인은 예고 없이 왔으므로, 방에 들어갔을 때 그녀는 마침 베다와 함께 있었다. 하인은 흘끗 방안의 광경을 둘러보았지만, 보나인은 이를 눈치채지 못했다. 하인은 소임을 마치고 보석을 가져온 대가로 돈을 달라고 요구했다. 그녀는 단호히 거절하며 그를 나무랐다. 하인은 그녀를 원망하며 돌아갔다. 그리하여 발리드에게로 가서 자기가 본 일을 그대로 이야기하고, 베다가 들어간 궤짝의 모양을 자세히 설명했다.

"거짓말 마라, 이 어미 없는 종놈의 자식아!" 이렇게 하인에게 욕설을 퍼부으며 발리드는 보나인의 방으로 달려갔다. 방에는 많은 궤짝이 있었다. 그는 하인이 설명해 준 베다가 숨어 있는 궤짝 위에 걸터앉아 보나인에게 말했다. "이 궤짝이 하나 필요한데."

"제 몸을 포함한 모든 것이 본래 당신의 소유가 아닌가요"라고 보나인은 대답했다.

"그럼, 지금 내가 앉아 있는 이 궤짝을 가져가도 좋겠소?"

"하지만 그 속에는 여자의 소중한 것이 들어 있는데요."

"안에 있는 것은 필요 없소. 나는 궤짝을 갖고 싶은 거요."

"그렇다면 가져가세요" 하고 보나인은 대답했다. 발리드는 곧 궤짝을 밖으로 가져가게 한 다음 두 명의 노예를 시켜 물이 솟아나올 때까지 구덩이를 깊이 파도록 했다. 그리고는 궤짝에 입을 대고 소리쳤다.

"너에 대해서는 좀 들은 바가 있지. 그것이 사실이라면, 너는 이제 네 일족과는 영원히 이별이다. 네 소식은 파묻히는 편이 좋겠지. 만일 사실이 아니었더라도 나는 그저 궤짝 하나를 파묻는 것이니 결코 어떤 나쁜 짓도 하는 셈이 아니지. 나무를 파묻을 뿐이니까." 이렇게 말하고 그는 궤짝을 구덩이에 떨어뜨린 후 파낸 흙과 돌을 그 위에 다시 덮었다. 그로부터 보나인은 줄곧 이 장소에 와서 눈물만 흘렸다. 어느 날, 그녀는 얼굴을 흙에 파묻은 채 죽어 있었다.

제54장 여성교육에 관해[65]

우연과 우스꽝스러운 자존심의 결과인 현대의 여성교육 덕분에 소녀 자신의 행복과 우리들의 행복에 있어서도 가장 찬란하며 풍부해야 할 능력이 그녀들의 내부에서 고스란히 잠재워지고 있다. 그렇지만 신중한 남자라면 평생에 한 번쯤은 다음과 같이 외친 적이 있지 않겠는가.

여자의 지혜란 고작 갈고 닦아
홀태바지와 반바지의 구별만 할 수 있다면
그것으로 충분하지.

《여학사(女學士)》 제2막 제7장[66]

파리에서 결혼 적령기에 도달한 처녀에 대한 최대의 찬사는 '얌전한 아가씨로군요'라는 말이다. 더구나 양(羊)의 습성을 따른다면, 바보스런 구혼자에 대해 이보다 더 영향력 있는 말은 없는 것이다.

2년이 지난 후 무척 흐린 어느 날, 거대한 몸집의 하인 세 명에게 둘러싸인 채 아내와 마주앉아 모자도 벗지 않고서 식사하는 그들의 모습을 상상해 보라.

미국에서는 1818년에 버지니아의 흑인에게 글을 가르친 자는 34대의 태형(笞刑)에 처한다는 법률이 만들어졌는데[67], 이 법률만큼 효과적이고 현명한 것은 없다. 미국 자신이 모국인 영국의 노예였던 시대와 평등해진 오늘날 중

65 영국의 스탕달 연구가인 도리스 간넬의 지적에 의하면, 이 장과 다음 두 장의 기술(記述)은 군데군데 《에든버러 평론》의 1810년 1월호에 실린 토머스 블로드벤트의 논문에서 그 소재를 취하고 있다.
66 1672년에 간행된 몰리에르(Molière : 1622~1673)의 풍속 희극.
67 유감스럽게도 이탈리아어로 씌어진 원고에서 나는 이 사실의 공식적인 전거(典據)를 발견하지 못했다. 누군가 이를 부정해 주는 사람이 있다면 좋을 것 같다.

어느 쪽이 모국에게 있어 유익했을까? 자유로운 인간의 일이 노예 상태에 놓인 같은 인간의 일에 비해 두 배 혹은 세 배의 가치가 있다면, 어찌하여 그 인간의 사상에 관해서도 같은 말을 할 수 없는 것일까? 만일 그것이 허용된다면, 우리들은 처녀들에게 노예교육을 실시했을 것이 분명하다. 그 증거로서, 그녀들이 알고 있는 쓸모 있는 것은 우리들이 그녀들에게 가르치고 싶어하지 않는 것뿐이다.

'그러나 불행하게도 그녀들이 받은 그 소량의 교육을, 그녀들은 우리들에게 반항하기 위해 사용하는 것이다' 라고 몇몇 남편들은 말할 것이다. ―확실히 그것은 옳은 말이며, 나폴레옹이 국민군에게 무기를 주지 않았던 것도 역시 옳고, 과격 왕당파가 상호교육[68]을 금지한 것도 역시 옳다. 한 인간에게 무기를 주고, 그런 다음 억압을 해보라! 그러면 그는 가능한 한 그 무기를 사용해서 여러분에게 반항할 정도로 사악한 인간임을 알게 될 것이다.

오늘날, 1770년의 수도원이 그러했듯이, 젊은 여자를 〈아베 마리아〉나 외설스런 노래에 의해 바보로 만드는 일이 용인된다 하더라도, 그래도 여전히 몇 가지의 사소한 이의가 제기될 것이다.

① 만일 남편이 죽었을 경우, 그녀들은 여전히 새로운 가정을 다스려 나가지 않으면 안 된다.

② 그녀들은 어머니로서 장래에 폭군이 될 그 아들에게 최초의 교육, 다시 말해서 성격을 형성하는 교육 및 영혼으로 하여금 이러이러한 길보다는 이러이러한 길에서 행복을 추구하도록 하는 교육을 실시한다. 이 교육은 대체로 네 살 내지 다섯 살 때까지 계속되고 있는 것이다.

68 왕정복고 직후에 제정된 이 교육법은 상급생이 그 습득한 지식을 하급생에게 전하는 것을 목적으로 했다. 나중에 왕정복고와 더불어 폐지되었지만, 학교와 교사의 부족, 정부의 민중교육에 대한 냉담성 등으로 인해 자유주의자들로부터 지지를 받았고 항상 문제가 되어 있었다.

③ 우리들의 자존심이 뭐라고 말하든 가정 안에서의 사소한 사항에 관해 말하면, 정열이 존재하지 않는 경우 행복의 기초가 되는 것은 나날의 사소한 심로(心勞)가 없는 일이므로, 우리들의 행복이 특히 의존하고 있는 그와 같은 가정 안에서의 사소한 일에 있어 우리들이 살아가는 데 필요한 반려자의 의견은 가장 큰 영향력을 가지고 있다. 특별히 우리들 쪽에서 그녀에게 다소나마 영향력을 인정하겠다는 것은 아니지만, 그녀는 20년간 끊임없이 같은 것을 말하기 때문이다.

일생 동안 반복해서 일컬어지는 같은 생각에 저항할 수 있는 로마적인 용기를 가진 인간이 어디에 있겠는가! 세상 어디를 보아도 아내의 말에 순종하는 남편으로 가득 차 있다. 그러나 그것은 용기가 결여되어 있기 때문이며, 공정성과 평등의 감정 때문은 결코 아닌 것이다. 그들이 어쩔 수 없이 인정하는 권력이므로 상대방은 언제라도 그것을 남용하고 싶은 유혹에 사로잡히게 마련이고, 유지하기 위해서라면 이따금 남용하는 일도 필요한 것이다.

④ 끝으로 연애에 있어서는, 남방의 여러 나라에서는 흔히 12년 내지 15년간 이어진다. 더구나 일생 중에서 가장 화려한 세월을 포함하는 그 시기에 우리들의 행복은 완전히 사랑하는 여성의 손아귀에 있게 되는데, 여자의 한순간의 터무니없는 자존심이 우리들을 영원히 불행하게 만들 염려가 있다. 왕좌에 앉혀진 노예가 어찌 그 권력을 남용하고 싶은 유혹에 사로잡히지 않을 수 있겠는가. 그곳에서 빗나간 섬세함이나 여성 특유의 자존심이 발생한다. 그렇지만 다음과 같은 항의는 아무 의미도 없다. 남자들은 전제군주이며, 다른 전제군주들이 지극히 분별 있는 의견을 얼마나 존중하는지 보라. 전능자인 남자가 좋아하는 충고는 오직 하나, 즉 그의 권력의 증대법을 가르치는 충고뿐이다.

가엾은 그녀들은 대체 어디에서 퀴로가나 리에고[69]와 같은 인물을 찾아내야만 할 것인가? 그녀들을 억압하고 그 위에 더욱 억압하기 위해 그녀들을 타락시키는 폭군들에 대해, 포를리에[70]의 교수대가 아닌 승진이나 훈장으로 보답되는 유익한 충고를 주는 인물을 어디서 찾아야만 할 것인가?

이와 같은 혁명이 몇백 년이나 필요로 하는 것은, 불행히도 모든 최초의 실험이라는 것은 필연적으로 진리에 어긋나기 때문이다. 한 여성의 정신을 계발하여[71] 그녀의 성격을 형성하고 참된 의미로서의 좋은 교육을 실시해 보라. 그녀는 머지않아 다른 여성들보다 자기의 우월함을 깨닫고는 현학적인 여자, 말하자면 이 세상에서 가장 불유쾌하고 가장 하등의 존재가 되고 말 것이다. 우리 중에서 누구라도 일생을 함께 살기 위해서라면 학문이 높은 여자보다는 차라리 하녀를 택할 것이다.

울창한 숲의 한복판에 어린 나무 한 그루를 심어 보라. 그 나무는 주위 나무에 가려 바람도 잘 통하지 않고 햇볕도 받지 못하므로 잎사귀는 시들고 키만 멀쩡하게 자라서 '자연의 모습'이 아닌 우스꽝스런 모습으로 변할 게 틀림없다. 그 나무를 제대로 튼튼하게 자라게 하려면 숲 전체를 단번에 갈아 심지 않으면 안 된다. 글을 읽고 쓸 줄 안다고 해서 그것을 뽐내는 여자가 있겠는가?

현학자들의 주장에 따르면 2000년 전인 옛날부터 여자는 남자보다 재기발

69 퀴로가(Quiroga : 1784~1841)와 리에고(Riego : 1785~1823)는 둘 다 에스파냐의 애국적인 장군으로서, 에스파냐에 있어서의 페르디난트 7세의 절대왕정을 확립하기 위해 프랑스가 한 내정간섭에 대해 1820년 리에고는 반란을 일으켰고 퀴로가도 여기에 참가했다. 그러나 이 반란은 실패하여 리에고는 처형되었다.

70 Porlier(1783~1815). 나폴레옹의 군대와 싸운 에스파냐의 장군. 나중에 리에고와 더불어 페르디난트 7세에 대해 음모를 꾸미다가 투옥되어 처형되었다. 당시 이런 이야기를 쓰기 위해서는 상당한 용기가 필요했다고 한다.

71 이하 베르사유의 나무에 관한 부분까지는 앞에서 나온 《에든버러 평론》에서 인용한 것이다.

랄하고 또 남자는 여자보다 튼튼하며, 여자는 생각이 좁고 남자는 주의력이 강하다고 한다.

파리의 어떤 어리석은 사내가 베르사유의 정원을 산책하고는 자기가 본 일에 근거하여 나무라는 것은 전지(煎枝)된 채 자라는 것이라고 결론을 내렸다.

나는 여자아이가 남자아이에 비해 체력적인 면에서 열등하다는 것은 인정한다. 이 점은 정신에 관해서도 결정적이다. 잘 알고 있는 것처럼 볼테르와 달랑베르[72]는 남에게 폭력을 휘두르는 일도 당대의 제일인자였기 때문이다. 10세의 여자아이가 같은 또래의 개구쟁이 소년에 비해 훨씬 섬세하다는 것은 인정되고 있다. 그런데 그런 여자아이가 20세가 되면 소심하고 겁쟁이에 거미 따위를 무서워하는 바보 같은 여자가 되고, 개구쟁이는 재치 있는 남자가 되는 것일까?

여자는 우리들이 그녀들에게 가르치기를 원하지 않는 것, 그녀들이 스스로의 경험에서 얻은 것밖에는 모른다. 그러므로 매우 부유한 집에 태어나는 일은 그녀들에게 극단적인 분리함을 가져다준다. 그녀들은 '자연스럽게' 행동하는 인간과 접촉하는 대신 돈을 위해 이미 타락하고 생기를 잃은 몸종이나 시중드는 여자들에게 둘러싸여 있기 때문이다. 왕후(王侯)만큼 어리석은 인간은 없다.

스스로를 노예라고 느끼는 어린 여성들은 일찍부터 눈을 뜨고 있다. 그녀들은 모든 것을 본다. 그러나 잘 보기에는 너무도 무지하다. 프랑스의 경우 30세 여자가 15세 소년보다도 지식(知識)을 갖추고 있지 못하다. 50세의 여자는 20세의 남자보다도 분별력이 없다. 세비네 부인이 루이 14세의 지극히 어리석은 행동에 감탄하는 꼴을 보라. 또한 데피네 부인의 어린아이 같은 이

72 d'Alembert, Jean Le Rond(1717~1783). 프랑스 계몽기의 철학자, 수학자, 물리학자로, 동시대의 정밀과학의 최고 권위자 중 한 사람이었다. 디드로와 더불어 《백과전서》를 창시했다.

론을 보라.

'여자는 어린아이를 돌보고 시중을 들지 않으면 안 된다' —이 첫번째 명제는 부정하고 두 번째 명제에 찬성한다— '게다가 여자는 살림을 꾸려나가지 않으면 안 된다' —그렇기 때문에 그녀는 15세의 소년에게 지식이 뒤떨어지는 것일까? 남자는 재판관 · 은행가 · 변호사 · 상인 · 의사 · 성직자 등이 되기 위한 공부를 해야 한다. 그럼에도 불구하고 폭스의 논문을 읽는가 하면 카모엥시[73]의 《루시아다스》를 읽는 시간을 발견하기도 한다.

베이징(北京)[74]에서, 전날 밤 신문기자를 그럴 듯한 구실을 붙여 투옥하고 파멸시키는 수단을 찾아내기 위해 아침 일찍부터 재판소로 달려가는 법관의 분주함은, 가계(家計)를 처리하고 여자아이에게 양말을 깁게 하며 춤과 피아노 연습을 지켜보고 일간신문[75]을 가져온 교구(教區)의 보조 사제를 대접한 다음 리슐리외 가(街)로 모자를 사러 가고 튈르리 공원을 한 바퀴 도는 아내들의 분주함과 거의 비교할 만하다.

이 같은 법관에게도 고상한 일을 하는 틈틈이 아내가 튈르리를 산책하는 것을 생각해 볼 만큼의 여유는 있다. 그리하여 그가 나라의 지배자와의 사이만큼 우주를 지배하는 신과도 사이가 좋다면, 그는 세상의 아내들의 행복을 위해 오히려 8시간이나 10시간의 수면을 더 베풀어 달라고 신에게 기도할 것이다. 현재의 사회 상태로는, 남자에게 있어서는 행복과 부(富)의 원천인 한가로움도 여자에게 있어서는 유익함이 아님은 물론 오히려 이 존경할 법관이 우리들을 도와 그로부터 해방시키려 하는 저 유감스런 자유의 하나인 것이다.

73 Camões, Luiz Vaz de(1524~1580). 포르투갈의 시인. 서사시 《루시아다스》는 바스코 다 가마의 동인도제도의 발견을 그 소재로 하고 있는데, 포르투갈 문학의 걸작으로 꼽힌다.
74 베이징은 파리라고 읽어야 옳다.
75 La Quotidienne. 1792년 9월 22일에 창간된 파리의 우익신문을 말한다.

제55장 여성교육에 대한 항의

'그렇지만 여성들은 자질구레한 가사를 맡고 있는 것이다.' ―내가 알고 있는 S대령에게는 최대의 원칙, 즉 하루 종일 공부한다는 원칙에 입각하여 키워진 네 명의 딸이 있다. 내가 방문하면 그녀들은 내가 나폴리에서 선물로 가져다준 로시니의 곡을 부른다. 또한 그녀들은 로아이몬의 성서[76]를 읽고, 우스꽝스런 역사, 다시 말해서 르 라구아의 연표(年表)와 운문을 배우는 것이다.

그녀들은 지리에 관해서도 잘 알고 있으며, 수놓는 솜씨도 매우 훌륭하다. 내가 보는 바로는 이 귀여운 아가씨들 하나하나가 그 손재주로써 하루에 8수는 벌 수 있을 것이다. 1년을 300일로 한다면 연간 480프랑을 위해 그녀들은 인간이라는 기계가 사상을 몸에 지닐 수 있는 시기를 영원히 잃고 마는 것이다.

'만일 여성이 매년 유럽에서 출판되는 열 권 혹은 스무 권의 양서를 기꺼이 읽게 된다면, 마침내 그녀들은 더 이상 어린아이를 돌보지 않게 될 것이다.' 이것은 마치 큰 바다의 기슭에 나무를 심는다면 파도의 운동을 멈추게 하는 결과가 되지는 않을까 하고 걱정하는 것과 같은 일이다. 교육이 절대적인 힘을 갖는다 함은 그와 같은 의미로 말하는 것은 아니다. 그런데도 400년 전부터 모든 종류의 교육에 대해 같은 이의가 제기되어 왔던 것이다. 파리의 여성은 로(Law, Jahn : 1671~1729)의 정책과 섭정공(攝政公)의 시대[77]인 1720년

76 Bible de Royaumont. 1674년 니콜라스 퐁텐(Nicolas Fontaine)과 르메이스트르드 사시(Lemaistre de Sacy) 두 사람이 로아이몬 주교라는 가명으로 출판했다. 《신약성서》와 《구약성서》를 초역하여 이야기로 엮어 17, 8세기에 대유행했으며, 왕정복고 시대에 부활했다.

77 루이 14세의 사후 어린 루이 15세를 대신하여 오를레앙 공 필립이 1715년부터 23년까지 정치를 담당한 시대를 일컫는다.

보다 1820년에 오히려 훨씬 정숙해졌을 뿐 아니라, 당시의 가장 부유한 세무관리의 딸보다 오늘날의 가장 가난한 변호사의 딸이 더 훌륭한 교육을 받고 있는 것이다. 그렇다고 하여 가정의 소임은 전만큼 충분히 달성하지 않게 되었던 것일까? 확실히 그런 일은 없었다. 어째서일까? 그것은 빈곤 · 병 · 수치 · 본능 등이 내키지 않아도 그 소임을 다하도록 강요하기 때문이다. 따라서 그것은 마치 어떤 장교가 지나치게 사교적으로 되면 승마술을 잊어버리게 될 것이라고 말하는 것이나 다를 바 없다. 한 번이라도 승마를 소홀히 한다면 당장 팔을 부러뜨리고 말 것이라는 점을 사람들은 잊고 있는 것이다. 사상을 습득하는 일은 양성(兩性)의 어느 쪽에 있어서도 마찬가지로 좋은 결과와 나쁜 결과를 가져온다. 왜냐하면 허영심이라는 것은 그 모든 근거가 완전히 결여되어 있을 때라도 결코 우리들로부터 사라지는 일은 없기 때문이다. 소도시의 부르주아지들을 보라. 최소한 그것을 참된 장점, 사회에 있어 유용성을 갖게 하거나 기분 좋은 장점으로 뒷받침하도록 하자.

프랑스의 모든 것을 일변시킨 혁명의 영향으로 어설픈 식자(識者)의 무리는 20년 전부터 여성도 무언가를 할 수 있다는 점을 인정하기 시작했다. 그러나 여성에게 적합한 일에 종사해야만 한다는 것이다. 이를테면 꽃을 재배한다거나 식물표본을 만든다거나, 카나리아를 기른다는 것인데, 이것이 순수한 쾌락이라고 그들은 일컫는다.

① 그런 순수한 쾌락이라도 무위(無爲)보다는 낫다. 그러나 그런 일은 어리석은 여자에게나 맡겨두자. 마치 어리석은 남자들에게 초대된 집주인의 생일을 축하하기 위한 작시(作詩)의 명예를 맡기듯이. 그러나 누가 진심으로 롤랑 부인이나 허친슨 부인[78]에게 벵골의 장미를 가꾸면서 지내라고 권유할

78 Mistress Hutchinson. 크롬웰의 보좌관이었던 허친슨 대령의 아내로서, 1806년 《회상록》을 출판했다.

수 있을 것인가?

이상의 추론은 다음과 같이 요약할 수 있다. 즉, 사람들은 자기의 노예에 대해 '너무 바보라서 악당도 되지 못한다' 고 말하고 싶어하는 것이다. 그러나 '공감' 이라고 불리는 어떤 법칙, 실제로는 속인(俗人)의 눈에는 절대로 들어오지 않는 자연의 법칙에 의해 여러분의 평생의 반려자의 결점도, 그것이 여러분에 대해 줄 염려조차 있는 직접적 피해와 비례해서는 여러분의 행복을 해치지 않는 법이다. 나로 말한다면 아내가 매일 밤 침울한 얼굴로 나를 맞아주기보다는 차라리 1년에 한 번이라도 벌컥 화를 내며 단검으로 나를 찔러 죽이려고 하는 편이 더 좋겠다고 생각할 정도이다. 요컨대 함께 사는 사람 사이에서는 행복이란 전염되는 것이다.

여러분이 샤 드 마르스 연병장이나 하원(下院)에 있는 동안에 여러분의 연인은 루드테[79]의 저 훌륭한 교본에 따라 장미꽃 그림에 색칠을 하거나 셰익스피어를 읽으면서 오전을 보냈다고 하자. 그녀의 쾌락은 어느 경우이든 순수한 것이었던 셈이다. 그녀는 다만 장미꽃에 색칠을 하면서 얻은 여러 가지 생각으로 여러분이 귀가했을 때 여러분에게 권태를 느끼게 될 것이다. 게다가 그녀는 밤이 되면 좀 더 신선한 감각을 추구하며 사교계에 얼굴을 내밀고 싶어할 것이다. 그런데 반대로 셰익스피어를 읽었다면 그녀 역시 여러분과 마찬가지로 지쳐 있고 쾌락을 맛보았던 셈이므로, 유행의 최첨단을 걷는 파리에 얼굴을 내밀기보다는 여러분과 팔짱을 끼고 단둘이 방센의 숲을 산책하는 쪽을 더 기뻐할 것이다. 사교계의 쾌락은 행복한 여성에게는 결코 쾌락이 아닌 것이다.

무지한 남자들이야말로 여성 교육에 대해서는 태어나면서부터 적이다. 오

79 프랑스의 화가로서, 특히 화초(花草) 묘사에 뛰어났다.

는날 그들은 그녀들과 함께 시간을 보내고 사랑을 나누며, 그녀들에게 대접을 받고 있다. 만일 여성이 보스턴 놀이를 싫어한다면, 그들은 대체 어떻게 될까? 우리들이 아메리카나 인도에서 돌아와 햇볕에 그을린 얼굴과 반 년 동안은 아직도 다소 조야(粗野)한데가 남아 있는 말투로 우리들의 모험담을 이야기할 때, 그들은 상투적으로 대답할 것이다. "물론 부인들은 우리들 편이지. 자네가 뉴욕에 가 있는 동안 이륜마차의 색깔이 바뀌었다네. 지금 유행하는 것은 흑인의 머리색과 같은 색깔이야." 우리들은 이 말에 귀를 기울인다. 왜냐하면 이런 지식은 쓸모가 있기 때문이다. 만일 우리의 마차가 유행에 뒤떨어진 색깔이라면 미녀들은 거들떠보지도 않을 것이다.

이와 마찬가지로 어리석은 자들은 남성이라는 우월감 때문에 여자들보다는 당연히 많은 것을 알고 있다고 자부하고 있으므로, 만일 여성이 무엇인가 배우려고 마음먹는다면 그 남자들은 완전히 파멸하고 말 것이다. 30세의 한 어리석은 남자가 친척의 저택에서 12세 소녀들을 바라보며 이렇게 중얼거린다고 가정하자. "앞으로 14년 후에 그녀들 옆에서 생활하기로 하자.' 그런데 그가 무언가 쓸모있는 것을 배우는 그녀들의 모습을 본다면 그의 부르짖음과 공포가 어떤 것이 될지에 대해 판단해 주기 바란다.

교양 있는 여성이 여성화된 남자들 틈에 섞여 사교계의 즐거움이나 대화를 즐기는 대신 여자다운 다정함을 잃지 않은 채 뛰어난 사상을 가지고 있다면, 그녀는 확실히 당대의 가장 뛰어난 남자들로부터 열광에 가까운 존경을 받을 수 있을 것이다.

'여성은 남성의 반려자가 아니라 경쟁 상대가 될 것이다.' —여러분이 칙령(勅令)이나 다른 무언가에 의해 사랑을 없앤다면 그와 같이 될 것이다. 그런 훌륭한 칙령이 나오기까지는 사랑이 매혹과 망각의 기쁨을 증가시켜 줄 뿐이다. 결정작용이 확립되는 근거는 한층 확대될 것이다. 남자가 사랑하는 여성 곁에서 그의 사상의 전부를 향수할 수 있으며, 그들의 눈에는 모든 것이 더욱 새로운 매혹을 띠게 될 것이다. 그리고 사상은 언제라도 인간성의 미묘한 특징을 반영하는 것이므로, 그들은 서로 좀더 잘 알 수 있게 되고 이전처럼 분별없는 행동은 하지 않게 될 것이다. 사랑은 이전보다 맹목적이지 않고, 불행을 일으키는 일이 보다 적어진다.

상대방의 마음에 들고 싶다는 욕망이 여성의 수치심과 섬세함과 모든 매력을 어떤 교육으로도 훼손할 수 없는 곳에 간직해 둔다. 밤에 우는 꾀꼬리에게 봄철에는 노래하지 않도록 가르치는 일이 과연 가능하다고 생각하는가. 여성의 매력은 무지에 있지 않다. 여러분이 사는 마을에 부르주아지의 점잔을 빼는 아내들을 보라. 영국의 대상인의 아내들을 보라. 현학적인 취미라고밖에는 할 수 없는 우쭐거림(왜냐하면 나는 우리의 온화한 선교사들에 관한 의론이 한창일 때 프라 파울로[80]나 트리엔트 종교회의[81]에 대해 말하는 과시와 마찬가지로, 엉뚱한 때 르루아 제(製)의 드레스나 로마네시[82]의 연가를 끄집어내는 주착을 현학적이라고 부르기 때문이다), 의상이나 고상한 취미를 가지고 있는 듯 가장하는 현학적 취미, 로시니에 관해 그야말로 그럴 듯한 말을 해야만 하는 필요성이 파리 여성들의 매력을 사라지게 만들어 버리는 것이다. 그렇지만 이 전염병의 가공할 효력에도 불구하고 프랑스에서 가장 사랑스런 여성이 있는 곳은 여전히 파리가 아닐까? 그녀들이야말로 우연히 참으로 그 머릿속에서 가장 많은 공정하고도 흥미로운 사상을 생겨나게 한 여성들이기 때문은 아닐까? 그런데 내가 이 책에서 요구하는 것도 그런 사상인 것이다. 나는 물론 트라시

80 Fra Paolo Sarpi(1552~1623). 베네치아의 신학자로서, 《트리엔트 회의사》의 저자이다.

81 트리엔트 종교회의는 1545년부터 1563년까지 오스트리아의 트리엔트(Trient)에서 개최된 회의이다. 프로테스탄트에 대항하기 위해 가톨릭의 총체적 개혁이 결의되었다.

82 Romagnesi(1781~1850). 프랑스의 작곡가로서, 주로 연가를 작곡했다. 《로시니전》의 서문에서 스탕달은 그를 비웃고 있다. 이 문장 중의 괄호 안의 글도 《에든버러 평론》에서 인용한 것이다.

의 몽테스키외에 관한 주석이 있는 이상 그로티우스나 푸펜도르프를 읽으라고 권하지는 않는다.

여성의 섬세한 심정은 그녀들이 일찍부터 놓여 있는 저 위대한 위치, 잔인하고 매혹적인 적의 한복판에서 일생을 보내야만 한다는 필요성에서 비롯된 것이다. 프랑스에는 재산이 있음으로 인해 모든 노동이 면제되고 있는 여성이 5만 명 가량 있을 것이다. 그러나 노동이 없는 곳에는 행복이란 존재하지 않는다(정열만 해도 스스로에게 노동을 과한다. 더욱이 마음의 모든 힘을 사용하지 않으면 안 되는 격렬한 노동을 요구하는 것이다).

네 명의 자녀가 있고 연수(年收)가 1만 리브르인 여성은 양말을 짜거나 아동복을 만드는 일을 한다. 그러나 전용 사륜마차를 갖고 있는 여성이 자수를 놓거나 벽걸이를 짜는 것을 노동이라고 생각하기란 불가능하다. 다소의 희미한 허영심의 충동을 제외한다면, 그녀가 그에 대해 어떤 관심을 갖는 일도 불가능하다. 결국 일하고 있지는 않는 것이다. 따라서 그녀의 행복은 심각한 위험에 놓여 있다.

그리고 더욱 곤란한 일은, 폭군의 행복 역시 위험에 놓이게 된다는 점이다. 왜냐하면 약 2개월 전부터 벽걸이를 짜는 일 이외의 어떠한 관심에 대해서도 설렘이 없었던 여성은, 그녀의 습관적인 상태에 비한다면 취미적 연애나 허영적 연애, 나아가서는 육체적 연애조차도 엄청난 행복이라고 느끼는 불손한 감정을 갖게 될지도 모르기 때문이다.

'여성은 남의 소문에 오르내릴 행동을 해서는 안 된다.' —그것에 대해 나는 또다시 대답한다. 글을 알고 있다는 이유만으로 소문에 오르내리는 여성이 있을까? 그리고 여성이 그 운명에 대해 혁명을 일으킬 날이 오기까지 그 나날의 일이기도 하고 매일 정당한 행복의 양을 주는 학문을 남의 눈으로부터 감추려는 것을 방해하고 있는 자는 누구일까? 말이 나온 김에 나는 하나의 비밀을 부인들에게 가르쳐주겠다. 사람은 어떤 하나의 목적, 이를테면 1547년에 제노바에서 일어난 피에스코의 음모[83]에 대해 정확한 관념을 얻고자 하는 것과 같은 목적을 세우면, 가장 시시한 책에도 흥미를 느끼게 마련이다. 이것은 마치 연애에 있어 자기가 사랑하는 사람을 방금 만나고 온 제삼자와의 만남이나 다를 바 없는 것이다. 그리하여 이 흥미는 마침내 피에스코의 음모를 외면해 버릴 때까지 매달 증가된다.

'여성의 정숙이 발휘되는 참된 무대는 병자의 방이다.' —그렇다면 여러분은 여자에게 일을 주기 위해 좀더 자주 병에 걸리도록 하느님께 기도함으로써 그것이 성취되리라고 생각하는가? 이것은 예외에 근거하여 추리할 일이다. 그 위에 나는 또 여성도 하루에 서너 시간의 여가를 이용해야 한다고 말한다. 마치 현명한 남자가 여가를 이용하듯이 말이다.

젊은 어머니는 어린아이가 홍역에 걸렸을 때는, 아무리 보르네이의 《시리아 여행기》를 읽으면서 즐거움을 찾고자 해도 헛일이다. 이는 마치 부유한 은행가인 그 남편이 파산 상태에 빠졌을 때 아무리 맬서스[84]에 관해 명상에 잠기려 해도 전혀 유쾌하지 않은 것과 마찬가지이다. 이것이야말로 부유한 여자가 여성의 비속함에서 돋보이는 유일한 방법이다. 즉 정신의 탁월함을 갖는 일인데, 그것에서 자연히 다른 감정도 생겨나는 것이다.

'여성을 작가로 만들고 싶기라도 하다는 것인가?' —참으로 여러분이 여러분의 딸에게 성악 선생을 붙여주어, 오페라 극장에서 딸이 노래하도록 하겠다는 계획을 발표하는 것과 마찬가지이다. 여성은 스타엘(드 로네) 부인처럼,

83 피에스코(Fiesco, Giovanni Luigi : 1523~1547)는 제노바의 명문 피에스코 가문의 당주로서, 1547년 공화국의 전권을 쥐고 있는 안드레아 도리아를 쓰러뜨리기 위해 군사를 일으켰다. 그것은 일시적인 성공을 거두기는 했지만, 실수로 바다에 빠져 익사하자 반란군은 흩어졌다.

84 Malthus, Thomas Robert(1766~1834). 영국의 경제학자로서, 그의 저서 《인구론》(1798)은 유명하다.

즉 사후에 발표할 글 이외에는 결코 써서는 안 된다고 말하고 싶다. 50세 이하의 여성에게는 자기가 쓴 것을 인쇄하도록 한다는 것은 그녀의 행복을 가장 위험한 복권에 거는 셈이 된다. 그녀가 만일 연인을 가진 것에 행복을 느낀다면, 가장 먼저 그 행복을 잃게 될 것이다.

나는 단 한 가지의 예외밖에는 알지 못한다. 그것은 가족을 부양하거나 키우기 위해 책을 쓰는 여성이다. 그 경우, 그녀는 자기의 저술에 대해 이야기할 때는 언제나 금전 문제만을 방패로 삼아, 이를테면 기병 소령에게 이와 같이 말해야만 한다. "당신에게는 나라가 매년 4000프랑을 주지만, 저는 지난해 영문판 책 두 권을 번역하여 두 아들의 교육비로 가까스로 3500프랑을 지출할 수 있었답니다."

그 이외의 경우에는 여성은 돌바크 남작[85]이나 라 파예트 부인과 같은 방식으로 인쇄를 하도록 해야 할 것이다. 가장 가까운 친구조차도 그들이 저자임을 알지 못했다. 책을 출판하는 데 있어 어떤 지장도 받지 않는 경우는 창녀뿐이다. 일반인들은 창녀라는 그 직업을 이유로 얼마든지 그녀를 경멸할 수 있지만 글재주로 인해 그녀를 칭찬하거나 재능에 반하는 일도 있는 것이다.

프랑스의 경우 연수입이 6000리브르인 사람 중 대부분은 출판은 전혀 생각하지 않은 채 문학을 통해서 습관적인 쾌락을 맛보고 있다. 한 권의 양서를 읽는다는 것은 그들에게 있어 최대의 쾌락이다. 6년이 지나고 나면 그들의 지혜는 점점 증가되는 것이다. 그리고 일반적으로 지혜가 풍부하면 풍부할수록 타인의 행복과 양립하기 어렵게 보이는 정열은 갖지 않게 된다는 사실을 부정하는 사람은 아마 없을 것이다. 또한 기번[86]이나 실러를 읽는 여성의 아

85 d'Holbach, Paul Henri, baron(1723~1789). 프랑스의 철학자이며, 계몽기의 대표적인 유물론자로 손꼽힌다. 저서로는 《자연의 체계》가 있다.

86 Gibbon, Edward(1737~1794). 영국의 역사학자. 프랑스와 이탈리아를 두루 편력한 후 자료를 중합하여 저술에 종사했다. 《로마제국 흥망사》 6권이 유명하다.

들들이 기도문을 입속으로 중얼거리고 장리스 부인[87]을 읽는 여성의 아들들보다 재능이 더 풍부하다는 사실을 부정하는 이는 더더욱 없을 것이다.

젊은 변호사나 상인, 의사, 기술자 등은 어떤 교육 없이도 인생의 뱃길을 출발할 수 있다. 그들은 그와 같은 직업에 종사함으로써 매일 스스로의 손으로 교육을 하는 것이다. 그러나 그들의 아내들은 존중해야 할, 또는 필요하기도 한 미덕을 몸에 갖추기 위한 어떠한 수단을 가지고 있겠는가? 가정의 고독 속에 파묻혀 있는 그녀들에게는 생활과 필요라는 위대한 책은 덮여 있는 것이다. 그녀들은 가정부와 함께 가계부에 대해 의논하면서 남편이 월요일마다 주는 3루이를 항상 같은 방식으로 사용한다.

나는 전제군주들의 이익을 위해서도 한마디 하고 싶다. 아무리 하찮은 남자일지라도 20세에 멋진 장밋빛 뺨을 가지고 있다면, 무지한 여성에게 있어서는 위험한 존재라고. 왜냐하면 무지한 여성은 전적으로 본능에 지배되어 움직이기 때문이다. 지혜로운 여성의 눈에는 그런 남자도 고작해야 잘생긴 하인 정도로밖에는 보이지 않을 것이다.

오늘날 교육의 우스운 점은 결혼과 동시에 잊어야 하는 것 이외에는 처녀들에게 아무것도 가르치지 않는다는 사실이다. 하프를 능숙하게 연주하기까지는 6년 동안 매일 4시간씩 연습할 필요가 있을 것이다. 그리고 정밀화나 수채화를 잘 그리기 위해서는 그 절반 정도의 시간이 필요하다. 그런데 대부분의 처녀들은 그런 대로 봐줄 수 있는 보통 수준에조차 도달하지 못한다. 그래서 저 진실을 찌르는 속담이 생긴 것이다. '아마추어란 무지의 별명이다.'

약간의 재능이 있는 처녀를 가정해 보자. 결혼하여 3년쯤 지나면 그녀는

87 1746~1830. 오를레앙 공 루이 필립의 아들들의 교육을 담당했던 여자로서 교육에 관한 저서가 있다. 스탕달이 싫어하는 인물 가운데 하나이다.

한 날에 한 번도 하프나 화필을 손에 잡지 않게 된다. 수업의 대상이 그만큼 지루한 것이 되어버리기 때문이다. 우연히 그녀에게 예술가의 영혼을 부여했다면 문제는 달라지겠지만 그런 일은 매우 드물고, 또한 그것은 가사에 별로 적합하지 않은 여성을 만들어낸다.

이리하여 예의범절이라는 공허한 구실하에, 처녀들이 인생에 있어 온갖 상황에 부딪혔을 때 그녀들을 이끌어 나갈 수 있는 것이라고는 무엇 하나 가르치지 않는 것이다. 그뿐만이 아니라 그런 상황을 그녀들에게 숨기고 부정하므로, 결국 그와 같은 상황의 힘에 첫째, 놀라움의 효과와 둘째, 기만적이었다 하여 모든 교육에 대해 던져지는 불신감을 덧붙이게 되는 것이다. 나는 좋은 집안의 소녀들에게는 사랑에 관한 이야기를 해주어야 한다고 주장한다. 현재의 풍속으로 보아 16세의 처녀가 사랑을 모른다고 누가 주장할 수 있겠는가? 이렇듯 중요하고, 또한 전달하는 일이 이렇듯 곤란한 이 지식을 그녀들은 도대체 누구에게서 전달받는 것일까? 줄리 데탕주가 하녀 사이요에게서 전달받은 지식에 관해 한탄하는 것을 보라! 형식적인 예의가 성행하던 그 시대에 충실한 묘사가로서의 용기를 가진 루소에 감사하지 않으면 안된다.

현재의 여성 교육이야말로 아마도 근대 유럽에서 가장 우스꽝스럽고 어리석은 사상일 것이므로, 본래의 의미로서의 교육이 없으면 없을수록 그 여성은 뛰어나다고 할 수 있을 것이다. 이탈리아나 에스파냐에서는 여성이 남성보다 훨씬 우월하고, 좀더 기탄없이 말한다면 다른 나라의 여성보다 훨씬 진보되어 있는 이유도 어쩌면 그 때문일 것이다.

제56장

1. 전장의 계속

여성에 관한 모든 우리들의 개념은, 프랑스에서는 3수의 '교리문답'에서 파생한 것이다. 우스운 점은, 많은 사람들이 50프랑의 거래를 할 경우에는 이 책의 권위를 인정하지 않으면서도, 19세기의 이와 같은 공허한 풍속의 습관으로 미루어 아마도 그들의 행복에 가장 중요한 관계가 있다고 보이는 이 대상에 관한 한 그 교리문답의 구절을 글자 그대로 바보처럼 떠받들고 있다는 사실이다.

결혼은 하나의 '신비'이므로 이혼을 해서는 안 된다고 하는데, 그렇다면 그 신비란 무엇인가? 예수 그리스도와 교회와의 합일의 상징이다. 하지만 '교회'라는 말이 만일 남성명사였다면, 이 신비는 어떻게 되는 것일까? 그러나 이미 땅에 떨어진 편견에 관해 이러쿵저러쿵 말하는 것은 그만두고, 이 기묘한 광경을 관찰하는 데서 그치기로 하자. 그 나무뿌리는 비웃음이라는 도끼에 의해 파헤쳐졌지만, 나뭇가지는 여전히 꽃을 피우고 있다. 구체적인 사실과 그 결과의 관찰로 되돌아오면, 남녀 어느 쪽도 만년의 운명은 젊은 시절을 어떻게 보냈는가에 따라 정해진다. 이것은 여성에게 있어서는 더욱 그러하다. 45세 여성은 사교계에서 어떤 대우를 받는가? 매우 가치가 없으며, 그녀의 참된 가치보다 낮게 취급된다. 20세 여성은 누구나 찬미하지만, 40세 여성은 아무도 거들떠보지 않는다. 45세의 여성은 그 자녀들이나 연인의 힘에 의해 존경될 뿐이다.

미술에 뛰어난 어머니가 그 재능을 자녀들에게 전하는 것은, 자녀가 선천적으로 그 방면에 재능이 있는 극히 드문 경우뿐이다. 그러나 교양 있는 어머니는 어린 자녀들에게 하나의 관념을 주는 것이 가능하다. 단지 생활을 쾌적하게 하는 재능뿐 이니라 사회에 진출하는 남자에게 유익한 재능의 관념도 주므로, 자녀는 그것에 따라 선택을 할 수가 있다. 터키 인이 야만적인 이유는 대부분 저 아름다운 그루지야 여자들의 정신적 우둔함 때문이다. 파리 태생의 청년이 16세 때에는 같은 나이의 시골 사람보다 정신적으로 우월한 위치에 있음은 그 어머니 덕분이다. 그런데 이 행운은 16세부터 25세 사이에 반대로 된다.

피뢰침이나 인쇄술이나 방적술(紡績術)을 발명한 인간은 매일 우리들의 행복에 공헌하고 있으며, 몽테스키외, 라신, 라 퐁텐과 같은 인물에 관해서도 마찬가지이다. 그런데 한 국민이 낳은 천재의 수는 충분한 교육을 받은 인간의 수에 비례하고 있다. 나의 구두방이 코르네유와 같은 작품을 쓰는 데 필요한 영혼을 갖고 있지 않다고 증명할 만한 것은 아무것도 없다. 단지 감정을 발전시키고 그것을 대중에게 전달하는 방법을 몸에 익히는 데 필요한 교육을 받지 않았을 뿐이다.

현대의 여성교육 제도로는, '여성'으로 태어난 모든 천재는 전혀 대중의 행복에 공헌하는 일 없이 소멸할 수밖에 없다. 우연이라는 것이 그녀들에게 역량을 발휘하는 수단을 줌과 동시에 그녀들이 가장 곤란한 재능에 도달하는 것을 보라. 현대의 예를 들어보면, 위험과 창녀적인 교태 이외에는 어떤 교육도 받지 않았던 예카테리나 2세나 롤랑 부인, 그리고 아레지오에서 한 연대를 조직하여 프랑스군과 싸우도록 한 알렉산드라 마리, 우리의 카스르레,[88] 파스퀴에[89] 이상으로 멋지게 자유주의의 만연을 막아내고 있는 나폴리의 여

88 Castlereagh, Henry Robert(1769~1822). 영국의 정치가로서, 나폴레옹에 대항하는 유럽 동맹군의 중심인물이었다.

89 Pasquier, Etienne-Denis, duc de(1767~1862). 프랑스의 정치가. 루이 필립 치하의 하원의장으로서, 출판을 제한하는 법률에 찬성표를 던졌다.

왕 캐롤린 같은 여성을 보라. 정신적 작업에 있어 여성의 우월성을 방해하는 것이 무엇인가 하는 문제는 수치심에 관한 장(章)의 제9조를 보기 바란다. 에지워스 양[90]이 문단에 데뷔했을 때, 만일 젊은 영국 여자로서 필요한 좋은 평판을 염두에 두어, 내키지는 않지만 소설 속에 설교단을 끌어들일 필요가 없었다면 그녀는 어떤 작품을 썼을 것인가?

연애나 결혼에 있어 도대체 어떤 남자가 자기의 생각을 머릿속에 떠오르는 그대로의 형태로 함께 사는 여성에게 전달하는 행복을 누릴 수 있을까? 고생을 함께하는 선량한 여성은 쉽게 발견될 것이다. 그러나 항상 이해되도록 하기 위해서는 그는 그의 사상을 가능한 한 세밀하게 표현하지 않으면 안된다. 그리고 문제를 포착하기 위해 그러한 가감을 필요로 하는 정신으로부터 현명한 충고를 기대한다는 것은 넌센스이다. 현대교육의 이념에 의한 가장 완전한 여성이라도 배우자를 생활의 위험 속에 고립시키고, 마침내 그를 지루하게 만들 염려는 다분히 있다.

만일 아내가 사고력을 갖추고 있다면 얼마나 훌륭한 의논 상대가 될까! 그 의논상대의 이해(利害)는 인생의 시초밖에는 계속되지 않는 하나의 일을 제외하고서는 완전히 그의 이해와 일치되고 있는 것이다.

정신의 가장 아름다운 특권 가운데 하나는 노년에 이르러서는 존경을 받는다는 점이다. 볼테르의 파리 도착이 국왕의 위광마저도 압도하는 광경을 보라. 그러나 가엾은 여자들에 대해 말한다면, 젊음의 광채가 사라지자마자 그녀들의 유일하고도 쓸쓸한 행복은 사교계에서 자기가 맡는 역할에 관해 환상을 품을 수 있다는 것뿐이다.

젊은 시절의 재능의 빈 껍질도 이제는 우스꽝스러운 것에 지나지 않게 되

90 Edgeworth, Maria(1767~1849). 아일랜드의 여류작가로 청소년 대상의 아름다운 단편을 많이 썼다.

며, 현대의 우리 나라 여성에게 있어서는 50세가 되어 죽을 수만 있다면 행복할 것이다. 참나운 도덕에 관해서는 재치가 풍부하면 할수록 공정성이야말로 유일한 행복에의 길이라는 것을 분명히 깨닫게 될 것이다. 천재란 하나의 권력이지만, 그 위에 그것 이상으로 행복해지는 위대한 기술을 밝히는 횃불이다.

대부분의 남자들은 일생에 단 한 번 위대한 일을 할 수 있는 시기를 맞이하게 마련이다. 그것은 그들에게 있어 불가능한 것이란 아무것도 없는 듯이 보이는 시기이다. 그러나 여자들의 무지가 인류에게 그와 같은 훌륭한 기회를 잃게 한다. 오늘날 연애란 남자에게는 고작 말을 잘 타거나 양복점을 잘 선택하는 역할밖에는 하지 않는다. 나는 비판에 대해 필요한 모든 반론을 제기하고 있을 겨를이 없다.

만일 내가 관습을 결정하는 권한을 갖고 있었다면, 나는 소녀들에 대해서도 가능한 한 소년들과 똑같은 교육을 받도록 했을 것이 분명하다. 나는 아무런 이유도 없이 한 권의 책을 쓸 의도는 없으므로, 어떤 점에서 현대의 남성교육이 우열(愚劣)한지(윤리학과 도덕이라는 가장 중요한 두 가지 학문을 가르치지 않으므로) 여기서 말하는 것을 용서해 주기 바란다. 이 교육을 있는 그대로 받아들이더라도, 처녀들에게 음악을 연주하도록 하고 수채화를 그리거나 수놓는 법만을 가르치기보다는, 이 교육을 그녀들에게 실시하는 편이 좋다.

요컨대 교사 이외에는 남자의 출입이 금지된 수도원식 중앙학교[91]를 설립하고 소녀들에게 국어와 산술을 가르치는 편이 좋다. 어린이를 모집함에 있어서 가장 큰 이익은, 비록 교사가 가르치는 것이 제한되어 있다 해도 어린이

91 école centrale. 망디야크 안에, 의거 대혁명 시대 각 지방에 창설된 합리주의에 바탕을 둔 관립 중학교로서, 논리와 수학을 중시했다. 7년제 리세(lycée)의 전신인데, 스탕달은 그 초기의 학생이었다.

는 자기도 모르는 사이에 급우들에게서 사회생활하는 법과 이해관계에 대처하는 방법을 배울 수 있다는 점이다. 아량이 넓은 교사는 어린이들 사이에 발생하는 싸움이나 우정에 관해 설명해 주면 된다.

《금송아지》의 이야기보다는 오히려 이런 식으로 도덕 강의를 시작해야 할 것이다. 확실히, 지금부터 몇 년 뒤에는 상호교육의 방법이 모든 학과에 적용될 것이다. 하지만 사물을 현상 그대로 받아들이더라도, 나는 소녀들에게도 남자아이들과 마찬가지로 라틴어를 가르치는 것이 좋다고 생각한다. 라틴어는 지루한 점을 가르친다는 점에서 알맞은 것이다. 라틴어와 함께 역사나 수학, 식용 혹은 약용으로서 이용되는 식물에 관한 지식, 그리고 윤리학과 정신과학 등도 가르쳐야 한다. 댄스와 음악과 그림은 다섯 살 때부터 가르친다.

16세가 되면 소녀는 배우자를 선택하는 일에 대해 생각하고, 연애나 결혼이나 남자들의 불성실 등에 관해 어머니로부터 올바른 지식을 얻도록 해야만 한다.

2. 결혼에 관해

애정이 없을 경우, 결혼생활에 있어서 여성의 정절이란 아마도('아마도'가 아니라 '반드시'일 것이다) 자연에 위배되는 일일 것이다. 인간은 이런 자연에 위배되는 일을 지옥의 공포와 종교적 감정에 의해 얻고자 했었다. 그 같은 일이 어디까지 성공했는지는 에스파냐와 이탈리아의 예에서 찾아볼 수 있다.

프랑스에서는 이를 여론의 힘을 빌어 얻고자 했는데, 왜냐하면 그것이 저항할 수 있는 유일한 제방이었기 때문이다. 그러나 그 제방을 쌓는 방법이 잘못되어 있었다. 어린 소녀에게 '네가 선택한 배우자에 대해 정절을 지켜야 한다'고 가르치고서는 마침내 그녀를 강제로 노인과 결혼시켜 버리는 것은 무의미하다.

'그러나 소녀들은 기꺼이 결혼한다.' 그 이유는 현재의 딱딱한 교육제도로는 그녀들이 어머니의 집에서 참아야만 할 노예상태가 견딜 수 없을 만큼 지루하기 때문이다. 게다가 그녀들에게는 이성의 빛이 결여되어 있다. 그리고 이것이 어쨌든 자연의 요구인 것이다. 결혼한 여성에게 정절을 지키게 하는 유일한 방법은, 딸들에게 자유를 허락하고 기혼자에게 이혼을 허용하는 일이다. 여자는 언제든 최초의 결혼생활을 통해 청춘의 가장 아름다운 날들을 상실하게 되고, 이혼하면 어리석은 자들에게 그녀에 대한 험담의 소재를 제공하게 된다.

많은 연인을 갖고 있는 젊은 아내는 이혼할 수밖에 없다. 이전에 많은 연인을 가진 적이 있는 여성이라도 어떤 연령에 도달하면, 더 이상 악평을 듣고 싶지 않다고 생각한다. 프랑스에서는 일찍이 자기가 범한 잘못에 대해 지극히 가혹해짐으로써 악평을 제거하는 데 성공하고 있다. 여기에 한 명의 정숙한 젊은 아내가 있고, 그녀는 한 남자를 진심으로 사랑하고 있다. 그녀는 이혼을 요구했지만, 50명의 연인을 가진 적이 있는 여자들로부터 비난을 받았다.

제57장 이른바 덕에 관해

타인을 위해 고행을 하는 습관을 나는 덕이라고 부른다.

22년간 원주(圓柱) 위에서 고행을 한 성(聖) 시메옹 스티리트를 나는 그다지 덕이 있는 인물이라고는 생각되지 않는다. 이것이 나의 사고방식이다. 이 논문이 지나치게 경쾌한 기조(基調)를 갖고 있음은 이 때문이다. 나는 생선만 먹고 목요일에만 말을 하는 수도사를 존경하지는 않는다. 나는 오히려 늙어서 비열한 짓을 하기보다는 북국의 작은 도시[92]에서 유배생활의 고통을 맛본 카르노 장군을 좋아한다. 독자가 이 상당히 속된 선언에 어리둥절해져서 이 장의 나머지 부분을 읽지 않고 넘어가기를 나는 오히려 바란다. 오늘 아침은 페사로[93] 축제(1819년 5월 17일)라서 참여하지 않으면 안 되었으므로 나는 기도서를 빌렸다. 나는 그 속에서 다음과 같은 구절을 발견했다.

포르투갈의 왕 알폰소 5세의 딸인 요안나는 신에 대한 사랑의 불길에 타올랐다. 이미 어렸을 때부터 이 세상을 싫어하고 하늘의 고향만을 동경했다.

《그리스도교의 진수(眞髓)》[94]에서 명문구로 풀이되고 있는 감동적인 덕이라는 것도 위경련을 두려워하여 버섯을 먹지 않는 일에 집착하는 것이 아닐까? 지옥을 믿고 있다면 이것은 상당히 현명한 타산, 더욱이 가장 개인적이고 가장 산문적인 이해타산에서 비롯된 것이다. 이에 반해 레굴루스의 카르타고 귀환에서 볼 수 있는 '철학적' 덕은 우리의 대혁명 시대에 수많은 비슷한 사적(事蹟)의 원인이 되었는데, 이것은 영혼이 고매한 증거이다.

투르벨 부인이 바르몽의 유혹에 저항한 것은 무엇보다도 저승에서 펄펄 끓는 기름 가마에 던져지는 것을 피하기 위해서였다. 자신 역시 펄펄 끓는 기름 가마솥의 경쟁자에 불과하다는 생각이, 어째서 바르몽에게 경멸감을 불러일으켜 부인을 버리게 하지 않았는지 나로서는 이해가 되지 않는다. 자기의 맹

92 북국의 작은 도시란 독일의 마그데부르크(Magdeburg)를 가리킨다. 카르노는 왕정복고와 동시에 이곳에서 유배생활을 보냈다.
93 중부 이탈리아의 아드리아 해에 있는 도시. 1819년 5월, 스탕달은 밀라노와 제노바에 있었다.
94 원제는 Génie du Christianisme. 샤토브리앙(Chateaubriand : 1768~1848)의 작품으로서 1802년에 간행되었다. 미적 · 감상적으로 종교 감정을 고양한 문제의 책으로서, 스탕달 최대의 적이었다.

세와 보르마르 씨의 행복을 존중하는 줄리 데탕주 쪽이 훨씬 감동적이지 않는가. 이상 투르벨 부인에 관한 사항은 허친슨 부인의 높은 덕에도 적용된다고 생각한다. 청교도주의는 어떻게 훌륭한 마음의 소유자로 하여금 사랑을 버리게 했던가?

이 세상에서 가장 우스꽝스러운 일 중 하나는, 남자는 자기가 알아야만 할 사항에 관해서는 언제나 알고 있다고 믿는다는 점이다. 극히 복잡한 학문인 정치에 관한 그들의 이야기를 들어보라. 그리고 결혼이나 풍속을 논하는 것을 들어보라.

제58장 결혼으로 본 유럽의 현상

이제까지 결혼에 관한 문제를 추론에 의해 다루어 왔다. 그렇다면 이제 사실에 관해 알아보도록 하자. 세계에서 가장 행복한 결혼이 이루어지는 나라는 어디일까? 분명히 신교의 나라인 독일이다.

이하 사르비아티 대위의 일기로부터 한마디도 바꾸지 않고 발췌한다.

할베르슈타트, 1807년 6월 23일—그러나 뷔로 씨는 진심으로 펠트하임 양을 연모하고, 그것을 전혀 감추려고 하지 않는다. 그는 1년 내내 어디든지 그녀를 끌고 다니며 끊임없이 말을 건넨다. 모두로부터 열 발짝쯤 떨어진 곳에 데려가는 일도 자주 있다. 이렇듯 공개적으로 한 사람에게만 열중하게 되면 일행의 기분을 상하게 하고 분위기를 깨게 된다. 그것이 센 강가였다면 대단히 무례한 행동이었을 것이다. 그러나 독일 사람은 우리들이 그러하듯이 분위기가 어색해져도 전혀 신경을 쓰지 않는다. 그리고 무례함도 관습에 조금 어긋날 뿐이라고 생각한다.

이리하여 뷔로는 5년 동안이나 미나의 비위를 맞추고 있었지만, 전쟁으로 인해 결혼에 이르지는 못했다. 사교계의 아가씨들은 각각 공개적인 연인을 가지고 있다. 나의 친구 메르만이 알고 있는 독일 사람 중에 연애결혼을 하지 않은 사람은 한 명도 없다. 즉 메르만 자신은 물론이고 그 형제인 게오르크, 포이트, 라징크 등이 그러하며, 이밖에 그는 12명이나 이름을 들었다.

이런 남자들이 연인에게 은근하고도 정중함을 다할 때의 그 공공연한 열정적 태도는 프랑스에서라면 무례하고 우스꽝스러우며 파렴치하다고 핀잔을 받게 될 것이다.

오늘 밤 '푸른 엽기병(獵騎兵)'[95]에서 돌아오는 길에 메르만이 나에게 말했다. 그의 친척 중에는 상당히 많은 여성이 있지만, 남편을 배신한 여자는 한 명도 없다고 말이다. 그것이 절반쯤은 그의 오산이라 하더라도, 어쨌든 기묘한 나라이다.

그의 처제인 므니코프 부인의 친정은 남자 상속인이 없었으므로, 대가 끊기고 막대한 재산은 공가(公家)에 반납하도록 되어 있었다. 그는 이 문제에 관해 노골적인 제의를 했지만, 이 말을 듣고 난 부인은 냉정하게 "그런 일에 대해서는 두 번 다시 제 앞에서 말씀하지 마세요."라고 말했다. 그는 이 사건을 천사와 같은 필리피네에게 매우 완곡하게 이야기했다(그녀는 자기를 군주에게 팔아넘기려 한 남편과의 이혼에 성공한 참이었다). 그녀는 매우 분개했는데, 그것을 입에 올림에 있어서는 오히려 과장하지 않고 조심스럽게 이런 식으로

95 이것은 여관의 이름인데, 스탕달이 《뤼시앙 루뱅》에서 생각한 제목 중 하나이다. 주인공 뤼시앙의 사랑은 《연애론》의 이론의 응용이었고, 샤테레르 부인이 마틸드의 화신임은 말할 것도 없다.

말했다. "그렇다면 당신은 우리 여자들을 전혀 존중하지 않는군요. 당신의 명예를 위해 농담을 한 것으로 받아들이겠어요."

그가 매우 아름다운 이 여성과 브로켄을 여행했을 때, 그녀는 마차 안에서 잠이 들었던지 혹은 잠자는 척했던지 아무튼 그의 어깨에 기대어 왔다. 마차가 흔들리자 그녀의 몸이 그에게로 쏠렸다. 그는 그녀의 허리를 안았다. 그러자 그녀는 반대쪽으로 비켜 앉았다. 그는 그녀를 유혹하는 것이 불가능하다고 생각하지는 않았지만, 그녀는 잘못을 저지른 다음날 반드시 자살할 것이라고 믿었다. 확실한 것은 그가 정열적으로 그녀를 사랑하고, 그녀에게서도 마찬가지로 사랑을 받고 있었다는 점이다. 그들은 끊임없이 서로 바라보고 있었지만, 그녀 쪽에서는 떳떳하지 못한 것이라고는 조금도 없었다. 그러나 할베르슈타트의 태양은 푸르스름하게 희었고, 정부(政府)는 편협했다. 두 사람이 지극히 냉정했던 것은 당연하다. 그들의 가장 정열적인 둘만의 장소에서도 칸트와 클로프스토크[96]의 화제가 언제나 끼어들고 있었다.

메르만의 이야기에 따르면 간통죄가 인정된 남자는 브라운슈바흐의 법정에서 10년의 징역형을 언도받았다고 한다. 이 법률은 유명무실한 것이 되어 있지만, 적어도 이런 유의 사건에 관한 한 사람들은 농담을 하지는 않는다. 사랑의 모험가의 가치는 프랑스에서처럼 적어도 칭찬되는 일일 것이라고 생각되지는 않는다. 프랑스의 경우, 이 성질을 가진 기혼남성 앞에서 부정하는 것은 오히려 그에 대한 모욕인데 말이다.

우리의 대령이 Ch에게 '결혼한 이후로는 도무지 애인이 생기지 않는 모양이군요.' 라고 말하면 그녀는 몹시 화를 낸다. 수년 전 이 나라의 여성이 교회에서 돌아와 브라운슈바흐의 궁정에 나가고 있던 남편에게 6년 동안 그를 속

96 Klopstock(1724~1803). 계몽문학 시대의 독일 시인으로서, 《메시아》의 저자이다. '단장' 24 참조.

이고 있었다고 고백했다. 이 여성 못지않게 고지식했던 남편은 사건을 곧 대공에게 고발해 버렸다. 그리하여 그녀의 정부는 모든 직책을 사임하고 24시간 이내에 국외로 떠나야만 되었다. 그렇지 않을 경우 법을 적용하여 처벌하겠다고 대공이 위협했던 것이다.

할베르슈타트, 1807년 7월 7일—확실히 이 나라에서는 남편은 결코 기만당하지 않는다. 그런데 도대체 어떤 여자들일까? 마치 조상(彫像)과 같다. 가까스로 형체만을 이룬 고깃덩어리이다. 결혼 전에는 매우 감수성이 예민하여 영양(羚羊)처럼 날렵하고 사랑의 눈짓에 재빨리 응하는 싱싱하고도 다정한 눈을 갖고 있었다. 그녀는 남편감을 사냥하고 있었던 것이다. 그런데 일단 그 남편감을 발견하면 그녀는 이미 한낱 어린아이 제조기에 지나지 않게 되고, 그 배우자에 대해 끊임없이 감탄한다. 네다섯 명의 아이가 있는 가정에서는 병약하거나 시름시름 앓아눕는 아이가 있게 마련이다. 태어나는 아이의 절반은 일곱 살이 되기도 전에 죽는다. 그리하여 이 나라에서는 어린아이 중 한 명이 병에 걸리면 어머니는 외출을 하지 않는다. 어머니가 아이를 돌보는 일에서 뭐라 표현할 수 없는 기쁨을 느끼는 것을 나는 보았다. 그녀는 시간이 지날수록 모든 사상을 잃어버린다.

이것은 필라델피아에서도 마찬가지이다. 가장 열광적인, 순진한 명랑함을 보이던 처녀도 1년이 지나지 않아 가장 권태로운 부인으로 변하는 것이다. 신교의 나라 독일의 결혼에 대한 이야기를 끝냄에 있어 지참금은 봉토제(封土制)[97]가 남아 있기 때문에 거의 없다는 것을 덧붙여 두자. 4만 리브르의 연수가 있는 집안의 딸 디스돌프는 아마도 2000에퀴(7500프랑)의 지참금밖에 없을 것이다.

97 봉토제는 토지를 소유하는 봉건세습 영주가 되는 것이다.

메르만의 아내는 4000에퀴를 가져왔다. 지참금의 부족분은 궁정에서의 허영심으로 지불된다. 메르만은 나에게 말했다. "부르주아지의 딸을 아내로 맞으면 10만이나 15만 에퀴의 지참금은 받을 수 있지. 그러나 그렇게 될 경우 궁정에는 드나들 수 없게 된다네. 대공이나 대공비가 참석하는 사교계로부터 배척되는 것이지. 무서운 일일세." 이것은 그의 솔직한 말로, 마음속의 외침이었던 것이다.

필리피네와 같은 마음을 가진 독일 여성은 그 재치, 그 기품 있고 표정이 풍부한 얼굴, 18세 때 갖고 있었을 듯한 열정(지금은 27세이다), 이 나라의 풍습의 결과인 진지함과 자연스러움, 또한 같은 원인에 의해 필요한 정도로밖에는 종교적 감정을 갖고 있지 않음으로써 그 남편을 아주 행복하게 만들 것이 틀림없다. 앞에서 예로 든 멋이라고는 전혀 없는 부인들에 대해 남편이 어찌 충실할 수 있겠는가.

"하지만 그 사람에게는 부인이 있었겠죠?" 오늘 아침 내가 코린의 연인인 오스왈드 경의 4년간의 침묵을 비난했을 때, 그녀는 이렇게 대답했다. 새벽 3시까지 코린을 읽었다는 그녀는 이 소설에 깊이 감동하고 있었다. 그녀는 천진스러운 태도로 "하지만 그 사람에게는 부인이 있었겠죠?"라고 대답했던 것이다.

필리피네의 행동은 너무나도 자연스럽고 감수성이 매우 소박했으므로 이 자연의 나라에 있어서도 마음과 사고방식이 모두 저급한 무리들로부터 '얌전한 개'라고 여겨졌다. 그들의 농담에 그녀는 혐오감을 느꼈고, 그것을 숨기려고도 하지 않았다. 교양 있는 사람들과 함께 있으면, 상당히 음란한 농담에도 그녀는 거리낌 없이 웃었다. 그 뒤 유명해진 16세의 공녀(公女) 이야기를 나에게 해준 것도 그녀이다. 그 공녀가 때때로 문지기이던 근위장교를 방으로 불러들였다는 것이다.

스위스

베른에 인접한 스위스의 오베를란드의 가정만큼 행복한 가정을 나는 알지 못한다. 그곳에서는 토요일과 일요일 밤에 젊은 아가씨가 그 연인과 함께 시간을 보내는데, 이것은 유명한 이야기이다(1816년).

파리에서 생클루에 간 것만으로 세계를 알았다고 자부하는 어리석은 사람은 이의를 제기할 것이 분명하다. 나는 다행히도 스위스의 작가 중에서 내가 4개월에 걸쳐[98] 목격한 일을 논증해 주는 다음과 같은 문장을 발견했다. 어떤 선량한 농민이 과수원의 과일을 도둑맞는다고 투덜거렸다. 왜 개를 기르지 않느냐고 물었더니 "딸의 신랑감을 구하기가 어려워지기 때문이지요."라고 그는 대답했다. 나는 그 대답의 의미를 알 수가 없었다. 그는 이전에 기르고 있던 개들이 사나웠기 때문에 창문을 기어오르는 젊은이가 없어졌다고 이야기했다.

또 한 사람, 그는 촌장(寸長)이었는데, 아내 자랑을 하면서 말하기를 처녀 시절 그녀만큼 밤중에 몰래 찾아오는 남자가 많았던 여자는 없었다고 한다(그녀처럼 많은 젊은이가 자러 온 여자는 없었다는 의미이다).

어떤 대령이 산악행군을 하던 중 두메산골에서 하룻밤을 보내게 되었다. 그는 부유하고 인망이 높은 촌장 집에서 머물기로 했다. 그 집에 들어가자 16세 정도 되는 우아하고 신선하며 소박한 소녀가 눈에 띄었다. 그녀는 촌장의 딸이었다. 그날 밤에는 야외 무도회가 있었다. 그녀는 눈이 부실 만큼 아름다웠다. 마침내 대령은 용기를 내어, 오늘 밤 은밀히 침실로 찾아가도 되겠느냐고 물었다. 그러자 소녀는 "안돼요. 사촌언니와 함께 자고 있거든요. 하지만 제가 당신의 방으로 찾아가겠어요." 이 대답에 대령이 얼마나 어리둥절해졌

98 스탕달은 자주 스위스를 통과했지만, 4개월 동안이나 머문 일은 없다.

는지 상상하기란 어렵지 않다. 무도회가 끝나고 손님들은 하나둘 자리를 떠났다. 소녀는 등불을 들고 내령을 방으로 안내했다. 그는 좋은 기회라고 생각했다. 그런데 소녀는 순진하게 말했다. "안돼요. 어머니에게 허락을 받아야만 해요." 벼락이 떨어졌다 해도 이처럼 놀라지는 않았을 것이다. 소녀는 대령의 방에서 나갔다. 그는 용기를 내어 이 선량한 사람들의 방으로 다가갔다. 그는 소녀가 어머니에게 응석을 부리는 듯한 목소리로 허락해 달라고 떼쓰는 소리를 들었다. 마침내 어머니는 이미 잠자리에 들어 있는 남편을 흔들어 깨우며 말했다. "토리넬리가 대령과 함께 자도 괜찮겠죠?" "괜찮고말고. 그런 분이라면 마누라라도 빌려드리고 싶을 정도인 걸" 하고 아버지는 대답했다. 어머니는 토리넬리에게 말했다. "그럼, 갔다 오너라. 그렇지만 조심해야 한다. 옷을 벗어서는 안 된다."

이튿날 아침 토리넬리는 처녀인 채로 잠에서 깨어났다. 대령은 그녀의 마음을 존중했던 것이다. 그녀는 잠자리를 정돈한 다음 자신의 침대를 방문한 남자를 위해 밀크가 든 커피를 준비했다. 침대에 앉아 함께 식사를 끝내자 그녀는 가슴을 가리는 비단 천조각을 잘라 대령에게 주면서 말했다. "이것을 즐거운 하룻밤의 기념으로 간직해 주세요. 어젯밤의 일은 항상 기억하고 있겠어요. 그런데 당신은 왜 대령이 되었죠?" 그리고는 그에게 마지막 키스를 하더니 달아나 버렸다. 그 이후로 그의 앞에는 다시 나타나지 않았다.

우리 프랑스 인들의 풍습과 비교하면 이것은 지나치다고 생각된다. 물론 이것을 지지할 생각은 없다. 만일 내가 입법자라면 프랑스에서도 독일처럼 밤의 무도회를 개최할 수 있도록 하고 싶다. 1주일에 세 번, 어머니는 딸을 그곳에 데려간다. 무도회는 7시에 시작되어 늦은 밤에 끝나고, 바이올린 하나와 음료 값만 지불하면 되는 것이다. 옆방에서는 어머니가 아마도 딸들의 행복한 교육에 어느 정도 질투를 느끼면서 보스턴놀이를 한다. 그 다음 방에서는 아버지가 신문을 읽고 정치를 논한다. 대략 이러한 식으로 한밤중과 1시 사이에 모든 가족은 다시 모여 집으로 돌아온다. 이리하여 처녀들은 젊은 남자를 구별하는 법을 배우게 되는 것이다.

우둔과 그 결과인 불성실은 곧 배척된다. 마침내 '그녀는 스스로 남편을 선택한다'. 몇 명의 처녀들은 실연의 불행을 맛보아야만 할 것이다. 그렇지만 기만당한 남편과 불행한 가정은 훨씬 감소하게 될 것이다. 그 경우 부정(不貞)을 치욕으로 간주하여 처벌하는 것도 그다지 우습지는 않게 될 것이다. 법률은 처녀들에게 이렇게 말할 수 있다. '당신들은 스스로 남편을 선택했던 것이오. 그러므로 정조를 지켜야 하오.' 그때 나는 법정이 영국인이 간통이라고 부르는 것을 기소하고 처벌하는 일을 승인하게 되리라. 법정은 교도소와 병원을 유지하기 위해 간통을 저지른 자의 재산의 3분의 2에 해당하는 벌금과 몇 년의 징역형을 가하면 된다. 아내의 부정은 배심에 의해 재판된다. 배심원은 먼저 남편의 품행에 비난받아 마땅한 점이 없음을 선언하지 않으면 안 된다. 자기의 죄를 인정한 여자는 종신형을 선고받게 되는데, 남편이 2년 이상 부재 중인 경우에는 몇 년의 형을 선고받게 된다. 일반적인 풍습 역시 마침내 이 법에 따라 형성되고, 또한 법을 완성시킬 것이다. 그렇게 되면 귀족과 성직자는 몽테스팡 부인[99]이나 뒤 바리 부인[100]의 예의 바른 세기를 아쉬워하고 슬퍼하면서 이혼을 허용할 수밖에 없게 될 것이다.

파리 근교에 불행한 여자를 위한 낙원을 세운다. 이곳은 의사와 교회사(教會師) 이외의 그 어떤 남자도 출입할 수가 없는 보호시설이다(이를 위반한 남자는 노역을 치르지 않으면 안 된다). 이혼을 하려는 여자는 먼저 이 낙원에서 생활하지 않으면 안 된다. 그리하여 한 발짝도 밖으로 나오지 않고 2년 동안

99 Mme Montespan, duchesse de(1641~1707). 루이 14세의 총비(寵妃).
100 Mme Du Barry(1743~1793). 루이 15세의 총비.

그곳에서 살아야 한다. 물론 편지 정도는 쓸 수 있지만 답장은 받지 못한다.

상원의원과 몇몇 유능한 법관에 의해 조직된 심의회가 여성을 대신하여 이혼 소송을 심리하고, 남편이 여자의 장래를 위해 지불해야 할 금액을 결정한다. 패소한 아내도 여생을 이 낙원에서 보내는 것이 허용된다. 정부는 이 낙원을 운영해 갈 수 있도록 한 사람당 2000프랑씩 보조해 준다. 이곳에 들어가기 위해서는 2만 프랑 이상의 보증금이 필요하다. 내부의 도덕은 더없이 근엄해야 한다. 2년 동안 세상과 완전히 격리된 채 생활한 뒤 이혼한 여자는 재혼을 할 수가 있다.

이렇게 되면 의회는 처녀들 사이에 가치에 대한 경쟁심을 불러일으키도록 하기 위해 아버지의 유산상속에 있어 아들에게 딸의 두 배를 주는 것이 정당한지 검토해야 할 것이다. 그리하여 결혼하지 않은 딸에게는 아들과 같은 몫을 주게 된다. 사람들은 이 제도가 또한 불편하기 짝이 없는 재산 결혼의 관습을 서서히 깨뜨림을 깨닫게 될 것이다. 이혼이 가능해지면 그처럼 저급한 행위를 할 필요가 없게 된다.

프랑스 각지의 한적한 마을에 노처녀들을 위한 30개 남짓의 수녀원을 세울 필요가 있다. 이곳에서 생애를 마치는 가엾은 여자들을 위로하기 위해 정부는 이런 수녀원에 대해 존경심을 가지고 대우하지 않으면 안 된다. 그녀들의 자존심을 충족시킬 수 있는 모든 완구(玩具)를 주어야 한다. 그러나 꿈같은 이야기는 이 정도로 충분하리라.

제59장 베르테르와 돈 주앙[101]

여러 명의 젊은이들이 사랑으로 고뇌하는 가엾은 한 남자를 실컷 놀려댄 끝에 그 남자가 살롱에서 도망쳐 나가면, 이야기는 대개 여성에 대한 모차르트의 돈 주앙처럼 행동해야 하는지 베르테르처럼 행동해야 하는지의 문제로 귀결된다. 베르테르보다 생 프르를 예로 드는 것이 선명하게 대조될지도 모르지만, 생 프르는 아무래도 지나치게 평범한 인물이므로 이런 남자를 대표로 선택하는 것은 깊은 사랑에 빠진 사람들에게는 실례가 될지도 모른다. 돈 주앙 형의 성격에는 사교계에서 존중되는 다음과 같은 미덕이 다른 사람들보다 더 요구된다. 이를테면 감탄할 만한 대담성, 임기웅변, 활발, 침착, 유머 섞인 재치 등. 돈 주앙 형(形)의 인간은 중대한 순간을 냉정히 처리하지만, 그 노년은 꽤나 비참하다. 그러나 대부분의 남자들은 노년에까지 도달하지는 못한다.

사랑으로 인해 고뇌하는 남자들은 밤의 살롱에서는 가엾은 역할을 담당한다. 왜냐하면 여성들을 손에 넣는 데 있어 당구시합을 하는 것과 같은 정도의 관심을 기울이지 않는다면 재능과 역량이 없는 것으로 되기 때문이다. 사람들은 사랑을 하는 남자가 무언가를 몹시 탐내고 있음을 알고 있으므로, 아무리 그에게 재주가 있더라도 역시 농담의 소재가 되지 않을 수 없다. 그러나 그들은 아침에 눈을 뜨면 무언가 자주적이고 짓궂은 생각이 떠올라 활력을 되찾을 때까지 의기소침해지지 않고 도리어 사랑하는 사람에 대해 생각하고 행복하게 사는 허상을 꿈꾸게 된다.

101 이 장에 대해서는 별도로 상당히 다른 내용의 원고가 남아 있다. 여기서의 베르테르는 괴테의 《젊은 베르테르의 슬픔》에 등장하는 주인공이며, 돈 주앙은 전설적인 바람둥이다.

베르테르풍의 연애는 영혼을 온갖 예술, 감미롭고 로맨틱한 인상, 달빛, 숲의 아름다움, 그림의 아름다움 등이 어떤 형태로 눈앞에 나타나든, 비록 남루한 의복을 걸치고 나타날지라도 '아름다움' 을 감지하며 향수한다. 그것은 실령 재물이 없더라도 행복을 맛보게 해준다. 그와 같은 영혼의 소유자는 메일랑이나 브장바르 등처럼 마음을 황폐하게 하지는 않지만, 루소처럼 지나친 감수성으로 말미암아 거의 광적으로 변한다.

어떤 유의 숭고한 영혼을 소유하고 있는 여성은 청춘의 초기를 지나면 참으로 사랑이 있는지 없는지, 그것이 어떤 사랑인지를 꿰뚫어 볼 수 있고, 일반적으로 돈 주앙들의 마수를 피할 수 있다. 돈 주앙적인 성격을 가진 남자들의 자랑은 유혹한 여성의 가치보다는 숫자에 있기 때문이다. 선량한 영혼의 소유자로부터는 비난을 받을 일이지만, 베르테르들의 성공에 비밀이 필요한 것처럼, 돈 주앙들의 승리에는 선전이 필요하다.

이를테면 직업적으로 여자의 꽁무니를 따라다니는 인간의 대부분은 매우 부유한 집안 출신이다. 그들의 교육과 유년시절 및 소년시절에 그들을 둘러싸고 있었던 인간의 모방에 의해 이기적이며 냉혹하다. 돈 주앙 형의 남자들은 나중에는 여성을 적으로 간주하고 그녀들의 불행에 대해 기쁨을 느끼기도 한다.

그와는 반대로 친애하는 데츠레 피냐텔레 공작은 뮌헨에서 비록 열정적인 연애가 없을 경우라도 일락에 의해 행복해질 수 있는 방법을 우리들에게 가르쳐 주었다. 어느 날 밤 그는 나에게 말했다. "한 여성과 자리를 함께 할 때 스스로 무척 당황하여 그녀에게 뭐라고 말해야 좋을지 알 수 없는 상태에 빠진다면, 그것은 그 여성이 마음에 들었다는 증거가 되지요." 공작은 그런 낭패의 순간을 부끄럽게 여겨 그에 대해 보복하는 일에 자존심을 걸지 않고 오히려 그 순간을 행복의 원천으로 소중히 간직하고 키우는 것이었다.

이 멋진 청년에게는 취미적 연애도 부식작용(腐食作用)을 갖는 허영심이 전혀 포함되어 있지 않았다. 엷어진, 그러나 순수하며 불순물이 전혀 섞이지 않은 참된 사랑의 감정을 가지고 있었던 것이다. 그리하여 그는 모든 여성을 매혹적인 존재로서 존중하고, 우리 남자들은 그녀들에 대해 매우 부당한 태도를 취하고 있는 것으로 생각하고 있었다(1820년 2월 20일[102]).

우리들이 기질, 즉 영혼을 스스로 선택할 수 없는 것처럼, 주어진 역할 이상으로 행동하고 싶어도 소용이 없다. 루소나 리슐리외 공[103] 역시 그 재지를 최대한 발휘하더라도 그들의 여성 체험은 바꿀 수가 없었을 것이다. 나는 루소가 라 슈브레트의 정원에서 우드트 부인을 상대로, 혹은 베네치아에서 스쿠오레의 음악을 들어가면서, 또는 토리노에서 버질 부인의 발 아래 꿇어 엎드려 맛본 순간을 공작은 결코 가진 적이 없다고 믿고 싶다. 하지만 공작은 루소가 라르나즈 부인 앞에서 당한 수치, 그 한이 일생 동안 그의 기억 속에서 사라지지 않는 수치로서 얼굴을 붉히지 않으면 안 되었던 일 역시 한 번도 없었다.

생 프르형의 남자의 역할을 맡는 편이 한층 달콤하여 생활의 모든 순간을 채워준다. 그러나 화려함에 있어서는 돈 주앙형이 훨씬 낫다는 것을 인정해야 한다. 생 프르가 생애의 도중에 취미를 바꾸더라도 고독한 내성적이고 명상에 잠기는 버릇이 있는 이상, 그는 사교계의 화려한 무대에서도 가장 빛을 볼 수 없는 위치를 차지하게 될 것이다. 그에 반해 돈 주앙형은 남자들 사이에서 굉장히 인기가 있을 뿐만 아니라 선량한 여성으로부터도 방탕한 기질을

102 이날 스탕달은 뮌헨이 아니라 밀라노에 있었다.

103 Richelieu, Armand, duc de(1696~1788). 육군 원수. 프랑스의 대주교인 리슐리외의 누이의 아들이다. 루이 14세의 섭정시대, 루이 15세의 궁정에서 활약했으며, 재치가 풍부한 인물이었으나 여성 관계가 복잡했다. 나중에 나오는 미쉬랑 부인은 그의 유혹에 넘어갔고, 후에 버림을 받아 자살하고 말았다.

진심으로 버리겠다고 말하면 사랑을 받을 수 있게 될 것이다. 이상 풀이한 이유만으로는 아직 문제가 해결되었다고는 할 수 없다.

베르테르 쪽이 행복하지 않을까 하고 내가 생각하는 이유는, 돈 주앙은 사랑을 한낱 흔해빠진 것으로 여기기 때문이다. 베르테르처럼 욕망에 따라 형태를 바꾸는 현실을 갖는 대신, 야심이나 탐욕 및 그 밖의 정열에 있어서처럼 냉혹한 현실에 의해 불완전하게 충족된 욕망을 갖는 셈이다. 결정작용의 고혹적인 몽상 속에서 길을 잃고 헤매는 대신 그는 장군처럼 작전의 성공만을 생각한다. 한마디로 말하면 일반인이 생각하듯이 다른 인간 이상으로 사랑을 즐기지 않고 사랑을 없애 버린다.

이상 말한 것에 대해서는 반박의 여지가 없다고 나는 생각한다. 적어도 나의 눈에는 반박의 여지가 없는 것인데, 짓궂은 섭리 덕분으로 사람들이 이에 인정하려 들지 않는 것을 허락해야만 할 또 하나의 이유가 있다. 우발적인 사고를 별개로 하면 행복에 도달하는 가장 확실한 길은 정의의 습관이라고 생각된다는 점이다. 사실 베르테르형의 남자는 악인이 아니다.

범죄를 저지르고서도 여전히 행복감에 빠져 있기 위해서는 후회를 하지 말아야 하지만, 그런 인간이 과연 존재할 수 있을지 알 수 없다. 아무튼 나는 그 같은 인간을 한 번도 만난 적이 없다. 그리고 나는 미쉬랑 부인의 자살이 리슐리외 공을 밤마다 괴롭혔을 것이라는 사실을 결코 의심하지 않는다. 그것은 애당초 불가능한 일이지만, 만일 그러고자 원한다면 영혼의 교감능력을 전혀 갖지 못하거나 혹은 인류를 전멸시킬 수 있어야 하는 것이다.

소설 속 사랑만을 알고 있는 사람들은 사랑에 있어서 도덕을 지지하는 이 문장을 읽고 자연히 혐오감을 느낄 것이다. 왜냐하면 소설 특유의 법칙에 의해 도덕적인 연애에 대한 묘사는 본래 지루하고 재미가 없기 때문이다. 이리하여 도덕적 감정은 연애감정을 중성화(中性化)하는 것으로 보이고, '도덕적 연애'는 약한 연애의 동의어라고 생각되기에 이른다. 그러나 이것은 '불완전'한 묘사에 지나지 않고, 정열의 존재를 전혀 동요시키는 것이 아니다.

여기에 내 친구에 대해 묘사하는 것을 용서하기 바란다. 돈 주앙은 자기와 타인을 연결하는 온갖 의무를 회피한다. 이것은 인생이라는 큰 시장에서 얻기만 할 뿐 결코 지불하지 않는 나쁜 상인이다. 평등의 관념은 물이 공수병(恐水病) 환자에게 주는 것과 같은 분노를 그에게 불러일으킨다. 자기의 출신에 관한 자존심이 돈 주앙의 성격에 그처럼 어울리는 것도 이 때문이다. 권리의 평등 관념과 더불어 정의의 관념도 사라진다. 혹은 명문가 출신인 돈 주앙에게는 일찍이 이 속된 관념이 나타난 적이 없었다고 할 수 있다. 유서 깊은 가문의 성(姓)을 갖고 있는 보통 사람과는 달리 한 개의 달걀을 삶기 위해 한 도시를 불살라버리는 일쯤은 아주 간단하게 생각할 것이다. 그렇지만 이것은 너그럽게 봐주지 않으면 안 될 것이다. 그는 자기애(自己愛)에 집착하고 있으므로 자기가 불러일으키는 악을 자각하지 못한 채, 이 우주에서 기뻐하거나 괴로워하는 것은 자기 혼자뿐이라고 믿고 있는 것이다. 청춘의 불길에 타오르고 모든 정열이 우리들의 마음속에서 생명을 느끼게 하며 타인의 마음을 조금도 의심하지 않을 때, 감각과 외적일 뿐인 행복으로 충만해 있는 돈 주앙은 인간이 의무로 몸을 바치고 있음을 보면서도 자기의 일밖에는 생각하지 않는 자기 자신을 자랑스럽게 생각한다. 그는 하나의 위대한 생활방식을 발견했다고 자부한다.

그러나 30세가 되면 여전히 승리에 승리를 거듭하면서도 그는 자기로부터 생명이 달아나고 있음을 깨닫고는 놀란다. 그리하여 이제까지 그의 기쁨이었던 것에 점점 혐오감을 느낀다.

돈 주앙은 토론에서 잔뜩 찌푸린 얼굴로 나에게 말했다. "여자의 종류가 그리 많은 것은 아니야. 한 종류의 여자 두세 명을 알고 나면 싫증이 나지." 나는 대답했다. "언제까지라도 싫증이 나지 않으려면 상상력에 의지할 수밖에 없네. 어느 여자든 다른 흥미를 불러일으키는 법이지. 같은 여자라도 우연이 그녀를 일생 중에서 2, 3년 늦게 자네와 만나도록 하고 자네가 때마침 그녀를 사랑하게 되었다면 각각 다른 식으로 사랑할 수가 있다네. 그러나 상대가 아무리 정감 풍부한 여자이고 자네를 사랑하고 있다 해도 역시 평등해지려고 하므로 자네의 자존심을 상하게 할 뿐일 걸세. 여자에 대한 자네의 태도가 인생의 다른 모든 기쁨을 없애버리는 것이라네. 베르테르는 그것을 백배로 증가시킬 수도 있겠지만 말이야."

이 슬픈 극도 종말이 가까워진다. 늙은 돈 주앙은 권태를 상대방의 탓으로 돌릴 뿐 자기의 탓이라고는 생각하지 않는다. 그리하여 그를 좀먹는 독으로 인해 고통을 받으면서 쉴 새 없이 상대를 바꾸는 모습을 보게 된다. 하지만 비록 그 겉모습이 아무리 화려할지라도 그에게는 단지 고통의 종류를 바꾸는 일이 될 뿐이다. 그는 스스로에게 평화로운 무료함이나 초조한 무료함을 줄 뿐이다. 이것이 그에게 남겨진 유일한 선택이다. 마침내 그는 그 숙명적인 진실을 발견하고 그것을 자기 자신에게 고백한다. 그때부터 그는 자기의 능력을 남에게 인정받고자 하고, 공공연히 악을 위해 악을 행하는 것을 그나마의 기쁨으로 여기는 상태에 빠진다. 이것이 또한 습관적인 불행의 가장 심한 단계이다. 어떤 시인도 그것을 충실하게 묘사한 적이 없다. 그 박진감 있는 묘사는 전율을 느끼게 할 것이 분명하다.

그러나 돈 주앙과 같은 뛰어난 인간이라면 이 치명적인 길에서 되돌아오는 일도 기대된다. 그의 성격의 저변에는 하나의 모순이 있기 때문이다. 나는 그에게 많은 재지를 가정했다. 재능은 영광의 사원에의 길을 거쳐 덕의 발견으로 이끄는 것이다. 자존심이 어떤 것인지에 대해서는 어느 정도 이해하고 있었지만 실생활에서는 하나의 어리석은 문인(文人)이었던 라 로슈프코도 쓰고 있다(《잠언집》 267). '연애의 쾌락은 사랑하는 일에 있다. 사람은 상대방에게 일으키는 정열에 의해서보다는 스스로 느끼는 정열에 의해 한층 행복해진다' 고.

확실히 돈 주앙의 행복은 풍부한 재능과 활력에 의해 주어진 온갖 결과에 바탕을 둔 허영심일 뿐이다. 그러나 하나의 전투에서 승리한 가장 보잘것없는 장군, 하나의 현(縣)을 다스리는 가장 보잘것없는 지사도 그보다 훨씬 강한 기쁨을 맛본다는 것을 통감하고 있을 것이 분명하다. 그것에 대해 클레브 공작부인에게 사랑의 고백을 들었을 때의 느므르 공의 행복은, 마렝고의 전투에서 승리한 나폴레옹의 행복보다도 컸을 것이라고 나는 생각한다.

돈 주앙풍의 연애란 취미로 즐기는 사냥과 같은 종류의 감정이다. 그것은 대상의 변화에 의해 불러일으켜지고 여러분의 능력을 늘 불명(不明) 속에 두는 활동의 욕구이다. 베르테르풍의 연애란 한 편의 비극을 좀더 잘 쓰고자 몇 번이고 고쳐 쓰는 학생의 감정과 비슷하다. 그것은 인생에 있어서의 새로운 목표이며, 모든 것이 그것과 관련지어지고 그 목표가 모든 것을 변화시킨다. 열정적인 연애는 남자의 눈에 숭고하게 비치는 모든 자연을 마치 어제 새로이 창조된 형태로 제시한다. 그는 자기의 영혼을 향해 열린 이상한 광경을 왜 지금까지 깨닫지 못했는지 놀라워한다. 모든 것은 새롭고 싱싱하기만 하여 가장 정열적인 흥취를 돋운다. 사랑을 하는 남자는 그가 만나는 모든 풍경의 수평선상에서 사랑하는 여자의 모습을 본다. 한 번이라도 보고 싶어 천 리 길을 가면 수목도 바위도 그녀에 관해 다른 것을 이야기하고 무언가 새로운 것을 가르쳐준다. 이런 마술적인 풍경의 혼란은 돈 주앙과는 인연이 먼 일이다. 그는 외적 사물을 구할 뿐이고, 그에게 있어 그것은 단지 저마다 소용되는 정도에 따라 가치가 있으며 무언가 새로운 정사를 위해 자극을 주는 것에 지나지 않는다.

베르테르풍의 연애는 기묘한 쾌락을 맛보게 해준다. 한두 해가 지나 사랑하는 남자가 그 연인과 마음이 하나가 되어버리면, 마침내 이상하게도 사랑의 성공이나 실패와는 관계없이—연인에게 푸대접을 받아도 마찬가지이지만—무엇을 하거나 무엇을 보거나 상관없이 그는 이렇게 중얼거린다. "만일 그녀가 함께 있었다면 뭐라고 말할까. 이 카사 레키오의 경치에 관해 나는 그녀와 어떤 대화를 나눌까?" 그는 그녀에게 속삭이고 그 대답을 듣는다. 그녀의 농담에 웃는다. 천 리나 떨어져 있고 그녀의 노여움의 무게에 가슴이 짓눌리면서도 문득 '그러나 레오노르는 오늘밤 아주 명랑했었다' 는 등의 생각을 한다. 그러나 곧 제정신으로 돌아와 한숨을 쉬며 중얼거린다. "베들럼의 정신병원[104]에도 나보다 정신상태가 말짱한 자들이 있을 거야" 라고.

내가 이 논문을 들려주었더니 어떤 친구가 말했다. "정말 참을 수가 없군. 자네는 줄곧 열정에 사로잡힌 남자를 돈 주앙과 대립시켜 논하고 있는데, 문제는 그런 것에 있는 것이 아닐세. 마음먹은 대로 정열을 느낄 수 있다면 자네의 말도 옳을 테지. 그러나 무엇에 대해서든 마음이 움직이지 않을 경우에는 어떻게 하면 좋지?" 두려워하지 말고 연애를 즐겨라. 두려움이라는 것은 언제나 자기의 가치를 스스로에게 확인하고 싶어하는 편협한 마음에서 생긴다.

이야기를 계속하겠다. 돈 주앙형의 남자는 내가 방금 쓴 심적 상태의 진실을 인정하는 데 고통을 느낄 것이다. 그들은 그것을 볼 수도 느낄 수도 없는 데다가 그들의 허영심에 심한 상처를 주는 것이다. 돈 주앙들의 생애에서 잘못된 점은 소심한 사람이 6개월이나 걸려 가까스로 손에 넣는 것을 단 2주일 안에 정복할 수 있다고 믿는 것이다. 그런 생각은 대체로 사랑을 함에 있어

104 런던 근교에 있는 유명한 정신병원. 영국에서 베들렘이라고 하면 정신병원을 연상할 정도이다.

시원스럽지 못한 남자를 관찰한 바에 근거하고 있지만, 실제로 이런 자들은 다감한 여성에게 자기 마음의 소박한 움직임을 보이며 호감을 살 만큼의 영혼도 갖지 못하고, 돈 주앙의 역할을 수행하는 데 필요한 재능도 없는 것이다. 돈 주앙은 자기가 손에 넣은 것이 같은 여성에게서 얻은 것일지라도 결코 같은 것이 아니라는 사실은 알려고도 하지 않는다.

신중한 남자는 언제나 주저한다.
믿을 수 없는 남자가 많음은 이 때문이다.
그러므로 사랑을 받고 있는 여자 쪽에서도
잘못이 없는 남자에게는
언제까지나 한숨만 짓도록 버려둔다.
하지만 마지막으로 그녀가 주는 보물의 가치는,
그것을 맛본 자가 아니고는 알지 못한다.
그것은 값이 비쌀수록 놀라운 것이다.
사랑의 행복은 치른 고생에 의해 가치를 갖는다.

—니베르네, 《음유시인 기욤 드 투르》

돈 주앙의 눈에 비치는 열정적 연애는 기묘한 벼랑가의 불편한 길에 비유할 수가 있다. 처음에는 확실히 아름다운 풀숲에서 시작하지만, 마침내 속인의 눈에는 조금도 유쾌하지 않은 뾰족한 바위 사이로 들어가 길을 잃게 된다. 길은 점점 깊은 산속으로 접어들고, 하늘까지 닿을 듯 커다란 나무의 우거진 가지가 별빛을 가리고 숲속은 어두워, 위험으로 단련된 적이 없는 영혼에게 공포감마저 안겨준다.

숱한 곡절이 자존심을 자극하는 무한의 미궁을 고통스레 방황한 뒤, 갑자기 하나의 모퉁이를 돌게 된다. 새로운 세계가, 《랄라 루크》[105]의 아름다운 캐시미르의 계곡이 펼쳐지게 되는 것이나…….

당신도 변덕이 좋음을 알았을 것이다.

나는 새로운 것을 갖고 싶다, 이 세상에 그런 것이 없어졌다 해도.

"당신은 맹세와 정의를 비웃는 것이군요. 변덕이 구하는 바가 무엇이죠? 분명한 쾌락뿐입니다." 그러나 2주일 동안 쫓아다니고 3개월 동안 사랑한 여성 곁에서 맛보는 쾌락은, 3년 동안 쫓아다니고 10년 동안 사랑한 연인과 함께 맛보는 쾌락과는 '다른 것' 이다.

'언제까지' 라고 쓰지 않는 이유는, 나이를 먹으면 우리들의 기관도 달라져 이미 연애는 할 수 없다는 사람이 있기 때문이다. 그러나 나는 그렇게 생각하지는 않는다. 나이를 먹으면 여러분의 연인은 친구가 되고 다른 기쁨, 즉 노년의 기쁨을 주게 될 것이다. 일찍이 개화기에 아침에는 꽃이었던 장미가 계절이 지나면 저녁때 달콤한 열매로 바뀌는 것과 마찬가지인 것이다. 3년 동안 사랑한 연인은, 이 말의 가장 강한 의미로서 여주인이다. 가까이 갈 때에는 떨린다. 그러나 나는 돈 주앙에게 말하겠다. "떨고 있는 남자는 무료함을 느끼지 않는다"고. 사랑의 쾌락은 언제나 불안과 정비례하는 것이다.

변덕의 불행은 권태이며, 정열적 연애의 불행은 절망과 죽음이다. 연애의 절망은 곧 사람들의 눈에 띄게 되고, 이야기의 씨앗이 된다. 파리에 넘쳐흐르고 있는 참을 수 없이 무료한 늙은 방탕자에게는 아무도 주의를 기울이지 않는다.

105 토머스 무어의 시.

'사랑은 무료함 이상으로 많은 인간을 자살하도록 만들고 있지 않는가?' 확실히 그렇다. 무료함은 모든 것을, 자살하는 용기마저도 빼앗기 때문이다. 오직 다양성 속에서만 쾌락을 찾아낼 수밖에 없는 성격도 있다. 그러나 보르도 산(産) 포도주를 비난하고 샹파뉴 산 포도주만을 칭찬하는 남자도 결국은 '나는 샹파뉴 산이 좋다' 는 것을 지껄이는 데 불과하다. 이런 술에는 각각 지지자가 있고, 그들이 충분히 자기를 알고 자기의 기호와 습관에 가장 적합한 행복을 따르고 있는 것이라면 어느 쪽이든 옳다.

변덕스러운 사람에게 있어 불리한 것은, 모든 어리석은 자들이 용기가 없는 까닭에 그쪽에 지지를 보내고 있는 것이라는 점이다. 요컨대 각각의 인간이 자기 자신을 연구하는 수고를 아끼지 않는다면, 자기의 '이상미(理想美)'를 발견하게 되는 것이다. 그러므로 자기의 이웃 사람을 개종시키려 하는 것은, 다소 우스꽝스러운 면이 있는 것처럼 여겨진다.

단장

나는 가장 겸허한 제목을 붙이고 싶다고 생각했지만, 아무튼 이 제목하에 3, 400매의 트럼프 카드에 연필로 휘갈겨 쓴 것 중에서 임의로 선정하여 모아 보았다. 달리 간단한 호칭도 없으므로, 여기서 본래의 원고(manuscript original)라 부르는 것은 다양한 크기의 종이에 의해 이루어지고 역시 연필로 씌어 있다. 리지오는 정서하는 수고를 덜기 위해 그것을 접착제로 이어붙였다. 쓴 뒤 1시간이 지나면 정서할 생각이 사라진다고 그는 언젠가 나에게 말한 적이 있었다. 이런 일을 쓰는 이유는, 본문과의 중복에 대한 변명이 되리라고 생각하기 때문이다.

1

사람은 온갖 것을 고독 속에서 얻을 수가 있다, 성격을 제외하고.

2

1821년 로마에서 가장 자주 볼 수 있는 정열 세 가지는 증오 · 연애 · 탐욕이다. 도박과 함께 로마에 있는 정열의 거의 전부.

로마 인은 얼핏 보기에 심술궂다고 생각되지만, 사실은 의심이 지나치게 많을 뿐이다. 그들의 상상력은 가장 보잘것없는 겉모습에도 타오른다. 그들이 '무의미한' 심술을 부리는 것은 공포에 사로잡혀 있기 때문이다. 그리하여 총을 사용하는 것으로 자신감을 얻으려고 한다.

3

내가 만일 스스로 신뢰하는 바에 따라 '선량함'이 파리 시민의 성격의 명료한 특징이라고 한다면 상당히 그들의 비위를 상하게 하는 셈이 될 것이다.

'선량해지려고 하지는 않는다.'

4

사랑이 시작된 증거 중 하나는 인간의 다른 모든 정열, 즉 욕망이 주는 쾌락이나 고통도 곧 그를 움직이게 할 수는 없다는 점이다.

5

정숙한 여자인 척 가장하는 것은 일종의 탐욕이다. 가장 악한 탐욕인 것이다.

6

강인한 성격을 갖는다는 것은 인생의 오산과 불행에 관해 오래되고도 확실한 경험을 갖는다는 의미이다. 그때 사람은 끊임없이 바라거나, 혹은 전혀 바라지 않거나 둘 중 하나이다.

7

상류사회에서 볼 수 있는 연애는 다툼의 사랑이고 장난삼아 하는 사랑이다.

8

상대편에 정열적 연애의 숨결이 있는 것만큼 취미적 연애를 죽이는 것은 없다.

—L백작부인, 포를리, 1819년

9

여성의 큰 결점, 조금이라도 그 이름에 어울리는 남자에게 있어 가장 불쾌한 결점은 다음과 같다. 감정에 관해 말한다면, 공중이라는 것은 저열한 관념밖에는 가질 수 없는데 여성은 공중을 자기 생활의 최고의 심판관으로 삼고 있다. 뛰어나게 훌륭한 여성들까지도 그렇다. 때로는 무의식적으로, 혹은 그 반대의 것을 믿고 입으로도 그렇게 말하면서 말이다.

—브레시아, 1819년

10

'산문적(ProSaique)' 이란 새로운 단어로서, 나도 이전에는 우스꽝스럽다고 생각하고 있었다. 왜냐하면 우리나라의 시만큼 차가운 것은 없었기 때문이다. 50년 이래 프랑스에서 어느 정도 정열을 가지고 있는 것이 있었다면, 그것은 말할 필요도 없이 산문 속에서이다. 그러나 마침내 레오노르 백작부인까지도 '산문적' 이라는 말을 사용하기에 이르렀다. 그리하여 나도 그렇게 쓰는 것이 좋아졌다.

그 정의(定義)는 《돈 키호테》[1]의 '주인과 하인의 완전한 대조' 속에 있다. 주인은 키가 크고 얼굴이 창백하며, 하인은 뚱뚱하고 활력에 넘친다. 전자는 영웅주의와 기사도이고, 후자는 이기주의와 비굴이다. 또 전자는 언제나 로마네스크적으로 감동적인 상상력이 넘치고, 후자는 신중함의 상징이며 현명한 격언의 덩어리이다. 전자가 그 영혼을 언제나 영웅적인 위험한 명상으로 고양시키고 있는 데 비해 후자는 무언가 치밀한 계획을 되새기고 있다. 그리하여 그 계획에는 인간의 마음의 부끄럽기 짝이 없는 이기적인 자세한 움직

1 세르반테스(Cervantes : 1547~1616)의 《돈 키호테》는 10세 이래로 스탕달이 즐겨 읽었던 책이다.

임의 영향이 빈틈없이 고려되고 있는 것이다.

전자가 '실패'에 의해 어제 꿈꾼 상상으로부터 깨어나 멍청히 있는 사이 후자는 이미 오늘의 공중누각을 쌓아올리기에 여념이 없다.

산문적인 남편을 갖고, 로마네스크한 애인을 선택하는 것이 좋다. 말볼로[2]는 '산문적인 영혼의 소유자였다. 앙리 4세는 55세에 이르러 젊은 공녀를 사랑했지만, 여자는 그의 나이를 잊어주지는 않았다. 로마네스크한 영혼.

산문적인 영혼의 소유자는 귀족보다 평민 중에서 더 많이 발견된다. 상업의 결점이다. 사람을 산문적으로 만든다.

11

정열 이상으로 흥미로운 것은 없다. 모든 것이 예상 밖이며, 희생자는 당사자 자신이다. 또 취미적 연애만큼 무미건조한 것은 없다. 그것은 모든 것이 생활상의 산문적 거래에 있어서와 마찬가지로 타산적이다.

12

여성은 방문을 마치고 돌아갈 무렵에는 연인에 대해 애교 있게 행동하는 존재이다.

—L, 1818년 11월 2일

13

어떤 천재라도 갑자기 출세한 자에게는 계급의 영향이 느껴진다. 루소를 보라. '귀부인'이라면 어떤 여자든 호감을 가지고 당시 가장 평범한 정신(廷臣)이었던 (뤽상브르) 공작은 코앙데라는 루소의 친구와 함께 걸을 때, 왼쪽

2 Marlborough, John Churchill, duc de(1650~1722). 네덜란드 독립전쟁에서 활약한 영국의 장군. 그의 이름은 프랑스에서 노래로 불려졌다.

에 서지 않고 오른쪽에 섰다 하여 감격의 눈물을 흘렸다.

—L, 1820년 5월 3일

14

라벤나[3], 1820년 1월 23일[4]—이곳의 여성은 오로지 실질적인 교육만을 중시한다. 어머니는 12세에서 15세 딸 앞에서 태연하게 사랑의 절망이나 환희의 절정을 보여준다. 이 축복받은 날씨 덕분에 많은 여성이 45세가 될 때까지도 매력을 그대로 간직하고 있으며, 대부분의 경우 18세가 되어 결혼하는 것을 잊지 않게 해준다.

라 발퀴사[5]는 어제 람프니야니에 관해 이렇게 말했다. "응, 그 사람은 나와 아주 잘 통했어. 여자를 사랑하는 방법을 알고 있었거든……." 이러한 이야기를 14세 내지 15세 되는 매우 민감한 자기 딸 앞에서 여자 친구에게 길게 늘어놓는 것이다. 그녀는 또 딸을 데리고 이 애인과 감상적인 산책을 하기도 한다.

때때로 어린 소녀는 교훈적인 훌륭한 이야기를 듣게 되는 경우도 있다. 예를 들면 구아르나치 부인[6]은 그녀의 두 딸과 초면의 두 남자 앞에서 그들이 모두 알고 있는 실례(헝가리의 세르칼라)를 인용하며 30분에 걸쳐 깊은 교훈을 준 적이 있다. 그것은 품행이 바르지 못한 연인을, 바람을 피움으로써 처벌하는 데 적절한 시기에 관한 것이었다.

3 Ravenna. 북부 이탈리아의 아드리아 해에 있는 항구 도시.
4 이 날짜에 스탕달은 밀라노에 있었다.
5 La Valchiusa. 기로데본(本)의 난외에는 라오리나 카테나(Laorina Catena)로 되어 있다. 《로마, 나폴리, 피렌체》에서 이야기되고 있는 매혹적이고 재치 있는 비빈 카테나(Bibin Catena)를 가리키는 것 같다.
6 Guarnacci. 역시 기로데본에 의하면 로시니 부인을 가리킨다. 두 남자란 도미니크(Dominique)와 비스마라(Vismara), 즉 스탕달 자신과 그 친구인 토리노의 자유주의자 비스마라이다.

15

다혈질의 참된 프랑스 인 마디스 대령은 내일 밤 7시에 밀회의 약속이 있더라도 루소처럼 감정의 과잉으로 괴로워하는 일 없이 그 행복한 순간까지 모든 것을 장밋빛으로 본다. 이런 친구들은 정열적 연애를 거의 느끼지 않는데, 왜냐하면 그것은 그들의 유쾌한 평화를 깨뜨리기 때문이다. 나는 감히 말하지만, 아마도 그들은 자기의 황홀을 불행이라고 생각하고 적어도 두려움을 수치로 생각할 것이다.

16

사교계의 남자는 대부분 허영심 · 불신 · 불행을 두려워하는 마음에서, 손에 넣고 난 후가 아니면 여성을 사랑하지 않는다.

17

매우 선량한 남자는 결정작용을 촉진하기 위해 다소 바람끼가 있는 여자를 선택해야 한다.

18

어떤 여성은 자신의 앞에서 "세평(世評)을 있는 그대로 전할 뿐입니다?" 라고 선언하는 어리석은 남자나 음흉한 여자 친구의 수작을 세평 자체라고 믿는다.

19

여러분을 매우 고통스럽게 하고 오랫동안 여러분의 잔혹한 적이며, 장래에도 여러분에게 맞서고자 생각하는 여자, 그런 여자를 끌어 안는다면 일종의 달콤한 쾌락을 느낄 수 있다. 1812년의 에스파냐에 있어서의 프랑스 장교의 행복.

20

자기의 마음을 즐기고 참사랑을 하기 위해서는 고독이 필요하다. 그러나 성공하기 위해서는 사교계에 나가지 않으면 안 된다.

21

연애에 관한 프랑스 인의 관찰은 모두 잘 씌어 있고 정확하며 과장이 없다. 그러나 경박한 애정밖에는 다루지 않고 있다고, 친애하는 추기경 랑테는 말했다.

22

골도니[7] 희극 《이너모라티》에 묘사된 '정열의 움직임' 은 모두 훌륭하다. 단, 문체와 사상이 가장 혐오할 저급함을 갖고 있어 반감을 품게 한다. 이것은 프랑스 희극과는 대조를 이룬다.

23

1822년의 청년, 진지한 경향, 적극적 성격이란 미래를 위해 현재를 희생하는 것이다. 이와 같은 희생을 하도록 하는 힘과 습관만큼 영혼을 높이는 것은 없다. 1772년보다 1832년에 대정열의 가능성이 많다고 나는 생각한다.

24

담즙질은 지나치게 혐오스러운 형태로 나타나지 않는 한 여성의 상상력을 가장 자극하며 길러주는 기질이라고 할 수 있다. 만일 담즙질의 인간이 생시

7 Goldoni, Carlo(1707~1793). 이탈리아 근대 희극의 창시자이다. 변호사로 활약했으나 후에 극장 전속작가가 되어 여러 작품을 썼다.

몽이 묘사한 로잔《회고록》(제5권 380페이지)과 같은 좋은 환경에 놓여 있지 않다면, 이 기질에 익숙해지기란 상당히 어려운 일일 것이다. 그러나 여성이 일단 이 성격을 이해하고 나면 떨어질 수 없게 된다. 야만스럽고 광신적인 발포어(《고대의 사람들》)조차도 그러하다. 여성에게 있어 이것은 산문적인 것과 상반된다.

25

연애를 하면 사람은 곧잘 자기가 가장 신뢰하고 있는 것까지도 의심한다(라 로슈프코, 《잠언집》 355). 그렇지만 다른 정열에 있어서는 일단 스스로 확인한 것을 의심하는 일은 결코 없다.

26

운문은 기억력을 돕기 위해 발명되었으며, 이후로는 난점을 정복했다는 느낌으로 쾌감을 배가시키기 위해 보존되었다. 오늘날 아직도 그것을 연극으로 지키는 것은 야만의 잔재이다. 그 실례로는 본네이[8]에 의해 운문화된 기병교범(騎兵敎範)이 있다.

27

저 질투심 많은 하인이 권태와 탐욕과 증오와 독기 서린 차가운 정열로 고뇌하는 동안에, 나는 그녀를 상상하며 행복한 하룻밤을 보낸다. 시기심에서 나에게 냉정히 대한 그녀의 일을.

8 Bonnay, Charles-Francois, marquis de(1750~1825). 프랑스의 장군이며 정치가.

28

간결한 문체로 쓸 수 있는 것은 위대한 영혼뿐이다. 루소가 《신엘로이스》에서 그렇듯 수사(修辭)를 사용한 이유는 이 때문이다. 30세쯤 되면 이것은 이미 읽을 만한 것이 되지 못한다.

29

'우리들이 자신에 대해 할 수 있는 최대의 비난은, 우리들의 마음에서 곧잘 눈을 뜨는 명예와 정의의 관념을, 수면 중에 나타나는 대단치 않은 환영처럼 사라지는 대로 내버려두는 일이다.'

— 예나에서의 편지[9], 1819년 3월

30

어떤 품행 단정한 여성이 별장에서 정원지기와 함께 온실 안에서 1시간 가량 있었다. 그러자 전부터 그녀와 의견을 달리하고 있었던 남자들은 그녀가 정원지기를 정부로 삼았다고 비난한다. 이에 대해 뭐라고 대답해야 할까? 사실 전혀 불가능한 일은 아니다. 그녀는 이렇게 대답할 수밖에 없을 것이다. "나의 성격이 증인입니다. 나의 매일매일의 행동을 보면 아실 거예요"라고. 그러나 이러한 행동도, 일부러 보려 하지 않는 심술쟁이나 보고 싶어도 볼 수가 없는 바보에게는 역시 보이지 않는 것이다.

— 사르비아티, 로마, 1819년 7월 23일

9 예나(Jena)는 동부 독일 에르푸르트의 동쪽에 있는 도시. 기로데본에 잔트(Sand)라는 난외의 기입이 있는 것으로 보아, 이것은 어용(御用)문인인 코체브를 암살한 학생 잔트의 편지이다. 제48장 주해 참조.

31

어떤 남자가 자신의 연적(戀敵)이 사랑을 받고 있음을 알아차렸다. 그런데 이 연적 쪽에서는 자기의 정열에 눈이 멀어 이것을 알지 못한다는 경우도 있다.

32

남자가 깊은 사랑에 빠져 있으면, 그만큼 사랑하는 여성을 화나게 하는 위험을 무릅쓰면서 그 손을 잡기 위해서는 자기를 강력히 격려하지 않으면 안 되는 법이다.

33

수사학, 참된 정열에서 비롯된 루소의 그것과는 다르므로 우스꽝스러운 수사학.

— 모브뢸[10]의 회상, 잔트의 편지.

34

자연스러움.

오늘 밤 나는 멜라니라는 처녀에게서 '자연스러움'이 승리를 거두고 있음을 보았다. 혹은 본 것처럼 생각되었다. 하기야 그녀는 상당히 야무진 성격의 소유자인 듯싶었다. 그녀는 사촌 오빠를 사랑하고 있었는데, 이것은 확실한 것 같다. 그리고 그녀도 어쩌면 자기의 심적 상태를 알고 있었을 것이다. 사촌오빠 역시 그녀를 사랑하고 있었다. 그러나 그에 대한 그녀의 태도가 진지했으므로 자기가 호감을 사고 있지 않다고 생각하며 멜라니의 친구인 젊은

10 Maubreuil. 나폴레옹의 암살을 기도한 인물. 〈단장〉 161 참조.

미망인 클라라가 보이는 호감에 이끌리고 있었다. 그는 이윽고 클라라와 결혼하겠다고 마음먹는다. 멜라니는 그것을 보며 고뇌하고 있다. 자기도 모를 정도로 격렬한 정열을 품은 숭고한 마음의 고뇌이다. 그녀는 약간 그 태도를 바꾸기만 하면 되는 것인데, 그러나 한순간이라도 '자연'에 위배되는 행동을 하는 것은 저열하고, 일생 동안 그것을 후회해야 한다고 생각한다.

35

사포[11]는 연애 속에서 관능의 도취, 혹은 결정작용에 의해 승화된 육체적 쾌락밖에는 보고 있지 않다. 그런데 아나크레온[12]은 그 속에서 관능과 정신의 기쁨을 찾았다. 고대에는 안전이란 것이 전혀 없었으므로, 정열적 연애가 생길 겨를이 없었다.

36

호메로스가 타소[13]보다도 뛰어나다고 말하는 사람들을 다소 비웃어주기 위해서는 이상의 사실로도 충분하다. 정열적 연애는 이미 호메로스의 시대에 그리스에서 그리 멀지 않은 곳[14]에 존재하고 있었다.

37

사랑하는 남자가 정열적으로 당신을 사랑하고 있는지의 여부를 알고자 원하는 다정한 마음을 가진 여자들이여, 당신의 연인의 젊은 시절의 일을 조사

11 Sappho. 기원전 612년경에 태어난 그리스의 여류시인. 레스보스(Lesvos) 섬의 방언으로 소녀나 청년에 대한 애정을 읊은 정열적인 서정시를 썼다. 주요 작품으로는 장편시 〈아프로디테 송가〉가 있다.
12 Anakreon. 기원전 5세기의 그리스의 서정시인.
13 Tasso, Torquato(1544~1595). 이탈리아의 서사시인.
14 그리 멀지 않은 곳이란 아라비아를 말한다.

해 보시라. 뛰어난 남자는 모두 생활의 첫걸음에 있어 우스꽝스러운 열광자이거나 아니면 불운한 남자이거나 그 어느 한쪽이다. 명랑하고 부드러운 남자, 안이한 행복에 만족하는 남자는 당신의 마음에 필요한 정열로써 사랑을 할 수가 없다. 나는 오랜 불행을 견뎌온 정열만을 참된 정열이라고 부른다. 소설이 묘사하는 것을 피하고, 또 묘사할 수 '없는' 그러한 불행.

38

강한 결의는 극도의 불행조차도 곧 견뎌낼 수 있는 상태로 만든다. 패군(敗軍)의 밤, 한 남자가 지친 말에 채찍질을 하면서 달아난다. 자기를 뒤쫓는 한 떼의 기병들의 말발굽소리가 분명히 들린다. 갑자기 그는 멈추고 말에서 내려 기병총과 피스톨의 뇌관을 바꾼 다음 맞서 싸울 것을 결의한다. 그는 곧 자기의 죽음을 잊고 레지옹 드누르 훈장에 대해서만 생각한다.

39

영국 풍습의 근저(根底). 1730년경, 우리 나라에서는 이미 볼테르와 퐁트넬[15]이 나타나고 있을 무렵, 갓 털어낸 낟알을 짚 부스러기에서 분리해내는 기계가 발명되었는데, 이것은 하나의 수레바퀴의 회전에 의해 공기로 짚 부스러기를 날려버리는 데 필요한 운동을 주는 장치이다. 그러나 이 '성서적'인 나라의 농민은 신의 의지를 거역하고 그와 같이 인공의 바람을 일으키는 것은 신성모독이라고 주장했다. 오히려 열렬한 기도에 의해 보리를 선별하는 데 필요한 바람을 보내주도록 하늘에 기원해야 마땅하며, 이스라엘의 신에 의해 정해진 때를 기다려야만 한다는 것이었다. 그들을 프랑스의 농민과 비

15 Fontenelle, Bernard Le Bovier de(1657~1757). 프랑스의 철학자이며 문학가. 18세기 계몽사상의 선구자이다.

교해 보라.

40

남자가 스스로 나아가 정열적 연애를 구하는 것은 의심할 나위도 없이 미치광이와도 같은 행위이다. 그러나 때로는 요법(療法)이 아주 잘 듣는 경우가 있다. 미국의 처녀는 지나치게 이지적인 사고방식에 사로잡히고 그것으로써 몸을 무장하고 있었던 까닭에, 연애라는 이 인생의 꽃은 그 나라의 청춘으로부터 사라졌다. 보스턴에서는 한 젊은 아가씨를 잘생긴 여행자와 단둘이 있게 해도 결코 위험하지 않다. 그녀는 미래의 남편의 재산 이외에는 아무것도 생각하지 않는다고 해도 거의 틀림없다.

41

프랑스의 경우 아내를 잃은 남자는 한탄하고, 미망인은 반대로 명랑하며 행복하다. 여성들 사이에는 미망인의 행복에 관한 속담이 있다. 그러므로 결혼의 계약은 평등이 아닌 것이다.

42

행복한 연애를 하고 있는 사람들은 지극히 주의 깊은 태도를 취한다. 그런데 프랑스 인에게는 이것이 매우 슬픈 듯이 보인다.

— 드레스덴, 1818년

43

누구에게서나 호감을 사는 사람은 깊은 호감을 받지 못한다.

44

인생의 출발에 있기 쉬운 모방하려는 경향에서 우리들은 부모의 정열을 흉내낸다. 그러한 정열이 우리들의 생활에 유해할 경우에조차(레오노르의 자존심).

45

'여성의 자존심' 의 가장 존경할 만한 원천은 무언가 경솔한 행위를 하든가 또는 여성답지 않다고 생각되는 태도를 취함으로써 연인에게서 경멸을 당하지나 않을까 하는 두려움이다.

46

참된 연애는 죽음의 관념을 상투적인, 손쉬운, 조금도 두렵지 않은 것으로 만든다. 단순한 비교의 문제로서 어떤 것과도 바꿀 수 있는 것으로 만드는 것이다.

47

용기가 생겼을 때, 나는 몇 번이나 외쳤던가! '누군가 내 머리에 피스톨을 한 방 쏘아주는 사람이 있다면, 나는 숨을 거두기 전에 그에게 감사하리라. 만일 그럴 여유가 있다면 말이다.' 사람이 사랑하는 이에 대해 용기를 갖게 되는 것은, 사랑이 깊지 않았을 때뿐이다.

—S[16], 1820년 2월

16 S는 사르비아티를 말한다. 기로데본에 '1820년 밀라노에서 맛본 감정'이라는 난외 기입이 있다.

48

'저는 이제 다시는 사랑을 할 수가 없을 거예요.' 라고 어떤 젊은 여성[17]이 나에게 말했다. '미라보가 그의 소피에게 보낸 편지를 읽고서 그가 위대한 사람이라는 사실이 싫어졌습니다. 남의 일이라고 생각되지 않아요, 그 너무도 심한 편지가 말예요.' 소설에는 씌어 있지 않는 것을 찾아야 한다. 만일 당신의 연인이 몸을 허락하기 전에 2년 동안이나 마음을 바꾸지 않았다면 그의 마음을 믿어도 좋을 것이다.

49

'우스꽝스러움' 은 사랑을 두렵게 만든다. 우스꽝스러움이란 이탈리아에서는 있을 수 없다. 베네치아에서는 고상한 일도 나폴리에서라면 우스운 일이 되는 것이다. 그러므로 우스운 일이라는 것은 존재하지 않는다. 게다가 사람들을 기쁘게 만드는 모든 것은 결코 비난되지 않는다. 이런 일이 하찮은 명예심과 희극의 절반을 말살한다.

50

어린이는 눈물로써 명령한다. 어른이 명령을 묵살할 경우, 그들은 일부러 스스로에게 상처를 입힌다. 젊은 처녀는 자존심으로 말미암아 스스로에게 상처를 입힌다.

51

누구든 한번쯤은 생각하는 일이며, 그런 만큼 사람이 잊기 쉬운 일이 한가지 있다. 그것은 느끼는 사람은 날로 드물어지고 세련된 재주꾼이 늘어간다

17 여기서 젊은 여성이란 마틸드를 말한다.

는 점이다.

52

여자의 자존심.

볼로냐, 4월 18일 오전 2시—나는 때마침 놀랄 만한 예를 발견했는데, 잘 계산해 보았더니 그 정확한 관념을 전하는 데는 15페이지나 걸릴 듯싶다. 그러므로 용기가 있다면, 내가 이 눈으로 본 것의 결과만을 기록하고자 한다. 나의 확신을 전하는 것은 단념하겠다. 그러기에는 너무나 사소한 사정이 얽혀 있는 것이다. 이런 자존심은 프랑스식 허영심과 상반된다. 내가 기억하는 바로는 그 소묘가 있는 것은 롤랑 부인의《회상록》의 일절인데, 그녀는 그 속에서 처녀시절에 한 자질구레한 추론에 대해 이야기하고 있다.

53

프랑스의 경우, 대부분의 여성은 젊은이를 하나의 나르시시스트로 만들기까지는 상대를 하지 않는다. 그때 그는 비로소 그녀의 허영심을 만족시킬 수가 있는 것이다.

—뒤크로

54

모데나, 1820년—아름다운 R후작부인의 집에서 어느 깊은 밤에 츠리에티가 나에게 말했다. "내일 자네와 생미케레로 저먹식사를 하러 가기로 한 약속을 취소해야겠네. 어제 다소 멋진 말을 하면서 Cl과 너무 노닥거렸거든. 그것이 사람들의 시선을 끌었을지도 모른단 말이야." 츠리에티를 바보에 겁쟁이라고 생각하지 않기를 바란다. 그는 이 행복한 나라의 부호(富豪)이며 신중한 남자인 것이다.

55

미국에서 칭찬할 대상은 정부이지 사회가 아니다. 다른 나라에서는 악을 행하는 것은 정부이지만, 보스턴에서는 그 역할이 뒤바뀐다. 정부는 사회의 반감을 사지 않기 위해 위선자가 된다.

56

이탈리아의 아가씨가 사랑을 하면 참으로 자연이 명하는 대로 움직이며, 고작해야 얻어들은 약간의 격언에 도움을 청할 뿐이다. 이 나라에서는 우연까지도 모두가 '자연스러움'을 보존하는 데 협력하고 있는 것 같다. 처녀들은 소설을 읽지 않는다. 이 나라에는 소설이 없는 것이다. 이에 반해 제네바와 프랑스에서는, 처녀는 16세가 되면 사랑을 하고 소설을 엮어낸다. 그리하여 하나의 동작, 한 방울의 눈물에도 "난 줄리 데탕주를 닮고 있을까?" 하고 중얼거린다.

57

어떤 젊은 부인을 사랑하는 남자가 있었다. 그는 그 여성에게 푸대접을 받고, 손에 키스하는 일이 허락되는 게 고작이다. 그러나 이와 같은 여성의 남편은, 그 연인이 이 세상의 가장 강한 행복의 기쁨과 자기망각을 느끼는 그 점에서 기껏해야 가장 낮은 육체적 쾌락밖에는 갖지 못하게 마련이다.

58

오늘날의 사람들은 '상상력'의 법칙에 대해서 너무도 모르기 때문에 이하 사견(私見)을 말해보겠는데, 이것도 아마 하나의 옳지 못한 견해일 것이다. 나는 두 종류의 상상력을 구별할 수 있다고 생각한다.

1. 곧장 행위로 이어지는 성급하고도 열렬하며 과감한 상상력과, 파비오처

럼 내가 내 몸을 깨물며 24시간 동안 기다리게 할 경우 안절부절못하는 상상력. 그것의 특징은 참을성이 없다는 것으로서, 자기가 얻지 못하는 것에 대해 화를 낸다. 외물(外物)은 보지만, 단지 그것에 의해 불타오를 뿐이다. 그것을 그 자신의 본질과 동화하고 곧 정열로써 유리하게 변경한다.

2. 조금씩 서서히 타오를 뿐이지만 마침내 외물을 보지 않게 되는 상상력. 이것은 자기의 정열 이외의 것에는 관심을 갖지 않고, 다른 곳에서 활력을 구하는 일은 결코 없다. 이 제2의 상상력은 사상의 완만, 그 빈곤에조차 만족한다. 이것은 애정의 불변을 돕는다. 사랑과 결핵으로 말미암아 죽어가는 가엾은 독일 처녀의 대부분이 갖는 상상력이 바로 이것이다. 라인 강 저편에서 곧잘 일어나는 이 슬픈 광경은, 이탈리아에서는 결코 찾아볼 수가 없다.

59

상상력의 습관. 프랑스 인은 1막에 여덟 번이나 배경이 바뀌면 정말로 불쾌한 기분을 느낀다. 《맥베스》를 보고 쾌감을 느끼기란 불가능하다. 그는 셰익스피어를 '지옥에 떨어뜨리고' 그것으로써 스스로를 위로한다.

60

프랑스에서는 여성에 관한 한 지방이 파리보다 40년 정도 뒤떨어져 있다. 코르베유에서 어떤 기혼 여성이 나에게 말하기를, 자신은 로잔의 《회상록》을 어떤 부분부터는 읽지 않기로 작정하고 있다는 것이다. 나는 이런 어리석음에 대해서는 전율을 느낀다. 이런 여성에게는 더 이상 할 말이 없다. 하기야 이것은 확실히 누구라도 도중에서 덮어버리는 책이긴 하지만 말이다. 자연스러움이 결여되어 있다는 것, 이것이 지방 여성의 가장 큰 결점이다. 무수히 많은 우아함을 흉내내는 몸짓. 가장 비웃음을 사는 대상은 지방 도시의 명사의 부인이다.

61

괴테를 비롯한 그 밖의 독일의 천재들은 돈을 적당히 존중하고 있다. 연 6000 프랑을 벌지 못하는 이상 항상 돈에 대해서 생각해야만 한다. 그러나 연수가 그만큼에 이르렀다면 더 이상 돈에 대해 생각해서는 안 된다. 한편 어리석은 자는 괴테식의 감각, 사고방식의 이익을 이해하지 못한다. 생애의 전체를 돈으로 계산하고, 오직 돈에 대해서만 생각하며 보낸다. 사교계에서 산문적인 무리가 숭고한 영혼보다 뛰어나 보이는 것은 이런 이중의 투표기구 때문이다.

62

유럽에서는 욕망이 속박에 의해 부추겨지고, 아메리카에서는 자유에 의해 누그러진다.

63

어떤 유의 토론의 습관이 청년들을 사로잡고 그들로부터 연애를 빼앗아 버린다. 나폴레옹은 과연 프랑스에 공헌했는가의 여부를 검토하는 가운데 사람들은 어느덧 연애의 시기를 지나쳐버린다. 청춘을 향락하고 생각하는 사람들이라도 칼라나 박차(拍車)나 군인적인 태도의 허세, 즉 자기의 일에만 마음을 빼앗기고 있어, 가난한 까닭에 1주일에 한 번밖에는 외출하지 못하는 소박한 처녀가 지나가는 것을 놓치고 만다.

64

나는 '정숙한 척 가장하는 여자' 의 장을 삭제했다.

다행히도 나는 호레이스 월폴의 《회상록》에서 다음과 같은 문장을 발견했다. '두 사람의 엘리자베스.[18] 이 난폭한 남자를 아버지로 둔 두 여성을 비교하고, 어느 쪽이 문명국 혹은 야만국의 군주였는지를 알아보기로 하자. 두 사람 모두 엘리자베스라는 이름을 갖고 있었다. (러시아의) 표트르의 딸은 전제적 여왕이었지만, 그 경쟁자와 적을 용서했다. 그녀는 또, 여황제라는 자격은 그것을 아는 신하가 있는 자로서 매력이 있는 것으로 생각하고 있었다. 그런데 영국의 엘리자베스는 메리 스튜어트의 왕위에 대한 욕구와 그 매력을 용서하지 못했을 뿐 아니라, 그녀가 보호를 바라고 있을 때 도량이 좁게도 (조지 4세가 나폴레옹에게 그러했던 것처럼) 그녀를 감옥에 가두었다. 엘리자베스는 크든 작든 자기의 질투심 때문에 전제권(專制權) 혹은 법률의 승인 없이 많은 사람을 처형했다. 그런데 이 엘리자베스는 자기의 굳은 정조를 자랑스럽게 생각하고 있었다. 그럼에도 불구하고 나이를 아랑곳하지 않고 남자들로부터 찬미를 받기 위해 온갖 우스꽝스러운 교태를 부렸고, 자기 쪽에서 눈짓을 던져놓고서도 연인들이 접근하는 것을 거부했으며, 이리하여 결국 자기의 욕망도 그들의 야심도 만족시키지 못했다. 누구라도 성실하고 솔직한 야만국의 여왕을 선택하고 싶은 것이 아니겠는가!' (오어포드 경의 《회상록》)

65

지나치게 많이 알면 오히려 '결정작용'을 훼손하는 일이 있다. 열여섯 살의 귀여운 소녀가, 매일 해질 무렵이면 창문 아래를 지나가는 같은 나이의 미소년을 연모했다. 어머니는 그 소년을 초대하여 딸과 셋이서 1주일 예정으로 시골의 별장으로 갔다. 이것은 아주 대담한 요법이었다고 나는 생각한다. 그

18 여기서 두 사람의 엘리자베스란 영국의 엘리자베스 1세(1533~1603)와 러시아의 여왕 엘리자베스 1세(Elizabeth, Petrovna : 재위 1741~1762)를 말한다.

런데 소녀는 로마네스크한 영혼의 소유자였고 소년은 다소 평범했다. 사흘 뒤 소녀는 그를 경멸했다.

66

아베 마리아, 이탈리아의 사랑의 시간, 영혼의 기쁨과 우수의 시간 아름다운 종소리로 더욱 고조되는 감각. 추억만이 감각에 호소하는 기쁨의 시간.

67

사교계에 나간 청년이 처음으로 경험하게 되는 연애는 대개 야심의 연애이다. 다정하고 사랑스러우며 순진한 소녀에게 사랑을 고백하는 일은 드물다. 지극히 숭고한 존재를 앞에 두고 어떻게 떨리는 마음으로 우러르고 감동해야 할 것인가. 젊은이는 여성의 미점에 의해 그 자신이 높여진다는 것을 아는 여성을 사랑하고 싶어한다. 숭고함에 절망하여 서글픈 마음으로 단순과 순진을 좋아하게 되는 것은 나이가 들고 난 후이다. 이 두 시기 사이에 자기의 일 외에는 그 무엇도 생각하지 않는 참된 사랑이 있다.

68

위대한 영혼은 외부에서는 잘 보이지 않는다. 그것은 스스로를 감추며, 대부분의 경우 다소 독창적으로 보일 정도이다. 위대한 영혼은 사람이 생각하는 것보다는 많다.

69

사랑하는 여성의 손을 처음으로 잡는다는 것을 그 무엇과 비교할 수 있을 것인가. 이것과 비교할 수 있는 유일한 행복은, 대신이나 국왕이 경멸하는 것처럼 하고 있는 저 권력의 큰 행복 정도일 것이다. 권력의 행복 역시 결정작용을 갖고 있다. 그 필요로 하는 상상력은 보다 냉정하고 보다 이성적이지만 말이다. 15분 전에 나폴레옹에 의해 대신으로 임명된 남자를 보라.

70

'자연은 북방에는 힘을, 남방에는 지혜를 주었다' 고 저 유명한 요하네스 폰 뮐러가 1808년 카셀[19]에서 나에게 말했다.

71

'누구라도 하인에 대해서는 영웅이 아니다.' 이 격언만큼 잘못된 것은 없다. 그러나 '군주제' 의 관점에서 《페드르(Phèdre)》의 이폴리트와 같은 우쭐거리는 영웅이라는 의미라면, 이것만큼 진실인 것은 없다. 이를테면 도제는 하인에 대해서도 영웅이었을 것이다(하기야 그가 하인을 두고 있었는지 어떤지는 나로서는 알 수 없지만). 그는 다른 누구보다도 하인에게 있어 영웅으로 보였을 것이다. 저 고상함과 불가피하게 몸에 익히고 있었던 다소 희극적인 맛이 없었더라면 튀렌도 페늘롱[20]도 도제가 될 수 있었겠지만 말이다.

72

하나의 모독적인 말 '네덜란드 인으로서 나는 굳이 말하겠다. 프랑스는 대화의 참다운 맛, 극장의 참다운 쾌락을 알지 못한다. 휴식이라도 완전한 자의에 따른 것이 아니라 일종의 일로 되어 있기 때문이다. 스타엘 부인의 죽음을 재촉한 온갖 피로 중에서 그녀가 그 생애의 마지막 겨울 동안에 행한 대화를

19 서부 독일의 헤센(Hessen) 주의 주도(主都). 각종 기관의 제도, 차량과 과학기계의 제작 등이 성하다.
20 Fénelon(1651~1715). 프랑스의 저작가이며 캉브레(Cambrai)의 대주교. 루이 14세의 손자의 스승으로 있으면서 교과용으로 소설 《텔레마크》를 지었으나, 후에 루이 14세를 풍자했다 하여 실각, 불행한 일생을 마쳤다.

들고 있는 사람이 있다.'

—W[21]

73

음표를 하나하나 귀로 포착하기 위해 청각신경이 긴장하는 강약(强弱), 이것은 음악에 있어 쾌감의 육체적인 부분을 상당히 잘 설명한다.

74

행실이 바르지 못한 여자들을 재미없게 만드는 것은, 그녀가 커다란 과오를 저질렀다고 스스로도 생각하고 남도 그렇게 생각하는 일이다.

75

대군의 퇴각에 즈음하여, 이탈리아의 병사에게 굳이 맞닥뜨릴 필요가 없는 위험을 일러주었다고 하자. 그러면 당신에게 거의 감사하며 주의 깊게, 그 위험을 피할 것이다. 같은 위험을 이번에는 친절한 마음에서 프랑스의 병사에게 지적해 보라. 그는 여러분에게 무시를 당했다고 생각하고 자존심에 사로잡혀 곧 그 위험을 무릅쓰고자 할 것이다. 그리하여 만일 극복하고 나면, 이번에는 여러분을 비웃으려고 할 것이다.

— 지아트스크[22], 1812년

76

아무리 유익한 사상이라 하더라도 극히 간단한 말로써 표현할 수 없는 한

21 W는 《이탈리아 여행기》의 저자인 위드먼(Wiedman)을 가리키는 것으로 생각된다.
22 마르티노는 모스크바와 스몰렌스크 사이에 있는 지아트스크(Ghatsk)일 것이라고 추측한다.

프랑스에서는 반드시 경멸된다. 상호교육도 프랑스 인이 발견했다면 결코 받아들여지지는 않았을 것이다. 그런데 이탈리아에서는 바로 그 반대이다.

77

여러분이 어떤 여성에게 조금이라도 열정을 갖고 있고, 또한 여러분의 상상력이 아직 고갈된 상태가 아니라고 가정해 보자. 그런데 그녀가 어느 날 밤 다소 부자연스럽기는 하지만 정이 담긴 흥분된 태도로 "좋아요, 내일 낮에 오세요. 혼자서 기다리고 있겠어요"라고 한다면, 여러분은 그날 밤은 잠을 이루지 못한다. 다른 일에 대해서는 전혀 생각할 수가 없다. 다음날 오전 내내 그는 고뇌한다. 마침내 시계가 울린다. 시계의 소리는 하나하나 여러분의 횡격막에 울려퍼진다.

78

연애에 있어서는 돈을 '나누어 가질 수 있다면' 사랑은 증가하고, '주면' 사랑은 '죽는다'. 이리하여 닥쳐오는 불행을 피하고 미래에 관해서는 원하지 않는 곤궁의 두려움을 멀리할 수 있게 된다. 그렇지가 않다면 '책략'과 부자연스러움을 생겨나게 하고 공감을 깨뜨리게 될 것이다.

79

튈르리 궁의 미사, 1811년—궁정의 의식. 여성들은 마치 장교가 그 군복을 과시하듯이 가슴을 드러낸 채 늘어선다. 이러한 매력의 홍수는 오히려 감동을 소멸시키고 아레티노[23]의 장면을 연상하도록 만든다. 모두들 '돈 때문에' 움직이고, 단 한 남자의 눈에 들고자 애쓰고 있다. 모인 사람 모두가 비

23 Aretino, Pietro(1492~1556). 이탈리아의 풍자작가.

도덕적으로, 특히 열정도 없이 행동하고 있는 것이다. 게다가 가슴을 드러낸 여성들이 심술궂은 표정으로 어떠한 기틀에 의해 그 자리에서 지불되는 개인적 이해(利害) 이외의 것에는 냉소하는 광경은 '바뇨의 온천' 을 연상시킨다. 그곳에는 덕이나 자족(自足)한 마음의 만족 등에 근거한 곤란 같은 것은 끼어들 여지가 없다. 이런 상황 하에 있으면서 고립의 느낌이 다정한 마음을 사랑으로 유혹하는 것을 나는 보았다.

80

영혼이 사소한 일에 수치심을 느끼고 오로지 그것을 극복하는 데에만 마음을 쓴다면, 결코 쾌락을 느끼지 못한다. 쾌락은 일종의 사치이며, 그것을 즐기기 위해서는 안전한 느낌이 필요하고 위협되어서는 안 된다.

81

이해타산이 빠른 여자에게도 속일 수 없는 사랑의 징조가 있다. 화해에는 참된 기쁨이 있는 것일까, 아니면 그 결과 얻어지는 이익을 생각하고 있는 것일까?

82

트라피스트(Trappiste) 수도원에 몰려드는 가엾은 사람들은 단지 자살할 만한 용기가 없었던 불행한 사람들이다. 그러나 역원(役員)은 제외된다. 역원은 역원이 되는 기쁨을 갖는다.

83

이탈리아의 미인을 알게 된다면 그것은 불행이다. 왜냐하면 사람이 무감각해지기 때문이다. 이탈리아 이외의 곳에서는 남자끼리의 이야기가 오히려 재미있다.

84

이탈리아 인의 신중함은 목숨을 지키는 일에만 소모되고 있으므로 상상력이 활동할 여지가 있다(1821년 12월 24일, 유명한 희극배우인 페르티카의 죽음에 관한 소문[24] 참조) 영국인의 신중함은 비용을 충당할 만큼의 돈을 긁어모으고 보존하는 일에 있으므로, 이탈리아와는 반대로 나날의 자질구레한 정확성을 요구한다. 이 습관은 상상력을 마비시키며, 동시에 이것이 '의무'의 관념에 최대의 힘을 준다는 데 주의해야 한다.

85

금전에 대해 무한한 존경을 보내는 것은 영국과 이탈리아의 최대의 결점이지만, 프랑스에서는 별로 눈에 띄지 않는다. 독일에서는 아주 적절하게 억제되고 있다.

86

프랑스의 여성은 '참된' 열정의 행복을 알지 못하기 때문에 가정 안에서의 행복이나 일상생활에 관해서는 그다지 불평을 말하지 않는다.

— 콩피에뉴

87

카멘스키가 말했다. '그대는 야심을 심심풀이처럼 말하지만, 내가 공작부

24 페르티카(Pertica)는 이탈리아의 희극배우. 스탕달은 1817년 4월에 밀라노에서 그의 연기를 보았다. '카르보나리'에 반대한 그는 1820년 나폴리에서 극장을 나서다가 복면을 한 사내들에게 납치를 당했고, 이후로 당에 반대하는 언사를 지껄이지 않는다는 맹세를 하도록 강요받았다. 그의 죽음은 이때의 공포가 원인이라고 한다.

인과 만나기 위해 매일 밤 코리크까지 8킬로미터의 길을 말로 달리고 있었을 무렵, 나는 존경하는 한 전제군주의 총애를 받고 있는 것과 같았다네. 왜냐하면 나의 행복도 욕망의 만족도 모두 그녀의 수중에 있었기 때문이지.

— 뵈르너, 1812년

88

예의와 화장에 대한 세심한 마음씀에 있어서의 완벽함, 남다른 선량함, 천재성의 결여, 수많은 나날의 사소한 일에 대한 주의, 사흘을 계속해서 같은 일에 전념하는 일이 불가능하다는 것. 이에 대해 다른 한쪽에는 청교도적인 준엄, 성서적인 잔학, 엄격한 성실성, 소심하고 상처 입은 자존심, 일반적인 '위선' 이것이 세계에서 가장 뛰어난 두 국민[25]인 것이다.

89

왕족 중에도 예카테리나 2세와 같은 여왕이 있었던 만큼 부르주아지 중에서 새뮤얼 베르나르[26]나 라그랑주[27] 같은 여성이 나타난다 하여 나쁠 이유가 어디 있겠는가?

90

알비츠아에 의하면, 여러분이 사랑하는 여인이 여러분을 다정하게 바라보며 "나는 당신을 좋아하지 않겠어요."라고 말할 때, 그 여인에게 편지를 보내어 사랑을 고백하는 것은 용서할 수 없는 동정심의 결여이다.

25 영국과 프랑스의 국민을 말한다.
26 Bernard, Samuel(1651~1739). 당시 프랑스의 부호.
27 Lagrange, Joseph-Louis(1736~1813). 프랑스의 수학자, 과학자.

91

프랑스가 낳은 최대의 철학자로서도 할 수 없었던 일은, 파리에 나가지 않고 알프스의 산속에 숨어 살며 그곳에서 서서반을 보낸다고 하는 것이었다. 엘베시우스[28]가 그렇듯 소박하고 성실한 생활을 하는 것을 보고서도 수아르[29], 마르몽텔, 디드로와 같은 속된 경향을 띠고 있는 허영가들은 이 사람이 하나의 대철학자임을 깨닫지 못했었다. 그들이 엘베시우스의 깊은 이성을 경멸했던 것은 그다지 악의가 있었기 때문은 아니다.

첫째, 그것은 단순하며, 프랑스에서는 용서하기 어려운 죄이다. 둘째, 그 인물(저서가 아니다)은 하나의 약점을 갖고 있었다. 즉 그는 프랑스에서 영광이라 일컬어지는 것을 얻고서 발자크[30], 부아투르[31], 퐁트넬과 같은 동시대의 사람들 사이에서 유명인사가 되는 것을 매우 중요시하고 있었다는 점이다.

엘베시우스의 원리를 이해하기에는, 루소는 지나치게 감수성이 풍부했고 지나치게 이성이 결여되어 있었다. 뷔퐁[32]은 그 식물원에 있어 지나치게 위선적이고, 볼테르는 그 머리에 유아적인 경향이 지나치게 많았다. 이 철학자가 그 원리에 '쾌락'이라는 아름다운 이름을 부여하지 않고 이해라고 명명한 것은 실수였다. 그러나 이와 같은 작은 과실에 의해 판단을 그르친 문학계 전체의 양식에 대해서는 어떻게 생각하면 좋을까?

28 Helvétius, Claude Adrien(1715~1771). 프랑스의 철학자. 로크와 콩디약의 〈감각론〉에서 출발하여 독자적인 유물론의 체계를 형성했다.

29 Suard, Jean-Baptiste-Antoine(1733~1877). 프랑스의 비평가이며 저널리스트로서, 아카데미의 종신 서기였다. 저서로는 《문학잡지》, 《회상록》 등이 있다.

30 Balzac, Jean-Louis-Guez de(1594~1654). 프랑스의 서간작가로서, 고전시대의 문체 확립에 기여했다. 《서간집》이 유명하다.

31 Voiture, Vincent(1598~1648). 동시대의 시인이며 서간작가.

32 Buffon, Georges Louis Leclerc(1707~1788). 프랑스의 문인이며 박물학자. 44권에 달하는 저서 《박물지》는 문학적으로도 높이 평가된다.

범용한 재사, 예를 들어 사부아의 영주 으젠[33]이 레굴루스의 위치에 있었다면 유유히 로마에 머물면서 카르타고 원로원의 어리석음을 비웃었을지도 모른다. 그런데 레굴루스는 카르타고에 돌아갔다. 으젠도 바로 레굴루스가 독자적인 이해관계에 따른 것처럼 역시 그 이해관계를 따른 데 지나지 않는 것이다. 인생의 사건에 있어 숭고한 영혼은 평범한 영혼으로서는 상상하지도 못할 행위의 가능성을 발견한다. 그가 이 행위의 가능성을 본 순간, 그것을 실행하는 일이 그의 '이해관계'가 된다. 그가 만일 자기가 본 행위를 실행하지 않을 경우, 그는 스스로를 경멸하고 불행에 빠지게 된다. 사람은 그 정신의 크기에 준하여 의무를 갖는 것이다.

엘베시우스의 원리는 연애의 가장 광적인 발양(發揚)에 관한 한, 자살에 있어서조차 진실이다. 인간이 항상, 또 어떠한 경우에라도 그 순간 행하는 일이 가능하며 자기에게 가장 쾌락을 주는 일을 행하지 않는 것은 자연에 위배될 뿐더러 또한 불가능이기도 하다.

92

확고한 성격을 갖고자 한다면 자기의 위에 타인의 영향을 느낀 적이 반드시 있어야 한다. 따라서 타인이 필요하다.

93-1

고대의 사랑.

로마의 귀부인이 남긴 연문(戀文)은 인쇄되지 않았다. 페트로니우스는 매력 있는 책을 남겼지만, 그 속에는 방탕밖에 묘사되고 있지 않다.

33 Eugène de Savoie-Carignan(1663~1736). 프랑스의 장군. 오스트리아에 충성을 바쳤으며, 터키전쟁 및 네덜란드 독립전쟁에서 활약했다.

로마의 '연애'에 관해 말한다면, 베르길리우스의 디도[34]와 《전원시》 제2권 이후로는 오비디우스, 티불루스, 프로페르티우스의 3대 시인의 작품만큼 정확히 기술하고 있지 못하다.

한편 파르니의 비가(悲歌), 엘로이스의 아벨라르에게 보내는 편지, 콜라르듀[35]의 편지는, 《신엘로이스》 중의 두세 가지의 편지, 포르투갈 여성의 편지, 레스피나스 양의 편지, 미라보의 소피에게 보내는 편지, 베르테르의 편지 등과 비교하면 훨씬 불완전하고 불명료한 편지이다. 시는 강요된 비유, 시인이 믿고 있지도 않은 신화, 루이 14세풍의 문체의 장엄, 숱한 이른바 시적(詩的) 장식을 갖기 때문에, 인간의 마음의 움직임을 명료하게 정확히 나타낸다는 점에서는 산문에 훨씬 미치지 못한다. 그런데 이 장르에서는 명료하지 않으면 사람의 마음을 움직일 수가 없다.

티불루스, 오비디우스, 프로페르티우스는 우리의 시인들보다 좋은 취미를 갖고 있었다. 그들은 기품 있는 로마 시민 사이에 일어날 수 있었던 연애를 노래했다. 더구나 그들은 야누스의 사원을 폐쇄하고 시민들을 하나의 군주국 신민의 지위로 전락시키려고 한 저 아우구스투스의 치세에 생존했었던 것이다.

이 3대 시인의 애인은 요부적이고 부정(不貞)했으며 돈에 의해 움직였다. 그들은 여자에게 육체적 쾌락밖에는 바라지 않았다. 그들은 13세기가 지난 뒤 저 다정한 엘로이스의 가슴을 설레게 한 숭고한 감정에는 결코 도달할 수가 없었을 것이다.

34 베르길리우스의 장편 서사시 《아이네이아스(Aineias)》에 등장하는 카르타고의 여왕. 영웅 아이네이아스에게 버림받자 자살해 버렸다. 참고로 말하면 《전원시》 제2권에는 미소년 알렉시스에 대한 동성연애가 묘사되고 있다.

35 Colardeau, Charles-Pierre(1732~1776). 프랑스의 시인. 엘로이스의 편지를 모방했다.

이하의 문장은 라틴 시인에 관해 나보다 훨씬 자세히 알고 있는 어떤 훌륭한 문학자에게서 차용한 것이다.

오비디우스의 찬란한 천재성, 프로페르티우스의 풍부한 상상력, 티불루스의 민감한 마음은 물론 그들에게 각각 다른 뉘앙스의 시구(詩句)를 쓰게 했지만, 그들은 거의 같은 종류의 여성을 같은 식으로 사랑하고 있었다. 그들은 먼저 욕망하고, 극복했으며, 그리하여 수많은 행복한 연적을 가졌고 질투하고 싸우고 화해했다. 다음에는 그들 쪽에서 배신했다. 여자는 용서했다. 행복은 돌아왔지만, 곧 비슷한 사건이 일어나 평화는 깨어졌다.

코린나는 기혼 여성이었다. 오비디우스가 최초로 여자에게 가르친 것은 어떠한 책략을 써서 남편을 속일 것인가 하는 점이었다. 남편이나 타인 앞에서 두 사람만이 아는 신호를 주고받기 위해서는 어떻게 해야 할 것인가? 그리고 쾌락, 이윽고 말다툼. 오비디우스 같은 멋진 남자에게는 뜻하지 않은 일, 즉 욕설과 구타 및 사죄 · 눈물 · 용서가 생겨난다. 때로는 그는 아랫사람이나 하인에게, 또는 밤에 문을 열어달라고 여자 집의 문지기에게 호소하기도 한다. 여자를 타락시키고 돈을 위해 그녀에게서 눈을 떼지 않는 늙어빠진 환관(宦官)에게 몸을 맡기라고 권하는 증오할 노파에게도, 밀회를 구하는 서간판(書簡板)을 그녀에게 전해주도록 어린 여자노예한테도 사정한다. 밀회를 거절당하면 실패한 서간판을 저주하고, 성공하면 '새벽의 여신'에게 그의 행복을 중단시키러 오지 않도록 간청한다. 이윽고 그는 자기의 끊임없는 바람끼를, 여자를 보면 가리지 않고 무조건 반해버리는 자기를 책망한다. 그런데 곧 이어서 코린나 역시 정사를 갖는다. 그는 자기가 여자에게 준 교훈을 여자가 다른 남자를 위해 이용하는 것이 아닐까 하여 참을 수 없는 기분이 된다.

그러자 코린나도 질투하기 시작한다. 그녀는 다정한 여자에서 사나운 여자로 변모하여, 그가 어린 여자노예를 사랑했다고 비난한다. 그는 결코 그런 일은 없었다고 맹세하면서도 다른 한편으로는 그 여자노예에게 편지를 쓴다. 코린나를 화나게 만든 것은 사실이었다. 그렇다면 어떻게 그녀는 알았을까? 무엇에 의해 눈치챘을까? 그는 여자노예에게 다시 한 번 만나달라고 청한다. 만일 그녀가 거부할 경우 모든 것을 코린나에게 털어놓겠다고 위협한다. 그는 친구와 더불어 이 두 가지 사랑의 고통과 즐거움에 관해 농담을 한다. 그러나 결국 그의 마음을 차지하는 것은 코린나뿐이게 된다. 그녀도 완전히 그의 것이다. 그는 최초의 승리이기나 한 것처럼 그 기쁨을 노래한다. 온갖 이유에서 오비디우스의 원문(原文)을 읽어달라고 바랄 수밖에 없는 사건, 또한 여기서 인용하기에는 너무 긴 사건을 겪은 후 코린나의 남편은 다소 지나칠 정도로 태평했었다. 그는 이미 질투를 느끼지 않는다. 이것이 그녀의 연인에게는 못마땅하다. 그래서 그는 질투하지 않으면 당신의 부인을 버리겠다고 협박한다. 남편은 그 협박에 순순히 굴복한다.

남편의 감시가 엄중하여 오비디우스는 코린나에게 접근할 수가 없다. 그는 자기가 초래한 이 감시를 한탄하지만, 결국 그런 대로 남편의 눈을 속일 수가 있었다. 그런데 불행히도 그 일에 성공한 것은 그 한 사람뿐만이 아니었다. 코린나는 다시 애정행각을 벌이기 시작했는데, 더욱더 심해질 뿐만이 아니라 그 방식이 아주 공공연했으므로, 마침내 오비디우스는 자신을 속이는 한이 있더라도 좀더 잘 대해달라고 간청하기에 이른다. 외적으로만이라도 그렇게 분명히 마음을 나타내지 말아달라고 부탁할 수밖에 없게 된 것이다. 이런 것이 오비디우스와 그 연인의 생활이고 그 사랑의 특징이다.

킨티아는 프로페르티우스에게 있어 처음이자 마지막의 사랑이었다. 그는 여자를 손에 넣음과 동시에 질투하기 시작한다. 킨티아는 사치를 좋아하는 여자였다. 그는 여자에게 사치스럽기보다는 검소해지라고 당부한다. 그런데 자기 자신은 온갖 방탕을 일삼는다. 킨티아가 기다리고 있는데도 늘 아침이 되어서야 돌아오는 것이다. 그는 연회에서 곧바로 왔으므로 술에 잔뜩 취해 있다. 여자는 자고 있다. 아무리 소리를 내도 애무해 주어도 좀처럼 일어나지 않는다. 마침내 그녀는 잠에서 깨어나 당연히 그를 비난한다. 한 친구가 그를 킨티아와 헤어지게 하려 하지만, 그는 그녀의 아름다움과 재능을 찬미하며 듣지 않는다. 그런데 그러는 사이 여자 쪽에서 달아나려 했다. 결국 그녀는 한 군인과 사랑의 도피행각은 벌였다. 그녀는 전장까지 따라가려고 한다. 그 군인을 따라가기 위해서라면 어떤 일이라도 저지를 것만 같다. 그러나 프로페르티우스는 그다지 흥분하지는 않았으며, 다만 눈물만 흘릴 뿐이었다. 그는 그녀의 행복을 빈다. 여자가 떠나버린 집에서 한 발짝도 나가지 않겠다고 한다. 그녀를 보았다는 나그네를 만나 킨티아에 관해 묻고 싶다고 한다. 그녀도 마침내 이 정도의 사랑에 감동하여 군인을 버리고 시인에게로 돌아왔다. 그는 아폴론과 뮤즈에 감사하고 행복에 취한다. 그러나 이 행복은 마침내 새로운 질투의 발작으로 어지럽혀져, 멀어지거나 헤어진다. 킨티아와 떨어져 있어도 그는 오로지 그녀의 일만을 생각한다. 과거의 부정은 새로운 부정을 두려워하는 요인이 된다. 그는 죽음을 두려워하지 않으며, 단지 킨티아를 잃는 일만을 두려워한다. 만일 저승에서 그녀가 그를 배신하지 않을 것이 확실하다면, 그는 아무런 후회도 없이 무법에 들어갈 것이다.

그로부터 몇 번이나 배반을 당하고, 그는 이제 사랑도 식었다고 생각한다. 그러나 이윽고 사랑의 속박에 몸을 맡긴다. 그는 연인의 아름다움과 그 품위 있는 모습, 노래 · 시 · 무용의 재능에 관해 황홀해지는 듯한 초상을 그려낸다. 모든 것은 그의 사랑을 증가시키고 그것을 긍정할 뿐이다. 그러나 아름다움과 동시에 마음이 비뚤어졌던 킨티아는 그 정사로 말미암아 온 동네의 악평을 초래한다. 너무 요란스럽게 소문에 오르내리게 되었으므로 프로페르티우스는 창피를 당하지 않고서는 그녀를 사랑할 수가 없다. 그는 그것을 수치로 여겼으나, 그래도 여자에게서 떠날 수가 없다. 그는 그 연인이고 남편이며, 킨티아 이외의 그 어떤 여자도 결코 사랑하지는 않으리라. 그들은 여러 차례에 걸쳐 헤어졌고 또 결합했다. 킨티아는 질투하고, 그는 결코 다른 여자는 사랑하지 않는다는 말로써 그녀를 위로한다. 사실 그가 사랑한 것은 한 여자만이 아니었다. 그는 모든 여자를 사랑했으며, 몇 사람이 더 있어도 여전히 부족하다. 쾌락에 관한한 그는 싫증을 낼 줄 모르는 것이다. 그가 반성을 하도록 킨티아는 또다시 그를 버리지 않으면 안 된다. 그는 마치 자기가 한 번도 바람을 피운 적이 없기나 하다는 듯 크게 한탄한다. 따분해진 그는 방탕으로 마음을 달래려고 한다. 언제나처럼 술에 엉망으로 취한다. 그리고는 사랑의 여신들을 만나 그 집으로 끌려갔다는 등의 이야기를 지껄여대며 킨티아의 발 밑에 몸을 던진다. 화해로 또다시 새로운 폭풍이 분다. 저택에 두 사람은 함께 간식을 먹는다. 그러다가 킨티아는 술에 취해 식탁을 엎어버리고 그의 머리에 술잔을 던진다. 그는 이 같은 일이 즐거운 것이다. 그러나 마침내 새로운 부정이 그로 하여금 술을 끊도록 강요한다. 그는 문득 그리스로 여행을 떠날 생각을 하게 된다. 그리하여 상세한 여행계획을 세우지만, 곧 포기하고 또다시 여자에게 모욕을 받는 원인이 된다. 킨티아는 그를 배신할 뿐 아니라 연적의 웃음거리로 만든다. 그러다가 갑자기 병에 걸려 그녀는 죽는다. 그녀는 죽어가면서 그의 부정과 바람끼를 비난하고, 그녀 자신은 겉으로는 어떠했든 한 번도 그를 배신한 적이 없었다고 맹세한다. 이와 같은 점이 프로페르티우스와 그 연인의 생활 및 정사이고, 그들의 사랑의 경위의 개략(槪略)이다. 프로페르티우스와 같은 영혼이 사랑하지 않을 수 없었던 것은 이런 여성이었다.

오비디우스도 프로페르티우스도 곧잘 바람을 피웠다. 그러나 그 사랑은 변하지 않았다. 두 사람은 닥치는 대로 꽤 많은 애인을 만들었지만, 언제라도 같은 사슬이 있는 곳으로 돌아오는 성실한 탕자였다. 따라서 코린나와 킨티아는 여성 전부를 적으로 돌리고 있었던 셈이며, 특별히 이렇다 할 연적은 없다. 이 두 시인의 연애는 정절은 아니었다 하더라도, 적어도 그 시신(詩神)은 정숙했었다. 코린나와 킨티아 이외의 이름은 그들의 시에 등장하지 않는다. 티불루스는 이 두 사람에 비해 한층 다정한 연인으로서 시인이었지만, 그 취미는 두 사람만큼 싱싱하거나 격렬하지도 않고 그 사랑 역시 그들처럼 불변의 것은 아니었다. 세 명의 미인이 교대로 그의 사랑과 시의 대상이었다. 델리아는 티불루스의 첫번째 연인으로서, 가장 유명하며 또한 가장 사랑을 받고 있었다. 티불루스는 재산을 잃었지만, 그가 바라는 것은 전원의 평화 속에서 그녀를 사랑하고 그 손을 잡은 채 죽어가며, 그녀가 눈물을 흘리며 장례행렬의 뒤를 따라주는 것이었다. 델리아는 질투심 많은 남편에 의해 감금당해 있었다. 그는 백 개의 눈을 가진 거인 아르고스의 감시나 삼중으로 잠긴 빗장을 무릅쓰고 그 뇌옥에 숨어들어 그녀의 품안에서 모든 고통을 잊는다. 그는 병이 들고, 오로지 델리아에 대해서만 생각한다. 그는 그녀에게 정절을 지키고 '돈을 경멸하며' 그가 그녀에게서 얻은 것을 결코 다른 남자에게 주지 말라고 부탁했지만, 델리아는 이 당부를 외면했다. 그는 여자의 배신을 참을 수 있다고 생각했으나 결국 견뎌내지 못했고, 델리아와 베누스에게 은혜를 청한다. 술로써 잊고자 하지만 아무 소용이 없다. 후회를 가라앉힐 수도 없고, 사랑의 상처를 아물게 할 수도 없다. 그는 자기와 마찬가지로 속고 있는 남편에게 호소한다. 그녀가 사용하는 애인과의 밀회 방법을 남편에게 가르쳐준다. 그리고는 이렇게 말한다. "만일 당신이 그녀를 지킬 수 없다면 나에게 맡기는 편이 어떻겠소? 나라면 그녀의 수많은 애인을 멀리 쫓아버리고 그들의 함정에 빠져 두 사람의 명예를 손상시키는 여자를 지킬 수가 있을 거요."라고.

마침내 그의 흥분도 가라앉아 여자에게로 돌아간다. 그는 옛날 델리아와의 사랑의 중계 역할을 해준 그녀의 어머니를 생각한다. 이 선량한 여자의 추억이 그의 마음에 부드러운 감정을 일으키고 델리아의 배신을 잊게 해준다. 그러나 그녀는 다시 좀더 심한 배신을 한다. 그녀는 돈과 선물에 의해 움직이는 여자가 되고, 이 남자에게서 저 남자에게로 나비처럼 옮겨다닌다. 티불루스는 마침내 이 치욕스런 유대를 끊어버리고 그녀에게 두 번 다시 만나지 않겠다고 선언한다.

바야흐로 그는 네메시스의 뜻대로 움직이는 남자가 된다. 그렇지만 여전히 행복하지가 않다. 그녀가 사랑하는 것은 오로지 돈뿐이다. 시(詩)라든가 천재에는 관심을 갖지 않는다. 네메시스는 가장 많은 돈을 내놓는다. 남자에게 몸을 맡기는 욕심 많은 여자이다. 그는 그런 탐욕을 저주하지만, 여자를 사랑하고 있다. 그녀의 사랑이 없이는 살아갈 수가 없다. 그는 슬픈 이미지를 갖고서 그녀의 마음을 움직이려고 한다. 그녀는 여동생을 잃었다. 그러므로 그 무덤에 가서 눈물을 흘리고, 그의 슬픔을 대답 없는 시신에게 하소연하기로 한다. 동생의 망령은 네메시스가 남자로 하여금 흘리게 하는 눈물에 격분할 것이다. 네메시스가 사령의 분노를 우습게 알지 않는다면 좋으련만…… 동생의 슬픈 모습은 밤에 그녀의 잠을 방해하러 오리라…… 그러나 이 슬픈 추억은 반대로 네메시스를 울린다. 그는 이렇게 하면서까지 행복하고 싶지는 않다고 생각한다. 네라는 그의 세 번째 연인이다. 그는 오랫동안 그녀의 사랑을 받았다. 그는 신들에게 오로지 그녀와 함께 살다가 함께 죽게 되기만을 바랄 뿐이다. 그러나 그녀는 나가버렸다. 그녀는 이미 없다. 그는 그녀의 일만을 생각한다. 신들에게 그녀가 돌아오게 해달라고만 기도한다. 꿈에 아폴론이 나타나, 네라가 그를 배신할 것이라고 알려주었다. 그는 이 꿈을 믿으려고 하지 않는다. 이 불행을 그는 견뎌낼 것 같지 않았으나, 불행은 사실이었다.

네라는 다른 남자에게로 갔다. 그는 또다시 여자에게 버림을 받았다. 이와 같은 것이 티불루스의 성격과 운명이었고, 그의 세 가지 슬픈 사랑의 이야기이다.

달콤한 우수가 지배하고, 그것이 쾌락에도 몽상과 비애의 색채를 띤 채 사람을 매혹하는 것은 누구보다도 티불루스이다. 연애에 도덕을 덧붙인 시인이 고대에 있었다면, 그것은 바로 그였다. 그러나 이런 그가 그렇듯 교묘하게 표현한 정서(情緖)의 뉘앙스도 단지 '그의 내부에 있음'에 지나지 않았다. 다른 두 사람의 시인도 마찬가지이지만, 그것을 연인의 내부에서 구하고 혹은 생겨나도록 하려고는 생각하지 않았다. 확실히 연인의 우아함과 아름다움은 그를 타오르게 했고, 그는 그 사랑을 갈망하거나 혹은 애석하게 여겼다. 실로 그 부도덕 · 탐욕 · 이별은 그를 괴롭혔다. 그러나 다만 그것뿐이다. 이 3대 시인의 작품에 의해 이름이 알려진 여자 중에서는 킨티아가 가장 좋은 여자였던 것 같다. 그녀에게 있어서는 재능의 매력이 다른 매력과 합치되고 있었다.

그녀는 노래를 잘 불렀고 시도 잘 썼다. 그러나 이와 같은 재능은 흔히 어떤 등급의 창부에게서 볼 수 있는 것으로서, 그 때문에 그녀의 가치가 특별히 높아지는 것은 아니다. 여전히 쾌락 · 금전 · 술이 그녀의 생활을 이끌고 있었던 것이다. 그리고 프로페르티우스가 이러한 그녀의 예술에의 사랑을 찬미한 것도 한두 번에 지나지 않으며, 그녀에 대한 그의 정열은 역시 전혀 다른 힘에 의해 지배되고 있었다.

이들 대시인은 명백히 그 세기의 가장 다정하고 가장 섬세한 영혼의 소유자에 속하고 있었다. 더구나 그들이 누구를 사랑하고 어떻게 사랑했는가는 이 범위를 벗어나지 못했다. 단, 여기서는 문학적 평가는 별도이다. 나는 그들에게 그 세기에 관한 증언을 구할 뿐이다. 그리하여 2000년이 지나면 뒤

크레이 뒤미닐[36]의 통속소설도 우리들의 풍속 가운데 하나의 증언으로 탈바꿈하게 될 것이나.

93-2

내가 몹시 아쉽게 여기는 것 가운데 하나는 1760년의 베네치아를 보지 못했다는 것이다. 확실히 당시 일련의 행운이라고 할 수 있는 우연으로서, 이 작은 고장에 인간의 행복에 있어 가장 축복받은 제도와 여론이 집중되어 있었다. 감미로운 일락(逸樂)이 인간 모두에게 손쉬운 행복을 주었다. 내란도 범죄도 전혀 없었다. 평안은 모든 사람의 얼굴에 있었고, 누구라도 실제 이상의 부자로 보이고 싶어하지는 않았다. 위선은 아무런 쓸모가 없었다. 생각건대 1822년의 런던[37]과는 정반대였던 것이다.

94

개인적 안전의 결여를 재산을 잃게 되지나 않을까 하는 매우 당연한 불안으로 대체시킨다면, 지금 내가 개별적 연구를 하고 있는 검열의 견지로 볼 때 미국이 고대와 아주 유사하다는 것을 여러분은 깨닫게 될 것이다. 열정적 연애에 관해 고대인이 남긴 다소 불완전한 소묘에 관해 풀이해 왔지만, 나는 《아르고선 항해기》[38]의 '메데아의 사랑'에 대해 언급하는 것을 잊고 있었다. 베르길리우스는 디도에 대해 이 사랑을 모방했다. 현대소설, 이를테면 《킬레

36 Ducray-Duminil(1761~1819). 당시의 통속소설가. 젊은 아가씨의 눈물을 자아내게 하는 교묘한 문장가로서 스탕달이 자주 인용한다.

37 이때의 영국은 조지 4세(재위 1820~1830)의 치세였는데, 휘그당이 분열을 일으켜 정권은 토리당에게로 넘어갔고, 피트(Pitt, William : 1759~1806)가 등장한다.

38 기원전 3세기의 알렉산드리아의 시인인 아폴로니오스(Apollonios)의 작품. 메데아는 콜키스(Kolkhis)의 왕녀로서 원정대장 이아손을 사랑했는데, 그에게 버림을 받자 자기가 낳은 아이들을 죽임으로써 복수한다.

린의 장로》[39]의 연애와 비교하라.

95

로마 인은 자연과 예술의 미를 놀랄 만큼 힘차게, 깊고 바르게 감지하고 있지만, 그들이 그토록 강한 힘으로써 느낀 것에 관해 추론하는 단계에 이르면 사정은 아주 난처해진다. 아마도 감정은 자연으로부터 왔을 테지만, 논리는 체제로부터 왔기 때문이다. 이리하여 우리들은 미술이 어째서 이탈리아의 밖에서는 한낱 악의가 있는 빈정거림에 지나지 않는가를 이해하게 된다. 이론은 교묘하지만 대중은 본래 이를 느끼지 못하는 것이다.

96

런던, 1821년 11월 20일—지극히 이성적인 한 남자가 어제 마드라스에서 돌아왔다. 2시간에 걸쳐 그가 이야기한 내용을 다음과 같이 20행으로 축소해 보자.

'이유는 알 수 없지만 영국인의 성격을 지배하고 있는 저 음울함은 그야말로 치유가 불가능한 상태로 접어들었으므로, 세계의 끝인 마드라스에서도 며칠간의 휴가를 얻은 영국인은 즉시 부유하고 번화한 마드라스를 떠나 프랑스령 퐁디셰리[40] 작은 도시로 가서 여가를 즐긴다. 이곳은 경제적으로나 상업적으로나 특별한 사항이 없으며, 다만 뒤 퓌[41] 씨의 선정(善政)에 의해 번영하고 있는 곳이다. 마드라스에서는 한 병에 36프랑짜리 부르고뉴 산 포도주를 마시고 있지만, 퐁디셰리의 프랑스 인은 가난하므로 시에서 가장 상류의 사

39 《마농 레스코》의 저자인 프레보(Prévost : 1697~1763)의 소설이다.
40 Pondicherry. 인도 남부 마드라스의 남방에 있는 동굴유적. 구석기시대 마들렌 문화기(期)의 벽화로 유명하다.
41 Du Puy, André-Julien, Comte(1753~1823). 1816년부터 26년까지 인도 프랑스령 식민지 총독.

희라도 청량음료는 큰 컵에 담긴 한 잔의 물에 불과하다. 다만 이곳에는 웃음이 있다.

현재 영국은 프러시아보다 자유롭다. 기후는 쾨니히스베르크, 베를린, 바르샤바와 마찬가지이지만, 이런 도시들은 도무지 비애와는 거리가 멀다. 노동자 계층은 영국만큼 복지시설의 혜택을 받지 못하고, 술은 영국과 마찬가지로 조금밖에 마시지 않는다. 또한 옷차림은 훨씬 떨어진다. 베네치아와 빈의 귀족 계층에게는 슬퍼하는 빛이 없다.

사사로운 견해에 의하면, 그 상위는 다음과 같은 한 가지 점에서 기인한다. 즉 활기에 넘치는 나라들에서는 거의 성서를 읽지 않고, 나름대로의 멋이 있다. 자기 자신조차도 아직 의심하고 있는 증명을 반복하는 것을 용서해 주기 바란다. 위에서와 같은 결론으로 이끄는 많은 사실을 나는 생략했다.

97

나는 지금 파리 근교의 한 저택에서 대단히 아름답고 재치가 풍부한 20세가 채 안된 부유한 젊은이를 만나고 온 참이다. 그는 우연히 18세의 아주 아름다운 아가씨와 꽤나 오랫동안 단둘이서 살게 되었는데, 이 아가씨도 재능이 풍부하고 세련된 재치를 가졌으며, 또한 엄청난 부자였다. 모두들 두 사람 사이에 정열이 싹텄다고 생각했다. 그런데 그런 일은 전혀 일어나지 않았다. 두 사람의 아름다운 남녀에게는 대단히 허세가 있었으므로 제각기 자기의 일, 자기가 상대에게 주는 효과밖에는 생각하지 않았던 것이다.

98

저 대행위(大行爲)[42]를 이룩한 이후부터 일종의 야만적인 오만이 이 국민으

42 에스파냐가 나폴레옹에게 저항한 것을 가리킨다. .

로 하여금 모든 과실과 어리석은 행위를 하도록 만들었다는 것을 나는 인정한다. 그러나 그럼에도 불구하고 내가 일찍이 이 중세의 대표자에게 준 찬미를 철회하지 않는 데는 다음과 같은 이유가 있기 때문이다.

나르본 최고의 미인은 20세가 채 못 된 한 젊은 에스파냐 여성인데, 그녀는 같은 에스파냐 인으로서 퇴직 장교인 남편과 더불어 세상과는 완전히 등을 돌린 채 살고 있었다. 얼마 전, 이 장교는 어떤 자부심 많은 자의 뺨을 때려야만 했다. 자부심이 많은 남자는 이튿날 이 젊은 에스파냐 여성이 결투장에 나타난 것을 보았다. 그러자 그는 우쭐거리는 태도로 지껄여대기 시작했다. "이건 너무하군. 어째서 당신은 부인에게 떠들어댔지? 결투를 말리러 왔잖은가!"

젊은 에스파냐 여성이 대답했다. "당신의 장례식에 참석한 것이에요." 아내에게 무엇이든 이야기할 수 있는 남편은 행운아이다. 결투의 결과는 교만한 말에 정확히 들어맞았다. 이와 같은 행위는 영국에서라면 그다지 예의바른 것으로는 인정되지 않을 것이다. 그러므로 거짓된 예절이 이 세상에서 적은 행복을 더 한층 적게 하고 있는 것이다.

99

친애하는 도네잔[43]이 어제 말했다. "내가 젊었을 무렵, 아니 1789년에 나는 50세였으니, 생각건대 내가 상당히 나이를 먹었을 때까지도 여성은 머리에 가루를 뿌리고 있었습니다. 솔직히 말해서 '머리가루'를 뿌리지 않은 여성을 보면 불쾌할 정도였지요. 화장할 겨를도 없었던 잔시중 드는 하녀 같은 느낌이 언제나 먼저 오는 거예요."

43 Donézan. 아마도 보나크(Bonac) 후작의 동생을 말하는 것 같다. 명랑하고 재치 있는 남자로 유명했다.

여기에 셰익스피어에 반대하며 고전극의 삼일치(三一致)의 법칙을 지지하는 던 하나의 이유가 있다.

오늘날의 젊은이는 라 아르페[44]밖에는 읽지 않으므로, 고(故) 마리 앙투아네트가 사용하던 것과 같은 가루를 뿌린 큰 앞머리에 대한 유행은 아직도 몇 년은 더 계속될지도 모른다. 나는 또 코레조나 미켈란젤로를 경멸하는 젊은이도 알고 있다. 그리고 도네잔은 확실히 매우 재치가 풍부한 사람이었다.

100

냉정하고 솔직하고 타산적이고 다소의 질투심이 있으며 토론을 즐기고, 누군가에 대해 감격해도 곧 그 사람이 뒤에서 비웃지는 않을까 하여 두려워하며, 결코 열광하는 법이 없고 나폴레옹을 따름으로써 대사건을 목격한 사람들에 대해 다소 질투를 느끼고 있다—이것이 존경해야 하겠지만 사랑스러움이란 없는 그 당시의 청년이었다. 정부를 강요하여 좌익 중앙파로 타락시킨 것은 그들이었다. 이 청년의 특징은 징집병 사이에서도 인정되었으며, 모두 그 복무기간이 끝나기만을 기다리고 있을 뿐이었다. 모든 교육은 계획적인 것이든 우연한 것이든간에 인생의 어떤 특정 시기를 향해 인간을 발전시키는 것이다. 루이 15세 시대의 교육은 학생들에게 있어서 일생의 가장 아름다운 시기를 25세로 하였다. 이 시대의 청년이 가장 훌륭해지는 것은 40세가 되고부터일 것이다. 그때 그들은 그 시기와 허세를 떠나 대범함과 명랑함을 갖게 될 것이다.

44 La Harpe(1739~1803). 프랑스의 시인. 〈메르퀴르〉 지의 문예비평가로서, 문학학교를 개설했으며 주저로는 《문학 강의》가 있다. 스탕달이 가장 싫어한 문학이론가.

101

성실한 사람과 아카데미 회원과의 논쟁.

'이 아카데미 회원과의 논쟁에서, 아카데미 회원은 항상 사소한 날짜라든가 그밖에 그와 유사한 하찮은 오류를 방패로 삼아 위태로운 상황을 극복했다. 사물의 자연스러운 결론 내지 판단에 이르러서는 그들은 항상 부정하거나 혹은 이해할 수 없다는 태도를 보였다. 예컨대 네로는 과연 잔인한 황제였는가, 샤를 2세는 맹세를 지키지 않은 자였는가 하는 문제에 관한 것 등이다. 그러나 어떻게 해야 이와 같은 문제를 증명할 수 있을까? 증명할 수 있다 해도 왜 일반적 논쟁을 중지하지 않고, 그 실 가닥을 잃지 않을 수가 있겠는가.'

이것이 이런 사람들 사이에서 행해진 의론의 상태였다. 한쪽이 오로지 진리 및 진리에 있어서의 전진을 추구하면, 다른 한쪽은 우두머리와 당파의 은총을 추구하고 교묘히 발뺌을 했다는 영광을 얻으려고 한다. 요컨대 나는 성실한 인사가 이렇듯 진지하게 아카데미 회원과 더불어 이야기한다면 그는 매우 너그러운 사람이라고 할 수밖에 없고 시간 낭비에 불과하다고 단언한다.

— 귀 알라르드 데 부아론[45]의 희작(戱作)

102

행복에 도달하는 방법에 있어 정밀과학이 될 수 있는 것, 매세기마다 확실하게 한 계단씩 올라갈 수 있는 사닥다리와 같은 것은 그것의 극히 작은 일부분에 지나지 않는다. 즉, 정부에 의존하는 부분인 것이다(그러나 이것은 일반

45 Guy Allard de Voiron. 17세기 그레노블의 계보학자. 역사소설이 한 권 있을 뿐이며, 이런 희작이 있으리라고는 생각되지 않는다. 스탕달의 창작인 듯싶다.

론일 뿐이며, 나는 1770년의 베네치아 시민은 오늘날의 필라델피아의 시민보다 행복했으리라고 생각한다).

더구나 행복에 도달하는 방법은 시(詩)와도 같은 것이다. 모든 부문에 있어서의 진보에도 불구하고 2700년 전의 호메로스는 바이런 경(卿)보다도 재능이 있었다. 플루타르코스를 주의 깊게 읽어본다면 디온[46] 시대의 시칠리아는 인쇄술도 발달해 있지 않고 얼음을 띄운 펀치(Punch)도 없었지만, 행복했음을 알 수 있을 것이라고 생각한다.

나는 19세기의 프랑스 인보다도 5세기의 아라비아 인이 되고 싶다.

103

사람들이 극장에 가는 것은, 결코 저 한순간마다 태어났다가는 사라지는 환상을 구하기 때문은 아니다. 자신은 물론 라 아르페를 읽고 있으며 교양이 있는 인간이라는 점을 옆자리에 앉은 사람에게 보이기 위해서이다. 불행히도 옆에 아무도 없다면 적어도 자기 자신에게 들려준다. 이것은 애당초 늙은 현학자의 즐거움인데, 오늘날에는 젊은이들이 그것에 탐닉하고 있다.

104

여자는 자기를 사랑하고, 그리고 자기가 '목숨보다도' 사랑하고 있는 남자에게 속해야만 한다.

105

결정작용은 평범한 남자에게는 생기지 않는다. 가장 위험한 경쟁자는 보통의 남자와는 가장 다른 남자이다.

46 Dion(B.C. 409~354). 기원전 357년부터 354년에 걸쳐 시칠리아를 통치했다. 플라톤의 제자이다.

106

매우 진보된 사회에서는 '정열적 연애'는 미개인에게 있어서의 육체적 연애처럼 자연이다.

— 마틸드

107

뉘앙스가 없이는 사랑하는 여성을 손에 넣어도 결코 행복하지 않으며, 무엇보다도 손에 넣는 일 자체가 불가능할 것이다.

— 레오노르, 10월 7일

108

스토아파의 협량(狹量)은 어디서 오는가? 그것은 광신자(狂信者)의 협량과 근원을 같이한다. 그들은 자연과 싸우고, 스스로를 억제하며 괴로워하고 있으므로 의기소침하다. 그들이 보다 너그러운 도덕을 주장하는 사람들에게 품는 증오에 관해 허심(虛心)으로 스스로 반성하면, 그것은 그들이 부러워하고 스스로 금한 행복에 대한 은밀한 질투에서 비롯되고 있음을 인정하지 않을 수 없을 것이다. 더욱이 그들은 내심으로 그 희생에 대한 어떠한 대가가 있다고는 '믿고 있지 않다'.

— 디드로

109

언제나 새침한 여자는 자기가 행복에의 길과 진지하게 믿고 있는 행위의 기준을 따르고 있는지를 스스로에게 물어보아야 할 것이다. 정숙한 척 가장하고 있는 여자의 마음속에는 다소 용기가 결여되어 있고, 게다가 어느 정도 저열한 복수심이 섞여 있지는 않는가? 만년의 데즈리에르 부인[47]의 의기소침함을 보라.

— 레몽티[48]의 논문

110

선의(善意)라는 덕 이상으로 너그러운 것은 없다. 왜냐하면 이만큼 행복한 것은 없기 때문이다. 그러나 허친슨 부인에게도 너그러움은 결여되어 있었다.

111

이 행복의 두 번째에 위치하는 것이 자책지심을 갖지 않는 젊고 아름다운 바람둥이 여자의 행복이다. 메시나에서 비첸췌라 백작부인의 평판은 좋지 않았다. 그녀는 말했다. "어쩌라는 거죠? 나는 젊고 자유로우며 돈도 있습니다. 게다가 그리 못생긴 편도 아니잖아요? 메시나의 여자들이 모두 나 정도만 된다면 좋을 텐데 말예요."

이 매력 있는 여성은 유감스럽게도 나에게 우정 이상의 것을 기대하지는 않았지만, 메를리 신부[49]가 시칠리아 방언으로 쓴 정감 넘치는 시를 가르쳐 준 것은 그녀였었다. 이것은 다소 신화학(神話學)적인 뉘앙스를 풍기기는 했지만 상당히 아름다운 시이다.

— 델판테

47 Mme Deshoulières, An-toinnette(1638~1694). 프랑스의 여류시인. 라신의 《페드르》를 공격했다.

48 Lemontey, Pierre Edouard(1762~1826). 프랑스의 정치가. 1822년에 발표된 역사작품 중에 데즈리에르 부인의 약전(略典)이 있다.

49 Melli, Giovanni(1760~1815). 이탈리아의 과학자이며 시인. 시칠리아 방언으로 많은 목가(牧歌)를 썼다. 스탕달은 '현대 시칠리아의 아나크레온'이라고 불렀다.

112

파리 민중에게 있어 주의력의 한계는 3일이다. 그 이후로 그들에게 나폴레옹의 죽음이나 베랑제 씨의 2개월 동안의 투옥에 대해 이야기한다면, 정확히 4일째 되는 날 다시 들었을 때와 같은 반응, 즉 낭패밖에는 나타나지 않을 것이다. 대도시는 모두 이러한 것일까, 아니면 이것은 파리 인의 선량함과 경박함에 의한 것일까? 귀족풍의 오만과 거의 병적인 두려움으로 말미암아 런던은 자포자기에 빠진 사람들의 집합장소가 되었다. 이것은 한 나라의 수도라고 할 수 없다. 빈은 15만 명의 직공과 하인의 섬김을 받는 200명의 가족에 의한 과두정치(寡頭政治)의 장에 지나지 않는다. 이것 역시 수도가 아니다. 오로지 나폴리와 파리만이 수도라고 할 수 있다.

— 버크벡[50]의 《여행기》 371페이지

113

일반 사람들에 의해 옳은 것으로 간주되고 있는 속설에 의하면, 만일 감옥에서 조금이라도 참기 쉬운 시기가 있다면 그것은 여러 해 동안의 감금 끝에 출옥을 한두 달 앞두고 있을 때라고 한다. 그러나 '결정작용'에 의하면 이렇게는 되지 않는다. 최후의 몇 개월은 최후의 3년보다 더 고통스러운 것이다. 도트랑이 목격한 일인데, 무랑의 감옥에서 장기간을 복역한 뒤 몇 개월 후면 자유의 몸이 될 예정인 죄수가 그날을 고대하다 못해 '죽었다'고 한다.

114

나는 여기에 어떤 젊은 독일 여성이 서투른 영어로 쓴 편지를 옮겨 쓰지 않

50 Birkbeck, Moris. 《일리노이에서 온 편지》, 《아메리카 기행》의 저자. 둘 다 1818년에 출판되었으므로 이 사건에 대해 언급하고 있을 까닭이 없다. 스탕달이 허구, 방편으로 이용했던 것이다.

을 수 없다. 변함없는 애정이라는 것이 존재하고 천재가 모두 미라보와 같은 남자가 아니었음은 이를 보아도 명백하다. 대시인 클로프스토크[51]는 함부르크에서 상당히 인기가 있었던 남자라는 평판이다. 다음은 그의 젊은 아내가 가까운 여자 친구에게 보낸 편지이다.

'그 사람과 2시간 정도 대화를 나누었을 뿐 밤에는 모두와 같이 지내지 않으면 안되었습니다. 그보다 더 지루했던 적은 없습니다. 나는 대화에도 놀이에도 끼어들지 않았습니다. 나로서는 클로프스토크 이외에는 아무도 눈에 들어오지 않았다는 느낌이 듭니다. 우리는 다음날 만났고, 그 다음날도 역시 만났습니다. 우리들은 아주 가까워졌습니다. 그러나 4일째 되는 날 그는 떠났습니다. 작별할 때 얼마나 고통스러웠을까요! 그는 곧 편지를 보내주었습니다. 그때부터 우리들은 계속해서 편지를 주고받게 되었습니다. 나는 진심으로 자기의 사랑을 우정이라고 믿고 있었습니다. 내가 친구에게 이야기하는 내용은 클로프스토크에 관한 것뿐이었으며, 모두에게 그의 편지를 보여주었습니다. 친구들은 웃으며 내가 사랑을 하고 있다고 말했습니다. 나는 〈여자에게도 남자에게도 우정이 있다는 것을 모르다니, 당신들의 우정은 믿을 것이 못되겠네요〉라며 반박했습니다. 이리하여 8개월이 지났는데, 친구는 클로프스토크의 편지에도 나의 편지와 마찬가지로 사랑이 있다고 했습니다. 그럴지도 모릅니다. 그러나 나는 그렇게 생각하고 싶지 않았습니다. 마침내 클로프스토크는 솔직히 나를 사랑하고 있다고 고백해 왔습니다. 나는 무언가 나쁜 일이라도 당한 것처럼 두려워졌습니다. 나는 그에게 편지를 써서, 내가 느끼고 있는 것은 사랑이 아니라 우정이라고 밝혔습니다. 〈우리들은 서로 사랑하리만큼 오래 사귀지도 않았잖아요(마치 사랑에는 우정보다도 시간이 필요

51 Klopstock, Friedrich Goltlich(1724~1803). 독일 계몽기의 시인으로 《실락원》을 모방한 대작 《메시아》를 썼다.

하다는 듯이)〉 그리고 나는 진심으로 그렇게 생각하고, 실제로 클로프스토크가 다시 함부르크에 오기까지 그렇게만 믿고 있었습니다. 그가 돌아온 것은 우리들이 처음 만난 이후로 꼭 1년째 되는 날이었습니다. 우리들은 만났고, 벗이 되었고, 그리하여 서로 사랑하게 되었습니다. 얼마간 시간이 흐르자 나는 클로프스토크에게 사랑하고 있다고 고백할 수 있게 되었습니다. 그러나 두 사람은 또다시 작별했고, 결혼을 하기까지는 2년이나 기다려야만 했습니다. 어머니는 나를 다른 고장 사람과 결혼시키고 싶지 않았던 것입니다. 당시 나는 어머니의 허락이 없어도 결혼은 할 수 있었습니다. 왜냐하면 아버지가 돌아가셨으므로 나는 어머니와는 별도로 재산을 가지고 있었기 때문입니다. 그러나 그것은 나에게 있어 무서운 생각이었습니다. 나는 다만 하느님께 기도함으로써 이 문제를 처리할 수가 있었습니다. 지금은 어머니도 클로프스토크와 만나고, 자기의 아들처럼 사랑하고 있습니다. 그리하여 완고하게 반대하지 않았음을 하느님께 감사하고 있습니다. 우리들은 결혼했습니다. 나는 세상에서 가장 행복한 아내입니다. 앞으로 몇 개월 후면 내가 이렇듯 행복을 찾게 된 지 4년째가 됩니다.'

—《리처드슨 서간집》 제3권 147페이지

115

참된 정열에 의해 명해진 결합 이외에 영원히 정당하다고 주장할 수 있는 결합이란 존재하지 않는다.

116

단호한 면이 없는 풍속 속에서 행복해지려면 단순한 성격이 필요하다. 이것은 독일에도 있고 이탈리아에도 있지만, 프랑스에는 전혀 없다.

— C공작부인

117

터키 인은 자존심 때문에 모든 결정작용에 영양(榮養)을 줄 만한 것은 아내에게서 걷어들인다. 3개월 전부터 내가 머무르고 있는 나라[52]에서도 귀족은 자존심 때문에 머지않아 터키 인의 수준으로 전락하려 하고 있다. 귀족들에 의해 미치광이처럼 되어버린 자존심의 요청을, 사람들은 '수치심'이라 부르고 있다. 자청해서 수치심을 모독하는 인간이 있을까? 그러므로 재치 있는 사람은 아테네 인처럼 창녀에게로 도피하려고 한다. 즉, 무언가 숨길 수 없는 잘못에 의해 모든 수치심의 허세로부터 해방된 여자들이 있는 곳으로.

— 폭스전

118

지나치게 빠른 승리에 의해 사랑이 싹트는 것이 방해되었을 경우, 다정한 영혼에게 있어서는 결정작용이 나중에 형성되려 하는 것을 본 적이 있다. 그녀는 웃으며 "아뇨, 당신을 사랑하고 있지는 않아요"라고 말한다.

119

현대의 여성교육, 즉 경건한 일과와 매우 명랑한 노래(〈가츠아 라드라〉)의 '내 마음 기쁨으로 설렌다'와의 기묘한 혼합은, 행복을 멀리 물리치기 위해 이 세상에서 가장 교묘히 계획된 것이다. 이런 교육은 매우 분별력이 없는 두뇌를 만들어낸다. R부인은 죽음을 두려워하고 있었지만, 약을 창문 밖으로 던져버리는 일을 즐기는 사이 정말로 죽고 말았다. 이러한 가엾은 부인은 무

52 영국을 말한다.

분별을 쾌활함이라고 굳게 믿고 있다. 쾌활함은 경우에 따라서는 무분별로 보이는 일이 있기 때문이다. 이것은 원기를 돋우기 위해 창문에서 뛰어내리는 독일인과 같은 것이다.

120

비속함은 상상력을 지우고, 나에게 있어서는 즉각 견디기 어려운 권태를 가져온다. 오늘 밤 아름다운 K백작부인[53]이 연인들의 편지를 보여주었는데, 나는 그것을 천박하다고 생각했다.

— 포를리, 3월 17일 앙리

상상력은 소멸되었던 것이 아니라 다만 어리둥절해졌던 것이며, 그리하여 혐오 때문에 이런 평범한 연인의 천박함을 상상하는 일을 그만두었을 뿐이다.

121

형이상학적 몽상.

베르지라테, 1816년 10월 26일—참된 정열은 조금이라도 장애를 만나면 행복이 아닌 불행을 초래하는 것 같다. 이것은 아마도 다정한 영혼의 소유자에게 있어서는 진실은 아닐 것이다. 그러나 대부분의 인간, 특히 정열에 관한 한 호기심과 자존심에 의해서만 살고 있는 냉혹한 철학자 여러분에게 있어서는 의심할 수 없는 진리이다.

나는 어젯밤 이것을 풀비아 백작부인에게 말했다. 우리들은 이조라베라 고

53 아마도 《에고티즘의 회상》 제3장에서 이야기되고 있는 '아름답고 기품 있는 카세라'를 가리킬 것이다. 카세라(Cassera : 1796~1854)는 밀라노의 미인.

지 동쪽의 높은 소나무 곁을 거닐고 있었다. 그녀는 대답했다.

"불행은 쾌락보다 훨씬 강한 힘으로 인간에게 작용합니다. 우리들에게 쾌락을 주기 위해서는 무엇보다도 강력히 울리지 않으면 안 됩니다. 생명은 본래 감각만으로 이루어져 있는 것이므로, 모든 생명 있는 것이 바라는 바는 가장 강한 감각으로 살고 있다고 자각하는 일이 아닐까요? 북방의 사람은 그다지 생명력이 없습니다. 이것은 그들의 반응이 느린 것을 보아도 알 수 있습니다. 이탈리아 인의 이른바 〈달콤한 안일〉이란 소파에 편히 누워 자기 영혼의 움직임을 즐기는 쾌락을 의미하지만, 이것은 영국인처럼 하루 종일 말을 달리든가 러시아 인처럼 이륜마차를 타고 다니는 것으로는 얻을 수 없는 쾌락입니다. 그 사람들은 소파에 눕는다면 권태를 견디다 못해 죽고 말겠지요. 영혼의 내부에 응시하는 아무것도 없기 때문입니다.

사랑은 가장 강한 감동을 줍니다. 그 증거로는, 생리학자의 이른바 염증작용이 일어날 때 마음이 저 〈감각의 연합〉을 만들어내는 것을 들 수 있습니다. 그렇지만 이 연합은 엘베시우스, 뷔퐁 등과 같은 철학자에게는 도무지 무의미한 것으로 보였던 것입니다. 얼마 전에 루이치나가 호수에 빠진 것을 알고 계실 테죠. 그 사람은 이조라마드레(볼로메오 섬)의 월계수에서 떨어진 잎사귀 하나를 눈으로 쫓고 있었던 것이지요. 그 가엾은 분이 고백한 바에 의하면, 어느 날 애인이 월계수 가지 하나를 꺾더니 그 잎을 뜯어 호수에 버리면서 이렇게 말했다고 합니다. 〈당신의 무정함, 친구의 중상 때문에 저는 일생을 효과적으로 보내는 일에 의해 영광을 얻을 수가 없는 것입니다〉라고.

커다란 정열 · 야심 · 도박 · 연애 · 질투 · 전쟁 등에 의해 고뇌와 심한 불행의 순간을 안 마음은—전혀 이해되지 않는 묘한 일이겠지만—잔잔하고 나무랄 데가 없는 것처럼 보이는 행복한 생활을 〈경멸하는〉 법이지요. 전망이 훌륭한 아름다운 저택, 재물, 아름다운 아내, 세 명의 귀여운 아이들, 정감 넘치는 많은 벗들, 이것이 우리들을 초대해 주신 장군이 누리고 있는 것의 서투른 개요입니다. 그렇지만 그분은 당신도 들으신 것처럼 나폴리에 가서 게릴라를 지휘하고 싶어진다고 말했잖아요. 정열을 위해 만들어진 영혼은 먼저 이 행복한 생활이 자기를 〈권태롭게〉 만들고, 또한 아마도 평범한 사상밖에는 주지 않는다는 것을 느끼는 거예요. C장군은 당신에게 말했다더군요. 〈대정열이라는 열병을 몰랐더라면 좋았을 것입니다. 그럼으로써 이 외적일 뿐인 행복에 만족하고 있을 수 있다면 말입니다. 나의 행복에 관해 사람들은 매일 공허한 소리들을 떠들어대고 있습니다만, 그보다 참기 힘든 것은 그것에 일일이 감사하다는 대답을 해야만 하는 일이지요〉'

철학자인 나는 말했다. "우리들이 어떤 선한 존재에 의해 창조된 것이 아니라고 하는 증거가 아직도 필요합니까? 〈쾌락〉은 〈고통〉이 주는 감각의 절반도 우리들에게 주지 않는 것이지요."

백작부인은 내 말을 가로막았다. "대개의 정신적 고통은 그 불러일으키는 감동에 의해 오히려 상쾌한 것이 되지요. 마음에 한 알의 고매함이 있다면 이 쾌락은 백배가 됩니다. 1815년에 사형이 선고되었다가 우연히 사면된 사람은(이를테면 라 발레트[54]), 만일 그가 용기를 갖고서 처형장에 나갔더라면 그 뒤 한 달에 열 번이나 이때의 일을 생각해내겠지요. 울부짖으며 죽어가는 겁쟁이가(호수에 던져진 세관원 모리스, 《로브 로이(RobRoy)》[55] 제3권 120페이지), 마찬가지로 우연히 살아나 역시 이 순간을 즐거운 마음으로 생각해낸다 하더라도 그것은 바로 〈살았다〉는 사정 때문이며, 그때 자기 속에서 발견하고 그 이후로는 모든 공포를 제거해주는 고매함이라는 보물 때문은 아닙니다."

54 La Valette(1769~1830). 1815년, 이른바 '백일천하' 때 사형이 선고되었으나 조세핀 황후의 생질인 아내의 탄원에 의해 구명되었다.

55 1817년에 간행된 월터 스코트의 소설.

내가 말했다. "사랑은, 그것이 비록 불행한 사랑이었다 하더라도 다정한 영혼, 즉 그 사람에게 있어 모든 것이 〈상상된 사물은 존재하는〉 그런 사람에게는 이런 기쁨의 보물을 주는 것입니다. 왜냐하면 자기 속에, 또한 사랑하는 사람 속에 행복과 아름다움의 숭고한 환영이 생겨나기 때문이지요. 사르비아티는 레오노르가 마치 《거짓 고백》[56] 중의 마르스 양처럼 사람을 매혹시키는 미소를 띠우며 〈예, 당신을 사랑하고말고요〉라는 말을 하는 것을 몇 번이나 들었을까요? 이것은 현명한 사람이라면 결코 갖지 않는 환영입니다."

풀비아가 하늘을 우러르며 말했다. "그렇군요. 당신에게도 저에게도 사랑이 설령 불행이라 해도, 우리들의 사랑하는 것에 대한 찬탄이 무한이라면 최상의 행복이죠."

(풀비아는 23세로 ○○○에서 가장 유명한 미인이다. 이렇게 말하면서 한밤중의 볼로메오 섬의 아름다운 하늘을 우러러보는 그 눈은 숭고했었다. 별은 그녀에게 대답하는 것 같았다. 나는 눈길을 내리깔았다. 이미 그녀에게 반론할 아무런 철학적 이유도 발견되지 않았다. 그녀는 계속했다.) "모든 사람이 행복이라 부르고 있는 것은 애써 얻을 만한 가치가 없습니다. 이 정열로부터 치유되기 위해서는 경멸하는 수밖에 없다고 생각합니다. 하기야 지나친 경멸은 오히려 고통일 것이므로 곤란하겠지만 말예요. 하지만 예를 들어 당신과 같은 남자가, 연인이 천박하고 산문적인 남자를 사랑하든가, 여자 친구를 흉내내어 무언가 사랑스러워 보이는 몸치장에 탐닉하는 즐거움을 위해 당신을 희생시키는 것을 보고서 느끼는 경멸이라면……."

56 1737년에 간행된 마리보(Marivaux : 1688~1763)의 희극. 사랑의 발생부터 그 결실에 이르는 심리를 묘사했다.

122

욕구한다는 것은 어떤 곤란에 몸을 내던지는 용기를 갖는 일이다. 몸을 내던진다는 것은 운을 시험하는 것이고, 일종의 도박이다. 이 도박이 없이는 살아갈 수가 없는 군인이 있는데, 그들이 가정생활에 견뎌내지 못하는 것은 이 때문이다.

123

오늘 밤 퇼리에[57] 장군이 그 발견에 대해 이야기했다. 살롱에 우쭐거리는 여자가 있으면 표정이 굳어져 더 이상 함께 이야기하고 싶지도 않은데, 그것은 나중에 그런 여자에게 열심히 감정을 털어놓는 순간 쓰디쓴 수치심을 느끼기 때문임을 알았다고 한다. 어릿광대처럼 보일지라도, 어쨌든 영혼을 갖고서 이야기하는 것이 아니라면 그에겐 아무런 할 말이 없는 것이다. 나는 또한 그가 고상한 상투어라는 것을 전혀 알지 못한다는 사실을 알았다. 그 때문에 그는 우쭐거리는 여자들의 눈에는 사실 우스꽝스럽고 기묘했던 셈이다. 하늘은 그를 호탕한 남자로 만들지는 않았다.

124

궁정에서는 신앙을 갖지 않는 것은 고상하지 못한 일이다. 왜냐하면 군주의 이익에 위배되는 것으로 생각되기 때문이다. 무신앙은 또 젊은 아가씨 앞에서도 고상하지 못하다. 처녀가 남편감을 발견하는 것을 방해하므로. 만일 신이 존재한다면 신은 이런 동기에 의해 존중되고 있음에 대해 상당히 기뻐

57 Teulié. 1763년, 밀라노 태생의 장군. 나폴레옹을 따라 1807년 코르베르크 전투에 참가했다가 전사했다. 스탕달이 이탈리아에서 알게 되었을 가능성은 있지만, 이 장에서 나타난 것처럼 친밀한 사이는 아니었을 것이다.

할 것이 분명하다.

125

대화가 및 대시인의 영혼에 있어 사랑이 귀중한 것은, 그것이 예술의 영역과 쾌락을 백배로 증가시키기 때문이다(예술의 미가 없이는 그들은 하루도 살아갈 수가 없다). 자기의 영혼과 재능에 대해 의혹을 품지 않았던 대예술가가 있었을까? 때때로 그들은 자신이 숭배하는 인물에 대해 자기의 재능이 미치지 못함을 걱정한다. 그들은 후궁의 환관과도, 라 아르페의 무리와도 의견을 함께할 수가 없기 때문이다. 그들에게 있어서는 불행한 연애도 행복이다.

126

첫사랑의 이미지는 모든 사람을 감동시킨다. 왜냐하면 모든 계층, 모든 나라, 모든 성격을 통해 거의 유사하기 때문이다. 그러므로 첫사랑은 가장 정열적인 것은 아니다.

127

이성(理性)! 이성! 사람들은 언제나 사랑을 하는 가엾은 남자에게 이렇게 외친다. 7년 전쟁이 절정에 달한 1760년에 그림(Grimm)은 썼다. '……전쟁이 시작되기 전 프러시아의 왕이 실레지아를 양보했더라면 전쟁을 피할 수 있었을 것이다. 그랬더라면 그는 아주 현명한 행위를 한 셈이 되었을 것이다. 얼마만큼이나 비참한 일들을 막을 수 없었겠는가. 한 지방의 소유와 왕의 행복에 어떤 공통점이 있었겠는가. 대선거공(大選擧公)은 실레지아를 병합하지 않더라도 이미 아주 행복하고 존경받는 대공이 아니었던가. 여기에야말로 한 국왕으로서 이성의 명에 따라 선택할 현명한 길이 있었던 것인데, 그러나 그렇게 하면 이 국왕은 얼마만큼 세계로부터 모멸의 대상이 되었을까? 그런데

실레지아를 보유하고 싶다는 〈욕망〉에 모든 것을 희생시킨 프리드리히는 영원한 영광에 싸여 있다.'

크롬웰의 아들은 확실히 인간으로서 가능한 가장 현명한 행위를 했다. 그는 음울하고 격정적이며 오만한 한 국민을 통치하는 번거로움과 위험을 버리고서 은둔과 휴식을 택했다. 그런데 이 현명한 인물은 동시대의 사람들로부터도 후세로부터도 경멸되고, 반면에 그의 아버지는 지금까지도 여러 국민에게서 위대한 인물로 숭배되고 있는 것이다.

《회개한 여자》는 오트웨이의 영역(英譯)이나 코라르드의 불역(佛譯)으로서는 엉망이 되고 있지만, 스페인극의 숭고한 주제이다. 카리스타는 사랑하는 남자에게 강제로 몸을 빼앗겼다. 이 남자는 그 오만한 성격 때문에 사람들이 싫어했지만, 그 재능과 재치와 미모 등 모든 것이 그를 매력 있는 남자로 만들고 있었다. 만일 그 죄 많은 격정을 제어할 수 있었다면, 로타리오는 아마도 남들에게서 많은 인기를 끄는 남자라는 평판을 들었을 것이다. 그러나 그의 집안과 애인의 집안 사이에는 조상 때부터 계속된 격심한 증오가 있었다. 양가는 중세의 공포시대에 에스파냐의 어떤 도시를 양분하고 있던 당파의 우두머리였었다. 카리스타의 아버지 스키오르트는 당시 우세한 쪽의 우두머리였는데, 로타리오가 무례하게도 자기의 딸을 유혹하려 함을 알았다. 가냘픈 카리스타는 부끄러움과 정열의 고뇌에 마침내 굴복한다. 그녀의 아버지는 그로 하여금 위험한 원정길을 떠나는 해군의 지휘를 맡도록 일을 꾸민다. 로타리오는 아마 이 원정에서 죽게 될 것이다. 코라르드의 번역본에서는 아버지가 스스로 이 일을 딸에게 알리는 것으로 되어 있다. 그 소식을 듣고 카리스타는 그만 자기의 정열을 드러내버린다. 〈어머, 그 사람이 전장에 나간다고요? ……아버님의 명령으로! ……그 사람은 승낙했나요?〉

이 상황은 위험하다. 한마디만 더 한다면 스키오르트는 로타리오에 대한 딸의 정열을 알아차리게 되리라. 당황한 아버지는 외친다. 〈뭐라고? 내가 잘못 들은 것이냐, 아니면 분별을 잃은 네 소원이냐?〉 이 말에 정신이 번쩍 든 카리스타는 대답한다. 〈제 소원은 추방이 아니라 죽음입니다. 그런 남자는 죽임을 당해야 마땅할 텐데.〉

이리하여 카리스타는 아버지의 마음에 싹튼 의혹을 없앤다. 그렇지만 일부러 그랬던 것은 아니다. 여기서 그녀가 겉으로 드러낸 감정은 진실이었던 것이다. 사랑하고는 있지만, 자기를 겁탈한 남자의 생존은 세계의 끝에 있어도 그녀의 생활을 해친다. 불행한 연인들에게 있어 평안이라는 것이 있다면, 그 죽음만이 그녀에게 평안을 돌려줄 수가 있다. 이윽고 로타리오는 전사하고, 카리스타도 다행히 죽고 만다.

〈하찮은 일에 어째서 이렇듯 요란스러운 고백과 눈물이 필요할까〉라고 철학자라는 이름을 가진 냉혹한 사람들은 말했다. 그것은 단지 대담하고 난폭한 한 남자가, 여성이 자기에 대해 품은 약점을 이용했을 뿐인 것이다. 한탄할 일은 아무것도 없다. 적어도 우리들이 카리스타의 슬픔에 동정할 필요는 없다. 연인과 잠자리를 같이했으니까 그로써 충분하지 않은가. 이런 불행을 택한 여자를 세계에서 가장 위대한 여자처럼 말할 필요는 없는 것이다.

리처드 크롬웰, 프러시아의 왕, 카리스타는 각각 하늘이 준 영혼에 따라 이와 같은 행위를 하지 않고서는 평안과 행복을 얻을 수가 없었던 것이다. 특히 뒤의 두 사람의 행위는 매우 이성에 어긋난 것이지만, 그들이야말로 실은 존경할 수 있는 사람들인 것이다.

— 사강, 1813년

128

사랑의 행복을 얻은 뒤에 남자가 변심할지 어떨지는, 몸을 허락하기 전에 그 격렬한 의혹과 질투 및 우스꽝스런 행동에도 불구하고 마음이 변하지 않았는가의 여부에 의해서밖에 예견하지 못한다.

129

연인의 전사에 절망하여 그 뒤를 따르려는 여성에 대해서는, 먼저 이 결심이 적절한지를 다시 한 번 생각해 보는 것이 좋다. 그리하여 만일 적절하지 않다는 것을 깨달았다면, 인류의 오랜 습관에 의해 '자기보존의 욕망'을 자극하는 것이다. 만일 그 여성에게 적이 있다면, 그 적이 그녀를 투옥하라는 왕명을 손에 넣었다고 설득하는 방법도 좋다. 만일 이 위협이 죽고자 하는 그녀의 욕망을 오히려 증가시키지 않는다면, 그녀는 투옥되는 것을 피하기 위해 몸을 숨기려고 생각할지도 모른다. 그녀는 여기저기로 도망치고 3주 동안 숨어 있는다. 이윽고 체포되지만, 3일 뒤에 탈옥하도록 해준다. 그리고 가명으로 멀리 떨어진 도시에 은신처를 마련해 준다. 이때 그녀가 절망을 맛본 고장과는 되도록 상태가 다른 고장이 좋으리라. 그러나 이런 불행한 여성, 이미 애정을 받아들일 수 없는 여성을 위로해 주겠다는 독지가가 과연 있을까?

— 바르샤바, 1808년[58]

130

아카데미의 학자들은 한 나라의 풍습을 그 언어에서 본다. 그런데 이탈리아는 세계에서 가장 '사랑'이란 말을 입에 올리는 일이 적은 나라이다. 언제나 amicizia(우정)라든가 avvicinar(접근하다)라고 한다(amicizia는 사랑을 의미하고, avvicinar는 유혹하여 함락한다는 의미이다)

58 스탕달은 1808년에 바르샤바에 간 일이 없다.

131

음악사진은 아직 만들어져 있지 않다. 그 일에 착수하고 있지도 않은 것이다. '화가 난다' 라든가 '당신을 사랑하고 있습니다' 라는 노래가사가 그 뉘앙스와 더불어 발견되는 것은 참으로 우연일 수밖에 없다. '작곡가' 가 그것을 발견하는 일은, 그때 그 정열을 마음에 느끼고 있거나 또는 기억에 의해서만 가능하다. 따라서 청춘의 정열을 느끼는 일에 사용하지 않고 학문으로 보낸 사람은 결코 예술가가 될 수 없다. 이보다 더 간단한 메커니즘은 없다.

132

프랑스에서는 '여자들' 의 권력이 지나치게 크고, 그래서 '여자' 의 권력은 매우 제한되고 있다.

133

고양된 상상력이 고개를 들기 시작하고 있는 새로운 세대에 대해 발명할 수 있는 최대의 아부, 그것에 의해 생명 · 여론 · 권력을 쥐어야 할 아부는 하늘의 해를 보는 일보다도 더 명백한 다음과 같은 진리로써 충분하다. 즉 새로운 세대는 그 무엇도 '계속' 할 필요가 없으며, 모든 것을 '창조' 해야만 한다는 점이다. 나폴레옹의 가장 큰 공적은 '집안을 일소한' 일이었다.

134

나는 '위안' 에 관해서도 한마디 하고 싶다. 우리들은 타인을 위안하는 일에는 그다지 마음을 쓰고 있지 않다. 일반적인 원칙은, 당사자를 고뇌에 빠뜨린 동기와는 되도록 관계가 없는 결정작용을 만들도록 해야만 한다는 일이다. 미지의 원칙을 발견하기 위해서는 다소 해부학에 직면하는 용기가 필요하다.

감옥에 관한 뷔레르메의 저서(파리, 1820년)의 제11장을 보면, 우리들은 죄수가 (감옥에서 사용되는 용어로) '그들의 사이에서 결혼함' 을 알 수 있다. 여자 죄수 역시 '그녀들 사이에서 결혼하며', 일반적으로 이 결합에는 엄격한 정절이 지켜진다. 이 같은 현상은 남자 죄수에게서는 볼 수 없는 일로서, 그것은 수치심에 그 근원을 갖는다.

뷔레르메는 그 저서의 96페이지에 있는 '생라자르, 1818년 10월의 항목' 에서 이렇게 쓰고 있다. '생라자르의 감옥에서 한 여자 죄수가 새로 들어온 죄수에게 사랑을 빼앗기자 작은 칼로 자기의 몸에 상처를 냈다' 고.

'일반적으로 젊을수록 상대방에 대한 집착이 강하게 마련이다.'

135

쾌활하고 경박하며 항상 명예심에 집착하는 것, 즉 끊임없이 자기의 생활을 타인이 어떻게 생각하고 있는가에 마음을 쓰는 것, 이것이 1808년에 유럽을 각성시킨 인종(人種)의 3대 특징이다.[59]

이탈리아 인 중에서 우수한 것은 아직도 다소의 야성과 피를 즐기는 경향을 갖는 사람들이다. 즉 로마니아 인과 칼라브리안(Calabrian)[60] 등, 문명화된 지역에서는 브레시아 인과 피에몬테 인과 코르시카 인이다.

피렌체의 부르주아지는 파리의 부르주아지보다 유순하다. 레오폴드[61] 스파이정책이 그들을 영원히 타락시키고 말았다. 사서관(司書官) 풀리아와 시종 푸치니에 관한 쿠리에의 편지를 보라.

59 이 1절은 이탈리아어인데, 프랑스 인을 가리킨다.
60 이탈리아 반도 남쪽지역에 사는 인종.
61 Léopold(1747~1792). 토스카나의 대공을 말한다. 레오폴드 2세가 되어 후에 오스트리아 황제가 된다. 또 토스카나의 미풍양속에 어긋난다는 이유로 《코메디아 데라르테》를 금했는데, 이것을 혐오할 스파이정책이라고 해서 스탕달은 반복하여 비난하고 있다.

136

성실한 사람들이 결코 의견의 일치를 보지 못하고, 그 결과 심한 욕설을 주고받으며 마음속으로는 좀더 상대를 나쁘게 생각하고 있는 것을 보면 우스꽝스럽기 짝이 없다. 산다는 것은 생명을 느낀다는 것이며, 또한 강한 감각을 갖는 일이다. 그 강함의 율(率)은 사람에 따라 다른데, 어떤 사람에게는 너무 강하여 고통이 되는 것도 다른 사람에게는 흥미를 불러일으키는 데 필요할 정도이다. 이를테면 전선에서 폭탄을 피하는 감각, 파르티아[62] 인을 뒤쫓으며 러시아의 내부 깊숙이 진격하는 감각, 또 셰익스피어의 비극과 라신의 비극 등등.

— 오르차, 1812년 8월 13일

137

쾌락은 먼저 고통의 절반의 감각도 남기지 않는다는 점, 다음에 이 감동의 분량에 있어서의 불리(不利)에 더하여 행복의 묘사는 불행의 묘사에 비해 고작 절반밖에는 공감을 불러일으킬 수 없다는 점이 있다. 따라서 시인이 아무리 강하게 불행을 묘사해도 그것은 결코 지나치다고 할 수 없다. 그가 두려워해야 할 암초는 '혐오'를 불러일으키게 하는 대상뿐이다. 그러나 여기서도 이 감각의 '율'은 군주정체인가 공화정체인가에 따라 다르다. 루이 14세와 같은 군주는 혐오할 사물의 수를 백배로 증가시킨다(크라브의 시).

궁정귀족에 둘러싸인 루이 14세풍의 군주정체가 존재한다는 사실만으로도, 예술에 있어서 단순한 것은 천박하다고 여겨진다. 귀족 앞에 단순한 것을

62 서아시아에 이란족이 세운 나라. 기원전 2세기 중엽에 셀레우코스(Seleukos) 왕조의 시리아가 쇠퇴한 틈을 타서, 카스피해 남동지역에 아르사케스(Arsaces)가 건국했다. 226년 사산(Sasan) 왕조의 페르시아에 의해 멸망.

올리는 행위는 그들에 대한 모욕이 된다. 그러므로 이 감정은 진지한 만큼 존중되지 않으면 안 된다.

품위 있는 라신은 고대에 있어서는 신성시되었던 오레스트와 필라드의 영웅적인 우정을 어떻게 묘사했는가? 오레스트는 필라드를 '당신'이라 부르고, 필라드는 '주군'이라고 대답하고 있다. 뿐만 아니라 사람들은 우리들이 라신을 가장 감동적인 작가로서 숭배하기를 원한다. 이 실례에 대해 굴복하지 않는다면, 다른 일을 말하지 않으면 안 된다.

138

'복수에 성공할 가능성이 보인다면 이미 증오하기 시작하는 것입니다. 형기의 마지막 몇 주를 남겨두고 나는 비로소 탈옥을 생각하고 친구와 한 맹세를 깨뜨리기로 마음먹었습니다.' (이것은 오늘 밤 나에게 자기의 신상에 대해 이야기한 훌륭한 가문 출신의 살인범의 두 가지 고백이다.)

— 피아첸차, 1817년

139

전 유럽이 힘을 합쳐도 우리 프랑스의 수많은 양서 가운데 한 권도 만들 수가 없을 것이다. 이를테면 《페르시아 인의 편지》.

140

나는 인간의 영혼이 느끼지 않기보다는 느끼는 것을 즐기는 지각(知覺)을 일러 '쾌락'이라고 부른다. 인간의 마음이 느끼기보다는 느끼지 않는 것을 즐기는 지각을 '고통'이라 부른다. 만일 내가 지금 느끼고 있는 것을 맛보기보다는 잠들고 싶다고 생각한다면, 이것은 명백히 '고통'이다. 따라서 사랑의 욕망은 고통이 아니다. 왜냐하면 사랑을 하는 남자는 마음먹은 대로 몽상에 잠길 수 있으므로 유쾌한 모임에서 떠나기 때문이다. 계속하면 육체의 쾌락은 감소하고 고통은 증가한다. 영혼의 쾌락은 그 정열에 의해 시간과 함께 증가하거나 감소한다. 이를테면 6개월 동안 천문학을 연구하면 더욱더 천문학에 흥미를 느끼게 되고, 1년 동안 구두쇠 노릇을 하다 보면 더욱더 돈에 집착하게 된다. 영혼의 고통은 지속될수록 점차 감소한다. '얼마나 많은 참으로 불행한 미망인이 시간이 흐름에 따라 위로받게 될까요?' 호레이스 월폴의 조카인 발드글레브 부인.

여기 무감동의 상태에 놓인 한 인간이 있다고 가정하자. 이윽고 그는 쾌락을 느끼게 된다. 또 다른 인간이 격렬한 고통을 느끼고 있었다. 그런데 그 고통이 갑자기 사라졌다. 이때 그가 느끼는 쾌락은 앞서의 인간의 쾌락과 같은 종류의 것일까? 베르리[63]는 "그렇다."고 하지만, 나는 "그렇지 않다."고 말하고 싶다. 모든 쾌락이 고통의 정지로부터 생겨나는 것은 아니다. 이전부터 6000리브르의 연금을 받고 있던 남자가 50만 프랑의 복권에 당첨되었다. 이 남자는 막대한 재산이 없이는 결코 얻을 수 없는 것을 바라는 습관을 버리고 있었다(덧붙여 말하면 파리의 나쁜 점 가운데 하나는 이런 습관을 쉽게 잃는다는 것이다).

최근 깃털 펜을 깎는 기계가 발명되었다. 오늘 아침에 나도 그 기계를 하나 샀는데, 매우 기쁘다. 깎고 싶어 견딜 수가 없다. 그러나 이 기계를 몰랐다고 해서 어제 결코 불행하지는 않았었다. 페트라르카는 커피를 마시지 못했다 해서 불행했을까? 행복은 정의를 내릴 필요조차 없는, 누구라도 알고 있는 일이다. 이를테면 12세 때 처음으로 쏘아 떨어뜨린 자고새, 17세에 무사히 끝낸 첫 출전 등.

63 Verri, Pietro. 이탈리아의 경제학자. 여기서 일컬어지고 있는 것은 그의 저서 《쾌락과 고통의 성질에 관해서》이다.

고통의 정지에 지나지 않는 쾌감은 재빨리 사라져버린다. 그리하여 몇 년이 지나면 추억한다 해도 그다지 즐겁지가 않다. 나의 친구 한 사람은 모스크바의 전투에서 옆구리에 폭탄 파편을 맞았다. 며칠 뒤 괴저(壞疽)의 위험성이 나타났다. 몇 시간 뒤 베크라르와 라렐리 씨 등 이름 있는 군의관이 모였다. 진찰 결과 괴저로 번질 염려는 없는 것으로 밝혀졌다. 이때 나는 그의 행복을 보았다. 그 행복은 컸지만, 순수한 것은 아니었다. 그는 속으로 괴저의 위험이 완전히 사라졌다고는 생각하지 않았던 것이다. 그는 스스로 군의관의 진찰을 다시 하고, 과연 그들을 전면적으로 믿어도 좋을지를 검토했다. 그는 아직도 괴저의 가능성을 인정했다. 8년이 지난 오늘날, 그 당시의 진찰에 대해 이야기하면 그는 아직도 고통의 감정을 느낀다. 본의 아니게 인생의 불행 중 하나에 상념이 이르기 때문이다. 고통의 정지에 의해 생기는 쾌감은, 첫째로 잇따라 나타나는 장해를 극복했다는 것과 둘째로 잃어버렸다고 생각했던 이익을 다시 획득하는 데 있다.

50만 프랑을 손에 넣게 된 데서 생기는 쾌감은 이제부터 누리고자 하는 신선하고도 특이한 쾌감을 예견하는 데 있다. 그러나 여기 기묘한 예외가 있다. 이 사람이 큰 재산을 바라는 습관을 어느 정도로 가지고 있었는지에 대해 알아볼 필요가 있다. 그가 이와 같은 습관을 거의 갖고 있지 않다면, 즉 생각이 깊지 않은 사람이라면 당혹의 감정이 2, 3일간 계속될 것이다. 만일 그가 이 습관을 때때로 갖는 일이 있었다면 지나치게 공상을 한 까닭에 그 기쁨을 미리 파멸시켜 버리는 결과가 될 것이다. 이러한 불행은 정열적 연애에 있어서는 결코 일어나지 않는다. 불타는 마음은 최고의 사랑의 표적을 생각하지 않고 가장 가까운 것을 생각한다. 예컨대 여러분에게 냉정한 연인이라면 먼저 그 손을 잡고 싶다고 생각하는 것이다. 이 금기를 깨뜨렸다 하더라도 한순간 뒤에는 이미 사랑하는 사람을 모독하게 될까 봐 두려워하여 상상작용을 중단한다. 모든 쾌락을 속속들이 맛보고 난 뒤에는 우리들은 다시금 무관심으로 빠져드는데, 이것은 명백하다. 그러나 이 무관심은 이전의 무관심과는 다소 차이가 있다. 이 제2의 상태와 제1의 상태의 상위점은, 우리들이 현재 맛본 쾌락을 이제까지와 같은 기쁨을 갖고서 맛볼 수가 없다는 데 있다. 쾌락을 맛보는 기관은 지치고, 상상은 이미 충족된 욕망에 신선한 이미지를 제공하려고 하지 않는다. 그러나 쾌락이 절정에 달했을 때 그것을 제거하면 고통이 생겨난다.

141

육체적 연애(육체적 쾌락에 대해서도)에 대한 성향은 남녀가 동일하지는 않다. 남자와는 달리 대부분의 여자는 적어도 한 종류의 연애를 할 소질을 갖추고 있다. 15세가 되어 비로소 소설을 몰래 읽고서부터는, 여자는 은밀히 정열적 연애가 찾아오기를 기다린다. 그녀는 큰 정열에서 자기의 가치의 증거를 본다. 이 기대는 20세가 되어 인생의 첫 경솔함에서 깨어났을 때 배가한다. 그런데 남자는 30세도 채 되기 전에 연애란 있을 수 없는 것이나 우스꽝스러운 것으로 규정해 버린다.

142

여섯 살 때부터 우리들은 부모와 똑같은 길을 통해 행복을 구하고자 한다. 네를라 백작부인의 어머니의 자존심은 이 친애하는 부인에게 있어 불행의 시작이었다. 현재 그녀는 그 어머니와 같은 거의 광적인 자존심 때문에 그 불행을 구원받을 수 없는 것으로 만들고 있다.

— 베네치아, 1819년[64]

64 스탕달은 이 해에 베네치아에 가지 않았다. 여기서의 네를라 백작부인은 역시 마틸드를 의미한다.

143

로맨틱한 양식에 관해.

파리에서 보내온 편지에 따르면, 금년에는 성서에서 소재를 취한 그림이 많이 있었지만(1822년의 전람회), 그것은 성서를 별로 믿지 않는 화가에 의해 그려졌다고 한다. 뿐만 아니라 믿지 않는 사람들에 의해 찬사를 받거나 비평되고, 역시 성서를 믿지 않는 사람들에 의해 구매되었다고 한다. 이와 같은 상태에 있으면서 사람들은 예술이 피폐한 원인이 무엇인가를 묻는다. 자신이 하는 말을 믿고 있지 않으므로 예술가는 항상 과장이나 우스꽝스러움으로 보이지 않을까 하여 두려워하고 있다. 어떻게 그가 '웅대함'에 도달할 수 있겠는가. 그곳으로 이끄는 것이란 아무것도 없다.

— 로마에서의 편지, 1822년 6월

144

내 생각을 말한다면, 최근 나타난 대시인 중 한 사람은, 빈곤으로 인해 고통을 받다가 죽은 스코틀랜드의 농민 출신인 로버트 번스이다. 그는 아내와 네 아이를 부양하기 위해 세관관리가 되어 70루이의 봉급을 받고 있었다. 참주 나폴레옹도 그 적, 이를테면 셰니에에 대해 좀 더 너그러웠다는 것을 인정하지 않으면 안 될 것이다. 번스에게는 영국 특유의 위선이 전혀 없었으며, 그야말로 기사도나 명예심도 갖지 않은 로마적인 천재였다. 여기서 그의 마리 캠벨과의 사랑과 그 슬픈 종말을 이야기할 여백은 없지만, 다만 에든버러는 모스크바와 같은 위도(緯度)에 있고, 이것은 기후에 관한 나의 이론에 다소 형편이 좋지 않음을 밝혀두고자 한다.

'번스가 처음으로 에든버러에 와서 깨달은 것은, 시골에서 사는 사람과 사교계의 사람 사이에는 거의 차이가 인정되지 않는다는 점이었다. 그는 시골 사람들 틈에 살면서 유행에 의해 세련되지 않고 학문에 의해 계발되어 있지는 않지만, 한층 많은 관찰력과 지견을 찾아냈나. 그러나 세련되고 완성된 여성은 그에게 있어 거의 새로운 존재였다. 이러한 여성에 관한 한 그는 그때까지 매우 부정확한 관념밖에는 갖고 있지 않았었다.'

— 런던, 1821년 11월 1일, 제5권 69페이지

145

연애는 스스로 주조한 화폐로써 지불되는 단 하나의 정열이다.

146

세 살짜리 여자아이를 향한 어른의 칭찬은, 가장 위험한 허영심을 그녀들에게 주입시키는 데 가장 적절한 교육이다. 예쁘다는 것은 최초의 덕이고, 이 세상에서 최대의 이점이다. 그리고 예쁜 옷을 입는 것이 다름 아닌 예쁘다는 의미인 것이다. 이런 어처구니없는 칭찬은 부르주아지 사이에서만 통용될 뿐이다. 다행히 마차를 소유하고 있는 자들에게는 이런 일은 너무나도 간단해서 오히려 악취미라는 것이 된다.

147

로레트, 1811년 9월 11일—오늘 나는 이 지방 사람들로 조직된 훌륭한 한 대대를 보았다. 이들은 1809년 빈에 갔었던 4000명 가운데 남은 병사들이다. 나는 연대장과 함께 대열의 중앙을 지나며 많은 병사에게 경력을 들었다. 이것은 중세 공화국의 덕이다. 물론 그것은 에스파냐 인과 성직자들의 사고방식, 또한 2세기에 걸쳐 번갈아 이 나라를 부패시킨 비열하고도 잔인한 정부에 의해 다소 타락하고는 있지만 말이다. 숭고하지만 무의미한, 그리고 찬란한 기사도적 '명예심' 은 최근에야 비로소 수입된 이국의 식물에 불과하다.

1740년에는 그 흔적을 찾아볼 수 없다. 부로스를 보라. 몽테노테와 리볼리의 장교들은 그 참된 덕을 이웃 사람에게 보일 기회는 얼마든지 있었으므로, 1796년의 병사가 나온 초가지붕의 농가[65]는 거의 알려져 있지 않았다. 그들은 저 명예심을 '모방' 할 생각이 전혀 없었다. 그런 명예심은 그들에게는 참으로 기이한 것으로 보였을 것이 분명하다.

1796년에는 리종 드누르도 없었고 한 남자에 대한 열광도 없었으며, 단지 데제풍의 단순성과 덕이 있었을 뿐이다. 그러므로 '명예' 는 영광을 갖기에는 지나치게 이지적이고 지나치게 유덕한 사람들에 의해 이탈리아에 도입되었던 것이다. 1년 사이에 20회의 전투에서 승리를 거두며 신발도 제복도 가지고 있지 않았던 1796년의 병사와, 영국의 병사들을 향해 곧잘 정중히 모자를 벗고 '먼저 그쪽부터 사격하십시오' 라고 말한 퐁테노이[66]의 찬란한 연대와의 사이에는 너무나도 거리가 있음을 우리들은 느낀다.

148

나로서는 하나의 올바른 생활방침은 그 대표자를 기준으로 판단해야 한다고 생각된다. 예를 들어 사자왕 리처드는 왕위에 있으면서 영웅주의와 기사도적 가치의 완성을 보였다. 그러나 그는 우스꽝스러운 왕이었다.

149

1822년의 여론. 30세의 남자가 15세의 어린 소녀를 유혹했다. 그런데 이 경우 창피를 당하는 것은 소녀 쪽이다.

65 1796년은 나폴레옹의 제1차 이탈리아 원정이 있었던 해이다. 이것은 프랑스 공화국의 젊은 병사들이 주로 농가 출신임을 암시한 것으로 추측된다. 또 바로 앞에 나오는 몽테노테나 리볼리는 모두 나폴레옹이 승리를 거둔 지역이다.

66 Fontenoy. 1745년 프랑스의 삭스 원수가 이곳에서 영국군을 격파했다.

150

10년이 지난 후 나는 오디비아 백작부인과 재회했다. 그녀는 나를 보자 몹시 울었다. 나는 오진스키[67]에 대해 이야기했다. 자기는 이제 사랑을 할 나이가 아니라고 그녀는 말했다. 나는 다음과 같은 시인의 말로써 대답했다. "그녀의 성격이 얼마나 변했을까. 얼마나 서글퍼졌을까. 그러나 얼마나 고상해졌을까."

151

현재의 영국의 풍습이 1688년부터 1730년 사이에 생겨난 것처럼, 프랑스의 풍습은 1815년부터 1880년에 걸쳐 생겨나고 있다. 도덕적이었던 1900년의 프랑스만큼 아름답고 올바르며 행복한 나라는 없을 것이다. 그러나 지금은 아무것도 없다. 베르샤스 가(街)에서는 수치스러운 일이라도 몽블랑 가에서라면 영웅적인 행위로 간주된다. 그래서 모든 과장 속을, 참으로 경멸해야 마땅할 인간이 교묘히 거리에서 거리로 옮겨다니고 있는 것이다. 우리들은 일찍이 하나의 수단을 갖고 있었다. 즉 신문의 자유이다. 신문은 결국 개개의 사람들에게 사실을 전달하므로, 그 사실이 여론에 의해 인정되기에 이르면 그것은 움직일 수 없는 것이 된다. 그러나 현재는 이 요법을 박탈당하고 말았다. 이로써 도덕의 탄생은 다소 지연될 것이다.

152

루소는 가난한 젊은이로(1784년) 아침부터 밤까지 역사나 지리 강의를 위해 온 도시를 뛰어다니지 않으면 안 되었다. 그는 아벨라르가 엘로이스를 연

67 Oginski. 여기서 나오는 오타비아 백작부인은 아마도 스탕달이 1811년 9월 8일에 재회한 안젤라 피에트라그루아인 것 같다. 그렇다면 오진스키는 그녀의 1800년 무렵의 연인 조반빌인 셈이다.

모하고 생 프르가 줄리를 연모했던 것처럼 그 학생 한 사람을 연모하고 있었다. 물론 그들만큼 행복하지는 않았을 테지만, 상당히 그것에 가까웠을지도 모른다. 생 프르 못지않은 열정을 가지고 있었지만, 마음은 한층 올바르고 한층 너그러우며 특히 용기가 있어, 그는 그 정열의 대상에게 자기를 바친 것처럼 보였다. 다음에 게시하는 것은 그가 피스톨 자살을 하기 전에 쓴 것이다. 그는 그날 포르루아얄의 어떤 음식점에서 식사를 했는데, 조금도 광기나 동요의 빛을 보이지 않았다. 이 유서는 경찰의 손에 의해 현장에서 작성된 조서에서 베낀 것이지만, 충분히 보존할 가치가 있는 훌륭한 것이다.

'나의 감정의 고귀함과 낮은 신분의 불가해한 대조, 어떤 아름다운 소녀[68]에 대한 격렬하고도 제어하기 어려운 사랑, 그녀의 명예를 훼손할지도 모른다는 두려움, 죄나 죽음의 어느 쪽인가를 택하지 않을 수 없는 입장 등, 모든 것이 나로 하여금 목숨을 버릴 결심을 하도록 했다. 나는 덕 때문에 태어났으면서, 바야흐로 죄인이 되려 하고 있다. 나는 죽음을 택하기로 하였다.'

— 그림, 제3부 제2권 495페이지

이것은 찬양할 만한 자살이다. 그러나 1880년의 풍습으로 보면 우스꽝스런 행동에 지나지 않을지도 모른다.

153

틀렸다! 미술에 관한 한 프랑스 인은 '산뜻함(joli)' 이상이 못된다.

관객에게서는 '열광(verve)' 을, 배우에게서는 '활기(brio)' 를 예상하는 희극, 나폴리에서 카사치아가 연기한 파론바의 해학은 파리에서는 불가능하다.

68 이것은 로마 궁정에 파견된 구로메르의 딸인 구로메르인 듯싶다.

우선 산뜻할 것, 그리고 산뜻함 이상으로 나가서는 안 된다. 더구나 이것이 곧잘 숭고하다고 일컬어지기조차 하는 것이다. 그러나 내가 애당초 국민적 명예심 일반을 논하고자 하지 않음은 독자가 이미 알고 있는 대로이다.

154

'우리들은 아름다운 그림이 좋다' 고 프랑스 인은 말했다. 그들은 거짓말을 한 것은 아니다. '그러나 우리들은 미의 본질적인 조건으로서 화가가 늘 외다리로 서서 그리기를 요구한다.' 극작법에 있어서의 압운(押韻)이 바로 이것이다.

155

미국은 프랑스에 비해 '선망' 이 적을 뿐 아니라 재치도 적다.

156

펠리페 2세와도 같은 폭정은 1530년 이래 너무나도 정신을 부패시켰기 때문에 그것은 지금까지도 이 세계의 정원 위에 드리워져 있고, 가엾은 이탈리아의 작가는 지금까지 자기 나라의 소설을 '만들어내는' 용기를 갖지 못하고 있다. 그러나 '자연스러움' 의 법칙에 따르면 이보다 더 간단한 일은 없다. 즉, 현실로 눈앞에 있는 것을 솔직히 옮기기만 하면 되는 것이다. 추기경 콘살뷔를 보라. 그는 1822년에 어떤 희가극의 대본을 3시간 동안이나 거드름을 피우면서 조사한 끝에 걱정스럽다는 듯 작곡가에게 말했던 것이다.

'당신은 어째서 cozzar[69]라는 단어를 이렇듯 반복하고 있습니까?'

69 cozzar는 '치다', '두드리다' 라는 의미의 이탈리아어. 총악보 난외에 씌어지는 연주의 지정이다.

157

엘로이스는 당신에게 사랑을 이야기하고, 자기 멋에 취한 자도 자기의 사랑을 떠벌린다. 당신은 그들의 연애가 단지 연애라는 공통의 명사를 갖는 데 지나지 않다고 느끼지 않는가? 여기에는 음악회를 사랑하는 것과 음악을 사랑하는 것 정도의 차이가 있을 뿐이다. 화려한 사교계에서 당신이 하프를 연주함으로써 얻게 되는 허영심의 만족을 사랑하는 것과, 정감이 풍부하고 고독한 까닭에 겁쟁이처럼 몽상을 사랑하는 것과의 차이.

158

사랑하는 여자와 만난 뒤에는 다른 어떤 여자를 보아도 불쾌해지며, 거의 눈에 생리적인 고통을 준다. 나는 그 이유를 알고 있다.

159

어떤 항의에 대한 답변.

완전한 자연스러움과 친밀함은 오직 열정적인 연애에 있어서만 가능하다. 왜냐하면 다른 경우에는 자기보다 운이 좋은 연적의 가능성을 느끼기 때문이다.

160

삶을 혐오하여 독을 마시는 인간에게 있어서 정신은 이미 죽어 있다. 자기가 한 일, 이제부터 체험해야 할 일에 놀란 나머지 무엇에 대해서도 주의를 기울일 수가 없다. 드문 예외는 있지만.

161

저자의 백부이며 늙은 해군 대령에게 이 수기를 바쳤더니, 그는 연애와 같은 시시한 것을 중대사라도 되는 것처럼 600페이지에 걸쳐 논하는 것만큼 우스운 일은 없다고 말했다. 그러나 이 시시한 것이 영혼의 주의를 끌어들이는 강하고도 유일한 무기인 것이다.

1814년 모블뤼가 퐁텐블로의 숲에서 나폴레옹을 암살하는 것을 방해했던 것은 무엇이었는가? 방시누아에 들어온 아름다운 여자의 경멸에 찬 시선이었다. 만일 나폴레옹과 그 어린이가 1814년에 살해되었더라면 세계의 운명은 얼마나 바뀌어 있었을까?

162

다음은 내가 츠나임에게서 받은 프랑스어 편지의 일절이다. 이런 편지를 쓸 정도로 재치 있는 여자를 이해할 수 있는 남자는 시골에는 한 명도 없다는 것을 알겠다.

'……연애에 있어서는 우연을 좀처럼 무시할 수가 없더군요. 1년이나 영어를 읽지 않다 보니, 비로소 손에 넣은 소설도 굉장한 것으로 보입니다. 하나의 산문적인 영혼, 즉 모든 섬세한 것에 대해 무감각하고 겁쟁이이며, 정열을 느끼는 것이라고는 인생의 저열한 이해타산, 말하자면 금전에 대한 욕심이나 아름다운 말을 가졌다는 자부심 혹은 육체적인 욕망 등에 대해서뿐인 사람을 사랑하고 있으면 열정적인 사람의 행위는 자칫 무례한 것으로 보이게 마련이지요. 끊임없이 상상력에 시달리고 연애 이외에는 그 무엇도 느끼지 못하며, 다른 일은 모두 잊고서, 산문적인 영혼이라면 자기 스스로가 행위하지는 않고서 주위의 상황에 맡기는 것을, 늘 성급하게 무엇인가를 하지 않고서는 못 견디는 그런 사람을 말하는 것이지요. 그가 일으키는 놀라움은 저희들이 츠이타우에서 여자의 자존심(이런 프랑스어가 있을까요?)이라고 이름 지은 것에 상처를 입힙니다. 이런 남자에게는 '놀랄' 수가 있지만, 이것은 이전의 남자와 함께 있을 때에는 잊고 있었던 감정입니다〔이 분은 갑작스레 전사하고 말았으므로 완전의 동의어(同義語)가 되었습니다〕. 게다가 이 감정은 매우 품위 있고, 많은 책략의 결과인 안락한 생활을 누리지 못하고 있는 영혼이 자칫 무례와 혼동하기 쉬운 감정입니다.

163

조플루아 뤼데르는 브레의 영주로서 대귀족이었다. 그는 만난 적도 없는 트리폴리의 공녀에게 연정을 느끼고 있었는데, 안티오키아에서 온 순례자를 통해 그녀가 막대한 재산을 소유하고 있으며 매우 아름답다는 말을 들었다. 그는 공녀를 위해 많은 아름다운 노래를 지었는데, 그 가락은 아름다웠지만 노랫말은 별로 능숙하지 못했다. 그는 마침내 공녀를 만나보기 위해 십자군에 참가하여 배에 올랐다. 그런데 불행히도 배 안에서 중병에 걸리고 말았다. 함께 있던 사람들은 그가 죽었다고 생각했을 정도였다. 그럼에도 불구하고 그들은 그를 트리폴리까지 데려갔고, 시체나 다름없는 그를 어떤 여관에 데려다 놓았다. 사람들은 이 소식을 공녀에게 알렸다. 공녀는 병석에 누운 그를 찾아와 안아주었다. 자기를 껴안은 사람이 공녀임을 안 그는 정신이 들었으며, 그녀를 보고 그녀의 말을 들었다. 그는 신을 찬미하고, 공녀를 보기까지 목숨을 연장시켜 준 신의 은총에 감사했다. 이리하여 그는 공녀에게 안긴 채 죽었고, 공녀는 유해를 트리폴리의 사원에 정중히 매장했다. 공녀는 그의 죽음을 깊이 슬퍼하고 그날부터 수녀가 되었다.

164

허친슨 부인의 《회상록》 속에도 내가 결정작용이라 부르는 광기의 기묘한 증거가 있다.

'그는 허친슨에게 어떤 신사에 대한 실화를 들려주었다. 그 신사란 최근 얼마 동안 리치먼드에 머물고 있던 사람인데, 그곳에서 그가 알게 된 사람들은 모두 최근에 죽은 그 도시의 귀부인의 죽음을 애도하고 있었다. 모든 사람들이 너무도 애석해하므로 그는 그녀가 어떤 여자인지 물었다. 그리하여 사람들에게서 들은 이야기에 완전히 반하고 말았다. 그후로 다른 어떠한 이야기에도 흥미를 느끼지 못하게 되었고, 게다가 다른 이야기는 참을 수 없게 되었던 것이다. 그는 점점 우울해졌다. 그는 언제나 그녀의 발자취가 남아 있는 산에 올라가 하루 종일 그곳에 누워 발자국에 입을 맞추며 한탄하는 것으로 나날을 보냈다. 마침내 몇 달 후 죽음이 그의 고뇌를 멈추게 해주었다. 이 이야기는 사실이다.'

— 제1권 83페이지

165

리지오 비스콘티는 아무튼 대독서가였다고는 할 수 없다. 이 논문은 그가 세계를 돌아다니면서 직접 본 것 이외에 15명 내지 20명 가량의 유명한 인물의 회상록에 근거하고 있다. 우연히 만일 이런 자질구레한 것에 조금이라도 주의를 기울이는 독자가 있다면, 리지오가 그 성찰과 결론을 끌어낸 책은 다음과 같다.

《벤베누토 첼리니[70] 자서전》

세르반테스와 스카롱[71]의 소설

프레보의 《마농 레스코》와 《킬레린의 장로》

70 Cellini, Benvenuto(1500~1571). 이탈리아의 조각가이며 금 세공가. 미켈란젤로의 제자로서 주로 로마에서 활약했으며, 일화에 찬 자서전을 남겼다.

71 Scarron, Paul(1610~1660). 프랑스의 시인이며 소설가. 17세기 전반의 현실파 가운데서 모든 것을 해학회하는 소설 작가의 제일인자였다.

《엘로이스가 아벨라르[72]에게 보내는 라틴어 편지》

《톰 존스》

《포르투갈 수녀의 편지》

오귀스트 라 퐁텐의 두세 편의 소설.

피그노티[73]의 《토스카나사(史)》

《베르테르》

브랑토움[74]

고치[75]의 《회상록》(베네치아, 1760년). 단 그의 사랑 이야기에 관한 80페이지만.

로잔, 생 시몽, 데피네, 스타엘, 마르몽텔, 부장발, 롤랑, 뒤크로, 호레이스 월폴, 에브린, 허친슨 등의 《회상록》

레스피나스의 《서간집》

166

당시의 대인물 가운데 한 사람, 교회와 국가에 있어서의 가장 유명한 인물 중 하나가 오늘 밤(1822년 1월) M부인의 집에서 대혁명의 공포정치 시대에 맞닥뜨린 심각한 위험을 겪었던 데 대해 이야기했다.

'나는 불행히도 입헌의회에서도 이름이 알려진 의원 중에 포함되어 있었습니다. 다소라도 대의명분을 세울 수 있는 희망이 있는 동안은 어떻게든 몸을

72 Abélard, Pierre(1079~1142). 중세 프랑스 최고의 변증법 신학자. 예리한 논리로 자주 논쟁을 일으켰고, 정통파에 어긋나는 언동으로 여러 차례 파문의 위협을 당했다. 수녀 엘로이스와의 연애사건으로 유명하다.

73 Pignotti, Lorenzo(1730~1812). 이탈리아의 시인이자 역사가.

74 Brantôme, Pierre de Bourdeilles, Seigneur de(1535~1614). 생애의 대부분을 전장에서 보냈지만, 은퇴 후 많은 《회상록》을 썼다. 《염부전(艶婦傳)》이 가장 유명하다.

75 Gozzi, Carlo(1720~1806). 이탈리아의 극시인.

숨길 곳을 찾아내어 파리에 남아 있었습니다만, 이윽고 위험은 가중되고 외국도 단호한 태도를 보이지 않았으므로 마침내 되거할 결심을 했습니다. 그러나 여권은 없었습니다. 모두들 코블렌츠(Koblenz)로 갔지만, 나는 칼레(Calais)에서 탈출하기로 했습니다. 그런데 나의 인상서(人相書)는 18개월 이래 널리 배포되어 있었으므로, 결국 최후의 유흥가에서 발각되고 말았습니다. 그렇지만 그곳은 통과시켜 주었습니다. 나는 마침내 칼레의 여관에 도착했습니다.

짐작하실 테지만 나는 거의 잠을 이루지 못했는데, 이것이 오히려 다행이었습니다. 새벽 4시쯤 분명히 내 이름을 부르는 목소리를 들었지요. 내가 서둘러 일어나 옷을 입고 있는 동안에도 어둠 속에서 총을 든 국민 방위병의 모습이 보였습니다. 그들은 여관의 문을 열게 하고 뜰로 들어왔습니다. 다행히 밖은 세찬 비가 내리고 있었으며 강한 바람이 부는 컴컴한 겨울의 새벽이었습니다. 어둠과 바람소리 덕분으로 나는 뒤쪽의 뜰과 마구간을 지나 도망칠 수가 있었습니다. 이리하여 나는 아침 7시에 아무런 목표도 없이 거리로 나섰습니다.

나는 여관에서 추격대가 오리라 생각하고 자기 자신이 무엇을 하고 있는지도 모르는 채 항구의 방파제 쪽으로 걸어갔습니다. 그때 내 정신이 조금 이상해져 있었다는 것을 인정하지 않을 수 없습니다. 눈앞에 아른거리는 것은 다만 단두대뿐이었지요. 이런 황천(荒天)에 항구를 떠나는 우편선이 있었습니다. 그것은 이미 돌출된 둑에서 20토아즈나 떨어져 있었습니다. 갑자기 바다 쪽에서 무슨 소리가 들렸습니다.

나를 부르고 있는 것 같았습니다. 한 척의 작은 배가 다가오며 내게 말했습니다. 〈타십시오, 기다리고 있었습니다.〉 나는 기계적으로 배에 탔습니다. 한 남자가 나의 귀에 대고 속삭였습니다. 〈방파제를 겁에 질린 표정으로 걷고 계시기에 필경 쫓기고 있는 불행한 분일 것이라고 생각했습니다. 당신은 내가 기다리고 있던 친구라고 말해두었습니다. 매멀미를 하는 척하며 아래쪽 선실 구석에 숨어 계십시오.〉'

이야기를 듣고 난 이 집의 여주인이 흥분된 목소리로 '참으로 훌륭한 행동이로군요' 하고 외쳤다. 그녀는 이 성직자가 교묘히 이야기한 긴 모험담에 감동하여 눈물까지 글썽이고 있었다. '그 친절한 낯선 사람에겐 어떻게 감사해야 좋을지 모르겠군요. 그 사람의 이름이 무엇이었죠?'

'그 이름을 나는 모르는 것입니다' 라고 성직자는 조금 난처한 듯이 대답했다. 살롱엔 잠시 깊은 침묵이 흘렀다.

167

아버지와 아들의 1787년의 대화.

육군 대신인 아버지가 말했다. "축하한다. (오를레앙) 공작에게 초대를 받았다니 너에게 있어 아주 기쁜 일이다. 네 또래에게 있어서는 대단한 발탁이지. 6시 정각에 궁전으로 가는 것을 잊지 않도록 해라."

아들이 말했다.

"아버님도 역시 회식하시겠지요?"

"(오를레앙) 공작은 언제나 우리 일가에게 깊은 관심을 기울여 주시지. 처음으로 너를 초대해 주시는 일에 나도 함께 참석하는 명예를 얻었단다."

아들은 훌륭한 집안의 상당히 재치가 풍부한, 뛰어난 청년이었으므로 물론 6시에 궁전을 방문했다. 손님은 일곱 명이었다. 아들의 자리는 아버지의 정면으로 정해졌다. 손님들 곁에는 알몸의 미녀가 각각 한 명씩 딸려 있었다. 잘 차려입은 20대의 하인이 음식 시중을 들었다.

168

런던, 1817년 8월[76]—오늘 밤 열린 바스타 부인의 음악회만큼 눈앞의 미에 충격을 받아 두려움을 느낀 것은 생전 처음이었다. 그녀는 세 줄로 늘어선 소녀들에 둘러싸여 노래를 했는데, 소녀들은 아주 아름답고 천상의 미를 갖추고 있었으므로 나는 존경심에서 눈을 내리깔았다. 눈을 들어 감상하며 즐길 여유가 없었던 것이다. 다른 나라에서는, 저 사랑하는 이탈리아에서도 이런 일은 없었다.

169

예술에 있어 프랑스에서는 절대로 불가능한 일이 하나 있다. 즉 열광이다. 열광으로 자신을 망각한 남자는 참으로 우스꽝스럽다. '너무나도 행복한 것 같기 때문이다.' 부라치의 풍자시를 읊는 베네치아 인을 보라.

76 이 날짜와 장소는 아마도 사실일 것이다. 바스타 부인은 이탈리아의 가수인데, 당시 19세로서 때때로 런던을 방문했다. 스탕달은 일찍부터 그녀를 존경해 왔으며, 1818년 이래 편지 속에서 자주 언급하고 있다.

부록

사랑의 법정

1150년부터 1200년까지 프랑스에는 '사랑의 법정(cours d'amour)이 있었다. 여기에는 확증이 있지만, 그러나 사랑의 법정의 존재는 생각건대 좀더 훨씬 오래 전으로 거슬러 올라갈 수 있을 것이다. 사랑의 법정에 모인 귀부인은 법률문제, 예컨대 '연애는 결혼한 사람 사이에 존재할 수 있는가' 에 관해 판결을 내렸으며, 또한 모든 연인이 제소하는 개인적인 사건을 심의했다.

내 생각으로는 이 판결의 도덕적 권위는 루이 14세가 '명예 문제' 를 위해 설치한 원수(元帥) 재판과 비슷한 것이었을 것이다. 단, 이 제도가 여론의 지지를 얻고 있었다는 가정하에 말이다.

프랑스 왕의 전속사제인 앙드레는 1170년경에 발표한 저서에서 다음과 같은 귀부인에 의해 열린 '사랑의 법정' 을 들고 있다.

가스코뉴의 귀부인들

나르본 자작부인 에르망가르드(1144~1194년)

왕비 엘레오노르

프랑도르 백작부인

샹페뉴 백작부인(1174년)

앙드레는 샹페뉴 백작부인이 내린 아홉 가지 판결을 보고하고 있으며, 또한 프랑도르 백작부인의 두 가지 판결도 인용했다.

장 드 노스트라다무스는 그 《프로방스 시인전》(15페이지)에서 이렇게 쓰고 있다.

'논쟁시란 시인이던 기사와 부인이 무언가 아름답고 미묘한 사랑의 문제에 관해 나누는 사랑의 논의였었다. 그리하여 의견이 일치되지 않을 경우, 그 시를 사랑의 법정을 주재하는 고명한 귀부인에게 보내 그 판결을 구했다. 법정은 시뉘, 피에르프, 로마낭 등에 있었으며, 그 판결은 〈사랑의 판례〉라고 불리고 있었다.'

피에르프와 시뉘의 사랑의 법정을 주재한 귀부인은 다음과 같다.

보의 귀부인, 프로방스 백작의 영양(令孃) 스테파네트

아비뇽 자작부인 아다라지

옹글루의 귀부인 알라레트

포스키엘의 귀부인 에르미상드

유르공의 귀부인 베르트라뉴

이엘의 귀부인 마비유

데 백작부인

피에르프의 귀부인 로스탕

시뉘의 귀부인 베르트라뉴

크로스트라르의 조스랑드

— 노스트라다무스 27페이지

아마도 같은 애인의 법정이 어느 때에는 피에르프의 저택에서, 어느 때에는 시뉘의 저택에서 열렸던 게 아닐까? 이 두 마을은 아주 가까이에 있고, 툴롱(Toulon)과 블리노르에서 거의 같은 거리에 있었다.

노스트라다무스는 《아라마농의 베르트랑전》에서 다음과 같이 쓰고 있다.

'이 음유시인은 로마낭의 파네트 또는 에스트파네트를 연모하고 있었다. 그녀는 이 고상 강델무 기문의 귀부인으로서, 낭시의 프로방스 생레미 근처에 있는 로마낭의 저택에서 사랑의 법정을 열고 있었다. 이 사람은 또 페트라르카가 찬미한 사드 가문의 로레트 다비뇽의 백모이다.'

그리고 로레트의 항목에는, 페트라르카에 의해 찬미된 로레트 드 사드는 1341년경 아비뇽에 살았으며, 그 백모인 로마낭의 귀부인 파네트 드 강델무에게 교육을 받았다고 씌어 있다.

이르 도르의 수도사가 쓴 바에 따르면, 두 사람 모두가 프로방스어의 모든 운율을 구사하여 시를 지었는데, 그 작품은 깊은 학식을 나타내고 있었다. ……참으로 드(라고 수도사는 말한다) 파네트 또는 에스트파네트는 시가(詩歌)에 뛰어났고 선천적인 정열과 영감을 갖고 있었다. 그 정열은 참으로 하느님이 주신 것이라고 사람들은 말했다. 그녀들은 당시 교황의 궁정이 아비뇽에 있었을 무렵 그곳에 구름처럼 모여들어 문학을 이야기한 숱한 프로방스의 이름 높고 너그러운 귀부인과 함께 사랑의 법정을 열었으며, 그곳에 제소된 문제들을 판결했다.

반티미르 백작 길랑, 탕드 백작 피에르 바르, 라 블리그 백작 루아 데라스칼리와 같은 고명한 인물이 당시 교황 인노센트 6세를 배알하기 위해 아비뇽에 왔다. 그들은 이와 같은 귀부인이 내린 사랑의 판결을 듣고 그 미모와 지식에 경탄했으며, 그 사랑에 놀랐다.

음유시인은 자주 논쟁시의 끝에 이르러 그들이 다투고 있는 문제의 판결을 내려줄 귀부인을 지명했다.

가스코뉴의 귀부인 법정의 판결에는 이렇게 씌어 있다.

'가스코뉴에서 열린 귀부인의 법정은 전법정의 동의에 의해 이 영원한 헌법을 성립시켰다…….'

상페뉴 백작부인은 그 1174년의 판결에서 이렇게 말한다.

'본 판결은 다수의 귀부인들의 의견을 근거로 하여 매우 신중하게 내려졌다…….'

또한 다른 판결에는,

'해당 기사는 자기에 대해 이루어진 기만에 관해 전사건을 상페뉴 백작부인에게 호소하고, 위의 범죄가 상페뉴 백작부인 및 다른 귀부인의 판결에 위임되기를 탄원했다. 따라서 백작부인은 60명의 귀부인을 소집하고 우(右)와 같이 판결한다…….'

우리들이 이상의 자료를 얻은 사제 앙드레는 사랑의 법전이 다수의 귀부인이나 기사에 의해 이루어진 법정을 통해 공표되었다고 전하고 있다. 앙드레는 또한 상페뉴 백작부인이 '참된 연애는 부부간에 존재할 수 있는가' 라는 문제를 부정적으로 해결했을 때, 제출된 탄원서도 기록해 주었다. 그러나 사랑의 판결에 따르지 않았을 경우에는 어떤 형벌이 가해졌던가? 가스코뉴의 법정은 그 판결의 어떤 것은 불후의 헌법으로서 준수할 것을 명했고, 이를 준수하지 않는 귀부인은 모두 절조가 있는 귀부인들로부터 외면을 당할 것이라고 선고하고 있다.

여론은 어느 정도까지 사랑의 법정의 판결에 지지를 보냈던 것일까?

그 판결을 회피하는 것은, 오늘날 명예가 요구하는 사항을 회피하는 것과 같은 치욕을 의미했을까? 나는 앙드레 및 노스트라다무스에게서 이 문제를 해결할 그 무엇도 찾아낼 수가 없다.

음유시인인 시몽 도리아와 랑플랑 시가라는 다음의 문제에 관해 논쟁했다.
'아낌없이 주는 자와, 아낌없다고 여겨지기 위해서 마지못해 주는 자 가운데 어느 쪽이 더 사랑받을 가치가 있는가?'

이 문제는 피에르프와 시뉘의 사랑의 법정 귀부인들의 심의에 올려졌다.

그러나 두 사람의 음유시인은 판결에 만족하지 않고 로마낭의 귀부인들로 이루어진 사랑의 최고법정에 상고했다.

판결문의 형식은 당시의 사법재판소의 예를 따르고 있다. 당시의 사람들이 이 사랑의 법정을 어느 정도까지 존중하고 있었는가에 관해 어떻게 생각하든 그것은 독자의 자유이지만, 어쨌든 독자는 1822년 현재 툴롱과 마르세유의 가장 존경되고 있는 부유한 귀부인의 화제가 어떤 것인지를 다시 한 번 생각해 주기 바란다.

그녀들은 1822년보다 1174년에 한층 명랑하고 재치가 있으며 보다 행복하지 않았을까?

사랑의 법정의 판결에는 대부분 사랑의 법전 조문에 근거한 사유서가 있었다. 사랑의 법전은 그 전문(全文)이 사제 앙드레의 저술 속에 있다. 그것은 다음과 같은 31조로 이루어진다.

12세기의 사랑의 법전.

제1조 혼인신고는 연애에 대항할 만한 합법적인 변명이 되지 못한다.

제2조 숨기지 못하는 자는 연애를 할 수 없다.

제3조 누구라도 동시에 두 사람과의 연애는 할 수 없다.

제4조 연애는 끊임없이 성장하거나 또는 끊임없이 감소한다.

제5조 폭력을 통해 연적에게서 빼앗는 연애는 묘미가 없다.

제6조 남자는 대체로 성년이 되지 않으면 연애할 수 없다.

제7조 연인 중 한쪽이 사망했을 경우 다른 한쪽은 2년 이상 독신으로 사는 것을 원칙으로 한다.

제8조 누구라도 충분한 이유 없이는 연애할 권리를 박탈당하지 않는다.

제9조 누구라도 연애에 대한 자신감(사랑받는 희망) 없이는 연애를 할 수

없다.

제10조 연애는 대개의 경우 탐욕으로서, 집에서 쫓겨난다.

제11조 결혼하려 할 때 수치가 되는 여자에 대해서는 연모의 감정을 품지 말라.

제12조 참된 연애는 사랑하는 여자 이외의 사람에게서 애무되는 것을 원하지 않는다.

제13조 공개된 연애는 영속하는 경우가 드물다.

제14조 너무나 쉬운 성공은 곧 사랑의 매력을 잃는다. 장애는 연애에 가치를 준다.

제15조 사랑을 하는 사람은 자기가 사랑하는 사람을 보면 창백해진다.

제16조 연모하는 사람을 우연히 보게 되면 전율한다.

제17조 새로운 연애는 오래된 연애를 좇는다.

제18조 신사만이 연애할 자격이 있다.

제19조 쇠멸하는 연애는 신속히 사라지고 되살아나는 일이 드물다.

제20조 연애하는 사람은 항상 두려워한다.

제21조 참된 질투에 의해 애정은 항상 커진다.

제22조 의혹으로 말미암아 생기는 질투에 의해 애정은 커진다.

제23조 연애로 고뇌하는 자는 적게 자고 적게 먹는다.

제24조 연애하는 자의 행위는 모두 사랑하는 사람을 생각하는 일로 돌아간다.

제25조 참된 연애는 사랑하는 사람에게 기쁨을 준다는 것 이외의 좋은 것을 발견하지는 못한다.

제26조 연애는 어떤 것이라도 연애로서 거부하지 못한다.

제27조 연인은 사랑하는 사람을 아끼며 결코 싫증을 내는 일이 없다.

제28조 연인은 단순한 추측에 의해 사랑하는 사람에 대해 불길한 것을 의심한다.

제29조 지나친 쾌락은 사랑의 발생을 방해한다.

제30조 사랑에 빠진 사람은 중단하는 일 없이 꾸준히 연모하는 사람의 모습을 생각한다.

제31조 한 여자가 두 명의 남자에게, 한 명의 남자가 두 명의 여자에게 연모되는 것을 방해하는 것이란 하나도 없다.

다음에는 어떤 사랑의 법정의 판결 주문(主文)을 들겠다.

문제—참된 연애는 결혼한 사람 사이에 있을 수 있는가?

상페뉴 백작부인의 '판결'—연애는 그 권리를 결혼한 두 사람에게 미칠 수 없음을 여기에 선고한다. 무릇 사랑하는 사람은 어떠한 필요에 의해 강요되는 일 없이 상호간에 무상으로 서로 줄 수 있는 것인데, 부부는 상호간에 상대의 의지를 따르고 서로 무슨 일이든 거부할 수 없다는 의무에 의해 결합되어 있기 때문이다.

'본 판결은 다수의 귀부인의 의견에 근거하여 매우 신중하게 내려진 것이므로, 소멸하지 않으며 또한 거부할 수 없는 진리로서 준수해야 한다. 위와 같이 판결한다. 1174년 5월 3일 제7법정.'

사제 앙드레에 관한 노트

앙드레는 1176년경에 썼던 모양이다. 일찍이 바뤼즈에 속하고 있었던 앙드레 작품의 원고가 왕실도서관(제8758호)에 있다. 제1의 표제는 다음과 같다. '연애의 기교 및 연애 부정의 책의 장이 여기서 시작된다.'

이 표제의 다음에 각 장의 목차가 있다. 이어서 다음의 제2 표제가 나온다.

'프랑스 왕실의 전속사제인 앙드레 씨에 의해 씌어지고 출판된 연애의 기교 및 연애 부정의 글은 여기서 시작된다. 사랑의 군대에 참가하기를 바라는 그의 친구 고티에를 위해 씌어진 것. 이 책에 있어서는 실제로 한 사람의 가장 고귀한 부인이 한 사람의 가장 높은 신분의 남자에 의해 연애에로 교묘히 인도된다. 그리하여 이 연애 부정의 책 마지막에 있어 부인은 남자에게 설복된다.'

크레심베니의 《프로방스 시인전》의 페르치바를레 도리아 항목에는 피렌체의 니콜로 바르쟈키 소장의 사본을 들었고, 그 몇 절을 인용하고 있다. 이 사본은 사제 앙드레의 논문 번역이다. 라 크루스카 학회[1]는 그 사전에 인례(引例)한 책 속에서 이것을 채택했다.

1 Académie de La Crusca. 1587년에 설립된 피렌체 학회를 말한다. 그 편찬의 사전(초판)은 1612년에 나왔다.

라틴어의 원본에는 여러 가지의 이본(異本)이 있었다. 프리드리히 오토멘케니우스는 그의 《신라이프치히 삽목》(1591년, 라이프치히 간행)의 제8권 제1부 545페이지 이하에 날짜나 인쇄 장소도 기재되어 있지 않은 옛날 판을 들고 있는데, 그의 감정에 의하면 이것은 인쇄술 발명 당시의 것이다. 그 제목은 '교황 인노센트 4세의 직속사제 앙드레의 연애의 기교 및 사랑의 요법에 관한 논(論)'이다.

1610년의 제2판은 다음의 제목을 갖는다.

'존경하는 벗 고티에를 위해 씌어진 가장 오랜 작자, 왕의 직속사제 앙드레의 《에로티카, 또는 사랑의 서》. 위의 것은 이제까지 한 번도 출판된 적이 없고 수많은 사람들에 의해 소망되고 있었던 것인데, 이제 마침내 충실하게 각종 사본과 대조하여 데트말로 뮐헬로에 의해 간행되었다. 도르프문다, 베스트비안형(型), 순결과 진실을 사랑하는 부인의 해〔年〕.'

제3판에는 '톨레모니아, 베스트비안형, 1614년'이라고 했다.

앙드레는 그의 주제를 방법적으로 아래와 같이 나누고 있다.

1. 연애란 무엇이며 그 이름은 어디에서 왔는가?

2. 연애의 효과는 무엇인가?

3. 연애는 어떤 사람들 사이에 존재할 수 있는가?

4. 사랑은 어떻게 얻어지고 이어지며, 증가하고 쇠퇴하고 끝나는가?

5. 어떤 표시로 인해 상대로부터 사랑받고 있음을 아는가? 한쪽이 부정(不貞)할 때 다른 쪽이 취해야 할 수단.

이 문제는 각각 몇 절에 걸쳐 논해지고 있다.

앙드레는 연인과 귀부인을 번갈아가며 이야기하게 한다. 귀부인은 항의하고, 연인은 이것을 약간의 교묘한 이유를 들어 설복시키려고 한다. 작자가 연인으로 하여금 말하게 하고 있는 한 가지 실례.

'……그러나 만일 내가 말씀드린 것이 애매해서 이해할 수 없다면 요약해 드리지요. 예부터 사랑에는 네 단계가 있었습니다.

1. 희망을 준다.

2. 키스를 허락한다.

3. 가장 친밀한 포옹의 기쁨.

4. 온몸을 내맡긴다.'

보유

서문(1826년)

이 책은 성공을 거두지 못했다. 세상 사람들은 이를 이해하기 어려운 책으로 간주했는데, 그것은 전혀 근거 없는 일은 아니다. 그러므로 이 신판에 즈음하여 저자는 무엇보다도 자기의 사상을 분명하게 설명하려고 했다. 그리하여 어떻게 해서 그 사상이 생겨났는지 이야기했다. 하나의 서문과 하나의 서론[1]을 덧붙였는데, 이것은 오로지 명료한 것으로 만들기 위해서였다. 그러나 그 노력에도 불구하고 《코린》의 독자 가운데 이 책을 이해하는 사람은 백 명 중 네 명도 되지 않을 것이다.

비록 연애에 관해 이야기한다고는 하지만 이 책은 소설이 아니다. 특히 소설처럼 재미있지도 않다. 이것은 다만 프랑스에 있어서는 극히 드문, 일종의 광기에 대한 정확하고도 과학적인 기술(記述)이다. 날로 강해지는 예의범절의 지배를 두려워하며 청순한 풍속에 의하기보다는 오히려 우스꽝스러움을 두려워하는 까닭에, 이 책의 표제를 이루는 말은 사람이 혼자서 말하는 것을 피하고 불결하다고까지 생각되는 낱말이 되었다. 유감스러운 일이지만 여기서는 그것을 사용해야만 하는데, 언어의 과학적 엄밀성이 이 점에 관한 모든 비난으로부터 나를 지켜주리라 믿는다…….

1 나중에 나오는 〈잘츠부르크의 작은 나뭇가지〉를 가리킨다고 한다.

나는 공사관에 소속된 두세 명의 서기관을 알고 있는데, 그들이 귀국하면 그와 같은 편의[2]를 베풀어 줄 것이다. 그러나 그때까지 내가 이야기하는 사실을 부정하는 사람들에 대해 뭐라고 말하면 좋을까? 단지 내가 하는 말에 귀를 기울이지 않기만을 바랄 뿐이다. 여러분은 내가 선택한 형식을 에고티즘이라는 이유를 들어 비난할지도 모른다. 그런데 여행자가 다음과 같이 말하는 일은 허용되는 것이다. '나는 뉴욕에 갔다. 그곳에서 〈나〉는 남미행 배를 타고 산타페드보고타까지 거슬러 올라갔다. 도중에 모기가 〈나〉를 괴롭혔다. 3일 동안 〈나〉는 오른쪽 눈을 사용하지 못했다.'

누구도 자기의 일을 이야기하고 싶어하는 이 여행자를 탓하지는 않는다. 모두 이런 '나'를 용서해 준다. 왜냐하면 이것이 그가 본 일을 이야기하는 가장 분명하고 가장 흥미 있는 방법이기 때문이다.

지금 이 인간 마음의 미지경(未知境)에 대한 여행기의 저자가 '나는 게라르디 부인과 하라인의 염갱에 갔다…… 클레센튀 대공부인이 로마에서 나에게 말했다…… 어느 날 베를린에서 나는 아름다운 L대위와 만났다'고 하는 것은, 분명하게 쓰고 가능한 한 회화적으로 이야기하기 위해서이다. 이같은 사소한 사항은 모두 15년을 독일과 이탈리아에서 보낸 저자에게 실제로 일어났던 일이다. 그러나 감정보다는 호기심이 앞섰던 저자는 가장 시시한 정사(情事)와도 만난 적이 없고, 하등 이야기할 만한 개인적 감정을 경험하지도 않았다. 여러분은 저자가 오만하게도 말하고 있는 것과 상반되는 일을 믿고 있는 것이라고 가정할지도 모른다. 그러나 그의 자존심은 아마도 더욱 강하며, 죽기도 전에 그 회상록을 인쇄하는 사람들처럼 그 마음을 인쇄에 부쳐 1

2 어떤 편의를 의미하는지는 콜론이 이 앞의 문장을 삭제했기 때문에 알 수 없지만, 아마도 그곳에서는 이탈리아나 독일의 기묘한 사랑의 예화(例話)가 소개되고, 그것이 사실이라는 증거를 이 공사관에 있는 친구가 가지고 돌아온다는 의미일 것이다.

부에 6프랑으로 발매하는 것을 금했을 것이다.

1822년, 저자는 이 일종의 이탈리아와 독일의 정신적 여행기의 교정을 보았다. 모든 대상은 그것을 본 날에 기록해 두었으므로, '연애'라고 불리는 영혼의 병이 나타내는 모든 징후의 그때그때의 기술을 포함한 이 원고를, 마치 14세기의 학자가 갓 발굴한 락탄티우스[3]나 퀸투스 쿠르티우스[4]의 원고에 대해 보였던 것과 똑같은 맹목적인 존경을 갖고서 다루었다. 저자가 무언가 불분명한 문장에 부닥쳤을 경우에도(사실 이것은 빈번했지만) 항상 오늘의 '내'가 잘못된 것이라고 생각하기로 했다. 이 옛날의 원고를 존중한 나머지 자기 자신조차 이해할 수 없었던 많은 문장도 그대로 인쇄한 일을 고백하겠다. 호평을 얻으려는 자에게 있어 이보다 더 어리석은 짓은 없을 것이다. 그러나 저자는 오랫동안 떠나 있었던 파리를 보고, 신문에 대해 어떤 저열한 짓을 시도하지 않고서는 성공하기 힘들다는 것을 알았다. 그러나 어차피 저열한 짓을 하고자 결심했더라도, 그것은 총리대신이라도 되려는 때를 위해 남겨두기로 하겠다. 저자는 성공이라 일컬어지는 것은 문제에서 제외했으므로, 그는 사상을 자기 속에서 생긴 대로 발표하는 것을 즐겼다. 저자가 그 실제적 예지(叡知)를 감탄하는 그리스의 철학자들도 옛날에 그와 같이 했던 것이다.

이탈리아의 사교계에서 환영을 받기 위해서는 몇 년의 세월이 필요하다. 어쨌든 나는 이 나라의 마지막 여행자였는지도 모른다. '카르보나리(Carbonari)[5]와 오스트리아군의 침입 이래 외국인은 이러한 거의 광적인 환

3 Lactantius. 콘스탄티누스 대제에게 초빙되어 왕자의 스승이 된 3세기경의 기독교 호교론자(護敎論者). 주저로는 《신의 계시에 대한 일곱 가지의 글》이 있다.

4 Quintus Curtius Rufus. 1세기 중엽의 유명한 수사학자. 저서로는 《알렉산더 대왕전》이 있다.

5 '숯 굽는 사람'이라는 뜻. 19세기 초에 나폴리에서 결성된 이탈리아의 급진공화주의자들의 비밀결사. 나폴리, 토리노 등에서 자주 반란을 일으켰다. 카르보나리란, 초기의 당원들이 몸을 숨기기 위해 숯 굽는 사람으로 변장하고 산속에서 밀의(密議)한 데서 생긴 이름인데, 앙드레 지드의 《교황청의 비밀통로》에서 나온다. 나중에 마치니(mazzini, Giuseppe : 1805~1872)가 이끄는 '청년 이탈리아당'에 흡수되었다.

희가 넘치는 이 나라의 살롱에 벗으로서 맞아들여지는 일은 없었을 것이다. 어떤 도시의 기념비나 대로나 광장을 구경할 수는 있겠지만, 사교계는 안 된다. 외국인은 언제나 두려운 존재로 여겨질 것이다. 마을 사람들은 그가 스파이가 아닌가 의심한다. 그리고 그들은 앙트로드코의 패전[6]이나 대공을 둘러싼 8명 내지 10명의 대신 또는 총신의 박해를 받지 않기 위해 이 나라에서는 불가피하게 행해지는 저열한 행위를 그가 비웃지는 않을까 두려워하는 것이다. 나는 이 나라 사람들을 진심으로 사랑하고, 그리하여 그 진실의 모습을 볼 수 있었다. 때로는 10개월 동안이나 프랑스어를 한마디도 구사하지 않는 경우도 있었다. 동란과 카르보나리만 없었다면 나는 결코 프랑스에 돌아오지는 않았을 것이다.[7] 사람의 선량함이야말로 내가 무엇보다도 존중하는 것이다.

명료하고자 상당히 고심했음에도 불구하고 나는 결국 기적을 실현하기에는 이르지 못했다. 나는 귀머거리에게 귀를 빌려주고 장님에게 눈을 줄 수가 없었다. 따라서 이 책을 펼치기에 앞서 1년에 10만 프랑을 벌어들인 배금주의자나 천박한 유희에 탐닉하는 자들은 즉시 이 책을 덮어야 할 것이다. 특히 은행가나 제조업자나 존경할 공업가 등, 말하자면 실제적인 관념을 가진 여러분은 그러해야만 할 것이다. 그러나 증권거래소나 복권으로 거금을 획득한 사람들이라면 이 책이 그다지 이해하기 어려운 것은 아니리라.

그와 같은 돈벌이는 몇 시간을 몽상 속에서 보내고 프루동의 그림이나 모차르트의 악절(樂節), 또는 여러분을 곧잘 상념에 빠지게 만드는 여성의 어떤

6 1821년 3월 9일, 오스트리아군의 승리로 끝난 전투.
7 1821년, 스탕달이 프랑스에 돌아간 것은 주로 정치적인 이유에 의한 것이었다. 이탈리아의 자유주의자로부터는 스파이로 의심되고, 오스트리아 당국으로부터는 프랑스 자코뱅당의 공작원이라는 혐의를 받아 신변의 위험을 느끼고 밀라노를 떠났던 것이다.

종류의 기묘한 시선으로부터 받은 감동을 되씹는 데 싫증을 내지 않는다는 습관과 양립할 수 있기 때문이다. 주말에 2000명의 노동자에게 임금을 지불하는 사람들이 '시간을 소비' 하는 것은 결코 그와 같은 일에 있어서가 아니며, 그들의 정신은 항상 유익과 실제로 향해지고 있다. 만일 그들이 그럴 겨를이 있다면 내가 말하는 몽상가를 미워하고, 즐겨 자기들의 악의 없는 농담의 소재로 삼게 될 것이다. 백만장자인 공업가는 이런 인간이 1000프랑의 돈주머니보다는 하나의 사상을 더 중시한다는 것을 막연히 느끼고 있는 것이다.

공업가가 10만 프랑을 벌어들인 1년, 그 같은 기간 동안에 나는 현대 그리스어를 습득하고 그것을 자랑하는 나머지 다시 아라비아어를 공부하고자 하는 노력가[8]도 기피한다. 모든 '허영심과 무관한', 상상 속의 원인, 살롱에서 떠벌린다면 아마도 치욕을 느낄 것이 분명한 그러한 종류의 원인에 의해 불행에 빠진 적이 없는 사람은 이 책을 펼치지 않는 편이 좋을 것이다.

이런 살롱에서 시종 겉치레에 의해 남에게 좋은 평가를 받도록 애쓰고 있는 부인들에게도 나는 환영을 받지 못할 것이다. 나는 언젠가 그녀들에게 갑자기 진지한 질문을 던진 적이 있었는데, 그녀들은 돌아보며 방금 표현한 감정이 자연스러운 것이었는지 허세였는지 도무지 알 수 없는 데 대해 스스로도 놀라고 있었다. 이런 여성들이 어찌 진실한 감정의 묘사를 비판할 수 있겠는가? 이 책이 그녀들에게 있어 이른바 '징그러운 동물' 이 된 것도 무리는 아니다. 그녀들은 저자가 부도덕한 인물이 분명하다고 말했다.

젊은 시절의 어떤 행위를 생각해내고는 갑자기 얼굴을 붉히는 일. 마음이 선한 까닭에 어리석은 것을 저질러버리고는, 그것이 살롱에 있는 모든 사람

8 마르티노는 메리메를 가리킨다고 추정한다. 메리메는 나중에 한 인쇄물에서 스탕달에 관해 다음과 같이 썼다. '그는 내가 25세 때 그리스어를 공부하는 것을 비웃었다' 라고.

들의 눈에 꼴불견으로 비치는 것은 문제가 되지 않지만 그 살롱에 있던 어떤 한 사람 눈에 그와 같이 비치는 것을 슬퍼하는 일. 다른 남자를 사랑하고 있는 여자에 대하여 26세로서 진지한 연애를 하는 일. 혹은 또—이것은 매우 드문 일이라 서자는 다시 '조판과 똑같은' 불가해로 빠지지 않을까 우려하면서 이것을 쓰지만—자기를 사랑하는 것처럼 느껴지는 여성이 있는 살롱에 들어가면서 그때 그녀가 자기를 어떻게 생각하고 있는지를 그녀의 눈빛에서 읽으려 할 뿐 결코 자기가 눈으로 '말을 건네려고' 는 생각하지 않는다는 일. 이상이 내가 독자에게 요구하고자 하는 경력이다. 이것은 대부분 실제적인 관념의 소유자에게는 애매한 것으로 보이는 저 섬세한 감정의 기술이다. 그들의 눈에 분명하게 비치도록 하기 위해서는 어떻게 해야 할까? 50상팀(프랑의 100분의 1)의 물가상승, 또는 콜롬비아의 관세변동을 전하면 된다.

이 책은 잇따라 일어나는 여러 가지의 감정, 그 전체가 사랑의 정열이라고 불리는 감정을 간결하게 이론적으로, 예컨대 수학적으로 설명하려고 한다.

먼저 커다란 석반(石盤) 위에 분필로 그려진 상당히 복잡한 하나의 기하학 도형을 상상해 주기 바란다. 나는 이 기하학 도형을 설명하기로 한다. 그러나 한 가지 필요조건이 있다. 즉 그것이 석반 위에 '이미 존재해야 한다' 는 것이다. 나 자신이 도형을 그릴 수는 없기 때문이다. 이 불가능성이야말로 연애에 관해 소설이 아닌 한 권의 책을 쓰는 일을 이렇듯 곤란하게 만드는 것이다. 이 감정의 '철학적 검토' 에 흥미를 갖고서 착수하기 위해서는 독자의 재지 이상의 무엇인가가 필요하다. 즉, 독자가 먼저 연애를 지켜본 경험이 있어야 하는 것이다. 그렇지만 어디에서 연애를 지켜볼 수 있겠는가!

여기에 내가 아무래도 피할 수 없는 불명료함의 원인 중 하나가 있다. 연애는 하늘에 있는 '은하' 라고 불리는 것과 비슷하다. 자주 그 자체가 하나의 성운(星雲)인 숱한 작은 별로써 이루는 찬란한 별무리들. 무수한 책이 이 정열을 구성하는 계기와 또한 인식하기 어려운 4, 500가지의 작은 감정에 대해 이야기하고 있다. 그것들은 곧잘 하찮은 감정에 대해 기재하고 때때로 오류를 범하며, 부속물을 주요 부분이라고 잘못 알고 있다. 이러한 유의 책으로서 최상의 것인 《신엘로이스》, 코탕 부인의 소설, 레스피나스 양의 《서간집》, 《마농 레스코》는 프랑스에서 씌어졌다. 그런데 이 나라에서는 사랑이라고 불리는 식물은 항상 놀림감이 되는 것을 두려워하고 '국민적 정열의 압박', 즉 허영심에 의해 질식되어 거의 그 충분한 높이로 자라지 못하는 것이다.

소설을 통해 연애를 안다는 것은 어떤 것인가? 수백 종류의 유명한 소설 속에 묘사된 사랑을 읽어도 도무지 그것을 느끼지 못하는데, 이 책 속에서 그 광기의 설명을 찾는다 함은 어떤 것일까? 나는 메아리처럼 대답하자. '그것이야말로 미친 짓' 이라고.

꿈에서 깨어난 가엾은 젊은 여성이여! 수년 전 당신이 그렇게도 열중했던 일, 당신이 남에게 누설시키지 않고 조금만 더 계속했더라면 당신의 평판을 떨어뜨리고 말았을 그 일을 다시 한 번 경험하고 싶다는 생각은 들지 않는가? 내가 이 책을 고쳐 쓰고 한층 명료하게 하려 했던 것은 당신을 위해서였다. 읽고 난 다음 다른 사람에게 이야기할 때에는 조금쯤 경멸의 빛을 띠는 것을 잊어서는 안 된다. 책은 밀감나무 목재로 된 당신의 책꽂이의 책들 뒤에 던져두는 게 좋다. 얼마쯤의 페이지는 봉함을 뜯지 않고서 두는 게 좋다.

한 번의 눈길에 일주일간의 행복을 거는 이 거의 광적인 감정을 몰랐었다는 이유를 들어 자기를 철학자라고 믿고 있는 저 불완전한 인간이 뜯지 않고 두는 페이지는 좀더 많을 것이 분명하다. 또한 지난날 몸을 굽혀 한 여성에게 접근하고 하마터면 거절의 비운을 맛볼 뻔했던 기억을 잊고자 그 허영심을 분기시키고 있는 중년 남자에게 이것은 증오할 책이 될 것이다. 여러 가지의 이유 아래, 그러나 항상 분노를 갖고서 이 책을 비난하는 재치 있는 많은 사람들 가운데 한 가지 면에서 내 눈에 우스꽝스럽게 보인 사람들이 있었다. 그것은 스스로 지난날 어떤 마음의 약점에도 굴복한 적이 없다고 큰소리를 치고, 게다가 철학적 논문의 정확함의 정도에 관해 '선험적(先驗的)'으로 판단하는 통찰력이 있다고 주장하는 이중의 허영심을 가진 자이다. 그런데 철학적 논문이란 이 같은 모든 약점의 정밀한 기술 그 자체인 것이다.

사교계에서 현명하며 전혀 소설적이지 않다는 평판을 얻고 있는 진지한 사람에게도, 저자가 '연애'라고 불리는 마음의 병의 온갖 상태를 냉정히 기술한 이 철학서보다는 자못 정열적이라고는 하지만 한 권의 소설 쪽이 훨씬 이해하기 쉬울 것이다. 소설은 다소라도 그들을 움직이지만, 철학적 논문에 관한 한 이 현명한 사람들은 마치 장님이 박물관의 그림 설명을 남에게 읽어 달라 하고서 그 작가에게 '그러나 당신의 작품은 몹시 난해하군요'라고 말하는 것과 같은 것이다. 만일 이런 장면이 오랫동안 재치 있는 사람으로서 존경되고 통찰력이 있다고 뽐내고 있다면 어떻게 될까? 가엾은 작자야말로 참으로 우스꽝스러웠다.

이 책의 초판이 발표되었을 때 저자에게 닥친 것은 바로 이와 같은 운명이었다. 그 몇 권은 재지가 풍부한 인물의 광포한 허영심에 의해 실제로 불태워졌다. 매도에 관해서는 말하지 않겠다. 맹렬했던 만큼 나쁜 느낌은 들지 않았던 것이다.

저자는 야비하고 배덕적(背德的)이어서 국민을 기쁘게 하기 위해 쓴 위험한 인물이라고 비난되었던 것이다. 군주정체에 의해 타락한 나라에서는, 이런 명칭은 도덕에 관해 쓰면서 한 권을 당대의 뒤 바리 부인에게 바치지 않았던 자가 받는 당연한 보답이다. 문학이 유행의 대상이 되지 않고 문학이 만들어지는 동기가 되는 사람들만이 관심을 갖는 것이라고 한다면 문학에 있어 얼마나 다행스런 일일까? 《루 시드》의 시대라도 코르네유는 당조 후작에게 있어서는 '호인'에 지나지 않았었다.

오늘날 사람들은 모두 천성적으로 라마르틴[9]을 읽는 소질을 스스로가 갖추고 있다고 생각한다. 출판사 측에서 볼 때 이처럼 경사스러운 일은 없다. 그러나 반면에 이 대시인에게 있어 이보다 더 경사스럽지 않은 일은 없는 것이다. 오늘날 천재는 자기가 타락할 위험을 무릅쓰지 않고서는 생각할 수 없는 사람들을 위해 여러 가지로 가감(加減)을 하고 있다.

참사원 의원, 목 면직물업자, 금전대출에 유능한 은행가의 부지런하고 활동적이며 존경할 만한 실제적인 생활은 수백만의 돈으로써 보답되지만, 결코 다정한 감각으로써 보답되지는 않는다. 이러한 신사들의 마음은 차츰 굳어진다. 그들에게 있어서는 실제적과 유익이 전부이다. 그리하여 그들의 영혼은 가장 한가로움을 요구하고, 온갖 이성적인 연속된 일을 불가능하게 하는 감정에 대해 닫혀진다.

이 서문을 쓰게 된 것은, 이 책이 불행하게도 광기에 탐닉하는 한가로움이 있는 사람들에게만 이해되지 않는다는 점을 강조하고 싶기 때문이다. 많은 사람들이 불쾌하게 생각할지도 모르지만, 우선 이 정도에서 양해를 해주기 바란다.

9 Lamartine, Alphonse de(1790~1869). 《명상시집》, 《해조시집(諧調詩集)》과 그밖에 많은 작품을 남긴 로망파의 대표적 시인. 스탕달은 1827년 이탈리아를 여행할 때 당시 피렌체의 대사관 참사관이었던 그와 만났다. 라마르틴은 그의 Cours familier de littérature에서 스탕달에 관해 쓰고 있다.

서 문(1834년)

나는 백 명의 독자를 위해서만 쓰겠다. 내가 읽어주기를 바라는 대상은 불행하지만 친애할 매력이 있는 사람들, 조금도 위선적인 면을 갖고 있지 않으며 '도덕적'인 면도 갖고 있지 않은 사람들이다. 그렇지만 나는 그러한 사람들을 고작 한두 명밖에 알지 못한다. 작가로서 평판을 얻기 위해 거짓말을 하는 사람들을 나는 존경하지 않는다. 아름다운 부인들은 마땅히 요리사의 계산서나 유행의 설교집(마실롱[1] 또는 네케르 부인[2])을 읽고, 평판을 퍼뜨려주는 진지한 부인들과 이야기를 할 수 있게 해두는 것이 좋으리라. 그리고 프랑스에서는 이 아름다운 지위는 항상 어떠한 어리석기 짝이 없는 일의 선전자가 됨으로써 얻어진다는 데 주의하기 바란다.

나는 이 책을 읽고자 하는 분에게 묻고 싶다. '여러분은 이제까지 연애를 위해 6개월 동안 불행을 겪었던 적은 없었는가?' 라고. 혹은 여러분의 영혼이 인생에 있어 어떠한 소송사건으로 골치를 썩여야 했었다는 불행, 이번의 선거에서 국회의원이 되지 못했다는 불행, 또는 최근 엑스 온천의 시즌에서 재

1 Massillon, Jean Beptiste(1663~1742). 오라토아르 수도회 출신의 설교가. 브르다루에 계속되는 자로서 명성을 얻었다.

2 Necker, Suzanne Curchod(1739~1794). 스타엘 부인의 어머니. 《교육시설에 관한 각서》, 《이혼론》 등의 저서가 있다.

지가 쇠퇴했다는 말을 들은 불행, 그와 같은 불행 이외에는 느끼지 않았다면 나는 다시 무례한 질문을 하겠다. '당신은 이 1년 동안에 그것을 읽는 사람들로 하여금 생각에 잠기도록 하는 불손한 책을 읽은 적이 있습니까?' 이를테면 루소의 《에밀》이나 몽테뉴의 6권 등. 만일 여러분이 이제까지 그러한 강한 영혼의 약점에서 생기는 불행에 빠진 적이 없고 또한 읽으면서 자연에 어긋나게 생각한다는 습관을 갖지 않았다면, 이 책은 여러분으로 하여금 저자에 대한 분노와 불만을 느끼게 할 것이 틀림없다. 왜냐하면 여러분에게 자신은 모르지만 레스피나스 양이 알고 있었던 하나의 행복의 존재를 엿보게 해주기 때문이다.

서 문(1842년)

이 '연애생리학'의 기묘한 형식에 관해 독자들이 관용을 베풀어 주기를 바란다.

28년 전 나폴레옹의 몰락에 뒤이은 혼란은 나의 지위를 박탈해 버렸다. 러시아로부터의 가공할 퇴각 직후, 나는 하나의 즐거운 도시에 와서 매우 기뻐하며 그곳에서 여생을 보내기로 작정했다. 행복한 롬바르디아에 있어서는, 밀라노나 베네치아에서처럼 인생의 중대한 혹은 유일의 것이라 해도 좋을 일은 쾌락이다. 그곳에서는 이웃 사람의 행위나 태도에는 아무런 주의도 기울이지 않는다. 우리들이 어떻게 되든 타인은 거의 상관하지 않는다. 비록 이웃 사람의 존재를 깨닫는 일이 있더라도 미워하는 마음은 갖지 않는다. 프랑스의 지방 도시의 관심사에서 부러움을 제외한다면 무엇이 남을까? 이런 안타까운 선망이 없다는 점, 그것이 불가능한 일이야말로 행복의 가장 확실한 조건이다. 이 때문에 모든 지방 사람들은 파리에 매료되는 것이다.

1820년 사육제의 가장무도회는 다른 해보다도 성대했지만, 그 결과 밀라노의 사교계에는 5, 6건의 미치광이와도 같은 행위가 벌어졌다. 이 나라 사람들은 프랑스에서라면 믿어지지 않을 일에도 익숙해져 있지만, 그럼에도 불구하고 꼬박 한 달 동안은 이 사건으로 떠들썩했다. 프랑스에서라면 이 같은 기묘한 행위는 놀림감이 되지나 않을까 하는 염려가 있다. 지금 그것을 이야기하기 위해서도 나는 상당한 용기를 내지 않으면 안 되는 것이다.

어느 날 밤 뜻밖에도 이런 광란에 휩쓸리지 않았던 아름다운 피에트라 그루아 부인의 집에서 우리들은 그와 같은 상식 밖의 행위의 원인과 결과를 충분히 검토했는데, 이러한 기묘한 사실과 그 원인으로 되어 있는 것에 관해 1년쯤 지나면 참으로 불확실한 기억밖에 남지 않는 게 아닐까 하고 나는 생각되었다. 나는 음악회 팸플릿을 집어들고 연필로 몇 줄을 적었다. 우리들은 카드놀이로써 '파라옹'을 하기로 결정하고 30명이 커다란 녹색 테이블 앞에 둘러앉았다. 대화는 여전히 활발하게 이어졌고 승부는 자주 관심 밖으로 밀려나곤 했었다. 한밤의 파티도 끝날 무렵, 이탈리아군에서 가장 사교적인 사람 중 한 명인 스코티 대령[1]이 갑자기 들어왔다. 우리들은 그에게 문제의 기이한 사건에 관해 무언가 알고 있는 사실은 없느냐고 물었다. 그는 우연히 고백된 비밀을 이야기했는데, 그것은 사건의 전혀 새로운 양상을 나타내는 것이었다. 나는 프로그램에 이 새로운 사실을 첨가했다.

이 연애에 관한 특수 사정의 수집은 이와 같이 계속되었다. 즉, 이야기를 들은 살롱에서 옆에 놓인 종잇조각에 연필로 적어나갔던 것이다. 이윽고 나는 여러 가지의 강약의 정도를 판별하기 위해 공통의 법칙을 찾았다. 두 달 뒤, '카르보나리당'이라는 의심을 받게 될 우려가 있었으므로 나는 파리로 돌아갔다. 그때는 단지 몇 개월간 떠나 있을 작정이었지만, 이후 나는 다시 저 7년을 살았던 밀라노를 보지 못했다.

파리에서 나는 견디기 힘들 만큼 권태를 느꼈다. 나는 공포로부터 달아난 저 사랑하는 나라에 관해 쓰고자 마음먹었다. 나는 예의 종잇조각을 하나로 모아서 묶은 다음 이 수첩을 한 출판사에 건네주었다. 그러나 한 가지 문제가

1 Scotti. 이 이름은 이탈리아에서는 아주 흔하다. 스탕달은 그 작품 속에서 별로 중요하지 않은 인물에 자주 이 이름을 붙였다.

생겼다. 인쇄소에서는 연필로 쓴 노트에 근거하여 작업을 할 수는 없다고 선언했다. 그가 이러한 원고를 취급하는 것은 위엄이 서지 않는 일이라고 생각한 것도 무리는 아니다. 나에게 노트를 돌려주러 온 인쇄소의 소년은 지시된 실례의 전언을 부끄러워하는 것 같았다. 그는 글을 알았으므로, 나는 그에게 연필로 쓴 그 노트를 구술(口述)했다.

나는 또 신중을 기하기 위해 고유명사를 바꾸고 삽화를 단축시켜야만 한다고 판단했다. 밀라노에서는 책은 그리 읽히지는 않지만, 누군가가 이 책을 입수했을 경우 매우 악의 있는 출판이라고 해석될 염려가 있었다.

이리하여 나는 불행한 책을 출판했던 셈이다. 솔직히 말한다면, 나는 당시 용감하게도 우아한 문체를 경멸하고 있었다. 나는 나의 어린 견습공이 울림이 좋지 않은 결구(結句)와 기묘한 가락을 형성하는 말의 연결을 피하고자 매우 고심하고 있는 것을 보았다. 그러나 한편 정당하게도 그는 표현하기가 곤란한 사실의 상세(詳細)에 관해서는 일체 바꾸지 않았다. 볼테르 같은 인물도 표현하기가 어려운 일은 두려워했던 것이다.

'연애에 관한 시론' 은 감정의 자세한 뉘앙스를 모았다는 점에서만 가치가 있는 것이다. 다행히도 독자가 이 감정의 추억을 갖고 있다면, 그 추억을 근거로 하여 이것을 검토해 주기 바란다. 그러나 그 위에 불편한 사정이 또 있었다. 나는 당시—지금도 마찬가지이지만—문학적인 경험이 별로 없었다. 내가 원고를 건네준 출판사는 질이 좋지 않은 종이에 인쇄하고 우스꽝스러운 판형으로 출판했다. 한 달 뒤 내가 '그 후로 그 책은 어떻게 되었습니까?' 라고 물었을 때 그는 이렇게 대답했다. '아마 성별(聖別)되고 있겠지요. 누구도 손을 대려고 하지 않습니다.'

나는 신문에 글 하나를 게재하도록 의뢰하는 일조차 생각하지 못했다. 하기야 생각했다 하더라도 나 역시 그런 것을 굴욕이라고 생각했을 것이 분명하지만 말이다. 그러나 이 책만큼 사전에 독자에게 인내심을 당부하는 절박한 필요성을 가진 책은 없었다. 처음 몇 페이지를 읽고서 이미 불가해에 빠지는 위험을 무릅쓰면서까지 '결정작용' 이라는 새로운 단어를 독자에게 강요하지 않으면 안 되었던 것이다. 그러나 이 말은 저 이상한 광기의 전체를 생생하게 표현하기 위해 발명된 것으로서, 여러분도 사랑하는 사람에 관한 한 이와 같은 광기가 명백히 진실이고 의심할 여지조차 없다고 생각하고 있을 것이다.

나는 또한 당시 사랑하는 이탈리아에서 보고 들은 극히 사소한 사실에 집착하고 그것을 사랑하고 있었으므로, 문체에 관한 모든 양보나 타협은 애써 피했다. 그렇지 않았더라면 이 '연애에 관한 시론' 도 문학자 여러분의 눈에 그렇듯 기묘하게는 비치지 않았을지도 모르지만.

한편 나는 전혀 대중에게 아첨하지 않았다. 당시 문학은 아직도 생생한 큰 불행에 억눌리고, 우리들의 상처받은 허영심을 위로하는 데 급급한 것처럼 보였다. 문학은 영광과 승리, 전사와 월계수 등에 운(韻)을 맞추고 있었던 것이다. 당시의 지루한 문학은 결코 그 표방하는 주제의 진실한 상세를 추구하지 않고 유행의 노예인 국민에게 좋은 단어만 바칠 기회만을 찾고 있었다. 일찍이 어떤 위인이 이 국민을 대국민이라고 부른 일이 있었다. 문학은 오직 그 위인을 추대하는 일에 의해서만 위대해질 수 있음을 잊고 있었던 것이다.

이렇듯 가장 조출한 성공의 조건에도 무지했던 까닭에, 나는 1822년부터 1833년까지 불과 17명의 독자를 얻었을 뿐이었다. 20년이 지난 오늘날에야 나의 '연애에 관한 시론' 은 백 명의 호사가에 의해 어렴풋이 이해되기 시작하고 있다. 어떤 사람은 주위의 환자를 상대로 이 병의 모든 상태를 참을성 있게 관찰했다. 우리들에게 있어 30년 동안 웃음거리가 될지도 모른다는 데 대한 두려움 때문에 신중히 숨겨져 있는 이 정열을 이해하기 위해서는 우선 그것을 병으로서 취급할 필요가 있다. 그래야만 비로소 그것을 치료할 수가 있는 것이다.

혁명이 가까스로 우리들의 풍속 속에 들어올 수 있었던 것은 실로 반세기에 걸친 제혁명이 차례로 우리들의 주의를 앗아가고, 정부의 형태와 경향이 다섯 번이나 바뀐 후였다. 연애 혹은 대체로 이 이름을 참칭(僭稱)하는 것은 루이 15세의 시대에는 만능이었다. 궁정의 여성이 대령을 만들었으며, 궁정은 우리나라에서 가장 아름다운 장소라 해도 과언이 아니었다. 50년 뒤, 궁정은 이미 존재하고 있지 않았다. 의기양양한 부르주아지나 불만으로 가득 찬 귀족계층에게 있어 가장 세력 있는 부인이라 해도 시골에 하다못해 담뱃가게 하나도 열도록 할 수가 없을 것이다.

여성이 이미 유행에 뒤떨어진 존재가 되었다는 사실은 인정하지 않을 수가 없다. 화려한 우리나라의 살롱에서는 20세의 청년은 부인들에게 말을 건네지 않는 것을 자랑으로 여긴다. 그들은 오히려 시골 사투리를 쓰는 천박한 이야기꾼 주위로 몰려들기를 좋아하고, 그 '능력'의 문제를 거론하는 데 귀를 기울이며 때때로 자기도 대화에 끼어들려고 한다. 이전의 고상한 교제를 계속하고 있음을 가장하기 위해 경박하다고 생각되고 싶어하는 부유한 계층의 젊은이는, 부인들로서는 가까이하기가 어려운 '클럽'과 '말(馬)에 관해 이야기하고 큰돈을 내기에 걸고 싶어한다. 결혼생활의 권태로 인해 사교계에 얼굴을 내미는 25세의 젊은 아내와 청년 사이에는 이런 죽음과도 같은 차가움이 있는 것 같다. 그 때문에 이 연애라고 불리는 병의 지속적인 모든 상태의 정확한 기술도 몇몇 현명한 사람들에게는 기쁘게 받아들여질 것이다.

가공할 변동은 우리들을 현재와 같은 권태에 떨어뜨리고, 디드로가 그 연인 보랑에게 보낸 편지나 혹은 데피네 부인의 《회상록》에 있는 1778년의 사교계를 불가해한 것으로 만들고 있다. 이 사실은, 차례로 탄생한 우리 정부

가운데 과연 어느 것이 우리들의 즐기는 능력을 없애고 우리들을 세계 제일의 음산한 국민[2]에 가깝게 했는지를 문제 삼게 만든다. 우리들은 이 국민의 '의회', 당파의 성실(이것은 그들이 발명한 것 가운데 유일하게 다소 낫다고 할 만한 일이다)도 흉내내지 못했지만, 한편 그들의 서글픈 관념 중에서 가장 어리석은 것, 즉 저 위엄에 찬 정신이 우리들 사이에서 프랑스적인 쾌활과 대체되었다. 오늘날 이 쾌활은 파리 교외의 500군데의 무도장이나, 또는 보르도 이남의 남부 프랑스에서밖에 볼 수가 없다.

그러나 역대의 정부 가운데 어느 것이 우리들에게 '영국화' 한다고 하는 가공할 불행을 가져다주었던가? 외국군이 몽마르트르에 주둔하는 것을 방해한 정력적인 1793년의 정부를 탓해야만 할 것인가? 이 정부는 아마도 몇 년 후면 우리들의 눈에 영웅적으로 보일 것이다. 그리고 나폴레옹의 치세하에서 우리들의 이름을 유럽의 모든 수도에 가져간 정부의 훌륭한 전주곡을 형성하는 것으로 비치게 될 것이다.

우리들은 집정정부(執政政府)의 악의 없는 어리석은 정책을 잊도록 하자. 어쨌든 그것은 카르노[3]의 재능과 1796년부터 1797년까지의 이탈리아에 있어 불멸의 전과(戰果)에 의해 빛나고 있는 것이다.

바라스[4]의 궁정 부패는 아직도 구제도의 쾌활을 연상하도록 하는 것이었다. 보나파르트 부인의 우아함은, 당시 우리들이 영국인의 음산함과 오만에 대해 조금도 편견을 갖고 있지 않았음을 보여주었다.

생제르맹 가(街)의 선망에도 불구하고 우리들이 제1 집정의 시정(施政)에

2 영국 국민을 말한다.

3 Carnot, Lazare(1753~1823). 뛰어난 수학자이고 동시에 대혁명 시대의 국민공회의원, 군사기술자, 전략가이다. 혁명군을 편제하고 대불(對佛) 동맹군을 격파하여 '승리의 조직자'라고 불렸다.

4 Barras, Jean Nicolas, vicomte de(1755~1829). 프랑스의 정치가. 급진당에 속했지만, 1794년 로베스피에르를 쓰러뜨린 후 파리의 사령관이 되었고, 이어서 집정관이 되었다. 후에 나폴레옹에 의해 추방되었다. 귀족 출신으로서 많은 여성과의 스캔들이 있었다.

관해 품지 않을 수 없었던 깊은 존경과, 당시 파리의 사교계에 넘치고 있던 최고의 인물인 크레테나 다뤼와 같은 사람들을 보면, 19세기 전반의 프랑스인의 성격 중에서 행해진 두드러진 변화의 책임을 제정(帝政)에 지울 수는 없다. 이 이상 검토를 계속할 필요는 없을 것이다. 왜냐하면 독자 스스로가 반성하고 결론을 찾아내게 될 것이므로.

실패(Fiasco)에 관해

'사랑의 세계는 비극적인 이야기로 가득 차 있습니다'라고 세비네 부인은 그 아들이 유명한 샴멜레[1]를 통해 경험한 불행을 이야기하는 가운데 썼다.

몽테뉴는 이 아슬아슬한 문제를 교묘히 처리하며 썼다.

'저 우스운 끈매듭[2]은 사람들이 입을 열면 빠짐없이 화세에 오를 정도로 모두들 경험하고 있는 일이지만, 단순히 두려움과 위구(危懼)의 감정에서 비롯되는 것이 아닌가 생각된다. 나는 나 자신의 일을 아는 것과 마찬가지로 그에 대해 잘 아는 한 남자를 알고 있다. 그는 특별히 허약하다고 생각될 만한 점이 있는 것도 아니고 또 그다지 사물에 주박(呪縛)되는 성미도 아니었는데, 전부터 한 친구에게서 중요한 때 어떤 색다른 실패를 경험했다는 이야기를 듣고 있었다. 그런데 그 뒤 비슷한 경우에 부닥쳤을 때 갑자기 이 무서운 이야기를 생각해내고 그 때문에 상상력이 심하게 자극되었으므로, 마침내 자신도 같은 불행을 당하고 말았다. 그 이후로는 이 뜻대로 되지 않는 불쾌한 추억에 시달리고 얽매임을 당해서 번번이 실패하는 버릇이 생기고 말았다. 그

1 Champmeslé, Marie Desmares(1642~1698). 프랑스의 여배우로서, 주로 비극에 출연했다.
2 원문은 liaisons d'aiguillettes aiguillettes. 이것은 당시의 남자가 사타구니에 매단 고환주머니(braguette)를 속옷과 연결시켜 맸던 끈을 가리킨다. 16세기의 프랑스에서는 이것을 꽉 죄어 매면 불능이 된다는 미신이 있었으며, 점쟁이 노파 등이 다른 사람의 연애 혹은 부부애를 질투하는 자들을 위해 처방해 주었다고 한다. 그런데 전화하여 성불능을 암시하는 말이 되었다.

는 이 기억을 다른 방향으로 돌려야겠다는 데 생각이 미쳤다. 그는 사전에 자기에게는 본래 그와 같은 경향이 있는 것이라고 인정하고 스스로를 납득시켰다. 그리하여 이 병이 찾아온 것은 당연하다고 생각함으로써 부담감이 덜어지고 그 일에 그다시 집착하지 않게 되었던 것이다……'

참으로 허약한 것이 아닌 이상 한번 제대로 되면 두 번 다시는 불능이 되는 일은 없는 법이다. 이 불행은 우리들의 마음이 욕망 혹은 존경 때문에 정도 이상으로 긴장하는 것을 시도할 때 이외에는 두려워할 것이 없다…… 다른 곳에서 어쨌든 반쯤 만족시킨 그 몸을 가지고 의무를 다한 남자를 나는 알고 있다…… 공격하는 자의 마음은 각가지 공포에 의해 어지럽혀지므로 자칫 당황하게 마련이다…… 피타고라스의 며느리는 말하기를, 여자는 남자와 동침할 때 속옷과 함께 수치심을 버려야 할 것이며, 그것을 입을 때는 다시 수치심을 몸에 걸쳐야만 할 것이라고 했다.

이 여자의 말은 정사에 있어서는 맞는 말이지만, 참된 사랑에 있어서는 옳지 않다. 최초의 승리란 허영심을 문제 삼지 않는다면 다음의 경우를 제외하고는 남자에게 직접적으로 쾌락을 주지는 않는다.

1. 그 여자를 원하고서 상상을 할 겨를이 없었을 경우, 그러니까 원한 다음 곧 손에 들어왔을 경우. 이때 육체적 쾌락은 가장 크다. 왜냐하면 여자의 아름다움에 마음을 빼앗기고 있어 장해를 생각할 틈이 없기 때문이다.

2. 전혀 신경 쓸 필요가 없는 여자의 경우. 이를테면 젊은 하녀처럼 눈에 띄지 않는다면 욕망이 일어나지 않는 여자. 마음에 일말의 정열이 들어옴과 동시에 일말의 '실패'의 가능성이 들어온다.

3. 여자가 남자 쪽에서 미처 반성할 틈도 없이 뜻밖에도 몸을 맡겼을 경우.

4. 여자 쪽에서는 헌신적인 사랑을 하고 있는 반면에 남자는 같은 정도의 사랑을 느끼고 있지 않은 경우.

남자의 연정이 격렬하다면 그만큼 스스럼없이 여자의 몸을 만지거나 여자가 화를 낼지도 모르는 행위를 감히 하기 위해서는 많은 노력을 기울이지 않으면 안 된다. 그에게 있어 여자는 마치 신처럼 극도의 사랑과 극도의 존경심을 일으키게 하기 때문이다.

이와 같은 위구는 아주 다정한 정열의 결과이지만 '취미적 연애' 의 경우에는 어떻게 해서든 상대방에게 호감을 얻고 싶다는 소망과 용기의 결여에서 비롯되는 하찮은 수치심이 있으며, 이것들은 남자가 마음속에서 도저히 이겨낼 수 없다고 느끼며 얼굴을 붉히는 극단적으로 고통스러운 감정이다. 그런데 마음이 부끄러움을 느끼고 그것을 극복하기 위해 지나치게 신경을 쓰면 이미 쾌락을 느낄 여유가 없다. 왜냐하면 일종의 사치인 쾌락을 생각하기 위해서는 먼저 필요조건인 '안도' 가 조금도 위협되지 않는 일이 필요하기 때문이다. 루소처럼 창녀 곁에서도 쓸데없는 수치심을 느끼는 사람들도 있다. 그들은 대체로 창녀를 찾아가지는 않는다. 이런 여성과의 관계는 한 번으로 끝날 일이지만, 그 최초의 순간이 불쾌하기 때문이다.

허영심은 별도로 하고서 최초의 승리가 대부분 괴로운 노력이라는 것은, 모험의 기쁨과 그것에 뒤이은 행위의 행복을 구별해 보면 명백해진다.

사람은 다음과 같은 사정에 만족을 느낀다.

1. 그토록 바라던 상황에 마침내 도달했다는 일. 완전한 행복을 가까운 장래에 바라고, 연인이 자기를 사랑하지 않는 것이 아닐까 의심하고 있었던 잔인하고 야속한 시기를 통과했다고 하는 일.

2. 잘 극복하여 마침내 위험이 사라졌다는 일. 그러나 이런 상황은 '정열적 연애' 에 있어서는 순수한 기쁨이라고 할 수 없다. 자기가 무엇을 하고 있는지도 알지 못하며, 다만 확실한 것은 사랑하고 있다는 것뿐이다. 그러나 결코 이성을 잃지 않는 '취미적 연애' 에 있어서 이 순간은 마치 여행에서 돌아왔

을 때와 같은 것이다. 남자는 자기를 음미한다. 그리하여 만일 그 연애가 다분히 허영심을 가지고 있다면, 그 음미를 속이려고 한다.

3. 마음의 비속한 일면은 승리의 기쁨에 잠긴다.

여러분이 어떤 여성에게 조금이라도 정열을 가지고 있고 또한 여러분의 상상력이 아직도 고갈된 상태가 아니라면 다음과 같은 상황을 가정해 보자. 그녀가 어느 날 밤 어색한 듯이 평소와는 다른 다정한 태도로 '좋아요, 내일 점심때쯤 오세요. 혼자서 기다리고 있겠어요' 라고 말하기라도 한다면, 여러분은 신경적인 흥분으로 인해 이미 그날 밤은 잠을 이루지 못한다. 자신을 기다리고 있을 행복을 여러 가지로 상상한다. 다음날의 오전은 그야말로 고문이다. 마침내 약속시간을 알리는 시계가 울린다. 시계 초침소리 하나하나는 여러분의 횡격막에 울려 퍼진다. 여러분은 가슴을 설레며 여성이 사는 동네로 걸어간다. 한 발짝 한 발짝 옮길 때마다 몹시 힘이 든다. 덧문의 뒤쪽에 사랑하는 여성의 모습이 보인다. 그는 용기를 내어 계단을 올라간다…… 그리하여 여러분은 '상상력에 의한 실패' 를 훌륭하게 증명해 보인다.

매우 신경질적이며 소심한 예술가인 라프츠르 씨가 메시나에서 나에게 이야기한 바에 의하면, 반드시 최초의 순간뿐만이 아니라 밀회의 순간에는 언제나 실패를 했다고 한다. 그러나 나는 그가 다른 사람과 크게 다른 점이 있다고는 생각하지 않는다. 적어도 나는 그에게 두 명의 귀여운 연인이 있었음을 알고 있다.

완전한 다혈질(무엇이든 좋은 쪽만을 취하는 참된 프랑스 인, 마티스 대령)의 소유자는 내일 정오에 밀회의 약속이 있으면 감정의 과잉에 고뇌하기는커녕 오히려 행복한 순간이 오기까지 세상에 모든 것을 장밋빛으로 본다. 밀회의 약속이 없다면 다혈질의 인간은 조금 권태를 느낄 것이다.

엘베시우스의 연애의 분석을 보라. 그는 틀림없이 그대로 느꼈던 것이고,

그리하여 대다수의 인간을 위해 썼던 것이다. 이와 같은 자들은 거의 '정열적 연애'를 경험하지 못한다. 그것은 그들의 즐거운 평안을 어지럽힌다. 그들은 틀림없이 그런 감격을 불행으로 생각하고, 적어도 자기의 소심함에 굴욕을 느낄 것이다.

다혈질의 인간은 고작해야 다음과 같은 종류의 정신적 '실패'밖에는 모른다. 그것은 메살리나[3]에게서 부름을 받았을 때로서, 드디어 잠자리에 들게 되면 그는 자기가 무서운 심판관 앞에 끌려 나가는 것이라고 생각하기에 이른다. 소심한 우울질의 인간이라도 몽테뉴가 말하듯이 샴페인의 취기를 빌리면, 때로는 다혈질에 가까워질지도 모른다. 단 지나치게 취해서는 곤란하다. 화려한 다혈질의 인간은 우울질의 인간을 매우 부러워하지만, 아무리 해도 그들을 모방할 수가 없다. 그러나 그들은 자기처럼 지상의 쾌락도 갖지 않는다면 뜻하지 않은 실패와 만나는 일도 없고, 사랑의 소심함을 양식으로 하는 미술은 그들에게 있어서는 봉함을 한 편지와도 같다고 생각하는 것으로 스스로를 위로해야만 할 것이다. 뒤크로처럼 평범한 행복밖에 바라지 않는 남자는 자주 그것을 손에 넣는다. 이런 인간은 결코 불행에 빠지는 법이 없으며, 따라서 예술을 느끼지는 못한다.

매우 힘이 좋은 남자가 이런 유의 불행을 만나는 것은 체력을 소모했거나 혹은 쇠약해졌을 경우뿐이다. 이와 반대로 신경질 · 우울질의 인간은 마치 이 불행을 위해 태어난 것과도 다름없다. 가엾은 우울질의 남자도 미리 다른 여자와의 관계를 통해서 힘을 소모시키고 난 뒤라면 때로는 어느 정도 상상력을 없애고 그 덕분에 자기가 사랑하는 여자 곁에서 그다지 슬픈 역할을 담당하지 않아도 될 것이다.

3 Messalina. 로마의 황제 클라우디우스(Claudius : B.C. 10~A.D. 54)의 비. 대단한 음부로 알려졌다.

이상 기술한 것을 어떻게 결론지어야만 할까? 현명한 여성이라면 맨 처음 몸을 허락할 때 결코 밀회를 약속하지 말아야 한다. 상대방에게 뜻하지 않은 행복을 안겨주어야 하는 것이다.

오늘 밤 우리들은 미쇼 장군의 참모실에서 25세부터 30세까지의 다섯 명의 젊은 미남 장교와 '실패'에 관해 토론을 벌였다. 확실히 거짓말을 하고 있었던 한 사람의 허풍쟁이를 제외하고 우리들은 모두 이름난 미인과 처음에는 '실패' 하고 있었다. 하기야 우리들 가운데 누구 한 사람도 델판테[4]가 '정열적 연애' 라고 부른 것이 무엇인지를 몰랐었던 것도 사실이지만 말이다.

이런 불행이 매우 흔한 것이라고 생각하면 위험은 훨씬 적어질 것이 분명하다. 나는 23세의 아름다운 경기병 중위를 알고 있었다. 그는 6개월 동안 한 여성을 연모하고 있었는데, 마침내 그녀의 허락을 받은 최초의 사흘 밤 내내 그녀는 전사한 다른 연인의 일을 슬퍼하고 한탄하며 그에게 몹시 냉정하게 대했다. 그 때문에 그는 아무래도 지나치게 반한 탓인 듯 생각되지만, 단지 여자에게 키스하고 기쁨으로 눈물을 흘리는 일밖에는 하지 못했다. 그도 그녀도 욕정을 해소하지 못했다.

군대의 명물인 경리장관 H. 몽도르 씨는 젊고 매혹적인 코라 백작부인과 사흘 동안 계속해서 '실패' 했다. 그러나 '실패' 의 제왕이라고 하면 저 침착한 성격에 잘생긴 올스 대령이다. 그는 저 장난꾸러기이며 도발적인 여성 니나 비가노[5]와 석 달을 계속해서 '실패' 하고, 마침내 한 번도 성공하지 못한 채 헤어져야만 했다.

4 Delfante. '단장' 111에도 나온다. 일기에 의하면 1802년 피에트라그루아의 집에서 같은 이름의 연대장과 만나고 있다. 《연애론》을 통해 이 이름은 스탕달 자신을 가리킨다.

5 Nina Vigano. 스탕달이 좋아한 비가노 무용단의 주역 무용수. 마틸드에 대한 그의 연정이 한창이었을 무렵 그녀와 자주 만났다. 어느 날 니나는 그를 계단에서 불러 세우며 말했다. "베르 씨, 모두들 당신이 나를 사랑하고 있다고 말해요." 이에 대해 내가 "놀리고 있는 것이지요."라고 말했기 때문에 그녀의 화는 끝내 풀리지 않았다. 이것도 일종의 '실패' 라고 스탕달은 생각한다.

단장(斷章) 170[1]

에스파냐의 발렌시아에 명문가 출신의 매우 행실이 바른 두 여자가 있었다. 두 사람은 매우 사이가 좋았다. 한 프랑스 장교가 그중 한 명에게 구애했다. 그는 그녀를 정열적으로 사랑하고 있었다. 어느 정도였는가 하면, 어떤 전투가 있은 뒤 사령관에게 보고하러 사령부에 가야 했음에도 불구하고 그녀의 집 근처 숙영지(宿營地)에 머물러 있었기 때문에 훈장을 받지 못했던 것이다.

마침내 그도 그녀로부터 사랑을 받게 되었다. 7개월 동안 한결같이 거의 절망적인 냉담함을 보이던 그녀가 어느 날 밤 그에게 말했다.

"조지프 씨, 저는 당신의 것이에요." 그러나 아직 남편이라는 방해자가 남아 있었다. 남편은 상당히 재지가 있는 사람이었으나 매우 질투심이 강했다. 나도 벗으로서 이 남자와 함께 륄리에르[2] 폴란드 사(史)를 전부 읽어야 했지만, 그로서는 도무지 몰랐던 것이다. 3개월이 지날 때까지도 여전히 그녀는 남편을 속일 수가 없었다. 축제의 날, 그녀가 미사를 드리러 가는 교회를 신호기로 알렸다.

어느 날 나는 그가 평소와 달리 의기소침해 있음을 보았다. 그 이유는 다음

1 1853년판에 수록한 단편. 원고는 그 뒤 소실되고 씌어진 시기는 알 수 없지만, 《연애론》의 집필 시기와 그리 멀지는 않으리라고 추정된다.
2 Rulhière, Claude de(1735~1791). 프랑스의 역사가이며 시인.

과 같았다. 돈나 이네실리아와 가까운 여자 친구가 중병에 걸렸다. 그녀는 남편에게 밤을 새면서 친구를 간호할 수 있도록 해달라고 청했다. 그 청은 곧 받아들여졌으나, 밤새워 간호를 하는 날은 남편이 지정한다는 전제하에서였다. 어느 날 밤 남편은 돈나 이네실리아를 그 여자 친구의 집으로 데려갔다. 그리고는 문득 생각났다는 듯 침실 옆에 있는 작은 객실의 소파는 잠자기에 상당히 편할 것 같다고 말했다. 문은 열려 있는 상태였다. 11일 전부터 장교는 매일 밤 2시간 동안 환자의 침대 밑에 숨어 있었던 것이다. 그 다음은 말하기가 거북해진다. 나는 프랑스 여성의 허영심은 이 정도의 우정을 인정하지 않을 것이라고 생각한다.

잘츠부르크의 작은 나뭇가지

잘츠부르크에서 가까운 하라인 염갱의 갱부들은 겨울이 되면 잎이 떨어진 작은 나뭇가지를 깊은 폐갱(廢坑)에 던져 넣는다. 그리고 두서너 달이 지나면 소금기를 머금은 물이 그 나뭇가지를 적시고 물이 빠진 뒤 말라버리는데, 이때 작은 가지는 찬란한 결정(結晶)으로 덮여 있음을 보게 된다. 곤줄박이의 다리 정도 되는 극히 작은 가지에 이르기까지 눈부실만큼 아른거리며 반짝이는 숱한 결정을 아로새기고 있는 것이다. 본래의 작은 나뭇가지는 이미 찾아볼 수 없다. 이것은 어린이가 가지고 놀기에 아주 좋은 장난감이다. 활짝 개고 공기가 건조한 날, 하라인의 갱부는 갱내로 내려가는 관람객에게 이 다이아몬드의 작은 가지를 권하는 것을 잊지 않는다. 갱내로 내려가는 방법이 또한 조금 색다르다. 긴 자작나무의 줄기가 비스듬히 차례로 놓여 있어 그것을 타고 미끄러져 내려가는 것이다. 자작나무의 줄기는 매우 굵고 1, 2세기 전부터 말안장 역할을 하고 있으므로 완전히 매끈하게 길이 들어 있다. 여러분은 이 끝과 끝을 연결한 자작나무의 안장을 타고서 미끄러지는 것인데, 앞에는 가죽 앞치마를 깐 갱부가 타고 있어 여러분이 너무 빨리 미끄러지지 않도록 조절을 해준다.

이 급속한 여행을 시작하기 전에 갱부는 부인들에게 잿빛의 사지(모직물의 일종)로 된 헐렁한 바지를 입도록 한다. 이 바지에 옷을 쑤셔넣은 모습은 상당히 재미있는 구경거리가 된다. 내가 이 아름다운 하라인의 염갱을 방문한 것은 18……년의 여름으로서, 게라르디 부인[1]과 함께였다. 처음에는 볼로냐의 견디기 어려운 더위를 피하여 잠시 생고타르의 산지에서 시원함을 찾을 작정이었다. 사흘 걸려 우리들은 만토바(Mantova)의 독기가 서린 늪지대와 가르다 호(湖)를 건너 리바(Riva), 볼차노(Bolzano), 인스부르크(Innsbruck)에 도착했다.

게라르디 부인은 이 근처의 아름다운 산들이 매우 마음에 들어 잠시 돌아볼 예정으로 나섰던 것인데, 그만 긴 여행이 되어 버렸다. 우리들은 인 강에서 잘츠아 강을 끼고 잘츠부르크까지 내려갔다. 알프스의 북쪽 산등성이의 시원함은 롬바르디아 평원의 티끌과 숨막히는 듯한 공기를 뒤로 하고 온 우리들에게 매일 아침 새로운 기쁨을 주었고, 우리들은 여행을 계속했다. 우리들은 고링크에서 농부의 재킷을 샀다. 아무튼 긴 여행이었으므로 곧잘 숙소나 음식에 곤란을 당하는 일이 있었지만, 이러한 부자유도 즐거움의 하나였던 것이다.

우리들은 고링크를 떠나 하라인에 도착했을 때까지도 방금 말한 아름다운 염갱의 존재조차 알지 못했었다. 많은 관광객이 머물고 있었는데, 우리들은 예의 농부의 재킷차림으로, 부인들은 도중에서 산 시골 아낙네들의 헐렁거리는 두건을 쓰고서 그곳에 나타난 셈이었다. 염갱에 가더라도 우리들은 물론 갱내에 들어가겠다는 생각은 털끝만큼도 없었다. 3킬로미터나 나뭇가지를 타고 미끄러져 내려간다는 것이 어쩐지 이상하게 여겨졌고, 캄캄하고 더러운

1 Mme Gherardi. 브레시아의 파우스티 레키 백작의 딸. 《로마, 나폴리, 피렌체》에 의하면 '브레시아 제일의 미인'인데, 1817년 그에게 연애의 네 가지 분류를 가르친 것으로 되어 있다. 《나폴레옹전》에 의하면 1800년경의 밀라노 사교계의 스타 중 한 사람으로서, 뮈 장군의 애인이 되어 파리에 갔다. 당시 17세였던 스탕달에게 있어 그녀는 아마도 멀리서 찬미하고 있던 손에 닿지 않는 꽃이었을 것이다. 1811년 그가 이탈리아를 다시 방문했을 때 그녀는 이미 죽은 뒤였으므로 연애의 네 종류를 가르쳐준 것도, 이 여행도 전적으로 공상이다. 그러나 그는 1809년 4월 빈에 있었으므로, 하라인의 염갱에 갔을 가능성은 있다.

구덩이 속에서 질식하게 될까 봐 걱정스러웠던 것이다. 게라르디 부인은 다소 망설이고 있었다. 그러나 마침내 결심을 굳혔는지, 나는 내려갈 생각이지만 여러분은 좋을 대로 하라고 말했다.

준비하는 데는 꽤 시간이 걸렸다. 아무튼 아주 깊은 굴에 들어가는 것이므로 우선 충분히 먹어두지 않으면 안 되었다. 그 동안 나는 금발의 아름다운 바이에른 경기병의 태도를 흥미롭게 바라보고 있었다. 우리들은 이 사랑스러운 청년과 비로소 알게 되었던 것인데, 그는 프랑스어를 할 줄 알 뿐 아니라 하라인의 농부에게 통역을 해 주었으므로 매우 편리했다. 이 젊은 장교는 대단한 미남이었지만 특별히 우쭐거리는 빛도 없었고 오히려 재치가 있는 것처럼 보였다(게라르디 부인의 발견이다). 장교는 아름다운 이탈리아 여성을 보고 첫눈에 반해버렸던 모양이다. 그녀는 갱내로 내려간다는 기쁨과 마침내 시하 500척(尺) 되는 곳까지 내려간다는 생각으로 매우 흥분하고 있었다. 게라르디 부인은 수갱(竪坑)이나 넓은 갱도의 아름다움, 헤쳐온 곤란 등이 마음을 가득 채우고 있었으므로 남자의 감정 따위에 신경쓸 겨를이 없었으며, 마음이 이끌리는 것은 더더욱 생각하지도 못했었다.

나는 이윽고 이 바이에른의 장교가, 자신은 의식하지 못하는 모양이었지만 꽤 기묘한 고백을 하는 데 깜짝 놀랐다. 이런 산속 작은 여인숙의 초록빛 유리 창문을 통하는 빛으로 실내는 어둠침침했지만, 그는 같은 테이블에 앉은 부인의 천사와 같은 마음을 나타내는 깨끗한 얼굴에 넋을 잃고 있었다. 그 때문에 이따금 자기가 하는 말을 깨닫지 못하고 누구와 이야기하고 있는지조차 잊어버리는 것 같았다. 젊은 여성이라면 이같은 행동을 결코 놓치지 않게 마련이지만, 아무래도 게라르디 부인은 눈치를 채지 못하는 것 같아 나는 주의를 주었다. 무엇보다 내가 놀란 것은, 광기의 뉘앙스가 끊임없이 장교의 생각에서 늘어가는 일이었다. 그는 쉴 새 없이 나에게는 보이지 않는 미덕을 이 부인에게서 발견해내고 있었다. 그의 말은, 그가 사랑하기 시작한 여자와는 차츰 '닮지 않은 모습'을 그려나갔다. 나는 생각했다. '라 기타는 틀림없이 이 가엾은 독일인의 환희의 계기에 지나지 않는 것이다.' 이를테면 그는 게라르디 부인의 손을 칭찬하고 있었는데, 그 손에는 어린 시절 유독 심한 천연두를 앓아 그 자국이 꽤 뚜렷하게 갈색으로 남아 있었던 것이다. '이와 같은 일을 어떻게 설명하면 좋을까? 나의 생각을 좀더 분명히 하는 무언가 좋은 비유는 없을까?' 하고 나는 중얼거렸다.

이때 게라르디 부인은 갱부에게서 선물받은 흔들리는 다이아몬드로 덮인 아름다운 예의 작은 나뭇가지를 만지작거리고 있었다. 8월 3일, 맑게 갠 날이었다. 작은 소금의 프리즘은 실내가 환한 무도회장에서 빛나는 가장 아름다운 다이아몬드와 마찬가지로 반짝이고 있었다. 때마침 바이에른의 장교는 좀더 색다른 빛을 발하고 있는 작은 가지를 갖고 있었는데, 게라르디 부인에게 자신의 것과 바꾸는 것이 어떻겠느냐고 제의했다. 그녀는 승락했다. 그는 나뭇가지를 받아들자 그것을 가슴에 끌어안았는데, 그 모양이 너무나 우스웠으므로 이탈리아 인은 모두 웃음을 터뜨리고 말았다. 그는 당황하며 게라르디 부인에게 과장된 몸짓으로 아주 예의바르게 감사를 표했다. 나는 전부터 이 젊은이를 두둔하고 있었으므로 그의 이상스런 감사에 대해 변명을 해주리라 마음먹었다. 나는 부인에게 말했다. "당신과 같은 이탈리아풍의 고귀한 얼굴이나 눈을 이 젊은이는 분명 처음 보았을 것이고, 그것은 당신이 지금 갖고 계신 마음에 든 자작나무의 작은 가지에 결정작용을 미친 효과와 똑같은 효과를 저 사람에게 주었던 것입니다. 겨울이 되어 잎이 떨어졌을 때 그 나뭇가지는 아마 조금도 아름답지 않았을 것입니다. 그러나 소금의 결정이 이 거무스름한 작은 가지를 그렇듯 반짝이는 많은 다이아몬드로 덮어 버렸기 때문에 본래의 작은 나뭇가지는 거의 보이지 않는 것이지요."

"과연 그렇군요. 그래서 결론은 어떻게 되지요?"라고 게라르디 부인은 말했다.

"즉, 작은 나뭇가지는 저 젊은 장교의 상상력이 그려낸 바로 당신이라는 것입니다."

"그러니까 당신은 본래의 나와 저 다정한 젊은이가 보는 나와의 사이에는 마침 말라죽은 자작나무의 작은 나뭇가지와, 갱부가 준 아름다운 다이아몬드의 깃털장식반큼의 차이가 있다는 말이겠군요."

"저 젊은 장교는 당신 속에서, 당신을 전부터 알고 있는 우리들이 한번도 보지 못했던 성질을 발견하고 있습니다. 이를테면 우리들은 당신에게서 다정하고 인정 많은 선량함을 보지 못하고 있었습니다. 그런데 저 젊은이는 독일 사람으로서 여성의 가장 좋은 미덕은 '선량함'이라고 생각하고 있었으므로 금방 당신의 얼굴에서 선량함의 표정을 발견해냈습니다. 만일 영국인이었다면 당신은 공작부인처럼 귀족적인 태도를 취하고 있는 것으로 보였겠지요. 그러나 만일 그가 나였다면, 당신을 있는 그대로 보았을 것입니다. 꽤 오래전부터, 그리고 불행하게도 이 이상 유혹적인 분이 있으리라고는 나로서는 생각되지 않았으니까요."

라 기타는 말했다. "알았어요. 남자가 여자를 사랑하게 되면 〈그 사람을 사실 그대로〉 보지 않고 그러했으면 좋겠다고 생각하는 대로 본다는 말이겠죠. 그래서 상대방을 유심히 관찰하기 시작하게 되었을 때 생겨나는 이와 같은 연애에 유리한 환영을, 겨울이 되어 잎이 진 자작나무의 가지를 감추는 아름다운 다이아몬드에 비유하신 것이었군요? 그리고 그 다이아몬드는—이것이 중요하겠지만—사랑을 하기 시작한 젊은 남자에게밖에는 보이지 않는다는 말이겠죠?"

"그러니까 이와 같은 결정작용의 현상을 모르는 현명한 남자들의 눈에는 사랑에 빠진 남자의 말이 매우 우스꽝스럽게 보이는 것이지요."

부인은 말했다. "그것을 당신은 〈결정작용〉이라고 부르는군요. 좋아요, 부디 저를 위해 얼마든지 결정을 해주세요"

이런 이미지는 아마도 게라르디 부인의 상상력을 꽤 자극한 모양이었다. 그리하여 우리들이 커다란 갱실에 들어가 백 개 남짓 되는 작은 램프가 주위의 소금 결정에 비쳐 사방에 반사되어 1만 개쯤으로 보였을 때, "어머, 어쩌면 이렇게 아름다울까요"라고 그녀는 젊은 바이에른 남자에게 말했다. "나는 이 방에서 결정하겠어요. 어딘가 그 아름다움을 과장하고 있는 것만 같은 느낌이 들어요. 어때요, 당신은 결정하시지 않겠어요?"

"하고 말고요."라고 젊은 장교는 정직하게 말했다. 그는 아름다운 이탈리아 여성과 같은 감정을 가질 수 있다는 데 대해 기뻐했던 것이지만, 그렇다고 해서 그가 그녀의 말을 이해했다고는 생각되지 않았다. 우리들은 이 단순한 대답을 듣고서 눈물이 나올 만큼 웃었다. 왜냐하면 그것은 기타가 연모하고 있었던 한 바보스러운 남자에 대한 질투를 결정적인 것으로 만들어 버렸기 때문이다. 그는 차츰 바이에른의 장교에게 진심으로 질투를 하게 되었다. 그는 '결정작용' 이란 말을 싫어했다.

나는 하라인의 염갱 채굴작업에 대한 자세한 설명보다도 이 새로운 친구인 청년 장교가 무의식적으로 털어놓는 이야기가 훨씬 재미있었다. 그래서 갱에서 나오는 도중 게라르디 부인이 기타라고 불리고 있다는 것과, 이탈리아의 관습으로는 그녀 앞에서는 '라 기타' 라고 부르도록 되어 있다는 것 등을 가르쳐 주었다. 가엾은 젊은이는 그녀에게 말을 붙일 때 떨면서 용기를 내어 '라 기타' 라고 불러보곤 했다. 게라르디 부인은 청년의 소심하면서도 정열적인 태도와, 또 한 남자의 몹시 짜증스러워하는 표정 등을 재미있어 하며, 그 이튿날 우리들이 이탈리아로 출발하기 전에 장교를 오찬에 초대했다. 그가 돌아가자 예의 짜증을 내던 남자가 말했다. “이봐요, 어째서 당신은 그 따위 넋이 빠져버린 듯한 눈빛을 하고 있는 하찮은 금발의 작자에게 우리들을 상대하도록 하십니까?”

“하지만 당신은 이렇듯 10일 동안이나 여행을 하며 매일 얼굴을 마주보고 있기 때문에 나를 있는 그대로밖에 보아주지 않잖아요. 그런데 그 매우 다정한 눈, 지금 당신이 ‘넋이 빠졌다고’ 표현한 눈빛을 가진 분은 나를 완전하다고 보아주었어요. 그렇지 않아요, 필리포?” 하고 그녀는 나를 보며 덧붙였다. “그 눈은 나를 곤란한 결정으로 덮고 있었죠. 그 눈에는 내가 완전하게 보이는 거예요. 그리고 멋진 것은, 내가 어떤 행동을 하든, 아무리 어리석은 말을 하든 저 깨끗한 독일 사람의 눈에는 내가 언제까지나 완전하다는 것이에요. 나는 정말로 안심이 돼요. 네, 안니발리노(우리들이 조금 얼간이라고 생각하고 있었던 이 연인은 안니발 대령이라고 했다), 당신은 지금 틀림없이 내가 완전하다고는 생각하지 않으시겠지요? 당신은 내가 그 젊은이를 우리 일행 중에 포함시킨 일을 잘못이라고 생각하고 있어요. 그것이 어떠한 결과가 되는지 알고 계세요? 당신은 이미 나에 대해 〈결정하고〉 있지 않은 거예요!”

결정작용이라는 말은 우리들 사이에서 유행어가 되었다. 그것은 아름다운 기타의 상상력을 매우 자극했던 모양이어서, 그녀는 무슨 일에든 그 말을 사용했다.

볼로냐에 돌아온 이후로 그녀의 극장 관람석에서 연애에 대한 이야기가 나오면 그녀는 으레 나에게 이렇게 말하곤 했다. “그러고 보면 우리들의 이론의 그 점은 옳았던 셈이네요”라든가, “잘못되고 있었을까요?”라고. 사랑에 빠진 남자가 자기의 사랑의 대상인 여자에게서 모든 미덕을 찾아나가는 저 몇 번이나 반복되는 광기의 행위를 우리들은 언제나 ‘결정작용’이라 부르고 있었다. 이 말은 우리들의 가장 즐거운 여행의 추억을 불러일으켰다. 그때만큼 가르다 호의 감동적인 어딘지 쓸쓸한 아름다움을 느낀 적은 없다. 질식할 것 같은 더위에도 불구하고 우리들은 작은 배를 타고서 기분 좋은 황혼녘을 보냈다. 그것은 평생 잊혀지지 않는 한때, 우리들 청춘의 가장 찬란한 시절의 하나였다.

어느 날 밤, 우리들은 랑프랑키 공녀와 아름다운 플로렌차가 서로 젊은 화가인 올도프레디의 마음을 얻기 위해 다투고 있다는 소문을 들었다. 가엾은 공녀는 실제로 그에게 열중하고 있는 모양이었으나, 젊은 밀라노의 예술가는 플로렌차의 매력에만 이끌리고 있는 눈치였다. 우리들은 '과연 올도프레디는 연애를 하고 있는가?'에 대해 논의했다. 내가 반드시 이런 유의 대화를 정당화시키려는 것이 아님을 믿어주시기 바란다. 확실히 이곳에는 프랑스식의 예절에 위배되는 비례(非禮)가 있다. 어째서 그날 밤 우리들의 자존심이 밀라노의 화가가 과연 아름다운 플로렌차를 사랑하고 있는지를 알려고 그렇게 애를 썼는지 나로서도 알 수 없는 일이었다.

우리들은 사소한 많은 사실에 관해 두서없는 의견을 나누고 있었다. 우리들이 거의 포착되는 것이 없고 더구나 실제로 결론을 얻는 데 하등 도움 될 것 같지도 않은 뉘앙스에 주의를 하는 일에 지쳤을 무렵, 게라르디 부인이 하나의 짧은 이야기를 하기 시작했는데, 이것은 그녀에 의하면 올도프레디의 마음속에 실제로 일어나고 있던 현상 그대로였다. 이야기의 시초부터 그녀가 '결정작용'이라는 말을 사용했으므로 문제가 되었다. 아직도 바이에른 장교의 단정한 얼굴이 마음에서 떠나지 않는 안니발 대령은 모르는 척하며 새삼(이것은 백 번째쯤일 테지만) 우리들에게 결정작용의 의미가 무엇이냐고 물었기 때문이다. "그것은 제가 당신에 대해 느끼지 않는 것이에요."라고 게라르디 부인은 핀잔을 주었다. 그리하여 대령이 시무룩해져서 한쪽으로 물러서는 것을 보며 그녀는 말을 계속했다. "남자가 슬픈 표정을 짓고 있다면 그 사람은 연애를 하기 시작했다고 생각합니다."

우리들은 곧 외쳤다. "뭐라구요! 연애, 그렇듯 즐겁게 시작되는 달콤한 감정이……."

"어쩌면 침통과 말다툼으로 쓰디쓰게 끝나는 일도 있습니다" 하고 안니발을 쳐다보면서 게라르디 부인은 웃었다. "물론 당신들의 항의는 잘 알고 있어요. 당신들처럼 대답하지 못한 남자는 연애의 시작에서 단 하나의 일밖에는 보지 않는 것이에요. 즉, 사랑을 하고 있는가 그렇지 않는가 하는 것 말예요. 이것은 마치 속인이 꾀꼬리의 노래는 모두 똑같다고 생각하고 있는 것과 마찬가지이죠. 하지만 우리처럼 꾀꼬리의 노래를 듣기 좋아하는 사람은 새가 다르면 열 가지쯤은 다른 뉘앙스가 있다는 사실을 알고 있어요."

"그러나 부인, 나는 역시 사랑을 하고 있는가 그렇지 않는가의 어느 한쪽이라고 생각하는데요."라고 한 남자가 말했다. "천만에요! 그것은 마치 볼로냐에서 로마에 가는 사람이 고작 아펜니노 산맥[2]에 도착하여 아직도 볼로냐의 갈리센다의 탑이 보이고 있는데도 로마의 입구에 왔다고 말하는 것과 같지요. 이 두 도시는 상당히 떨어져 있어요. 4분의 1쯤 와 있을 수도 있고, 절반 또는 4분의 3 정도 와 있을 수도 있겠지만, 그렇다고 해서 그 사람이 로마에 도착했다고는 말할 수 없지요. 물론 그가 이미 볼로냐에 있지 않다는 것은 확실하지만 말예요."

"그 아름다운 비유로 볼 때 볼로냐는 명백히 〈무관심〉을, 로마는 〈완전한 연애〉를 나타내고 있는 것이군요."라고 나는 말했다.

게라르디 부인은 말을 이었다. 우리들이 볼로냐에 있을 때에는 우리들은 완전히 무관심이지요. 우리들이 언젠가 열렬히 사랑하게 될지도 모르는 여자

2 이탈리아 반도의 골격을 이루는 산맥. 대리석의 산지로 유명하다.

에 대해서도 무언가 다른 사람과는 구별되는 방식으로 찬미하려고는 생각지 않습니다. 우리들의 상상력도 그 사람의 가치를 과장하겠다는 데까지는 아직 미치지 못하고 있겠지요. 요컨대 우리들이 하라인에서 말했던 것처럼 〈결정 작용〉은 아직 시작되고 있지 않는 거예요."

이 말을 듣고서 안니발은 벌떡 일어서더니 "자네들이 이탈리아어로 이야기하게 되면 돌아오겠다."고 내뱉고는 가버렸다. 대화는 곧 프랑스어로 시작되고, 모두들 웃었다. 게라르디 부인도 웃으며 "어머, 연애가 마침내 나갔네요."라고 말했다. 모두는 또 웃었다.

"볼로냐를 떠나 아펜니노를 넘고 로마의 거리로 접어들어……."

이때 한 사람이 말했다. "그러나 부인, 화가 올도프레디로부터 상당히 멀어지고 만 것 같군요."

부인은 조금 답답하다는 듯한 몸짓을 했다. 그리고 아마도 그 때문에 안니발이 별안간 나가버린 일을 완전히 잊은 모양이었다. "볼로냐를 떠난 다음에는 어떻게 된다고 생각하세요? 나는 우선 그가 자기 자신은 전혀 떠나고 싶다는 생각을 하지 않은 채 떠나고 말았다고 생각해요. 이것은 일종의 본능적인 마음의 움직임이지요. 그는 이때 엄청난 기쁨을 느낄지도 모릅니다. 그는 먼저 상대를 찬미한 후에 〈저렇듯 아름다운 여성의 사랑을 받게 되면 얼마나 좋을까〉 하고 중얼거립니다. 그제야 희망이 생기는 것이지요. 희망 다음에는—희망은 대개 아주 쉽게 생기지요. 왜냐하면 열정만 있다면 사람은 의심을 갖지 않기 때문이에요—사랑받고자 바라는 여성의 아름다움이나 가치를 즐겁게 과장합니다."

게라르디 부인이 이야기하는 동안에 나는 1매의 트럼프 카드를 집어 그 뒷면의 한쪽에는 로마, 다른 한쪽에는 볼로냐를 그려넣고, 그 사이에 게라르디 부인이 방금 지적한 네 개의 지점을 썼다.

1. 감탄.

2. '이 아름다운 여성의 사랑을 받게 되면 얼마나 좋을까?' 하고 생각하면 거리의 제2지점까지 이른 셈이다.

3. 희망의 발생은 제3의 지점.

4. 사랑하는 여성의 아름다움과 가치를 즐겁게 과장하면 제4의 지점에 도착한다. 이것이야말로 우리들의 동료가 '결정작용'이라는 말로 부르는 바의 것이다. 이 말은 우리의 카르타고(안니발)를 달아나게 만들었지만, 사실 이해하기 어려운 말이었을 것이다.

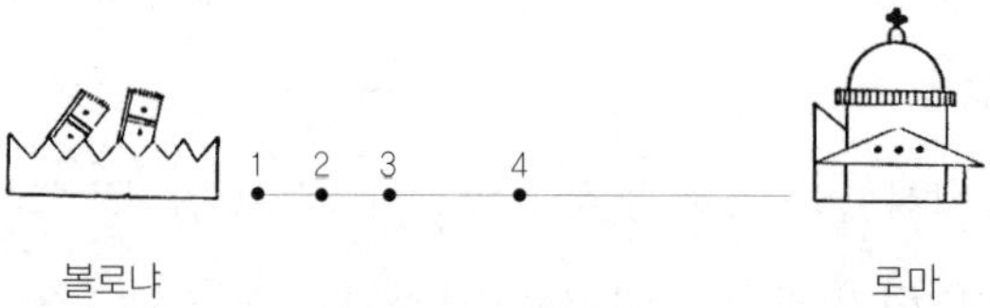

게라르디 부인은 말을 계속했다. "지금 필리포가 그린 네 개의 마음의 움직임 혹은 생활의 방식에는 확실히 우리의 나그네가 슬퍼할 아무런 이유도 없어요. 사실 쾌락은 강력하며, 영혼의 모든 관심을 요구하지요. 사람은 진지해지지만 결코 슬퍼하든가 하지는 않는데, 이것은 엄청난 차이입니다."

그 자리에 있던 한 사람이 말했다. "알았습니다, 부인. 어느 꾀꼬리의 소리든 똑같이 들리는 딱한 자들은 말할 상대조차 되지 않는다는 뜻이겠지요."

게라르디 부인의 말은 계속되었다. "〈진지해져 있는(l'esser serio)〉과 〈슬퍼하고 있는(l'esser mesto)〉과의 차이는, 과연 올도프레디가 아름다운 플로렌차를 사랑하고 있는가 하는 문제를 풀기 위해서는 결정적입니다. 나는 올도프레디는 사랑을 하고 있다고 생각해요. 왜냐하면 플로렌차의 일로 상당히 고심한 뒤에 그는 예사로운 진지함이 아니고 슬픈 듯이 보였기 때문이에요. 그는 슬퍼하고 있어요. 그의 마음은 아마 이러했을 거예요. —아름다운 후작부인 플로렌차의 라파엘로풍의 얼굴, 아름다운 어깨, 아름다운 팔, 요컨대 저 카노바의 조각에 알맞는 모습이 나타내는 성격이 그에게 줄 수 있는 행복을 자기에게 과장한 다음, 그는 자기가 품은 희망을 확인하려고 했을 것이 분명해요. 한편 플로렌차는 당장이라도 볼로냐를 떠날지도 모를 다른 나라의 사람을 사랑하는 것을 두려워하고, 특히 그가 너무나도 빨리 희망을 품었다는 사실에 불쾌해져서 난폭하게 그 희망을 짓밟았는지도 모릅니다."

우리들은 매일 게라르디 부인을 만나고, 그 생활을 보는 행복을 즐겼다. 우리들 사이에는 완전한 친밀함이 있어 무엇이든 끝까지 말하지 않더라도 서로 알아차렸다. 때로는 어떠한 대화도 필요로 하지 않고 농담을 하며 웃고 있는 것만으로도 충분한 경우도 있었다. 눈이 모든 것을 말해주었다. 프랑스의 독자는 여기서 이탈리아의 아름다운 여성이 머릿속에 떠오른 이상한 생각을 얼마나 애써 추구하는지를 보기 바란다. 로마, 볼로냐, 베네치아에서는 미인은 절대적인 여왕이다. 그녀가 자기 집의 모임에서 휘두르는 전제주의만큼 완전한 것은 없다. 파리의 경우 미인은 항상 여론 또는 여론의 제재, 즉 놀림감이 되는 것을 두려워하고, 절대군주가 헌장(憲章)을 두려워하듯이 마음속으로 끊임없이 농담을 두려워하고 있다. 이것이 환희와 쾌락의 한복판에 있어도 그녀를 고뇌하도록 만드는 감추어진 생각이며, 갑자기 그 얼굴을 굳어지게 하는 것이다. 이탈리아의 여성은 파리의 여성이 그 살롱에서 휘두르고 있는 이 같은 제한된 권위를 상당히 우스꽝스럽게 생각할 것이다. 이탈리아의 여성은 자기의 집에 오는 모든 남자에게 문자 그대로 만능의 권력을 휘두른다. 남자의 행복은 늘, 적어도 파티가 열리고 있는 동안은 그녀의 변덕에 달려 있다(예사로운 벗으로서의 행복이란 의미). 어떤 극장 관람석의 여왕의 마음에 들지 않으면, 여러분은 곧 그녀의 눈에 권태의 빛이 나타나는 것을 보게 될 것이다. 그러면 그날은 묵묵히 물러날 수밖에 없다.

어느 날 나는 게라르디 부인과 카스카타델레노로 이어진 길을 산책하고 있었다. 우리들은 혼자서 걸어오고 있는 올도프레디를 만났는데, 그는 몹시 흥분해 있었고 무언가 굉장히 마음에 걸리는 게 있는 모양이었다. 그러나 슬픈 것 같지는 않았다. 게라르디 부인은 잘 관찰하기 위해 그를 불러세우고 그와 이야기를 나누었다. 나는 말했다. "올도프레디는 가엾게도 플로렌차에 대한 정열 때문에 제정신이 아닌 것 같군요. 그의 사랑의 병이 어디에 이르고 있는지 당신의 제자에게 가르쳐 주시지 않겠습니까?"

"그 사람은 혼자서 산책하며 쉴 새 없이 이렇게 중얼거리고 있는 것처럼 보이는군요. 〈그렇다, 역시 그녀는 나를 사랑하고 있다!〉 그리고 그 사람은 여성의 새로운 매력을 찾아내고, 여성을 미친 듯이 사랑하는 새로운 이유를 여러 가지로 생각하고 있어요."

"당신이 생각하는 만큼 그가 행복하다고는 생각되지 않는데요. 올도프레디도 때때로 심한 의혹에 사로잡히는 일이 있지 않을까요? 플로렌차의 사랑을 받고 있다고 자신감을 가질 까닭이 없을 테니까요. 남자의 재물이나 지위, 사교생활 등등에 관해 플로렌차가 어느 점까지 신경 쓰고 있는지[3] 그 남자는 우리들과 마찬가지로 잘 모르는 것입니다. 확실히 올도프레디는 사랑할 만한 남자입니다. 그러나 결국 가엾은 외국인에 지나지 않으니까요."

게라르디 부인은 말했다. "상관없지요. 오늘의 태도로 보아서는 마침 희망을 품는 이유가 승리한 것 같군요."

"하지만 저렇게도 자기 자신을 잃고 있지 않습니까? 매우 불행한 순간이

3 프랑스와 이탈리아는 모든 면에서 상반된다. 이를테면 재물과 가문 및 훌륭한 교육 등은 알프스의 저편에서는 연애를 준비하지만, 프랑스에서는 그로부터 멀어진다.

있는 게 아닐까요? 〈그러나 그녀는 정말로 나를 사랑하고 있는 것일까?〉 하고."

게라르디 부인은 나와 이야기하고 있다는 사실을 거의 잊어버린 것처럼 말을 이었다. "만일 스스로 자기에게 주는 해답이 만족할 만한 것이라고 한다면 무한한 행복, 이 세상에서 그 무엇과도 비교할 수 없는 행복이 있습니다. 이것이야말로 인생의 가장 좋은 것이지요. 마침내 영혼은 격렬한 감정으로 인해 지치고 혹은 억눌려 버려 무기력에서 벗어나 이성을 되찾습니다. 그리하여 그렇게도 모순된 마음의 움직임이 있은 뒤 살아남은 것은 다음과 같은 확신입니다. 〈그 사람〉의 곁에서 내가 찾아내는 행복은 이 세상에서 오직 〈그 사람만이〉 줄 수 있다."

나의 말(馬)이 조금씩 게라르디 부인의 말에서 멀어지고 있었지만 나는 그대로 두었다. 그리고 볼로냐까지 3마일의 길을 우리들은 한마디도 하지 않은 채 돌아왔다. 이른바 신중함이라는 덕을 지킨 것이었다.

에르네스틴 또는 연애의 발생

미리 보고하는 말.

어느 날 매우 재지가 풍부하고 또 어느 정도 인생의 경험도 쌓은 한 부인이, 연애는 모든 사람이 말하는 것처럼 별안간 생겨나는 것은 아니라고 주장했다. "연애의 발생에는 뚜렷이 일곱 가지의 시기가 있다고 생각합니다"라고 그녀는 말했다. 그리고 자기의 말을 증명하기 위해 다음과 같은 에피소드를 들려주었다. 시골에 놀러 갔을 때의 일로서, 밖에는 굵은 빗줄기가 내리고 있었다. 모두들 그녀의 이야기에 귀를 기울였다.

마을과 멀리 떨어져 있는 저택에 사는 어린 처녀와 같은 완전히 무관심한 상태에 있는 영혼의 소유자는 조그마한 놀라움이라도 깊이 관심을 자극하게 마련입니다. 이를테면 저택 곁의 숲에서 우연히 젊은 사냥꾼을 만나게 된다든가 하는 일이 그러합니다.

에르네스틴 드 S의 불행도 역시 그런 단순한 사건에서 시작되었습니다. 그녀가 늙은 백부이신 S백작과 단둘이 살고 있던 저택은 중세기에 세워진 것으로서, 도라크 강가의 격류에 임한 커다란 바위 위에 있었는데, 드퓌네[1] 지방

1 남프랑스의 알프스에 가까운 지방으로서, 스탕달의 탄생지인 그레노블은 그 수도이다.

의 가장 아름다운 풍경 가운데 하나와 이웃하고 있었습니다. 에르네스틴은 우연히 보았던 젊은 사냥꾼의 기품 있는 태도에 눈길이 갔습니다. 그의 모습은 자주 마음속에 떠올랐습니다. 이런 고통스러운 저택에 살면서 달리 무엇을 생각할 수 있겠어요. 그녀는 그곳에서 일종의 호사스러운 생활을 누리고 있었고 많은 하인들도 뜻대로 부릴 수 있었습니다. 하지만 20년 이래로 주인도 하인도 늙어버렸으므로 매일 같은 일이 같은 시간에 반복되는 데 지나지 않습니다. 이야기라고는 고작 이미 지나가버린 일을 중얼거리거나, 대단치 않은 일에 대해 슬퍼하는 정도의 것입니다.

어느 봄날 해가 저물어갈 무렵 에르네스틴은 창문에 기대어 서서 작은 호수와 그 건너편의 숲을 바라보고 있었습니다. 이 아름다운 경치는 그녀를 슬픈 상상 속으로 끌어들였던 모양입니다. 문득 그녀는 4, 5일 전에 본 그 젊은 사냥꾼의 모습을 보았습니다. 그는 오늘도 호수 건너편의 작은 숲에 있었습니다. 그는 손에 꽃다발을 들고 있었습니다. 그는 마치 그녀를 보기 위해 서인 것처럼 멈추어 있습니다. 그리고 꽃다발에 입을 맞추고는 일종의 정이 담긴 경건한 태도로 그것을 호숫가의 커다란 떡갈나무의 썩은 구멍에 넣었습니다.

단지 이 같은 단순한 행동이 얼마만큼의 생각을 불러일으켰을까요? 이제까지 에르네스틴의 생활을 채우고 있던 단조로운 감각에 비해 얼마나 신선한 흥미를 가진 생각이었을까요! 마침내 그녀에게 있어 새로운 생활이 시작되었습니다. 그녀는 용기를 내어 그 꽃다발을 보러 갈까요? '아아, 얼마나 경박한 행동인가' 하고 그녀는 전율하면서 이렇게 생각했습니다. '만일 내가 그 떡갈나무가 있는 곳으로 갔을 때 그 곁의 덤불 속에서 그 젊은 사냥꾼이 나온다면 얼마나 부끄러울까? 또 그분은 나에 대해서 어떻게 생각할까?' 그러나 그로부터 이 아름다운 나무는 매일같이 그녀의 고독한 산책의 목표물이 되었습니다. 몇 번이나 그녀는 그 커다란 뿌리에 걸터앉기 위해 갔습니다. 덤불 위로 드러난 그 뿌리는 자연의 벤치처럼 줄기를 둘러싸며 울창한 나무그늘로 덮여 있었던 것입니다.

밤에도 에르네스틴은 거의 자지 않았습니다. 이튿날 오전 5시, 새벽의 희미한 빛이 비추기 시작하자 그녀는 곧 저택의 옥상으로 올라갔습니다. 그녀의 눈은 호수 건너편의 커다란 떡갈나무를 찾았습니다. 그리고 그것이 발견되자 그녀는 거의 숨도 쉬지 않고 우뚝 서 있었습니다. 바야흐로 정열의 고뇌하는 행복이, 소녀시절의 대상 없는 거의 기계적인 만족에 대체되었던 것입니다.

10일이 지났습니다. 에르네스틴은 날짜를 헤아리고 있었던 것입니다. 단 한 번 그녀는 젊은 사냥꾼을 보았습니다. 그는 그리운 나무에 다가갔습니다. 그는 역시 꽃다발을 들고 있었으며, 전과 마찬가지로 구멍에 넣었습니다. — 늙은 S백작은 에르네스틴이 옥상에 마련된 커다란 새장을 돌보아주며 날을 보내고 있음을 알았습니다. 그런데 그녀는 덧문을 내린 작은 창문 앞에 앉아 호수 건너편의 숲 일대를 바라보며 지내고 있었던 것입니다. 그녀는 저 낯선 사람이 결코 자기의 모습을 발견하지는 못할 것이라고 안심하고 있었습니다. 그래서 비로소 아무런 두려움 없이 줄곧 그에 대해 생각할 수가 있었던 것입니다. 그러다 문득 한 가지 일에 생각이 미치자 그녀는 그것이 걱정되기 시작했습니다. '만일 그 사람이 내가 그 꽃다발에 조금도 신경을 쓰지 않는 것으로 믿는다면 틀림없이 자기의 정성은 무시되었다고 생각하게 될 거야. 왜냐하면 그것은 결국 단지 예의에 불과한 일이었을 뿐이므로. 만일 그분이 까다로운 성격을 갖고 있다면 이제는 오시지 않겠지.' 다시 4일이 지났습니다. 그 4일은 참으로 길게 느껴졌습니다. 5일째 되는 날 그녀는 떡갈나무 옆을 지나가게 되었는데, 꽃다발이 넣어진 작은 구멍을 한번 보고 싶다는 유혹에 사로잡혔습니다. 가정교사와 함께였으므로 아무것도 두려울 것은 없었습니다. 에르네스틴은 틀림없이 시든 꽃이 있을 거라고 생각했습니다. 그런데 얼마나 기쁜 일이었던가요? 그녀는 아주 진기하고 아름다운 꽃으로 엮은 꽃다발을 보았습니다. 더구나 눈이 상쾌해질 만큼 싱싱한 꽃, 가장 작은 꽃잎도 시들어 있지 않았습니다. 그녀는 곁눈으로 살짝 그것을 보고 나자, 가정교사의 모습을 잃지 않도록 조심하면서 영양(羚羊)처럼 사방의 주위를 가볍게 뛰어다녔습니다. 주위에는 아무도 없었습니다. 아무도 보고 있지 않음을 확인한 그녀는 다시 떡갈나무가 있는 곳으로 돌아와서 대담하게 그 아름다운 꽃을 황홀한 표정으로 들여다보았습니다. 오오, 이럴 수가! 그 속에는 눈에 거의 띄지 않는 작은 종이쪽지가 있었습니다. 그것은 꽃다발의 매듭에 꽂혀 있었습니다. 이 발견에 그녀가 작은 소리로 외치자 "왜 그래요, 에르네스틴 아가씨?" 하고 가정교사가 물었습니다. "아무것도 아니에요. 자고새가 발밑에서 갑자기 날아올랐어요." 2주일 전이었다면 에르네스틴은 이런 거짓말을 생각조차 하지 못했을 것입니다. 그녀는 차츰 아름다운 꽃다발 곁으로 다가갔습니다. 그리고는 고개를 숙이고 볼을 붉히며—하지만 그것에 손을 대지는 않고서—그 종이쪽지의 글을 읽었습니다.

'한 달 전부터 저는 매일 아침 꽃다발을 가져다놓고 있습니다. 이 꽃다발이 눈에 띄는 행복을 가질 수 있을까요?'

이 애교 있는 편지는 처음부터 끝까지 멋진 것이었습니다. 그 말은 매우 우아한 영국풍의 글씨체로 씌어 있었습니다. 생제르맹의 최신식 수도학교를 졸업하고 파리를 떠난 이후로 4년 동안 에르네스틴은 이렇듯 멋진 글을 본 적이 없었습니다. 갑자기 그녀는 얼굴이 붉어졌습니다. 그리하여 가정교사에게로 가서 빨리 성으로 돌아가자고 했습니다. 에르네스틴은 조금이라도 빨리 돌아가고 싶었으므로 언제나처럼 골짜기를 올라가 호수를 돌아서 가지 않고 다리를 건너 곧장 성으로 이어지는 샛길로 접어들었습니다. 그녀는 두 번 다시 이쪽의 기슭에 오지 않겠다고 마음으로 맹세했습니다. 그것이 남자가 그녀에게 쓴 실례된 편지의 일종이라는 것을 겨우 깨달았기 때문입니다. '하지만 봉함은 하지 않았는데……' 하고 그녀는 나직이 중얼거렸습니다. 이때부터 불안이 그녀의 생활을 지배하기 시작했습니다. 어째서일까요! 그녀는 멀리서라도 그 그리운 나무를 보러 가서는 안 될까요? 그러나 의무의 감정이 저항합니다. '만일 내가 호수 건너편으로 가면 나는 이미 자기 자신에게 한 맹세조차 믿을 수 없는 사람이 된다' 고 그녀는 중얼거립니다. 8시가 되어 문지기가 작은 다리의 문을 닫는 소리를 들으면, 이 모든 희망을 빼앗는 소리가 그녀에게는 가슴을 짓누르는 커다란 돌을 제거해주는 듯이 느껴지는 것이었습니다. 어쩌다 마음이 약해져 맹세를 파기하려는 생각이 들어도 이미 그렇게 하는 일은 불가능해졌기 때문입니다.

이튿날, 그 무엇도 그녀의 어두운 상상을 풀어주지는 못했습니다. 그녀는 좌절에 빠져 창백해져 있었습니다. 백부는 그것을 알아차리고는 고풍스러운 '베를린 마차' 에 말을 매게 한 다음 주위를 달리다가 12킬로미터쯤 떨어진 디상 부인의 저택이 있는 가로수길까지 갔습니다. 돌아오는 길에 S백작은 호수의 건너편 숲속에서 마차를 세우도록 했습니다. 마차는 풀이 우거진 길을 따라 나아갑니다. 그는 언제나 '샤를마뉴 시대의 나무' 라고 부르고 있던 이 떡갈나무를 보고 싶었던 것입니다. "대제(大帝)는 디디에 왕을 치기 위해 롬바르디아로 가는 도중 이 산을 지나다가 저 나무를 보았을 것이다."라고 그는 말했습니다. 장수(長壽)라고 하는 생각이 이 80세 가까운 노인을 젊어지게 하는 모양입니다. 에르네스틴은 노인의 명상에 따라갈 경황이 없습니다. 볼은 불타는 것만 같았습니다. 그렇다면 아무래도 또 그 떡갈나무 곁에 가야만 하는 것일까? 그 작은 비밀의 구멍을 보지 않겠다고 맹세했는데. 그러나 그녀는 본능적인 충동에 사로잡혀, 자기 자신은 깨닫지 못했지만 그곳에 눈길을 보내고 있었습니다. 그녀는 꽃다발을 보고 새파래졌습니다. 검은 얼룩장미 꽃다발이었습니다.—'저는 불행합니다. 저는 영원히 떠나가지 않으면 안 됩니다. 제가 사랑하는 사람은 저의 존경조차 받아주지 않는 것입니다.' 이것이 꽃다발과 함께 있던 종이쪽지에 씌어진 말이었습니다. 에르네스틴은 보아서는 안 된다고 생각하기 전에 이미 그것을 읽고 말았던 것입니다. 그녀는 완전히 힘이 빠져버려 나무에 기대지 않을 수 없었습니다. 그녀는 하염없이 눈물을 흘렸습니다. 그날 밤 그녀는 중얼거렸습니다.

"그분은 영원히 가버린다. 이젠 만날 수도 없으리라."

다음날 한낮, 8월의 햇볕을 받으며 백부와 함께 호수를 끼고 있는 플라타너스의 가로수길을 걷고 있노라니 건너편 기슭에서 청년이 떡갈나무로 다가가는 모습이 보였습니다. 그는 꽃다발을 꺼내 호수에 던지고는 가버렸습니다. 에르네스틴에게는 그의 태도가 어쩐지 화를 내고 있는 듯이 여겨졌습니다. 이윽고 그녀는 그것이 틀림없다고 확신합니다. 한때 의심했던 일이 현실로 나타나자 그녀는 아연해지고 말았습니다. 그가 무시를 당했다고 생각하고 가버리려 하고 있음은 의심할 나위가 없습니다. 그녀는 이제 두 번 다시 그를 볼 수는 없을 것입니다.

이날 저택에서는 모두들 크게 걱정을 하고 있었습니다. 이제까지 유일하게 그녀만이 집안을 어느 정도 밝게 하고 있었던 것입니다. 백부는 그녀가 분명히 병에 걸린 것이라고 말했습니다. 죽은 사람처럼 새파란 얼굴빛, 어딘가 경련을 일으키는 듯한 얼굴의 선이, 그때까지 소녀다운 차분한 감각을 나타내고 있었던 이 순진한 용모를 변모시키고 말았던 것입니다. 저녁나절 산책시간이 되었을 때, 에르네스틴은 백부가 건너편의 풀밭이 있는 곳으로 데려가려 하는 것을 거절하지 않았습니다. 그녀는 그곳을 지나치면서 가까스로 눈물을 참고 있는 슬픈 눈으로 땅에서 석 자쯤 위에 있는 작은 구멍을 들여다보았습니다. 물론 그곳에는 이미 아무것도 없으리라고 생각하고 있었습니다. 확실히 꽃다발을 호수에 던지는 것을 보았으니까요. 그런데 어찌된 일일까요? 또 꽃다발이 놓여 있는 것입니다. '나의 불행을 가엾게 생각하신다면 흰 장미를 갖도록 하십시오." 이 뜻하지 않은 글을 다시 읽으면서 그녀의 손은 무의식적으로 움직여 꽃다발의 한가운데에 있는 흰 장미를 뽑아내고 있었습니다. '그러고 보니 그분은 정말로 불행한 거야.' 라고 그녀는 중얼거렸습니다. 이때 백부가 불렀습니다. 그녀는 백부를 따라 걸으면서 행복을 느꼈습니다. 그녀는 흰 장미를 작은 삼베 손수건에 싸서 들고 있었습니다. 그 삼베는 아주 얇았으므로 산책이 아직도 계속되고 있는 동안 그녀는 줄곧 그 얇은 천을 통해 장미의 색깔을 볼 수가 있었습니다. 그녀는 이 소중한 장미가 시들지 않도록 조심하면서 갖고 있었습니다.

집에 돌아오자 그녀는 곧 저택의 구석에 있는 자기의 탑을 향해 가파른 계단을 뛰어올라갔습니다. 그녀는 겨우 안도의 숨을 내쉬며 이 소중한 장미에 넋을 잃고, 넘치는 달콤한 눈물을 통해 마음껏 바라볼 수가 있었습니다.

어째서 눈물이 흐르는지 에르네스틴은 알 수가 없었습니다. 만일 어떠한 감정에 의해 눈물이 나오는지를 알았다면, 방금 투명한 유리병에 소중하게 꽂아 마호가니의 테이블 위에 놓아둔 그 장미를 곧 버리고 말았을 것이 분명합니다. 만일 독자가 이미 20세가 지났다면, 당신은 이 눈물이 고통의 눈물이 아니라 뜻밖에도 최고의 행복을 맛보았을 때 샘솟는 눈물이라는 사실을 아셨을 것입니다. '사랑을 받는다는 것은 얼마나 기쁜 일인가!' 이 눈물은 그러한 의미입니다. 에르네스틴이 자신도 모르게 그 꽃을 가져온 것은 난생 처음으로 행복을 느끼고 판단력을 잃었기 때문이었습니다. 그러나 그녀는 물론 자기의 무분별을 깨닫지 못했고, 그것을 마음으로 꾸짖는 일도 없었습니다.

그녀처럼 환영에 현혹되지 않는 우리들은, 여기에서 연애의 발생의 제3의 시기를 볼 수가 있습니다. 희망이 생겨났던 것이지요. 에르네스틴은 이 꽃을 보면서 자기의 마음이 다음과 같이 말하고 있음을 깨닫지 못했습니다. '그 사람이 나를 사랑하고 있다는 것은 이제 확신해졌어.'

그러나 에르네스틴은 정말로 사랑한다고 하는 지점까지 와 있었을까요? 극히 간단한 상식으로 말해도 이 감정은 이상하지 않을까요? 왜냐하면 이때 그녀로 하여금 뜨거운 눈물을 흘리게 한 남자는 세 번밖에 본 일이 없으니까요. 게다가 호수를 사이에 두고 멀리에서, 아마도 500보쯤 떨어진 곳에서 보았을 뿐이잖아요? 만일 그가 총을 들고 있지 않고 사냥복도 입고 있지 않았다면 아마도 그라는 것을 몰랐겠지요. 그의 이름이 무엇이며, 어떠한 사람인지도 모릅니다. 그런데다가 그녀는 매일 정열적인 감정을 키우며 살고 있는 것입니다. 나는 이 감정을 간단히 설명하고자 합니다. 아무튼 이것은 한 편의 장편소설에 필요한 지수(紙數)를 갖고 있지는 않으므로. 요컨대 이 감정은 "저 사람의 사랑을 받게 되면 얼마나 행복할까?" 하는 생각의 각가지 변형에 지나지 않습니다. '정말로 그 사람에게 사랑받는다는 희망을 가져도 괜찮을까? 그 사람이 나를 사랑한다고 말한 것은 농담이 아닐까?' 레디귀에르[2]가 지은 저택에 살고, 이 유명한 원수(元帥)의 가장 용감한 동료 중 한 사람의 핏줄을 이어받고 있는데도 불구하고, 그녀는 결코 '그 사람은 근처의 농부의 아들일지도 모른다'는 등의 이론을 세우거나 하지는 않았습니다. 그 이유가 무엇일까요? 그녀는 완전히 고독 속에서 살고 있었기 때문입니다.

분명히 에르네스틴은 자기의 마음을 지배하고 있는 감정의 성질을 전혀 알지 못했습니다. 만일 그녀가 그 결과가 어떻게 되는지를 예견할 수 있었다면,

2 Lesdiguières Francois duc de(1543~1626). 앙리 4세와 루이 13세를 섬긴 장군. 드퓌네 지방의 소영주이며, 그의 저택은 그레노블 부근에 있었다.

그녀는 그 감정의 지배로부터 달아나는 기회를 발견했을 것이 분명합니다. 독일이나 영국이나 이탈리아의 처녀였다면 이것이 연애임을 깨달았겠지요. 우리나라의 현명한 교육은 어린 소녀에게 연애의 존재를 부정하도록 하는 것을 원칙으로 하고 있었으므로, 에르네스틴은 자기 마음의 움직임에 막연한 불안을 느낄 뿐이었습니다. 아무리 생각해 보아도 단지 우정만이 발견될 뿐이었습니다. 장미꽃 한 송이를 가져온 이유도, 만일 그렇게 하지 않는다면 새로운 벗을 슬프게 만들어 그를 잃게 될지도 모른다고 생각했기 때문입니다. '어쨌든 무례를 범해서는 안 된다' 고 그녀는 신중히 생각한 뒤 중얼거렸습니다.

에르네스틴의 마음은 격렬한 감정으로 인해 혼란에 빠져 있었습니다. 고독한 소녀에게 있어 마치 400년처럼 생각된 4일 동안, 그녀는 무어라 말할 수 없는 공포 때문에 저택에서 한 발짝도 나가지 않았습니다. 5일째 되는 날, 더욱더 그녀의 건강이 걱정된 백부는 그녀를 억지로 작은 숲에 데려갔습니다. 그녀는 마침내 저 운명의 나무 곁에 이르렀습니다. 꽃다발에 숨겨진 작은 쪽지에는 이렇게 씌어 있었습니다.

'만일 이 얼룩 동백꽃을 가져주신다면 저는 일요일에 당신 마을의 교회에 가겠습니다.'

에르네스틴은 교회에서 아주 검소한 복장을 한 35세쯤의 남자를 보았습니다. 그녀는 그가 십자가조차 갖고 있지 않음을 알았습니다. 그는 기도서를 읽고 있었는데, 책을 이상한 식으로 든 채 그녀에게서 잠시도 눈을 떼지 않았습니다. 즉 에르네스틴은 예배를 보는 동안 아무것도 생각할 수가 없었던 것입니다. 밝은 영주석(領主席)에서 일어설 때 그녀는 기도서를 떨어뜨리고 그것을 주으려다가 하마터면 쓰러질 뻔했습니다. 이런 실수를 저질러버린 그녀는 부끄러워 얼굴이 붉어졌습니다. '이런 서투른 광경을 보았으니 이젠 나의 일에 몰두하는 것을 부끄럽게 생각할지도 모른다' 라고 그녀는 반사적으로 생각했습니다. 실제로 이 사소한 사건이 발생한 이후로 그 낯선 남자는 보이지 않았습니다. 마차에 올라타서도 일부러 마을의 아이들에게 돈을 주기 위해 마차를 세워보았지만 아무런 소용이 없었습니다. 교회 곁에서 잡담을 하고 있는 농부들 속에도, 그녀가 미사를 올리는 동안에는 볼 용기가 없었던 그 사람은 없었습니다. 이제까지 한 번도 거짓말을 한 적이 없었던 에르네스틴은, 일부러 손수건을 잊고 왔다고 말했습니다. 하인 하나가 안에 들어가 오랫동안 손수건을 영주석에서 찾았지만, 물론 발견될 까닭이 없습니다. 그러나 이런 수단으로 시간을 연장시켜도 아무런 소용이 없었습니다. 그 사냥꾼은 여전히 보이지 않았습니다. 그녀는 생각했습니다. '당연해. C양이 언젠가 말했지만, 나는 조금도 예쁘지 않고 눈매가 오만스러워 보여서 싫다고 했으니까. 게다가 그런 실수를 했잖아. 그분은 틀림없이 경멸하셨을 거야.'

성으로 돌아가기 전 백부를 따라 두세 집을 방문하며 다니는 동안 그녀는 슬픈 생각으로 마음이 어지럽기만 했습니다. 4시쯤 성에 돌아오자 그녀는 호숫가의 플라타너스 가로수 길로 달려갔습니다. 일요일이라 다리의 문은 닫혀 있었습니다. 마침 정원지기가 있었으므로, 그녀는 작은 배를 내어 건너편으로 건네다달라고 부탁했습니다. 그녀는 떡갈나무에서 백 발짝쯤 떨어진 곳에 이르러 배에서 내렸습니다. 배는 그녀로부터 너무 떨어지지 않도록 기슭을 끼고 따라왔습니다. 떡갈나무의 아랫가지는 거의 물가까지 닿고 있었습니다. 단단한 발걸음과 일종의 어둡고 결의에 찬 침착성을 갖고서 그녀는 떡갈나무로 다가갑니다. 마치 죽음을 향해 나아가기나 하는 것처럼. 그녀는 물론 구멍 속에는 아무것도 없으리라 생각하고 있었습니다. 실제로 그 속에는 전날의 꽃다발이 시들어 떨어져 있을 뿐이었습니다. '만일 그분이 나에게 만족하셨다면 틀림없이 감사의 표시로 새로운 꽃다발을 주셨을 텐데' 하고 그녀는 생각했습니다.

그녀는 다시 배를 타고 성으로 돌아왔습니다. 작은 탑 안으로 뛰어올라간 그녀는 아무도 들어올 염려가 없게 되자 울면서 쓰러졌습니다. 'C양이 말한 대로야. 나는 500발짝쯤 떨어진 곳에서가 아니면 예쁘게 보이지 않는 거야. 이 고장은 자유주의자뿐이라서 백부님은 농부와 신부님밖에는 만나시지 않고, 그래서 분명히 나의 태도에는 어느덧 조야하고 천박한 면이 생기고 말았을 거야. 나의 눈매에는 오만하고 얄미운 표정이 있을 거야.' 그녀는 자기의 눈매를 살펴보기 위해 거울 앞으로 갔습니다. 거울 속에는 눈물로 젖은 암청색의 눈이 있었습니다. '지금의 나는 사람들이 싫어하는 그 오만한 눈빛은 하고 있지 않은데' 라고 그녀는 중얼거렸습니다.

식사시간을 알리는 종이 울렸습니다. 그녀는 울었다는 것을 감추기 위해 꽤나 고심을 했습니다. 그리고는 가까스로 살롱에 나갔습니다. 식물학자인 늙은 뷔라르 씨가 와 있었습니다. 이분은 해마다 일주일 동안 S백작의 저택에 손님으로 와서 머물곤 했습니다. 그런데 이런 행동은 최근 집사가 된 여자의 마음에 들지 않습니다. 왜냐하면 그녀는 뷔라르 씨가 머물고 있는 동안 백작의 식탁에 앉을 수가 없었기 때문입니다. 샴페인이 나올 때까지는 식사가 순조롭게 진행되었습니다. 에르네스틴 옆에 주냉기(酒冷器)가 운반되어 왔습니다. 그런데 얼음이 모두 녹아 있었습니다. 그녀는 부엌을 담당하는 하녀를 불러 "물을 갈고 얼음을 넣어요, 빨리!" 하고 일렀습니다. "음, 그 같은 다소 오만한 점은 너에게 아주 잘 어울린다!"라고 백부님은 웃으면서 말했습니다. 이 '오만하다' 는 말을 듣자 에르네스틴의 눈은 눈물로 젖었으며, 좀처럼 억제할 수가 없었습니다. 그녀는 더 이상 그 자리에 있을 수가 없어 뛰쳐나갔습니다. 문이 닫히자 곧 그녀의 우는 소리가 들렸습니다. 노인들은 어리둥절해졌습니다.

이틀 뒤 그녀는 다시 떡갈나무 곁을 지나게 되었습니다. 그녀는 다가가서 옛날 행복했던 고장을 방문하는 듯한 심정으로 구멍 안을 들여다보았습니다. 그곳에 두 개의 꽃다발이 있는 것을 발견했을 때의 기쁨은 어떠했을까요? 그녀는 꽃다발을 쪽지와 함께 집어들어 손수건으로 싼 나음 성 쪽으로 뛰어 돌아왔습니다. 그 낯선 사람이 숲속에 숨어서 자기의 행동을 보고 있지 않을까 하는 생각은 미처 할 겨를도 없었습니다. 그때까지 이 생각은 그녀의 마음에서 떠난 적이 없었던 것인데도 말입니다. 숨이 차서 더 이상 뛸 수 없게 된 그녀는 도중에 둑 위에서 쉬지 않으면 안 되었습니다. 숨결이 가라앉자 그녀는 다시 되도록 빨리 뛰기 시작했습니다. 가까스로 자기의 작은 방으로 돌아온 그녀는 손수건을 풀고 꽃다발을 집어들었습니다. 그리고는 편지는 읽지 않고 갑자기 꽃다발에 열렬한 키스를 퍼붓기 시작했습니다. 그러나 이윽고 자기의 행동을 깨달은 그녀는 얼굴을 붉혔습니다. "아아, 이젠 결코 오만한 태도를 짓지 않도록 하자. 곧 고쳐야지." 하고 그녀는 중얼거렸습니다.

이 진기한 꽃을 묶은 예쁜 꽃다발에 그녀의 애정을 한껏 쏟고 나자, 그녀는 비로소 편지를 읽기 시작했습니다(만일 남자였다면 먼저 편지를 읽었을 테지만). 최초의 편지는 일요일 5시라는 날짜로 되어 있었는데, 거기에는 이렇게 씌어 있었습니다. '예배가 끝나고서는 당신을 보는 기쁨을 단념했습니다. 혼자만이 있을 수가 없었기 때문입니다. 나는 주위의 사람들이 나의 눈빛에서 무언가를 읽어내는 것을 두려워했던 것입니다. 당신에게 불타는 이 연정을…….' 그녀는 이 말을 세 번 읽었습니다. '당신에게 불타는 이 연정을…….' 그리고 그녀는 거울 앞으로 가서 자기가 오만한 태도를 짓고 있는지를 확인했습니다. 그녀는 다시 읽어나갔습니다. '당신에게 불타는 이 연정을……. 별문제가 없다면 이 편지를 가지고 돌아가 주십시오. 남이 보면 서로를 위해 좋지 않습니다.'

월요일의 두 번째 편지는 연필로 씌어 있었는데, 필적이 꽤 흐트러져 있었습니다. 그러나 지금의 에르네스틴은 낯선 남자의 영국풍 글씨체에 매혹되는 시기는 지나고 있었습니다. 지금은 더욱 중요하고 진지한 문제가 있어 이런 자세한 점에 신경 쓸 겨를은 없었던 것입니다.

'저는 왔습니다. 어떤 사람이 당신의 일을 이야기해 주었으므로 매우 기쁘게 생각했습니다. 어제 호수를 건너오셨다는 것이지요. 하지만 당신은 제가 둔 편지를 가져가지 않으셨더군요. 저의 운명은 정해졌습니다. 당신은 사랑을 하고 계실지도 모릅니다. 그러나 그 대상은 제가 아닙니다. 제 나이로 보아 당신과 같은 젊은 아가씨를 사랑한다는 것은 애당초 미친 짓이었습니다. 영원히 안녕. 당신의 눈에는 우스꽝스러웠을 것이 분명한 정열로써 오랫동안 당신을 괴롭혔다는 불행에 귀찮은 남자라고 생각되는 불행을 덧붙이고 싶지는 않습니다.' — '정열로써' 라고 에르네스틴은 천장에 눈길을 보내며 중얼거렸습니다. 달콤한 한순간이었습니다. 이 아름다움과 청춘의 꽃이 절정에 달해 있는 아가씨는 기쁜 나머지 외쳤습니다. "그 사람은 나를 사랑해 주신다. 아아, 나는 얼마나 행복한가!" 그녀는 조상이 이탈리아에서 가져온 카를로 도르치의 사랑스런 성모상 앞에 무릎을 꿇고 눈물을 글썽이며 말했습니다. "이제부터는 꼭 바르고 좋은 여자가 되겠습니다. 하느님, 그러나 저의 결점을 지적해 주신다면 곧 고치겠습니다. 어떠한 일이라도 해서 보여드리겠습니다."

그녀는 일어나자 편지를 다시 읽었습니다. 특히 두 번째의 편지가 그녀에게 행복의 강한 기쁨을 주었습니다. 마침내 그녀는 자기의 마음에 오래 전부터 정해져 있었던 하나의 일을 생각해냈습니다. 그것은 자기가 결코 40세 이하의 사람과 인생을 함께하게 되지는 않으리라는 것입니다(낯선 사람은 자기의 나이를 밝히고 있었습니다). 그녀는 교회에서 만났을 때 그의 머리가 조금

벗겨져 있었으므로 35세쯤으로 짐작했던 일이 생각났습니다. 그러나 그녀는 별로 자신이 없습니다. 그녀는 그때 거의 그의 쪽을 보지 않았을 뿐 아니라 마음은 완전히 혼란에 빠져 있었으니까요. 그날밤 에르네스틴은 잠을 이룰 수가 없었습니다. 지금까지 이런 행복이 있으리라고는 꿈에도 생각한 적이 없었던 것이지요. 그녀는 일어나서 기도서에 영어로 이렇게 적었습니다.

'결코 〈오만하지 말 것〉. 18……년 9월 30일, 이것을 맹세하다.'

이날 밤 안으로 그녀는 더욱더 '마흔 살 이하의 남자는 결코 사랑할 수 없다' 고 하는 진리를 확신했습니다. 그녀가 낯선 사람의 장점을 여러 가지로 생각하고 있는 사이, 그에게도 마흔 살이라는 장점 이외에는 틀림없이 가난하다는 장점이 있는 것처럼 생각되었습니다. 교회에서 본 검소한 모습으로 볼 때 그 사람은 확실히 가난할 것이다. 이 발견은 그녀에게 무엇과도 비교할 수 없는 기쁨을 주었습니다. '참으로 그 사람은 우리 집에 오는 사람들처럼 바보스러운데다가 잘난 체하는 사람들과는 다르다. 그들은 세인트 허버트의 축제일[3]에 백부님에게 사슴을 잡았다고 하면서 아첨을 하거나, 식탁에서는 묻지도 않는데 젊은 시절의 자랑만을 늘어놓고 있으니까' 하고 그녀는 생각합니다.

'하지만 그분은 정말로 가난할까? 만일 그것이 사실이라면 나의 행복에는 아무런 걱정도 없는 셈이지만.' 그녀는 일어나서 촛불을 켜고, 언젠가 사촌오빠가 그녀의 책에 써준 그녀의 재산에 대해 살펴보았습니다. 그녀는 결혼과 동시에 연간 1만 7000리브르의 수입이 있게 되고, 그리고 4, 5만 리브르를 상속받기로 되어 있었습니다. 이 숫자를 보며 생각하고 있는 사이 시계가 4시를 알렸습니다. 그녀는 전율했습니다. '벌써 날이 밝아 그 떡갈나무가 보

3 Saint-Hubert. 11월 3일에 열리는 사냥의 축제. 세인트 허버트는 7세기의 전설적인 인물이며, 사냥의 수호신이다.

이겠지.' 그리하여 그녀가 덧문을 열자 정말로 커다란 떡갈나무의 푸르름이 보였습니다. 그러나 그것은 새벽의 먼동이 아닌 달빛에 비추이고 있었던 것입니다. 날이 밝기까지는 아직도 시간이 있었습니다.

아침이 되자 그녀는 옷을 입으면서 생각합니다. '40세 된 남자의 친구가 어린아이 같은 차림을 하고 있어서는 안 된다.' 그래서 1시간이나 걸려 옷장에서 다른 옷과 모자와 양말 등을 찾아냈는데, 그 전체적인 모습은 매우 특이하게 보였습니다. 그녀가 식당에 나타났을 때, 백부도 가정교사도 노(老)식물학자도 폭소를 터뜨리지 않을 수 없었습니다. 키베롱에서 부상을 당해 생루이 훈장을 받은 적이 있는 S백작은 말했습니다. "자, 이리 오너라, 에르네스틴. 오늘 아침의 네 차림은 마치 40세의 여자처럼 보이는구나." 그녀는 얼굴이 빨개졌습니다. 싱싱한 행복이 그녀의 처녀다운 얼굴에 나타났습니다. 백부님은 식사가 끝날 무렵 식물학자에게 말했습니다. "얼마나 달라졌습니까? 에르네스틴은 오늘 아침 어디서부터 어디까지 30세의 여자로 바뀌어 있다고 생각되지 않으십니까? 특히 저 하녀들에게 말하는 점잖은 태도가 마음에 들었지요. 혹시 잘못 본 게 아닐까 하고 두세 번 일부러 시켜보았습니다만." 이 말은 에르네스틴의 행복을 몇 배로 만들었습니다. 이미 정상에 도달한 행복을 더욱 배가할 수가 있다면 말입니다.

식사가 끝난 후 그녀는 가까스로 물러날 수가 있었습니다. 백부님과 노식물학자는 그녀의 조숙한 태도를 끊임없이 놀렸던 것입니다. 그녀는 방으로 올라가서 떡갈나무를 바라보았습니다. 24시간 동안 비로소 하나의 구름이 그녀의 행복에 그림자를 드리웠지만, 물론 그녀는 어째서 이러한 변화가 생겼는지 모릅니다. 어제 절망 속에서 나무구멍의 꽃다발을 발견하고서부터 그녀가 잠겨 있었던 기쁨에 상처를 준 것은 다음과 같은 문제였습니다. "그분의 눈에 훌륭한 여자로 보이려면 어떻게 해야 할까? 그렇듯 현명한 분이고 마흔 살이나 되었잖아. 그분은 아주 까다로울 게 틀림없어. 조금이라도 서투른 행동을 하면 금방 시시한 여자라고 경멸하실 거야."

에르네스틴이 이렇듯 혼잣말을 하고 있었던 것은, 어린 처녀가 진지한 명상에 잠기기에 알맞은 거울 앞이었습니다. 그러다 문득 자기의 띠에 골무와 가위와 그 용기(容器) 등을 작은 사슬로 매달아 놓은 금 고리쇠를 보고는 전율을 느꼈습니다. 이것은 2주일 전, 명명일(命名日)에 축하의 뜻으로 백부로부터 선물 받은 것이었는데, 어제까지는 아무리 바라보아도 싫증이 나지 않는 아름다운 노리개였습니다. 그녀가 이것을 보고서 공포를 느끼고는 서둘러 떼어낸 이유는, 언젠가 유모에게서 그것이 850프랑이나 하며 로랑소라는 파리의 유명한 보석상에서 산 것이라고 들었기 때문이었습니다. "가난이라는 명예를 갖고 계신 그분이 이런 값비싼 노리개를 몸에 지니고 있는 것을 본다면 어떻게 생각하실까. 하녀들 같은 악취미를 보이다니, 그런 어리석은 짓이 있을까! 1년 내내 가위나 골무 따위를 매달고 다니다니, 그야말로 하녀들이나 할 짓이야. 그 사람들은 이 패물이 매년 가치만큼의 이윤을 낳는다는 것을 모르고 있어." 그녀는 열심히 계산을 해보고는 이 장식물이 1년에 거의 50프랑 정도의 이익이 된다는 것을 발견합니다.

이런 살림살이에 관한 애교스러운 반성은 백부의 저택에 오랫동안 숨어 있던 한 사람의 음모가로부터 받은 견실한 교육의 결과였지만, 그러나 이 반성도 곤란을 잠시 피하게 하는 효과밖에는 없었던 모양입니다. 이 엄청나게 값비싼 장식물을 장롱 안에 집어넣자 또 다음의 까다로운 문제로 되돌아가지 않으면 안 되었습니다. "그렇듯 현명한 분에게 언제까지나 사랑을 받으려면 어떻게 해야 할까?"

에르네스틴의 영상은(독자는 대체로 이것이 단지 연애 발생의 제5시기에 지나지 않음을 알아차렸을 것이라고 생각합니다), 그러나 아직 이런 일로는 좀처럼 끝나지 않습니다. 이 어린 숙녀는 이 고장 산지의 공기처럼 정확하고 깊은 싱싱한 재지를 갖추고 있었습니다. 그녀의 백부도 옛날에는 재지를 갖추고 있었으며, 지금도 여전히 전부터 흥미를 갖고 있던 두세 가지의 문제에 관해 그 자취를 나타내고 있었지요. 이를테면 그는 조카딸이 하나의 관념에서 출발하여 쉽게 그 모든 결과를 알아차린다는 것을 인정하고 있었습니다. 이 선량한 노인은 기분이 좋을 때면 으레 습관처럼 하는 하나의 농담이 있었는데(집사는 S백작이 이 농담을 하면 기분이 좋으신 게 틀림없다고 생각하고 있었습니다), 그것은 그가 에르네스틴이 '군대적 시선'이라고 부르는 것에 관해 농담을 하는 일이었습니다. 훗날 그녀가 사교계에 나아가 사람들의 대화에 끼어들게 되었을 때 그렇듯 빛나는 역할을 담당하게 된 것은 아마도 이와 같은 성질의 결과일 것입니다. 그러나 지금 내가 이야기하고 있는 무렵의 에르네스틴은 그와 같이 재지가 있음에도 불구하고 추론하려고 하면 그만 혼란에 빠지고 마는 것이었습니다. 몇 번이나 그녀는 떡갈나무가 있는 곳에 가지 않겠다고 마음속으로 다짐했을까요? '한 번이라도 어린아이 같은 경솔한 짓을 해버리면 그분에게 경멸을 받을지도 몰라.' 이런 미묘한 이치를 생각하는 데 그녀의 두뇌의 온갖 힘을 다 발휘해야 했지만, 그녀는 역시 이지(理知)로써 정열을 지배한다는 어려운 기술은 터득하고 있지 못했습니다. 은연중에 이 가엾은 처녀가 빠져들고 있었던 사랑은 그녀의 모든 추론을 빗나가게 만들었고, 행복을 원하는 나머지 지나치게 빨리 그녀를 저 운명의 나무 쪽으로 이끌었던 것입니다. 몇 번이나 망설인 끝에 1시쯤 그녀는 하인과 함께 그곳으로 갔습니다. 그녀는 하인에게서 떨어져 홀로 나무로 다가갔습니다. 가엾게도 기쁨으로 빛나면서, 그녀는 잔디 위를 걷는다기보다는 날아가는 것처럼 보였습니다. 이것은 마침 산책 중이던 노식물학자가 그쪽으로 오고 있다가 그녀가 뛰어가는 모습을 보며 하인에게 그렇게 말했던 것이지요.

에르네스틴의 행복은 일순간 사라졌습니다. 나무구멍에 꽃다발이 없었기 때문이 아닙니다. 그 속에는 매우 아름답고 싱싱한 꽃다발이 놓여 있었으며, 처음에 그녀는 강한 기쁨을 느꼈습니다. 그 사람이 그녀와 똑같은 장소에 섰던 것이 그리 오래된 것 같지는 않았습니다. 그녀는 풀밭 위에서 발자국을 찾아냈습니다. 그리고 그녀가 더욱 기쁘게 생각한 것은, 언제나처럼 작은 종이쪽지가 아닌 편지가, 긴 편지가 있었다는 사실입니다. 그녀는 서둘러 서명(署名)을 보았습니다. 그의 세례명을 알고 싶었던 것입니다. 그녀는 그 이름을 읽었습니다. 편지는 꽃다발과 함께 그녀의 손에서 떨어졌습니다. 격렬한 전율이 그녀를 휘감았습니다. 그녀는 편지의 끝에서 필리프 아스테장이라는 서명을 읽었던 것입니다. 아스테장은 디상 부인의 연인으로 S백작의 성에 알려져 있었습니다. 디상 부인은 상당한 멋쟁이이며 부유한 파리 여자로서, 매년 4개월간을 남편이 아닌 다른 남자와 단둘이서 이곳의 저택에 머물곤 했으므로 이 고장에 소문이 나 있었습니다. 더욱이 에르네스틴을 괴롭힌 것은, 부인이 여전히 젊고 아름다운 미망인으로서 아스테장과 결혼할 수도 있다는 것이었습니다. 이 같은 슬픈 사정은 지금 말한 것처럼 모두 거짓은 아니었지만, 때때로 에르네스틴의 백부의 고풍스런 성을 방문하는 예의 청춘시절 허물의 대적수(大敵手)인 슬픈 사람들에 의해 대체로 나쁘게 일컬어지고 있었던 것입니다. 그녀가 태어나 비로소 맛본 그렇듯 순수하고 강한 행복은, 일찍이 그 예를 보지 못할 만큼 순간적으로 희망이 없는 괴로운 불행으로 바뀌었습니다. "아, 너무해. 그렇다면 그분은 나를 놀리고 계셨던 거야." 하고 에르네스틴은 중얼거렸습니다. '사냥의 행사에 잠시 목표물을 만들려고 하셨을 뿐이었어. 어린 처녀를 현혹시켜 아마도 디상 부인과 같이 비웃을 작정이었을 거야. 그럼에도 불구하고 나는 그분과 결혼하려고까지 생각했었다. 얼마나 철부지였는가? 얼마나 부끄러운 일인가?' 이런 슬픈 생각에 사로잡힌 에르네스틴은 지난 3개월 동안 그렇게도 수없이 바라보던 운명의 나무 곁에서 기절하고 말았습니다. 적어도 30분 가량 지나서 몸종과 노식물학자는 그녀가 그곳에 쓰러져 있음을 발견했습니다. 정신이 들고 보니 난처하게도 아스테장의 편지가 발밑에 떨어져 있었습니다. 게다가 서명한 부분이 위로 올라와 다른 사람이 읽을 수 있도록 되어 있었습니다. 그녀는 재빨리 일어나서 편지 위에 발을 올려놓았습니다.

그녀는 그 자리를 대충 모면한 다음 살며시 편지를 집어들 수가 있었습니다. 그러나 좀처럼 읽을 기회를 찾을 수가 없었습니다. 왜냐하면 하인이 그녀를 부축하며 앉히고 옆을 떠나지 않았기 때문입니다. 식물학자는 밭에서 일하던 농부를 불러 성으로 보내 마차를 불러오게 했습니다. 기절한 일에 대해 이것저것 묻는 데 대답하지 않아도 괜찮도록, 에르네스틴은 말을 할 수 없는 척했습니다. 머리가 심하게 아프다고 하면서 손수건을 눈에 대고 있었습니다. 마차가 왔습니다. 마차에 오르자 그녀는 더욱더 자기의 생각에 잠겼습니다. 마차가 성에 도착할 때까지의 그녀의 영혼을 뒤흔든 심한 고통은 그 무엇으로도 표현할 수가 없습니다. 그녀의 상태를 한층 심하게 한 것은, 그녀가 스스로를 경멸할 수밖에 없다는 사실이었습니다. 손수건 속에서 느껴지는 치명적인 편지는 그녀의 손을 태우는 것만 같았습니다. 성으로 돌아가는 도중에 해가 저물었으므로 그녀가 눈을 떠도 아무도 눈치채는 사람은 없었습니다. 남프랑스의 아름다운 밤에 빛나는 별을 보고 있으려니 마음이 다소 진정되었습니다. 이 같은 온갖 정열의 움직임을 경험하면서 나이 어리고 단순한 그녀가 그렇다고 깨달을 리는 없습니다. 2시간 동안의 격렬한 마음의 고뇌를 겪은 뒤 그녀는 마침내 하나의 굳은 결심에 도달하여 비로소 마음이 진정됩니다. '그 서명만을 보았던 편지를 읽지 않기로 하자. 성에 도착하면 태워버리자.' 이때, 그녀는 아무튼 자기에게 용기가 있다고 생각할 수가 있었습니다. 왜냐하면 외적으로 애정은 여기서 이미 죽어버린 것처럼 보여도 아직도 그 편지에는 아스테장과 디상 부인과의 사이가 납득할 수 있도록 충분히 설명되어 있을 거라고 속삭이고 있었기 때문입니다. 그러나 살롱에 들어가자 에르네스틴은 편지를 곧 불에 태워버렸습니다. 다음날 그녀는 아침 8시부터 두 달 동안 게을리하고 있었던 피아노 연습을 시작했습니다. 프티트가 출판한 《프랑스사에 관한 회상록》을 다시 펼치고, 잔인한 몽뤼츠크의 《회상록》부터 긴 발췌문을 작성하기 시작했습니다. 노식물학자에게 부탁하여 새로이 박물학의 강의를 들었습니다. 2주일 뒤, 식물과 같을 정도로 단순한 이 진지한 인물은 자신의 학생의 놀랄 만한 근면에 관해 잠자코 있을 수가 없었습니다. 그는 실제로 매우 놀랐던 것입니다. 그런데 그녀로서는 무슨 일에 있어서든 같은 느낌을 받았습니다. 어떤 생각이든 모두 그녀를 절망으로 이끌 뿐이었습니다. 백부는 몹시 걱정이 되었습니다. 에르네스틴이 눈에 띄도록 여위어 갔기 때문입니다. 그녀는 우연히 가벼운 감기 증세를 보였습니다. 그 나이의 사람으로서는 드문 일이지만, 이 노인은 실생활의 자질구레한 일에 아무런 관심도 갖지 않고 지내왔으므로 그녀가 폐병에 걸렸다고 믿었던 것입니다. 에르네스틴 자신도 그렇게 생각했습니다. 그리하여 이 생각이 당시 그녀에게 있어 유일한, 다소 덜 괴로운 시간을 주었던 것입니다. 죽음의 희망이 그녀로 하여금 그다지 짜증스럽지 않게 생활을 할 수 있도록 해주었던 것입니다.

긴 한 달 동안 그녀는 오로지 괴로워했는데, 그 고뇌는 자기 경멸로부터 비롯되고 있었으므로 그만큼 깊은 것이었습니다. 인생의 경험이 없는 그녀의 마음속에서 일어난 일을 알 리가 없다고 생각하고서 아무도 그녀를 위로할 수가 없었던 것입니다. 특히 그녀가 그렇게도 몰두했던 사람도, 그녀가 그에 대해 품은 감정의 100분의 1도 헤아릴 수가 없었을 것이라는 데 생각이 미치지 않았습니다. 불행 속에서도 그녀는 용기를 잃지 않았습니다. 그녀는 수

취인 난에 불길한 영국풍의 글씨체로 씌어 있는 두 통의 편지를 받았지만 봉함도 뜯지 않고 불에 던져 넣을 수가 있었던 것입니다.

그녀는 결코 호수 건너편의 풀밭을 바라보지 않겠다고 맹세했습니다. 살롱에 있을 때에도 그녀는 결코 그 쪽으로 열린 창문에 눈길을 보내지 않았습니다. 그녀가 필리프 아스테장의 서명을 읽은 날로부터 6주일이 지난 어느 날, 그 같은 사정을 전혀 알 리 없는 박물학 교사인 뷔라르 씨는 그녀에게 수생식물에 대해 강의를 해야겠다고 마음먹었습니다. 두 사람은 함께 배를 타고 호숫가 계곡으로 이어진 쪽으로 저어나가게 했습니다. 배에 오를 때 에르네스틴은 거의 무의식적으로 슬쩍 떡갈나무 옆에 아무도 없음을 확인했습니다. 다만 어째서인지 나무껍질의 일부분이 다른 곳보다 좀 밝은 잿빛을 띠고 있음을 보았을 뿐입니다. 2시간 뒤 강의가 끝나 떡갈나무 앞을 지나게 되었을 때, 나무껍질의 굴곡일 것이라고 여겼던 것이 필리프 아스테장의 사냥복 색깔이었음을 알게 된 그녀는 매우 놀랐습니다. 그는 2시간 전부터 나무뿌리에 걸터앉아 죽은 듯이 움직이지 않고 있었던 것입니다. 그녀는 자기의 몸과 비교해서 이런 '죽은 듯이'란 단어를 사용했던 것이지만, 이 말이 그녀를 감동시켰습니다. '만일 그 사람이 죽어버린다면, 그 사람의 일을 어떻게 생각하든 상관없는 일이다.' 이 가정은 몇 분 동안 그녀가 사랑하는 사람을 보았기 때문에 높아진 연심에 몸을 내맡기는 구실이 되었습니다.

이 발견은 그녀를 커다란 고뇌에 빠뜨렸습니다. 다음날 저녁에 저택을 방문한 근처의 사제가 S백작에게 '관보(官報)'를 빌려달라고 했습니다. 늙은 하인이 서재로 그 달의 관보철을 가지러 가고 있는 동안에 백작은 말했습니다. "금년에는 당신도 세상의 일에 별로 관심을 갖고 계시지 않는 모양이군요. 관보를 보자고 한 것은 오늘이 처음이지 않습니까?" "아닙니다, 이웃의 디상 부인이 계실 동안에는 줄곧 빌려보고 있었습니다만, 2주일 전에 떠나

셨거든요."라고 사제가 대답했습니다.

이 무심코 던져진 말이 에르네스틴에게 거의 불쾌해졌다고 생각할 만큼의 마음의 동요를 일으켰습니다. 그녀는 사제의 말을 듣고서 심장이 떨리는 것을 느꼈습니다. 심한 모욕이었습니다. "그렇다면 이것은 내가 그 사람을 잊어버렸다는 것일까?" 하고 그녀는 생각했습니다.

그러나 그날 밤 그녀는 오랜만에 미소를 지을 수가 있었습니다. "아무튼 그분은 파리에서 600킬로미터나 떨어진 이런 시골에 남아 있어. 디상 부인을 혼자서 돌아가게 한 거야." 그가 나무뿌리 근처에서 꼼짝 않고 앉아 있던 모습이 떠올랐습니다. 그녀는 이 생각을 떨쳐버릴 수가 없어 당황했습니다. 한 달 동안 그녀의 행복은 자기가 심장병에 걸렸다고 확신하는 데 있었습니다. 이튿날, 그녀는 눈이 산야의 능선을 덮기 시작했으므로 저녁때는 이따금 추위를 느끼고 있는 자신을 발견하고는 깜짝 놀랐습니다. 그녀는 좀 더 따뜻한 옷을 입는 편이 좋겠다고 생각했습니다. 물론 속된 영혼이라도 마찬가지의 조심을 했겠지요. 그러나 에르네스틴은 사제의 말을 듣기 전까지는 그런 일을 생각도 하지 않았던 것입니다. 세인트 허버트의 축제와 함께 1년에 한 번 성에서 개최되는 대만찬회 날이 다가왔습니다. 에르네스틴의 피아노는 살롱으로 옮겨졌습니다. 그 다음날 그녀가 피아노를 열었더니 건반 위에 한 장의 종이가 있었는데, 거기에는 이렇게 씌어 있었습니다.

'저를 보아도 소리를 내어서는 안 됩니다.'

매우 짧은 글이라 쓴 사람의 글씨체를 확인하기도 전에 벌써 다 읽어버렸던 것입니다. 그것은 위필(僞筆)이었습니다. 에르네스틴은 천성적으로(아니면 드뤼네 산야의 공기 때문일까요) 확고한 영혼을 가지고 있었으므로, 만일 이것이 디상 부인이 떠났다는 말을 사제로부터 듣기 전이었다면 그녀는 물론 방에 틀어박혀 축제가 끝날 때까지 내려오지 않았을 것입니다. 이틀 후, 예년처럼 세인트 허버트의 대만찬회가 개최되었습니다. 식탁에서 그녀는 백부의 정면에 앉아 손님을 대접했습니다. 그녀는 매우 우아한 차림을 하고 있었습니다. 식탁에는 근처의 사제나 촌장의 대부분이 모여 있었습니다. 그리고 대여섯 명의 시골 허세가들이 와 있었는데, 그들은 언제나 자기의 일만을 지껄이고, 혹은 전쟁이나 사냥이나 연애의 공훈 이야기 등, 특히 그중에서도 가문의 전통만을 자랑하는 자들입니다. 성의 후계자 아가씨에게 아무렇지도 않게 생각되는 일에는 결코 슬퍼하지 않는 사람들인 것입니다. 에르네스틴의 몹시 창백한 얼굴빛은 그 아름다운 용모와 더불어 거의 경멸에 가까운 태도를 나타내고 있었으므로, 그녀와 이야기를 나누고자 바라던 허세가들도 막상 말을 걸게 되면 왠지 주눅이 드는 것이었습니다. 그녀로서는 이러한 사람들과 같은 수준까지 자기의 생각을 떨어뜨릴 마음은 추호도 없습니다.

만찬이 시작되고 한동안은, 그녀는 별로 이상한 일을 느끼지 않았습니다. 그녀는 조금 마음이 편해졌습니다. 식사가 거의 끝나갈 무렵 그녀가 문득 눈을 들었을 때 맞은편에 앉은 상당히 나이가 든 농부와 눈길이 마주쳤습니다. 그 남자는 도라크 강가에서 온 한 촌장의 하인처럼 보였습니다. 그녀는 언젠가 사제의 말을 들었을 때와 같은 이상한 설렘을 가슴에 느꼈습니다. 그러나 아무것도 확실한 것은 모릅니다. 이 농부는 필리프와는 전혀 닮지 않았습니다. 그녀는 용기를 내어 다시 한 번 그 남자를 보았습니다. 의심할 여지없는 그였습니다. 그는 몹시 추하게 보이도록 변장하고 있었던 것입니다.

이제 필리프 아스테장에 대해 이야기할 시기입니다. 왜냐하면 지금은 이미 그도 사랑에 빠진 남자의 행동을 나타내고 있으며, 아마 그의 이야기에도 연애의 세 가지 시기의 이론을 확인할 소재가 있을 것이기 때문입니다. 5개월 전 그가 디상 부인과 라플레의 저택에 왔을 때, 부인이 교회에 경의를 표하기 위해 초대했던 이웃의 사제 한 사람이 조금 재치 있는 말을 했습니다. 필리프는 이런 사람이 기지를 발휘하는 것을 보고서 누가 이런 색다른 것을 말했느냐고 물었습니다.

"S백작의 조카따님이십니다."라고 사제는 대답했습니다. "장차 대단한 부자가 될 아가씨인데, 그러한 나쁜 교육을 받고 있다는 것은 곤란한 일이죠. 매년 으레적으로 파리로부터 상자에 가득한 책이 보내져야 할 텐데 그렇지 않을 정도이니까요. 어차피 좋은 일은 없을 것입니다. 신랑감도 발견되지 않겠지요. 누가 그런 여자를 책임지겠다고 생각하겠습니까……."

필리프는 두세 가지를 캐물었습니다. 사제는 흔하지 않은 에르네스틴의 미모를 설명했고, 그 때문에 몸을 망치게 될 것이라고도 했습니다. 또한 백작 저택의 지루한 생활을 생생하게 묘사해 보였으므로 디상 부인은 외쳤습니다. "이제 그만해요, 사제님. 그런 이야기를 들으면 이 아름다운 산야까지 싫어지거든요." "그토록 은혜를 베푸신 고장이 싫어지는 일이 있겠습니까?" 하고 사제는 대답했습니다. "마님이 제3의 종을 위해 기부하신 돈 덕분에……." 필리프는 이미 사제의 말을 듣고 있지 않았습니다. 그는 에르네스틴에 대해 생각하고 있었습니다. 시골 사제의 눈에조차 지루하게 보이는 저택에 갇혀 있는 어린 처녀는 어떠한 것을 생각하며 살고 있을까? 한번 위로해 줄까? 다소 소설적으로 사랑을 해보자. 그 가엾은 처녀에게는 다소의 심심풀이가 될 수도 있겠지. 이튿날 그는 백작 댁 옆으로 사냥을 갔습니다. 그는 작은 호수를 사이에 두고 성과 마주보는 숲의 위치에 주목하여 에르네스틴에게 꽃다발로 경의를 표하는 일을 생각해냈습니다. 그가 꽃다발과 작은 편지를 어떠한 식으로 사용했는지는 이미 이야기했습니다. 떡갈나무 곁에 갔을 때에는 자신이 직접 꽃다발을 두고 왔지만, 다른 날에는 하인을 시켰습니다. 필리프가 이런 행동을 한 것은 순전히 친절을 베풀겠다는 마음에서였고, 그는 에르네스틴의 얼굴을 보겠다는 것은 생각조차 하지 않았습니다. 그녀의 백부에게 소개받는 것은 우선 귀찮고 너무 싱겁다고 여겨졌기 때문입니다. 필리프가 에르네스틴을 교회에서 보았을 때 최초로 생각한 것은, 자기가 18세 내지 20세의 처녀의 마음을 얻기에는 너무 나이가 들었다는 것이었습니다. 그는 그녀의 미모와 그 얼굴의 특징인 일종의 고귀한 단순성에 감동했습니다. '이 성격에는 소박함이 있다' 고 생각했고, 그러자 문득 그녀에게서 매력을 느꼈습니다. 그녀가 영주석을 나오려다가 기도서를 떨어뜨리고 그것을 주워 올릴 때의 사랑스럽고 어색한 태도를 보고서 그는 사랑을 생각하게 되었습니다. 즉 희망을 가졌던 것이지요. 그녀가 나갈 때 그는 회당에 남아 있었습니다. 사랑을 하기 시작한 남자로서는 별로 재미없는 것을 생각하고 있었던 것입니다. 그는 35세로서 머리숱이 점점 적어지고 있었습니다. 그 때문에 가르 박사풍의 아름다운 이마가 드러나기 시작했는데, 실제보다 3, 4세쯤 늙어 보인 것도 사실입니다. '만일 나의 나이가 최초로 만났을 때 모든 일을 무위로 돌아가게 하지 않았다면, 저 아가씨가 내 나이를 잊어버리도록 그녀의 마음에 의혹을 불러일으키게 하지 않으면 안 된다' 고 그는 생각했습니다.

그는 광장이 내려다보이는 고딕풍의 작은 창문가로 갔습니다. 에르네스틴이 마차에 올라타고 있었습니다. 그녀의 허리와 작은 발이 아름답다고 생각되었습니다. 돈을 뿌리면서 그녀는 누군가를 눈으로 찾고 있는 것 같았습니다. '마차 바로 옆에 돈을 뿌리고 있는데 어째서 저렇듯 먼 곳을 볼까? 나는 저 아가씨의 흥미를 끌었을까?'

에르네스틴이 하인에게 무언가를 분부하는 동안 그는 그 아름다움에 넋을 잃고 있었습니다. 그는 그녀가 얼굴을 붉히는 것을 보았습니다. 그녀는 바로 눈앞에 있습니다. 마차는 고딕풍의 작은 창문에서 열 발짝도 떨어져 있지 않습니다. 하인은 교회에 들어와 영주석에서 무언가를 찾고 있습니다. 하인이 없는 동안, 그는 그녀가 주위 사람들보다 훨씬 위쪽을 보고 있음을 확인했습니다. 누군가를 찾고 있는 것입니다. 그러나 이 '누군가'는 아무래도 필리프 아스테장은 아닌 것 같습니다. '이런 어린 처녀에게 내가 50세나 60세쯤으로 보이지 않았을지 누가 알 것인가? 꽃다운 나이에 재산도 있으니 근처의 시골 신사 중에 약혼자라도 있는 게 아닐까? 미사가 신행되는 동인에는 아무도 없었던 것 같았지만…….'

백작의 마차가 떠나자마자 아스테장은 말에 올라타 도중에서 만나지 않도록 숲속을 우회하여 급히 잔디밭으로 달려갔습니다. 그가 그날 아침 하인에게 들려보낸 꽃다발과 작은 종이쪽지를 에르네스틴이 발견하기 전에 떡갈나무에 닿을 수 있었을 때의 그의 기쁨은 무어라 표현할 수가 없었습니다. 그는 꽃다발을 다시 꺼낸 다음 숲속 깊이 들어가 말을 나무에 매고는 근처를 돌아다녔습니다. 그의 마음은 혼란스러웠습니다. 그는 문득 호수로부터 백 보쯤 떨어진 곳에 있는 구릉의 깊은 덤불 속에 웅크리고 있어야겠다는 생각을 했습니다. 이 은신처는 어디에서도 보이지 않지만 호수 쪽이 공터로 되어 있었기 때문에 떡갈나무와 호수를 굽어볼 수가 있었습니다.

잠시 후 에르네스틴이 탄 작은 배가 오후의 미풍을 받아 희미하게 물결치고 있는 밝은 호수를 건너오는 것을 보았을 때의 그의 환희는 어떠한 것이었을까요? 이 순간이야말로 결정적이었습니다. 이 호수의 경치와 조금 전 교회에서 본 에르네스틴의 아름다운 모습은 그의 마음속에 새겨졌습니다. 이때부터 에르네스틴은 그에게 있어 다른 어떠한 여자와도 전혀 다른 그 무엇을 갖추고 있는 존재가 되었던 것입니다. 이제부터 정신없이 몰두하여 사랑을 하기까지에는 단지 희망만 가지면 되는 셈이었습니다. 그녀는 급히 나무로 접근합니다. 그는 꽃다발이 없음을 보고 그녀가 고뇌의 빛을 나타내는 것을 보았습니다. 달콤하고 싱싱한 순간입니다. 그러므로 에르네스틴이 뛰어가 버렸을 때, 필리프는 그녀가 꽃다발이 없는 것을 보았을 때 고뇌의 표정을 띠었다고 생각한 것은 착각이 아니었을까 의심했을 정도입니다. 그의 사랑의 운명은 이 한 가지 점에 달려 있었습니다. '배에서 내렸을 때도 그녀는 슬픈 듯한 태도를 짓고 있었지 않는가. 나무 옆으로 다가오기 전부터…….' 그러자 희망은 대답합니다. '그러나 교회에서는 슬퍼하는 것 같지 않았어. 뿐만 아니라 신선함과 아름다움과 젊음으로 빛나고 무언가 마음에 걸리는 일이 있는 것처럼 보였어. 싱싱한 지혜가 눈에서 빛나고 있었다구.'

에르네스틴이 건너편 기슭의 플라타너스 가로수 길로 올라가고, 이윽고 완전히 시야에서 사라지자 필리프 아스테장은 비로소 덤불 속에서 나왔습니다. 그는 그곳에 들어갔을 때와는 전혀 다른 인간이 되어 있었습니다. 디상 부인의 저택으로 말을 달리면서 그는 다음과 같은 두 가지 문제밖에는 생각하지 않았습니다. '구멍 속에 꽃다발이 없었을 때 그녀는 정말로 슬픈 듯한 태도를 보였던 것일까? 이 슬픔은 단지 기대가 어긋난 허영심에서 생긴 것은 아닐까?' 이 두 번째의 가정은 어느 정도 가능성이 있는 것이었으므로 곧 그의 이성을 깨어나게 했으며, 그는 완전히 35세의 남자에게 알맞는 이지적인 생각을 되찾을 수가 있었습니다. 그는 매우 진지했습니다. 디상 부인의 집에는 많은 손님이 와 있었습니다. 파티가 끝날 때까지 부인은 그의 심각함과, 무언가 까닭이 있어 보이는 태도 등을 놀리곤 했습니다. 그녀는 그가 거울 앞을 지날 때 반드시 거울을 보면 이렇게 말하는 것이었습니다. "요즘 젊은 사람들의 저러한 습관이 나는 마음에 들지 않아요"라고. "지금까지 그런 버릇은 없었는데, 제발 그러지 말아요. 거울을 모두 떼어버릴까 봐요." 필리프는 당황했습니다. 그는 자기의 방심을 감출 수가 없었던 것입니다. 그러나 그가 거울을 보고 자기가 늙어 보이는지 어떤지를 살펴보고 있었던 것은 사실입니다.

이튿날 그는 다시 앞서 설명했던 구릉에 자리를 잡았습니다. 그곳에서는 호수가 잘 보입니다. 그는 좋은 망원경을 가져와서, 이 고장에서 말하는 '밤이 닫히기까지' 이 장소를 떠나지 않았습니다.

그 다음날 그는 책을 가지고 갔습니다. 그러나 무슨 내용이 씌어 있었느냐는 질문을 받는다면 몹시 난처했을 것입니다. 그렇다고는 하나 만일 책을 가져오지 않았다면, 한 권쯤 필요하다고 생각했을 것이 분명합니다. 마침내 3시쯤 에르네스틴이 호숫가 플라타너스 가로수 길로 천천히 내려오는 것을 보았을 때의 기쁨이란 말로 표현할 수가 없었습니다. 그녀는 이탈리아풍의 커다란 밀짚모자를 쓰고 둑길을 돌아서옵니다. 운명의 떡갈나무로 접근합니다. 좌절에 빠진 듯한 태도입니다. 그는 망원경으로 이런 광경을 분명히 확인했습니다. 그녀는 그가 아침에 둔 두 개의 꽃다발을 집어들더니 손수건에 싼 다음 번개처럼 재빨리 뛰어가 버렸습니다. 이 매우 간단한 동작이 그의 마음을 완전히 지배했던 것입니다. 그녀의 동작은 아주 활발하고 민첩했으므로, 그는 과연 그녀가 슬퍼하는 태도였는지 아니면 그 눈이 기쁨으로 빛나고 있었는지 확인할 겨를이 없었습니다. 이같은 기묘한 동작은 어떻게 판단해야 좋을지? 그녀는 두 개의 꽃다발을 가정교사에게 보이러 간 것일까? 그렇다면 그녀는 아직 어린아이이다. 그리고 그런 어린아이에게 이처럼 열중하고 있는 그는 그녀보다 더 어린아이라는 말이 된다. '다행히도 저 처녀는 나의 이름을 모른다. 나의 미치광이 같은 행동을 알고 있는 것은 나 자신뿐이다. 지금까지 여러 번 이런 어리석은 행동을 해왔지만 이젠 더 이상 그러고 싶지 않다' 고 그는 중얼거렸습니다.

필리프는 침착하게 은신처에서 나왔습니다. 그리고는 생각에 잠긴 채 2킬로미터쯤 떨어진 농가에 맡겨둔 말을 가지러 갔습니다. '나는 여전히 어리석은 사람인 것 같군.' 그는 디상 부인의 저택의 뜰에서 말을 내리며 중얼거렸습니다. 살롱에 들어갈 때 그는 냉정한, 조금 어처구니가 없다는 듯한 굳어진 얼굴을 하고 있었습니다. 그는 이미 사랑하고 있지는 않았습니다.

이튿날 필리프는 칼라 장식을 하면서 자기가 상당히 늙었다고 생각했습니다. 단 한 그루의 나무를 보기 위해 12킬로미터의 길을 가서 저 덤불 속에 웅크리고 있을 마음은 조금도 들지 않습니다. 그렇다고 어딘가 다른 곳에 갈 생각도 없습니다. '참으로 우스꽝스러운 꼴이 아닌가' 하고 그는 혀를 찼습니다. 정말 우스꽝스럽다. 그러나 도대체 누가 우스꽝스럽단 말인가? 어쨌든 행운을 놓쳐서는 안 된다. 그는 꼼꼼하게 한 통의 편지를 쓰기 시작했습니다. 그는 연극 속에 등장하는 바람둥이 링도르[4]를 흉내내어 이름과 신분을 밝혔습니다. 이 훌륭한 편지는 아시다시피 누구에게도 읽히지 않은 채 불태워지고 말았습니다. 우리의 주인공이 아마도 가장 무심코 썼을 '필리프 아스테장' 이라는 서명만이 읽히는 영광을 가졌던 셈입니다. 우리의 이지적인 인물은 이렇듯 훌륭히 추론했는데도 불구하고 그의 이름이 그와 같은 충격을 준 순간, 역시 그는 언제나의 장소에 숨어 있었습니다. 그는 에르네스틴이 편지를 보고서 기절하는 것을 보았습니다. 그는 어리둥절해지고 말았습니다.

다음날 그는 자기가 사랑하고 있음을 인정하지 않을 수 없었습니다. 그 자신의 행위가 그 증거입니다. 그는 그렇게도 격렬한 감각을 맛본 숲을 매일 찾아갔습니다. 디상 부인이 이윽고 파리로 돌아가야만 하게 되었습니다. 필리프는 자기 앞으로 거짓 편지를 쓰게 하고, 부르고뉴에 있는 백부가 병이 들었으므로 2주일 동안 병문안을 갈 예정이라고 말했습니다. 그는 역마차로 출발했지만 교묘히 다른 길로 돌아왔고, 작은 숲에는 단 하루 가지 못했을 뿐이었습니다. 그는 S백작의 저택에서 8킬로미터쯤 떨어진, 디상 부인의 집과는

4 Lindor. 보마르셰(Beaumarchais : 1732~1799)의 《세비야의 이발사》에 나오는 알마비바 백작의 별명. 바람둥이의 한 유형이다.

반대쪽의 쓸쓸한 크로세에 자리잡았습니다. 그리고는 그곳에서 매일 호수를 찾았습니다. 그는 33일 동안 에르네스틴을 볼 수가 없었습니다. 그녀는 교회에 오지 않았습니다. 성에서 미사가 올려진다는 소식을 듣고 그는 변장을 하고 성에 들어가 두 번 에르네스틴을 보는 행복을 누렸습니다. 그녀의 얼굴에 나타나는 고매하고 또한 소박한 표정과 비교할 만한 것은 없다고 생각되었습니다. '저런 여성 곁에 있으면 언제까지나 싫증을 느끼는 일이 없겠지' 라고 그는 중얼거렸습니다. 특히 아스테장을 감동시킨 것은 그녀의 몹시 창백한 얼굴빛과 고통에 시달리고 있는 듯한 태도였습니다. 상식도 갖추고 있고 세상의 관습도 알고 있는 남자가 에르네스틴의 기절과 비애의 이유를 알고자 하며 고뇌하는 모습을 전부 기록한다면 리처드슨처럼 열 권의 분량이 될 것입니다. 마침내 그는 그녀에게서 직접 듣기로 하고 성에 들어가고자 결심했습니다. 그러나 부끄러움(35세에 부끄러움이라니)이 오랫동안 그 일의 실행을 방해했습니다. 그는 온갖 지혜를 동원하여 만반의 준비를 갖추었는데, 만일 디상 부인이 떠났다는 소식이 아무런 관계도 없는 사람의 입을 통해 우연히 에르네스틴에게 전해지지 않았더라면 그의 교묘한 계획도 수포로 돌아가고 말았을 것입니다. 적어도 그는 에르네스틴의 애정을 그 분노 속에서 보는 데 그쳤겠지요. 그리하여 그는 아마 이 분노가 자신처럼 중년의 남자가 그녀를 사랑한다는 데 놀랐기 때문이라고 해석했을 것입니다. 그는 그녀로부터 경멸을 당했다고 생각하고 그 고통을 잊기 위해 도박에 몰두하거나, 오페라 극장의 분장실을 찾았을 것입니다. 자기에게 있어 청춘은 이미 지나가 버렸다고 생각하여 더한층 이기적이고 완고한 인간이 되고 말았겠지요.

이 지방에서 '작은 주인님' 이라고 불리는 사람들 중 하나인, 산간마을의 촌장이며 필리프와 함께 사슴사냥을 하곤 했던 남자가 그를 하인으로 변장시켜 S백작의 대만찬회에 데려가주기로 했습니다. 그리하여 그곳에서 에르네스틴이 그를 보았던 것입니다.

에르네스틴은 자기의 얼굴이 놀랄 만큼 빨개지는 것을 느끼자 무서운 생각에 사로잡혔습니다. '저분은 내가 자기도 모르는 사이에 저분에게 완전히 마음을 빼앗기고 있다고 생각하실 테지. 어린아이라고 경멸하신 게 분명해. 파리에 돌아가면 다시 디상 부인을 만날 것이 틀림없어. 그러면 이제는 두 번 다시 만날 수 없을 거야.' 이 잔인한 생각이 그녀로 하여금 곧 자리에서 일어나 자기 방으로 올라가는 용기를 갖게 했습니다. 그녀가 방에 들어왔을 때 곧 부속실의 문이 열리는 소리가 들렸습니다. 그녀는 틀림없이 가정교사일 거라고 생각하고는 쫓아낼 구실을 생각하며 사이의 문으로 다가갔습니다. 그때 그 문이 열렸습니다. 필리프는 무릎을 꿇었습니다.

"아아, 부디 무례를 용서해 주십시오. 지난 2개월 동안 저는 절망에 빠져 있습니다. 저와 결혼해 주시지 않겠습니까?"

에르네스틴에게 있어 이는 달콤한 순간이었습니다. '이 사람은 나에게 결혼을 청하고 있다. 이제 더 이상 디상 부인의 존재를 염두에 두지 않아도 된다.' 그녀는 무언가 엄격한 답변을 찾았습니다. 그러나 아무리 애써도 결국 아무것도 발견되지 않았던 모양입니다. 2개월간의 절망은 잊혀졌습니다. 그녀는 행복의 절정에 있었습니다.

이때 부속실의 문이 열리는 소리가 들렸습니다. 에르네스틴은 그에게 말했습니다. "이제는 틀렸어요." "잠자코 계십시오."라고 필리프는 나직히 말한 다음 교묘하게 에르네스틴의 장미색과 흰색이 조화를 이룬 아름다운 침대와 벽 사이로 기어들어갔습니다. 들어온 사람은 가정교사였습니다. 그녀는 학생의 상태가 염려되어 올라왔던 것인데, 에르네스틴의 태도를 보고는 더욱더 걱정을 하는 것이었습니다. 이 여자를 쫓아내는 데는 꽤나 힘이 들었습니다. 이 여자가 방에 있는 동안에 에르네스틴은 겨우 자기의 행복에 익숙해질 수가 있었습니다. 그녀는 냉정을 되찾았던 것입니다. 가정교사가 나가고 필리프가 나타났을 때, 그녀는 훌륭하게 답변을 했습니다.

이때 에르네스틴은 참으로 아름답게 보였고 그 표정은 너무나도 엄격했으므로, 그녀의 대답의 처음 한 마디를 듣자 그는 이제까지 자기가 생각하고 있었던 일이 단지 환영일 뿐이며 그녀는 자기를 사랑하고 있는 것이 아니라고 생각해 버렸을 정도입니다. 그의 얼굴은 순간적으로 바뀌었습니다. 그곳에는 이미 절망에 빠진 한 남자가 있을 뿐이었습니다. 에르네스틴은 그의 절망하는 태도에 마음속 깊이 감동하면서도 그녀의 답변에는 그를 내보내는 힘이 들어 있었습니다. 이 기묘한 만남에서 그녀가 기억하고 있는 것은 다만 다음과 같은 일뿐이었습니다. 그가 결혼신청을 하며 허락을 구했을 때 그녀는 "하시는 일로 보든 애정으로 보든 당신은 파리에 돌아갈 수밖에 없겠지요?" 라고 대답했습니다. 그랬더니 그는, "저의 유일한 일은 당신의 마음에 어울리도록 되는 데 있고 당신이 드퓌네에 있는 한 결코 이곳을 떠나지 않으며, 당신을 알기 전에 살고 있었던 저택에는 결코 돌아가지 않을 것을 맹세한다."고 외쳤습니다.

에르네스틴은 거의 행복의 절정에 있었습니다. 다음날 그녀는 떡갈나무가 있는 곳으로 갔습니다(물론 가정교사와 노식물학자를 동반하고 있었지요). 꽃다발과 편지는 제대로 있었습니다. 1주일이 지났을 때 그녀에게 있어 아스테장은 거의 답장을 보내겠다고 결심할 정도로까지 되어 있었습니다. 그런데 공교롭게도 그로부터 다시 1주일이 지났을 때 그녀는 디상 부인이 파리에서 돌아왔다는 소식을 들었습니다. 격렬한 불안이 에르네스틴의 모든 감정을 바꾸고 말았습니다.

이웃 마을의 수다스러운 여자가, 이 경우 자기도 모르는 사이에 그녀의 운명을 결정했던 것입니다. 에르네스틴이 들은 바에 의하면 분노와 질투심에 사로잡힌 디상 부인은 연인을 찾으러 돌아왔는데, 필리프 아스테장은 수도사가 되기 위해 이 고장에 남아 있다는 것이었습니다. 교회의 엄격한 계율에 익숙해지기 위해 그는 크로세의 황무지에 은둔하고 있고, 그리고 디상 부인은 절망하고 있다는 것이지요. 며칠 뒤 에르네스틴은 디상 부인이 도무지 필리프를 만날 수 없었다는 것, 그리하여 화를 내며 파리로 돌아가 버렸다는 사실을 알았습니다. 에르네스틴이 이 기쁜 소식을 확인하는 동안에 필리프는 절망하고 있었습니다.

그는 정열적으로 사랑했고, 그렇지만 자기가 사랑받고 있지 못하다고 확신하고 있었습니다. 그는 몇 번인가 그녀를 숨어서 지켜보았는데, 그때의 그녀의 태도로 보아 이런 방식이 그의 젊은 연인의 자존심을 상하게 했을 뿐이라고 생각하지 않을 수 없었습니다. 그는 두 번이나 파리로 돌아가려 했지만, 두 번 모두 80킬로미터쯤 가다가 다시 크로세의 바위산 오두막으로 돌아왔습니다.

어느 정도 희망을 가져보기도 했지만, 그것도 지금으로서는 다소 경솔하게 행동한 것처럼 생각됩니다. 그는 체념하려고 노력했습니다. 그는 인생의 다른 쾌락이 자신에게 있어 이미 아무것도 아니라는 것을 깨달았습니다.

에르네스틴은 그보다는 행복했습니다. 그녀는 사랑을 받고 또 사랑하고 있었습니다. 우리들이 연애의 일곱 시기를 차례로 통과하는 것을 본 이 영혼에게는 바야흐로 사랑이 지배하고 있었습니다. 무관심과 정열 사이에는 일곱 가지의 시기가 있게 마련인데, 속인에게는 단지 하나의 변화밖에 보이지 않는 것입니다. 그리고 그 변화의 성질을 도무지 설명하지 못하고 있는 것입니다.

필리프 아스테장에 관해서는, 여자에게 있어 노년이라 해도 좋을 나이에 가까워진 옛 애인을 배신한 벌로서 인간의 마음이 떨어질 수 있는 가장 잔혹한 상태에서 괴로워하는 대로 버려둡시다. 그는 에르네스틴에게 사랑받고 있었지만, 결혼에까지 이르지는 못했습니다. 그녀는 이듬해 많은 무공을 세운 어떤 부유한 늙은 중장과 결혼했습니다.

프랑스의 부유층에 있어서의 사랑의 보기[1]

《연애론》이 발표된 이후로 나는 많은 편지를 받았다. 다음의 편지는 그중에서 가장 흥미로운 것 중 하나이다.

생 디제, 1825년 6월 ……일—친애하는 철학자님, 나는 당신이 작년 여름 에크스안사부아의 온천에서 만난 젊은 프랑스 여성에 대해 이야기할 생각입니다만, 그녀의 인색한 허영심의 타산이 실제로 당신의 이른바 허영적 연애에 해당되는지의 여부는 무어라 단언할 수가 없습니다. 왜냐하면 완전히 단조로운 이 희극에는 연애의 그림자조차 없었기 때문입니다. 연애, 즉 정열적인 몽상과 친밀함의 행복을 과장하는 몽상 같은 것은 없었던 것이지요.

그렇다고 제가 당신의 책을 이해하지 못했다는 등의 생각을 하지는 말아주십시오. 저는 다만 그 속에서 하나의 그다지 적당하다고는 할 수 없는 말을 문제로 삼고 있을 뿐이니까요.

'연애속' 의 모든 종(種)에는 무언가 공통된 특징이 있어야만 할 것입니다. 이 속의 특징은 본래 완전한 친밀함에 대한 욕망입니다. 그런데 '허영적 연애' 에는 이런 특징이 없는 것입니다.

물리학 용어의 나무랄 데 없는 정확성에 익숙한 사람에게 있어서는 아무래

1 이 이야기는 스탕달이 쓴 것이 아니라 그의 파리 친구인 자크몽(Jacquemont, Victor : 1801~1832)이 쓴 것이다. 스탕달이 이 이야기를 듣고는 《연애론》의 신판에 삽입하기 위해 편지 형식으로 써보내도록 부탁한 것이다.

도 형이상학의 불완전한 용어가 마음에 걸리게 마련입니다.

펠리시 펠린 부인은 부르고뉴에 훌륭한 토지와 아름다운 저택을 가지고 있는 25세의 젊은 프랑스 여성입니다. 그녀 개인에 관해서는, 아시다시피 아름답지는 않지만 모습은 꽤나 좋은 편입니다(임파적 신경질). 물론 바보는 아니지만, 지혜가 없는 것은 분명합니다. 태어난 이래로 지금까지 사람을 깜짝 놀라게 하는 강한 관념을 가졌던 적은 한 번도 없습니다. 지혜가 풍부한 어머니에 의해 양육되고 훌륭한 사교계 속에서 성장했으므로, 그녀는 재지로 볼 때에는 하나의 '전문가' 입니다. 그녀는 타인의 말도 그대로 암송하는데, 그것을 마치 자기의 것인 듯 말해버리는 솜씨에는 놀랄 수밖에 없습니다. 암송할 때, 마치 자기가 생각해낸 것처럼 자기 자신도 놀랐다는 몸짓까지 해 보이니까요. 그러므로 그녀와 자주 만나지 않는 사람이나 혹은 그녀와 줄곧 만나고 있는 한정된 무리에게는 그녀는 상당히 매력 있는, 재지가 풍부한 여자로서 인식되고 있습니다.

음악에 있어서도, 그녀는 대화에 있어서와 마찬가지로 정확히 같은 재능을 보입니다. 17세 때 그녀는 이미 8프랑의 수강료를 받고 남을 가르칠 수도 있을 정도로 완벽하게 피아노를 쳤습니다(물론 실제로 가르친 것은 아닙니다. 그녀는 굉장한 부자였으니까요). 로시니의 새 오페라를 보고 온 다음날에는 피아노를 향하여 적어도 그 반은 생각해낼 수가 있습니다. 천성적인 음악가라고 할 수 있겠지요. 그녀는 아주 풍부한 표현력을 갖고서 연주하고, 매우 어려운 악보도 한 번 보고 연주해냅니다. 이러한 종류의 기묘함을 가지고 있는 까닭에 그녀는 어려운 사항을 이해하지 못합니다. 이것은 음악뿐만이 아니라 독서에 있어서도 마찬가지입니다. 당신의 게라르디 부인[2]이라면 틀

2 앞에 나온 〈잘츠부르크의 작은 나뭇가지〉의 주인공에 대한 암시이다. 자크몽은 이 편지를 쓰기 직전에 원고를 읽었다.

림없이 베르셀리우스[3]의 화합비례의 이론을 2개월만에 이해했겠지요. 그런데 펠린 부인은 어떤가 하면, 세[4]의 경제학의 제1장도, 연속소수의 이론도 이해하지 못하는 것입니다.

그녀는 독일에서 유명한 화성학의 대가에게 사사를 받았는데, 한마디도 알아듣지 못했습니다. 르도우테[5]에게도 그림을 조금 배웠습니다. 어떤 점에서는 그 스승의 재능을 능가합니다. 그 한 예로서, 그녀의 장미는 이 예술가의 장미보다도 경묘하게 그려져 있습니다. 그녀는 몇 년이나 그림을 즐기고 있었지만, 결코 전람회의 그림 이외에는 보려고 하지 않습니다. 그녀가 꽃의 묘법을 배우고 있었을 무렵 우리 나라는 수많은 이탈리아의 명화를 가지고 있었지만, 그녀는 결코 그것을 보고 싶어하는 호기심을 갖지 않았습니다. 그녀는 풍경화의 원근법도 명암도 이해하지 못합니다.

이런 매우 까다로운 것을 파악하는 데 있어 서투른 것이 프랑스 여성의 특징입니다. 그녀들은 어려워지면 권태를 느끼고 마침내 팽개치고 맙니다. 당신의 《연애론》이 결코 그녀들 사이에서 성공을 거둘 수 없으리라고 여겨지는 것도 이 때문입니다. 에피소드는 읽겠지만 결론은 지나쳐 버리고 말 것입니다. 그리고 그녀가 지나쳐 버린 부분을 모두 비웃을 것입니다. 여기서 '……것입니다' 라고 미래형으로 표현한 이유는, 제가 그래도 제법 예의바른 인간이기 때문입니다.

펠린 부인은 18세 때 재산을 보고 '정략결혼' 을 했습니다. 남편은 30세의 선량한 남자로서 다소 임파질에 다혈질이고, 순전한 반담즙질로서 거의 신경

3 Berzelius, Jöns Jakob(1779~1848). 스웨덴의 화학자. 전기화학의 기초를 세우고 세륨(Ce) · 셀레늄(Se) · 토륨(Th) 등 원소를 발견했다. 또한 촉매의 개념을 도입, 산소를 표준으로 하는 모든 원소의 원자량을 계산 결정하였고, 화합물의 명명법을 고안하였다.

4 Say, Jean Baptiste(1767~1832). 프랑스의 고전학파 경제학자. 애덤 스미스의 대륙에서의 계승자라고 일컬어진다. 자유무역주의 주창자 중 한 사람이다.

5 Redouté, Pierre Joseph(1759~1840). 프랑스의 화가. 꽃을 즐겨 그렸다.

질적인 성격의 소유자입니다. 선량하고 온화하고 평범하며, 그리고 매우 바보스럽습니다. 그처럼 완전히 지혜가 결여된 인간을 나는 아직 본 일이 없습니다. 그렇지만 그는 이공과 학교(나는 이 학교에서 그를 알게 되었습니다)에서는 매우 우수한 성적을 받았습니다. 그리하여 펠리시가 상징한 사회에서는 그의 '참된 가치'가 요란스럽게 떠벌려지고 있었는데, 이것은 광산과 제철소를 훌륭히 경영하는 재능을 제외하고서는 모든 면에서 드러나는 그의 바보스러움을 속이기 위해서였습니다.

남편은 그녀를 되도록 소중히 했습니다. 이 점에 관한 한 그도 나무랄 데가 없었던 모양입니다. 그런데 상대는 말할 수 없이 차가운 여자였습니다. 대체로 남편이 아무리 무관심한 신부에게도 일으키게 하는 저 다정한 감사의 마음이 그녀에게는 1주일도 계속되지 않았던 것입니다. 이리하여 남편과 함께 살아보고서, 그녀는 이윽고 자기가 바보와 결혼했다는 것을 깨달았습니다. 더욱 견딜 수 없었던 것은, 때때로 사교계에서 '우스꽝스럽게' 보이는 바보였다는 점입니다. 아주 부유한 남자와 결혼했다는 기쁨도, 혹은 이따금 남편의 재능에 관해 아부하는 말을 듣는 기쁨도 이것으로는 타산이 맞지 않는다고 생각했습니다.

이리하여 그녀는 남편에게 싫증을 느끼기 시작했습니다. 그녀의 가문보다 지위가 낮았던 남편은 그녀가 귀부인임을 자랑스러워하고 있다고 생각하여 곧 스스로 그녀에게서 떨어져나갔습니다. 그러나 몹시 바쁘고 사물에 구애받지 않는 남자였던 그는, 계획서를 조사하거나 기계를 시험하는 동안에는 아내로부터의 위안이 없었으므로 때로는 그녀의 비위를 맞추는 일도 있었습니다. 그런데 이것이 그녀의 싫증을 혐오로 바뀌게 했던 것입니다. 특히 타인의, 이를테면 내 앞에서 그런 태도를 보이는 것을 싫어했습니다. 그만큼 그의 행동은 서투르고 평범하며 흥미를 자아내게 하지 못했던 것입니다.

만일 이런 일을 다른 여자가 내 앞에서 했다면 나는 틀림없이 폭력을 휘두르고 싶었으리라 생각합니다. 그러나 나는 펠리시가 무미건조한 마음의 소유자로서 참된 감수성이 전혀 없음을 알고 있을 뿐 아니라 때로는 그녀의 허영심에 신물이 나기도 했으므로, 그녀가 남편을 위해 허영심의 고통을 참고 있는 것을 조금 딱하게 여길 정도로 해두고, 언제나 잠자코 그 자리를 떠나기로 하고 있었습니다.

두 사람의 결혼생활은 이런 식으로 몇 년 동안 이어졌습니다(펠리시에게는 아이가 없었습니다). 이 동안에 남편은 파리의 상류사회에 출입하고 있었으므로(그는 부르고뉴의 제철소에는 여름의 6주일 동안만 머물 뿐이었습니다), 그 영향을 받아 상당히 세련되었습니다. 저열하기는 마찬가지였지만 우습게 보이는 일은 거의 없었고, 그 지위에 있어서도 점차적으로 성공을 거두었습니다. 이것은 그 뒤 그가 획득한 엄청난 재산과, 국산품 박람회 심사위원의 최근 보고서를 보셔서 아시리라고 생각합니다.

펠린 씨는 아내에게서 냉정한 대접을 받았기 때문에, 때때로 조금이지만 실제 아내에게 반해 있는 듯한 느낌이 든 적이 있었습니다. 그런데 그녀는 남편을 안타깝게 만듭니다. 그 무렵의 펠리시의 교태는, 남들 앞에서는 비위를 맞추고 둘만이 있게 되면 무엇인가 박대할 구실을 찾아낸다는 데에 있었습니다. 이리하여 그녀는 남편의 욕망을 부추겼습니다. 그리하여 그녀가 마침내 ……를 허락했을 때, 그는 그루아와 코르스레 등 실내장식 상점의 외상값을 전부 지불해 주었습니다. 그는 아내의 엄청한 낭비를 꽤나 검소하다고 생각하고 있었던 것입니다.

최초의 2, 3년, 그러니까 그녀가 20세 내지 21세 무렵까지는 펠리시의 쾌락은 오로지 다음과 같은 허영심을 만족시키는 일에 있었습니다.

'사귀고 있는 어떤 젊은 여성보다도 아름다운 옷을 갖는 일, 가장 좋은 만찬을 베푸는 일, 피아노를 칠 때는 다른 여성보다 더 많은 아부의 말을 듣는 일, 다른 여성보다 재지가 있다고 일컬어지는 일.'

21세가 되자 그녀는 감성의 허영심이 시작되었습니다. 그녀는 무신론자인 어머니와 무신론적 사상의 사교계 속에서 성장했습니다. 이전에도 이후에도 그녀가 교회에 간 것은 결혼식 때뿐이었습니다. 자기로서도 별로 가고 싶다고 생각지도 않았던 것입니다. 결혼 후 그녀는 온갖 책을 닥치는 대로 읽었습니다. 우연히 루소와 스타엘 부인의 작품이 손에 들어왔는데, 이것이 그녀의 전기(轉機)가 되었습니다. 이 점을 보아도 이런 책이 얼마나 위험한지 알 수 있습니다.

그녀는 먼저 《에밀》을 읽었습니다. 그리하여 자기가 알고 있는 젊은 여자를 모두 지식이라는 점에서는 경멸할 권리가 있다고 확신했습니다. 그렇다고는 하나 사부아의 부사제(副司祭)의 형이상학에 대해서는 한마디도 알지 못했던 것입니다. 그러나 루소의 문장은 매우 미묘하고 딱딱하여 참으로 기억하기가 힘든 것입니다. 그녀는 다만 종교심이 전혀 없는 사교계에서 '두드러지기' 위해 종교심을 때때로 조금 엿보이는 것으로 만족하고 있었습니다. 아무튼 이는 종교에 관한 한 샴(옛 태국)의 왕만큼도 문제로 여기지 않는 사교계였으므로.

다음에 그녀는 《코린》을 읽었습니다. 이것은 그녀가 여러 번 반복해서 읽은 책입니다. 그 문장은 인상적인데다 암송하기 쉬웠습니다. 그녀는 잔뜩 머릿속에 집어넣었습니다. 그리고는 밤이 되면 살롱에서 몇 명 되지 않는 젊은 남자들을 붙잡고 아무렇지도 않은 얼굴로 아침에 배운 것을 교묘히 암기하여 들려줍니다.

이 수단에 넘어가 그녀를 진실로 정열을 느낄 수 있는 여자라고 믿게 된 남자도 얼마쯤 있었던 것 같습니다. 그리하여 그녀에게 유혹의 눈길을 보내든가 했습니다.

그러나 그녀는 그녀의 살롱에 오는 남자 중에서 가장 평범하고 어리석은 남자에게밖에 이런 이야기를 하지 않았습니다. 다른 남자에게는 비웃음을 받을까 봐 두려웠기 때문입니다. 남편은 사업을 위해 항상 집을 비우고 있었으며, 애당초 'What then(그것이 어떻다는 것이지)?' 과 같은 남자라서 이런 정신적 교태를 깨닫지 못했거나, 혹은 설령 깨달았다 하더라도 그다지 마음에 두지 않았습니다.

펠리시는 《신엘로이스》를 읽었습니다. 이번에는 자기의 마음에 감수성의 보물상자가 있다고 확신했습니다. 그녀는 이 비밀을 어머니와 또한 아버지 역할을 하고 있는 늙은 백부에게 고백했지만, 두 사람은 그녀를 어린아이라고 하며 웃었습니다. 그러나 그녀는 여전히 애인, 그것도 생 프르와 같은 애인이 없이는 살아갈 수 없다고 확신하고 있었습니다.

그녀의 집에 오는 사람들 가운데 상당히 이색적인 젊은 스웨덴 사람이 있었었습니다. 그는 겨우 18세에 대학을 졸업하자 1812년의 전쟁에서 많은 수훈을 세우고 자기 나라의 군대에서 높은 계급에 올랐습니다. 그리고 아메리카에 건너갔으며, 6개월간 인디언과 함께 생활을 했습니다. 그는 바보도 아니고 그렇다고 똑똑하지도 않았지만 훌륭한 성격의 소유자로서, 덕과 위대함이라는 점에서는 무언가 숭고한 일면을 갖고 있었습니다. 어쨌든 그는 내가 알고 있는 사람 중 가장 임파질의 남자였습니다. 상당히 잘생긴 얼굴에 단순하지만, 무섭게 진지한 태도를 보였습니다. 이리하여 그는 모두에게서 대단한 존경을 받고 있었습니다.

펠리시는 생각합니다. '이 사람이야말로 내가 표면상 애인으로 삼아야 할 사람이다. 남달리 차가운 사람이니, 이 사람으로 하여금 연애를 하도록 한다면 그만큼 공훈이 되는 셈이다.'

스웨덴 사람인 와일베르크는 본래 이 집안과 잘 아는 사이였습니다. 그래서 지금으로부터 5년 전의 어느 여름, 그녀는 남편과 와일베르크와 함께 여행 계획을 세웠습니다. 그는 아주 견실한 남자였고, 무엇보다는 펠리시를 조금도 사랑하고 있지 않았으므로 그녀를 있는 그대로 보고 있었습니다. 즉 아주 추하다고 보고 있었던 것입니다. 어쨌든 출발할 때에는 이런 여행이 어떤 결과를 낳게 될지 그로서는 전혀 알지 못했습니다. 남편 역시 애당초 아내를 위해 계획한 여행이지만 어딘지 지루해졌고, 겸해서 용무도 보겠다는 생각이었으므로, 어느 지점에 이르자 두 사람을 떼어놓고 말았습니다. "귀스타브, 아내를 부탁하겠네." 하며 그는 공장이나 광산을 돌기 시작했던 것입니다.

와일베르크는 거의 프랑스어를 하지 못했습니다. 루소나 스타엘 부인 등의 저서를 한 번도 읽은 적이 없었습니다. 펠리시에게 있어 이것은 아주 합당한 조건입니다. 그건 그렇고, 펠리시는 병이 난 척했는데, 이것은 남편의 마음을 질리게 만들어 쫓아버리기 위해서였고, 또한 선량한 청년의 동정을 끌기 위해서였습니다. 그녀는 언제나 그와 단둘이 있는 자리를 만들었습니다. 그녀는 자기가 남편에게 품고 있는 애정과 보답되지 않는 슬픔 등을 이야기함으로써 그의 마음을 끌려고 합니다.

이런 음악은 와일베르크로서는 도무지 흥미가 없습니다. 단지 예의상 공손히 듣고 있을 뿐입니다. 그녀는 잘되었다고 자신했으며, 두 사람 사이의 공감에 관해 이야기했습니다. 귀스타브는 모자를 집어들고 산책을 나갔습니다. 돌아와 보니 그녀는 몹시 화가 나 있었습니다. 자기는 모욕을 당했으며, 호의를 보였을 뿐인 말을 사랑의 고백이라고 해석하는 것은 실례라고 했습니다.

마차를 타고 밤여행을 할 때 그녀는 귀스타브의 어깨에 머리를 기댔습니다. 그는 예의바르게 참고 있었습니다. 이리하여 그들은 두 달간 여행을 계속하며 돈을 썼지만, 더욱더 지루할 뿐이었습니다.

집에 돌아오자 펠리시는 매일의 습관을 완전히 바꾸어 버렸습니다. 그녀가 와일베르크에게 격렬한 정열을 품고, 와일베르크가 그녀의 애인이 되었다고 친구와 친지들 모두에게 안내장이라도 보내고 싶을 정도였겠지요.

무도회에도 몸치장에도 그녀는 이제 관심을 갖지 않습니다. 오랜 친구에게는 냉정해졌고, 오랜 지인에게는 무례한 태도를 보였습니다. 요컨대 이렇듯 그녀가 스스로 자기의 모든 취미를 희생시킨 것은, 오로지 얼마나 깊이 와일베르크를 사랑하고 있는지 남들이 알아주기를 바라는 마음에서였습니다. 이를테면 '와일베르크는 야만스런 인디언과 같은 남자로서 18세 때에 이미 스웨덴군의 대령이었다. 그런데 놀랍게도 그와 같은 대단한 남자가 이젠 펠리시에게 열중하고 있다'고 사람들이 떠들어대도록 할 생각에서였던 것입니다.

돌아온 그날, 그녀는 먼저 어머니에게 고백했습니다. 그녀의 주장에 의하면, 어머니는 그녀가 사랑하지도 않는 남자와 결혼을 시켰다는 죄가 있는 것이었습니다. 그러니 이제는 온갖 수단을 다하여 그녀가 선택하고 사랑하고 있는 남자와의 사랑에 협조하지 않으면 안 된다는 것입니다. 그러기 위해서는 먼저 남편을 설득하여 와일베르크가 가족과 마찬가지로 그녀의 집에 기거하도록 주선해 주어야 하며, 만일 그와 집에서 매일 만나지 못한다면 그의 호텔에 찾아가겠다고 위협했습니다.

어머니는 어리석게도 이 말을 믿었습니다. 그리하여 사위를 잘 설득하여 와일베르크가 그의 집 말고는 갈 곳이 없는 것처럼 해두었습니다. 샤를이 귀찮을 정도로 청하고 어머니도 예의를 다하여 대접하므로 애당초 어떠한 속임수가 있었는지를 알지 못하는 가엾은 젊은이는, 오로지 이렇듯 지극한 대접을 해주는 사람들의 정성을 무시해서는 안 된다고 여기고 무엇이든 시키는 대로 했습니다.

잘 아시다시피 여자라는 존재는 언제라도 필요할 경우에는 눈물을 흘릴 수 있는 것입니다. 어느 날 내가 펠리시와 단둘이 있는데, 그녀가 갑자기 눈물을 흘리더니 나의 손을 꼭 잡으면서 말했습니다. "아아, 공슬랑 씨, 당신은 현명한 분이시니 제 마음을 잘 아실 거예요. 전에는 그렇듯 와일베르크와 친히게 지내시더니, 그 여행 이후로 당신은 변했어요. 당신은 그 사람을 미워하고 계시죠(이것은 터무니없는 말이라는 사실을 나는 잘 알고 있습니다)? 네, 그래요. 저는 이전에는 행복하지 않았습니다. 하지만 그때부터…… 얼마나 다정한 마음씀인가요. 얼마나 놀라운 애정인가요…… 어떻게 거절할 수가 있겠어요? 겉으로는 그렇게 차가워 보이는 사람에게 그처럼 뜨거운 마음, 얼마나 무서운 정열이 숨어 있었던가요…… 그것을 아신다면 결코 저를 경멸하지는 않으실 거라고 생각합니다…… 물론 불가능한 일이라는 것은 확실해요…… 이 행복은 순수하지가 않지요…… 저는 샤를의 은혜를 잘 알고 있어요. 그러나 당신도 그 무관심한 태도를, 그것도 한 사람은 경멸하는 까닭에, 또 한 사람은 염려하는 마음과 애정에서 하시는 행동을 언제나 보셨다면…… 그리고 여행 중에는 아무래도 자연스레 가까워지기 때문에…… 아주 위험하지요…… 그런 사랑을 거절할 수가 있을까요? 게다가 그런 힘에 제가 어찌 반항할 수 있었겠어요……."

이로써 가엾게도 조제프처럼 진지한 와일베르크는 마침내 친구의 아내에게 강제적인 행위를 가한 것이 되고 말았습니다. 게다가 여자가 스스로 말하고 있는 것이니 의심할 여지가 없게 된 셈입니다. 내가 알기로도 그녀는 두 명의 남자에게 떠들어대고 있습니다. 내가 모르는 남자도 몇 명 있을 수 있겠지요.

위에서 기술한 그녀의 고백은 거의 그녀의 말 그대로입니다. 나는 그녀의 상투어를 기억하고 있었습니다. 며칠 뒤 나는 같은 고백을 들은 사람과 만났습니다. 나는 그 사람에게 그녀가 사용한 말을 되풀이해 보도록 했는데, 그때 내가 들은 것과 똑같은 대사를 다시 한번 듣고는 웃지 않을 수가 없었습니다.

고백이 끝나자 펠리시는 손을 내밀면서 "이것은 당신의 가슴에만 간직해 주세요. 와일베르크에게는 지금까지와 마찬가지로 대해주고 아무것도 모르는 듯이 해주세요."라고 말했습니다. '이 숭고한 인물의 완전히 야성적인 덕은 그녀를 두려워하게 했다'는 것일까요? 그녀는 언제나 그가 돌아가면 다시는 만날 수 없는 게 아닌가 하는 느낌이 든다는 것입니다. 갑자기 결심하고 그대로 배를 타고서 스웨덴으로 돌아가 버리는 것은 아닐까 하여 걱정이 된다는군요. 나는 물론 우리들이 주고받은 이야기는 절대로 비밀을 지키겠다고 약속했습니다.

그러나 이 집안과 가까운 사람들은 와일베르크가 거의 가족과 마찬가지로 대해주고 있는 집의 부인을 '유혹'했다는 데 대해 매우 괘씸하게 생각하고 있었습니다. 그녀의 남편에게서 상당히 신세를 지고 있으며, 게다가 그 아내는 이제까지 아무런 잘못도 저지르지 않았는데 그 같은 짓을 저질렀다는 것이지요. 나는 그에게 얼마나 어리석은 역할이 주어지고 있는가를 말해주었습니다. 그는 나를 안으며 충고에 감사했고, 두 번 다시 그런 집에는 발걸음을 하지 않겠다고 말했습니다. 이때 나는 비로소 그의 입을 통해 여행 중의 이야기를 들었던 것입니다.

매일 밤 그녀의 집에서 식사를 하던 와일베르크가 4, 5일 동안 얼굴을 보이지 않자 펠리시는 절망을 가장했습니다. 그렇듯 도의심이 강한 사람을 내쫓은 것은 남편의 잘못이라고 그녀는 말했습니다(그녀가 나와 다른 두 명의 남자에게 말한 바에 의하면, 이 도의심이 강한 남자가 〈슈발츠발트의 떡갈나무 아래 이끼〉라는 상투적인 대본으로 그녀에게 폭행을 가했다는 것이었지요). 그녀는 또한, 이쪽은 좀더 고상한 말을 썼지만, 요컨대 어머니는 처음에 알고서 중개를 했는데 이 덕 있는 애인을 가로챘다고도 했습니다(그런데 이 어머니는 60세의 노파로서 지난 20년 동안 도무지 여자로서의 매력이란 없었던 것입니다). 그녀는 어떤 기술이 뛰어난 도검상(刀劍商)에 예리한 단검을 주문한 다음, 어느 날 밤 그것을 만찬의 자리에 배달하도록 했습니다. 나는 그녀가 40프랑을 지불하고 모든 사람이 지켜보는 앞에서 그럴듯하게 책상서랍의 봉랍(封蠟) 옆에 넣고 열쇠를 채우는 것을 보았습니다. 다음에는 10명 가량의 약종상(藥種商) 점원이 각각 아편조제의 작은 병을 가져왔는데, 모두 합하면 그 양이 상당히 많았습니다. 그녀는 이것도 화장대 서랍에 넣고는 열쇠를 채웠습니다.

이튿날 그녀는 어머니에게, 만일 귀스타브를 다시 오도록 해주지 않는다면 아편을 마시고 그 특별히 주문한 단검으로 자살하고 말겠다고 선언했습니다. 어머니는 와일베르크에 대한 사랑의 정체를 분명히 알고 있었지만 소문을 두려워하여 와일베르크를 찾아갔습니다. 그리고는 딸이 거의 광적인 현상을 보이고 있다는 것과, 그를 열렬히 사랑하고 있으며 그도 역시 자기를 사랑한다고 말하고 있다는 것, 그리고 그가 오지 않는다면 죽어버리고 말겠다는 것 등을 이야기했습니다. "어쨌든 그 애한테로 가주세요. 그리고 심하게 모욕을 하도록 해요. 그러면 그 애도 틀림없이 당신을 싫어하게 될 것이고, 그 다음부터는 당신은 오시지 않아도 좋잖아요."

와일베르크는 고지식한 남자였으므로 이런 일을 부탁하러 오는 노모가 가엾어졌고, 또 그녀가 두려워하고 있는 소문을 피하기 위해 이 지루한 희극에 동참하기로 했습니다. 이리하여 그는 다시 찾아왔습니다. 젊은 부인은 아무 말도 하지 않고 단지 5일 동안이나 오지 않았던 일을 부드럽게 나무랐을 뿐이었습니다. 단둘이 되어도 사랑에 대한 이야기는 끄집어내지 않았을 것이라고 생각합니다. 왜냐하면 지난번 여행을 하고 있을 때, 그녀가 고백하려고 하자 모자를 집어들고는 휙 나가버린 일이 있었기 때문입니다. 와일베르크는 음악을 좋아했으므로 그녀는 피아노를 치며 시간을 보냈습니다. 와일베르크는 오히려 기뻐하며 듣고 있었습니다. 그런데 누군가 다른 사람이 있으면 그녀의 태도는 일변하여 그에게 사랑에 대해서만 이야기합니다. 물론 상당히 의식적인 듯한 점이 눈에 띄기는 했지만, 다행히도 와일베르크는 프랑스어를 잘 몰랐으므로 그녀는 모두에게 그가 눈치채지 못하도록 와일베르크가 자기의 연인이라는 것을 알릴 수가 있었습니다.

그녀의 집에 자주 오는 사람들 사이에서는 이 희극의 비밀을 모르는 사람이 없었지만, 웬만한 친지는 아직 알지 못했습니다. 그래서 다시금 와일베르크의 악행이 소문으로 퍼졌습니다. 와일베르크는 또다시 집안에 틀어박히고 그녀의 집에 오려고 하지 않습니다.

펠리시는 병석에 누웠습니다. 그리고는 어머니에게 단식하여 죽어버리겠다고 말했습니다. 그녀는 차 이외에는 아무것도 먹지 않게 되었습니다. 만찬 때에는 일어나 나왔지만, 확실히 아무것도 먹지 않았습니다. 이런 식으로 6일 동안 계속하는 사이 그녀는 정말로 심한 병에 걸리고 말았습니다. 의사가 찾아오자 그녀는 독약을 마셨다고 했고, 누구의 도움도 받고 싶지 않으며, 무슨 일을 해도 소용이 없다고 주장합니다. 병석에는 의사 이외에 어머니와 두 명의 친구가 있었는데, 펠리시는 자기가 와일베르크 씨 때문에 죽어가는 것이며, 모두가 그 사람이 변심하도록 만든 것이라고 했습니다. 그런가 하면 또 이 슬픈 고백을 가엾은 남편에게는 말하지 말아 달라, 다행히 그 사람은 아무것도 모르니까 등등 하고 부탁을 했습니다.

그런데도 어쨌든 그녀는 의사의 말대로 약을 먹겠다고 했습니다. 그래서 토제(吐劑)를 먹게 했는데, 6일 동안 차밖에는 마시지 않았을 터인 그녀가 서너 파운드의 초콜릿을 토해내는 것이었습니다. 그녀의 병, 즉 복통이란 심한 소화불량에 지나지 않았던 것입니다. 이럴 것이라고는 대충 짐작하고 있었지요.

어떻게 하면 또 어머니를 움직여 다시 한번 와일베르크를 데려오게 할 수 있을 것인가를 궁리하던 그녀는, 모든 것을 샤를에게 털어놓고 말겠다고 위협했습니다. 그러면 남편은 아내의 말을 곧이듣고 틀림없이 그녀를 버리고 말겠지요. 실제로 그런 소동이 발생할지도 모를 상황이었으므로 어머니는 다시금 선량한 귀스타브에게 부탁하러 갔습니다. 그는 물론 승낙했지요. 그 무렵 나와 그는 자주 만나고 있었습니다. 어떤 일을 함께하고 있었던 것입니다. 그는 나를 좋아했고, 나는 대체적으로 그가 가장 만나고 싶다고 생각하는 프랑스 인이었던 모양입니다. 우리들은 매일 몇 시간씩 함께 보냈습니다. 그는 나에게 스웨덴어를 가르쳐주었고, 나는 그에게 화법기하학과 미분법을 가르쳤습니다. 그는 수학에 정열을 갖고 있었지요. 나는 텍스트에 관해 때때로 이공과 학교시대의 이미 오랜 기억을 불러일으키지 않으면 안 되었습니다. 그리고 나는 바이올린을 택했습니다. 그는 당신보다는 훨씬 관대했으므로 기꺼이 몇 시간이고 들어주었습니다.

펠리시는 나의 비위를 맞추며 곧잘 집에 오라고 했습니다. 그러면 와일베르크도 자연히 끌어들일 수가 있음을 알고 있었기 때문입니다. 어느 날 우리들 세 명은 그녀의 집에서 오찬을 들고 있었습니다. 그녀는 내 앞에서 귀스타브에게 '연애의 증거'를 보이고자 생각했던지, 그에 대해 완전한 친밀함에 있는 사람들처럼 스스럼없음을 가장해 보였습니다. 와일베르크는 처음엔 무슨 영문인지를 모르는 것 같았지만 그녀가 너무나 노골적으로 말하므로 결국 눈치를 채고 말았습니다. 그는 나를 보고 웃더니 몸을 꼼짝도 하지 않고 소리내어 먹기 시작했습니다. 그녀는 그에게 옷맵시를 고치는 것을 좀 도와달라고 부탁했습니다. "왜 그러십니까? 옷이라면 몸종이 있지 않습니까?" 하고 그는 거칠게 말했습니다. 그녀는 나의 귀에다 대고 "얼마나 소심한 분인가요? 당신 앞이라면 어차피 나의 어깨걸이 핀 하나도 끼워주지 않을 거라고 짐작했었지요" 하며 속삭였습니다. 그러나 그녀는 자칭 연인의 소심함이나 적극적이지 못한 성격에 대해 입으로 말하는 만큼 만족하고 있는 것은 아니었습니다. 좀처럼 잊을 수 없는 일인데, 부활제의 일요일이었습니다. 식사가 끝나고 차를 마시고 있을 때 그녀가 하인에게 말했습니다. "폴, 몸종에게 오늘은 이제 할 일이 없으니 미사에 가도 좋다고 일러줘요."

우리들은 남아서 차를 마셨습니다. 하녀는 이제 들어올 염려가 없습니다. 그녀는 불 옆에 바짝 다가앉았습니다. "어쩐지 오한이 나는군요." 그리고는 와일베르크에게 손을 내밀면서 "열은 없는지 몰라." 하고 말했습니다. "글쎄, 저로서는 알 수 없습니다만, 공슬랑은 시골에서 농부들을 상대로 의사 노릇을 한 적이 있으니 열이 있는지 정도는 알겠지요. 한번 물어 보십시오." 나는 맥을 짚어보았습니다. "아무렇지도 않아요."

"이상하네요. 어쩐지 기분이 좋지 않군요. 정말이에요. 정말로 기분이 좋지 않아요. 숨이 막히는 것 같아요. 잠깐 자리를 비켜주시지 않겠어요? 귀스타브 씨, 부탁이에요! 공슬랑 씨, 당신은 남편 방에 가서……."

"무엇입니까?"

"안식향(安息香)이죠. 조금 사르도록 해요. 메달상자에 있을 거예요."

"내가 알고 있어. 내가 가져오겠어." 하고 와일베르크가 말했습니다. "공슬랑이 돌봐줄 것입니다. 곧 돌아오겠어요." 그런데 그는 4분이 지나도록 돌아오지 않았습니다.

그녀의 옷을 풀어주는 것은 꽤 재미있는 일이었습니다. 얼굴을 제외한다면 그녀는 제법 괜찮은 여자입니다. 나는 그녀의 가슴을 풀어헤쳤습니다. 완전히 벌거벗겨도 그녀는 가만히 있었겠지요. 나는 드러난 부분을 적당히 즐기고 희롱했습니다. "맥박은 매우 조용합니다. 걱정하실 것 없습니다. 절대로

별일이 아니니까요." 그녀는 조금 정신을 잃은 듯한 시늉을 하고 있었습니다. 확실히 일부러 시간을 끌고 있던 와일베르크가 마침내 들어왔습니다. 안식향을 벽난로 위에 놓고는 침착하게 비스킷을 먹고 차를 몇 잔이나 마셨지요. 그의 이런 동작을 펠리시는 보지 않는 척하면서 실은 모두 보고 있었는데, 이제 더 이상 참을 수가 없게 되었습니다. 그런데 내가 또 귀스타브에게 맥박도 호흡도 정상이라고 하자, 그는 이렇게 말했습니다. "이상하군. 이 사람이 이 정도의 일에 정신을 잃다니." 펠리시는 견딜 수 없게 되어 점점 의식을 되찾았습니다. 그녀는 옷매무새를 고치자 "부디 돌아가 주세요."라고 말했습니다.

그녀는 귀스타브가 있는 자리에서 정말로 기절한 척하면 좋은 일이 있을 것으로 기대하고 있었던 것이므로, 만일 내가 나를 목표로 하고 있지 않았던 이 변덕을 만족시키고자 하더라도 그녀는 하는 대로 가만히 있었을 것입니다. 하기야 나중에 이것은 나로서는 매우 옳지 못한 일이고 그녀에게 있어서는 매우 불행한 일이었다는 것쯤은 말했을 테지만, 그러나 그녀도 어쨌든 그 때까지는 실질적으로 정조를 지켜왔고 또한 이런 유의 쾌락에는 무섭도록 민감한 만큼, 이런 식으로 범접(犯接)되었다는 데 대해 나중에 괴로워했을 것은 확실합니다.

펠리시는 이리하여 내 앞에서 와일베르크가 분명히 무관심을 표명한 데 대해 심한 굴욕을 느꼈습니다. 아무튼 나에게는 언제나 그가 매우 정열적인 애인이라는 듯 이야기하고 있었으니까요. 그 때문에 그녀는 정말로 병이 났습니다. 와일베르크는 이런 연극이 있은 뒤에는 더 이상 그녀의 집에 가고 싶지 않았습니다. 그런데 펠리시는 그 이후로 얼마 동안 자리에 누워 있었고, 지금까지 계속 출입하던 사람이 갑자기 발길을 끊는다면 다른 사람이 이상하게 생각할 것이었으므로 역시 때때로 오고 있었습니다. 그러나 그 방문도 점점 뜸해지고 8개월 뒤에는 전혀 가지 않게 되었습니다. 이 8개월 동안 그녀는 여전히 모두에게는 그를 자기의 연인인 것처럼 꾸며 보이고 있었습니다. 그가 오지 않게 된 이후에도 이 버릇은 그치지 않았습니다.

펠리시는 음악을 매우 좋아했습니다. 그러나 부프 극장엔 관람석을 갖고 있지 않았으므로 좀처럼 가지 않았습니다. 어느 날 친구가 관람석을 제공해 준 일이 있었는데, 와일베르크와 내가 그녀와 동행하게 되었습니다. 남편은 나중에 오기로 되어 있었습니다. 이 무렵 그녀가 이미 마음속으로는 와일베르크를 미워하고 있었다는 것은 당신도 짐작하시리라 생각합니다. 그녀가 그를 억지로 끌어낸 것은 관람석의 앞쪽에 그와 나란히 앉기 위해서였습니다. 귀스타브는 더워서 견딜 수 없다며 그녀와 나를 남긴 채 돌아가 버렸습니다. 그가 언제나 이처럼 그녀의 뜻에 따라주지 않으므로 그녀도 이날부터 태도를 달리하기 시작했습니다. 꼬박 1년 동안 와일베르크의 사랑과 정열을 이야기하던 그녀도 겨우 그의 배신과, 그녀가 그를 위해 참은 고통을 드러내기 시작했던 것입니다.

동시에 내가 그녀의 연인이라는 소문이 나게 되었습니다. 나는 그녀의 집에 가서 이 같은 소문이 났음을 알리고, 그런 소문이 난 이상 무언가 소득이 있어야만 하지 않겠느냐고 말했습니다. 나는 그녀를 무릎에 앉히고 다소 대담한 행동을 했습니다. 나는 그녀가 폭행당하기를 원치 않는다는 것과, 또한 그렇게 될 위험성이 매우 높다고 느끼고 있음을 꿰뚫어보고 있었으므로, "당신 스스로가 부린 소문을 사실로 만들고 싶을 뿐이다"라고 말했습니다. 한낮이었으므로 누가 들어올지도 모릅니다. 그녀는 완전히 두려움에 떨고 있었습니다. 그녀는 놓아달라고 애원했으며, 또한 이제까지 자신은 와일베르크밖에 사랑한 일이 없고 이후로 그 누구도 사랑하지 않겠다고 말했습니다. 마침내 그녀는 나의 팔에서 벗어나자 벨을 울렸습니다. 하녀가 오자 불을 지피고 커튼을 열며 차를 가져오라고 일렀습니다. 나는 돌아왔습니다. 그런 뒤로 우리들은 거의 절교한 셈입니다. 그녀는 내가 이아고[6]와 같은 악인이라고 떠들어대고 있습니다. 그리고 오래 전부터 그녀에게 야비한 욕망을 품고, 그녀와 연인 와일베르크를 헤어지게 한 장본인도 나라는 것입니다. 게다가 6년 전 세가 당신과 함께 로마에 머물고 있을 무렵[7] 보낸 몇 통의 스스럼없는 우정의 편지를 마치 사랑의 고백인 듯 사람들에게 보일 정도입니다. 지금은 펠리시의 허영심도 다른 대상에게 향해지고 있습니다. 와일베르크에 대해서 이야기할 때에는《코린》제3권의 슬픈 문장을 인용하고 있습니다. 대정열의 상복을 입고 있다는 것이겠지요.

그녀는 이미 사교계에는 얼굴을 내밀지 않습니다. 집에서도 화장을 하지 않습니다. 다만 자신의 집에서 훌륭한 만찬을 내놓고, 한때는 재지 있는 사람이라고 일컬어진 적도 있는 늙어빠진 얼간이나, 집에서는 맛있는 음식을 먹지 못하는 가난한 자들을 초대하고 있습니다. 그녀는 바이런 경, 카나리스[8], 볼리바르[9], 라파예트[10] 등을 찬미하고 있습니다. 그녀의 작은 사교계에서는 그녀가 매우 불행한 여자로서 동정의 대상이 되고, 또한 매우 민감한 재지가 있는 여자로 되어 있습니다. 그녀는 이런 환경에 꽤 만족하고 있는 모양입니다. 당신이 아주 싫어하는 저 부르주아지 집안의 한 실례가 되어 있는 셈이지요.

---

6 셰익스피어의 비극《오셀로(Othello)》에 등장하는 간교한 인물.

7 자크몽이 스탕달을 1819년에 이탈리아에서 알게 되었다는 것은 거의 가능성이 없는 일이다. 그들의 교제는 1821년 파리에서 시작된다.

8 Canaris, Constantin(1790~1877). 터키에 대한 그리스 독립전쟁의 영웅.

9 Bolivar, Simón(1783~1830). 남아메리카의 장군, 정치가. 베네수엘라 및 신그라나다를 에스파냐로부터 독립시키고 콜롬비아 공화국을 건국했다. 그의 이름은 1820년경 프랑스에 널리 알려졌는데, 챙이 넓은 일종의 중산모자에 볼리바르의 이름이 새겨졌을 정도였다.

10 Lafayette(1757~1834). 프랑스의 장군, 정치가. 아메리카 독립전쟁에 참가했으며, 프랑스 대혁명 및 7월혁명에는 자유주의적 왕당으로서 중요한 역할을 담당했다. 프랑스 삼색기의 창안자이다.

어떻습니까, 제가 이 지루한 이야기가 당신에게 아무런 쓸모도 없을 것이라고 한 말은 옳았겠지요? 애당초 그 성질상 평범할 수밖에 없는 이야기이지요. 허영적 연애에 있어서는 모든 것은 입을 통해서만 진행됩니다. 그리고 이와 같은 구설(口說)은 이야기하면 지루해질 뿐입니다. 가장 사소한 행위라도 이보다는 가치가 있겠지요. 첫째, 여기에는 당신의 이른바 '허영적 연애'는 없는 게 아닐까요? 펠리시에게는, 반드시 그녀에게 국한된 것은 아닐지라도 하나의 보기 드문 특징이 있습니다. 그것은 여자의 임무가 그녀에게 있어 불쾌했다는 점, 즉 그녀가 공개적으로 애인이라고 일컬은 남자에게, 자기가 정말로 그를 사랑하고 있다는 것을 믿게 할 필요를 조금도 느끼지 않았다는 점입니다.

공슬랑

추가

마틸드의 소설[1]

무대는 볼로냐 근처의 아름다운 별장(데지오[2])이다. 뎀폴리 공작부인은 성대한 연회석상에서 우정의 질투에 사로잡힌다. 프랑스인 ○○○중위[3]가 그녀에게서 마틸드의 마음을 빼앗으려 하기 때문이다. 마틸드는 깊이 슬퍼하고 우수에 빠져 우정으로밖에는 보답할 수 없지만, 그것을 ○○○에게 제시하려고 했을 때 ○○○는 열정에 사로잡혀 어리석고 성실하지 못한 짓을 저지르고 만다. 공작부인은 냉혹 비정한 타레의 충고에 따라 마틸드에게 프랑스 인을 절망에 빠뜨리도록 충동질한다. 그는 그 몸을 불태우는 연심을 상대의 가슴에 불어넣기를 단념하고 마침내 마틸드가 그에게 준 우정으로 만족하고자 한다. 죄는 그의 고독한 초연에 있었으므로, 그녀는 그를 용서해 준다.

이리하여 그들은 함께 행복하게 노년에 도달한다. 그들의 은밀한 기쁨을 속인으로서는 알지 못한다. 마틸드는 결국 뎀폴리 공작부인과도 화해한다(타

1 Roman de Méthilde. 원고의 표제는 단순히 Roman(소설)이라고 되어 있으나 샹피용판이 붙인 이 표제로 불린다.

2 마틸드가 때때로 볼로냐에 있는 친구의 집에 간 것은 사실이지만, 데지오의 위치는 볼로냐가 아니며, 밀라노에서 17킬로미터 지점의 코모 호(湖)로 가는 길목에 있다. 그곳에는 그녀의 사촌언니 트라벨시 부인의 별장이 있고, 그녀는 곧잘 두 아이와 함께 숙박하러 갔다. 1819년의 여름, 스탕달이 이 지방을 여행한 것은, 지나는 길에 마틸드의 집을 보기 위해서가 아니었을까?

3 이하 계속되는 본문에서는 폴란드 인 폴로스키로 되어 있다. 그리고 마틸드는 비앙카라고 불린다. 뎀폴리 공작부인이 트라벨시 부인임은 말할 것도 없다. 또한 뎀폴리는 볼테라와 피렌체 중간에 있는 도시의 하나로, 역시 추억이 있는 고장의 이름이다.

레는 죽었다). 마틸드는 어느 날 그녀에게 말한다. “옛날에 당신이 하신 행동은 정말로 심한 것이었지만, ○○○씨와 그저 친구로서 지내와 참으로 행복했으니 새삼 당신을 미워할 생각도 없습니다. 진심으로 당신을 사랑하고 있습니다. 당신은 저의 친구잖아요.”

제1장

저택의 커다란 시계는 한밤중을 알리고, 무도회는 끝나가고 있었다. 공작부인은 흥분된 태도로 영국식 뜰의 오솔길을 걷고 있었다. 그곳은 이탈리아의 여름밤에 빛나는 별과 살롱의 프랑스 창문에서 새어나오는 불빛으로 상당히 밝았다. “나는 가장 사랑하는 그 벗을 잃게 될지도 모른다”고 그녀는 나직한, 띄엄띄엄 끊기는 목소리로 중얼거렸다. 뜰이 넓어져 살롱의 프랑스 창문과 그 유리 너머로 춤추고 있는 사람들이 뚜렷하게 보이는 곳에 이르렀을 때 그녀는 갑자기 발걸음을 멈추었다. “백작부인은 오지 않을 거야. 그 얄미운 폴란드 인의 시시한 이야기에 넋을 잃고 있는걸. 폴로스키, 폴로스키, 당신 때문에 이런 꼴을 당하는 거예요. 난 당신을 미워해요.”

더 이상 참을 수가 없게 된 그녀는 창문으로 다가갔다. 춤추는 사람들로부터 그녀의 몸을 숨기는 것은 ○○○의 덤불밖에 없었다. 분노의 눈물로 젖고 빨개진 그녀의 눈은 파고들듯이 화려한 살롱의 내부로 향했는데, 그것은 마치 먹이를 찾는 것 같았다. 그러나 이 먹이, 이렇듯 선망의 대상이 된 폴로스키는 공작부인과 마찬가지로 불행했다. 그가 젊은 비앙카 곁에 있었던 것은 아주 짧은 순간일 뿐이었다. 그녀 앞에 서면 그는 예외 없이 가슴이 뛰어 아무 말도 할 수가 없었던 것이다. 그리고 모든 사람들의 눈이 자기의 눈에서 사랑을 읽고 있는 듯한 느낌이 든다. 무언가를 이야기하려고 하면 몸을 태우는 불길이 그 이야기에 옮겨져 거의 광기의 표정을 띠게 한다. 그리고 이 표정이야말로 어떠한 표정보다도 백작부인의 마음에 거슬리는 것이었다.

젊음의 절정에 달해 있음에도 불구하고 이 같은 불행의 연속이 이 아름다운 사람에게 지극히 숭고하고 심각한, 때로는 마음도 다정한 우수의 외관을 나타내고 있었다. 그녀는 그 무렵 사교계에(거의 인간의 성질에도) 절망하고 있었다고 나는 생각한다. 그러한 장소에서 자기의 마음이 추구하는 것을 찾아내기를 단념하고 있는 것 같았다.

훨씬 뒤에 이르러 그녀가 행복을 되찾은 다음에 알게 된 나까지도 때때로 그녀 속에서 그와 같은 옛날의 생활의 자취를 볼 수 있었다. 그녀가 불행하고, 또 무엇보다도 언제까지나 행복해질 수 없으리라고 스스로 확신하고 있음을 보는 것은 고통이었다. 그러나 그녀의 천성적인 고귀하고 진지한 얼굴에 이보다 더 어울리지 않는 표정은 없었다. 만일 그녀가 교태스러운 여자였다면 사람들은 "언제까지나 아름다움을 유지하기 위해서라도 쓸쓸한 듯이 꾸며 보이세요"라고 충고했을 것이다. 비앙카 백작부인은 특히 그 위엄 있는 비애, 오히려 비극적인 슬픈 표정을 갖고 있었는데, 이것은 이탈리아풍의 미모에 있어서는 곧잘 매부리코의 아름다운 곡선과 일치되는 것이다.

그녀는 또한 그 다정한 눈의 움직임에도 기묘한 특징이 있었다. 그것은 일종의 너그러움이지만 어딘가 위엄이 있으며, 내가 그녀 이외의 사람에게서는 본 적이 없는 것이다. 나는 그것을 어떻게 묘사해야 좋을지 모른다. 이 특징은 완전한 자연스러움의 결과로서, 그 얼굴 생김새와 결부된 것인 듯싶다. 그러나 자기 자신에게는 이미 행복이란 없는 것으로 생각하고 있었던 그녀는 무엇을 보는 데도 열정이 없는 것 같았다. 왜냐하면 그녀는 자기의 눈에 들어오는 것 가운데 자기를 행복하게 해주는 것은 아무것도 없음을 미리 알고 있었기 때문이다.

이 숭고한 얼굴을 한번 본 사람은 결코 잊는 법이 없었다. 그러나 속되고 산문적인 사람들이 그것을 인정하지 않았던 것도 사실이다. 그들의 눈에는 그녀가 단지 이상한 여자일 뿐이었다. 그러나 이와 같은 그들의 심정에도 불구하고, 그리고 더욱 그녀 자신의 심정에도 어긋나게 그녀는 그들을 위압했다. 그들은 그녀를 '이상한 여자' 라고 부름으로써 그녀에게 복수했다. 공작부인은 그들로 하여금 멋대로 지껄이도록 두었다. 그러나 비앙카의 가치는 공작부인과 같은 힘 있는 두뇌, 확고한 마음으로서는 간과될 리가 없었다.

뎀폴리 공작부인은 두 가지의 욕망에 똑같이 지배되고 있었다. 즉 사랑하고 싶다는 욕망과 지배하고 싶다는 욕망이다. 그녀는 이전에 그 시누이를 사랑하여 노예로 삼았으며, 부주의로 인해 죽게 한 일이 있었다. 그리하여 지금 그녀의 생활은 이 죽음에 대해 후회하는 마음을 품음으로써 상처를 입고 있었다. 속인의 고통에 대해서는 그토록 위력이 있는 시간의 힘도, 이 확고한 영혼에 대해서는 아무런 효과도 미치지 못하는 모양이었다. 볼로냐의 모든 사람들은 고인(古人)에 대한 그녀의 영원히 변하지 않는 지성을 찬양했다. 공작부인은 차츰 단념하는 것처럼 보였지만, 상처는 아직도 마음속에서 피를 뿜고 있었던 것이다. 그리고 그녀가 아름다운 영혼을 갖고 있다는 증거는, 그녀의 마음에 언제나 최초의 여자친구를 떠올리게 하는 것은 회한이었다는 점이다. 만일 그녀가 한때라도 그 죽음에 관해 자책하기를 그만둔다면, 그녀는 자기가 억지로 그 죄를 짊어지고자 한다는 것을 깨달았을 것이다. 게다가 사실 그녀가 이렇듯 한탄하는 죽음이라는 것은 흔히 있는 불행한 우연의 결과로서, 공작부인이 아니었다면 몇 달이 지나면 잊어버리고 말 그러한 것이었다. 사교계에서 매우 동정을 끈 이 고뇌는 그녀가 백작부인과 함께 있을 때밖에는 위로되지 않았다. 두 사람 모두 매우 불행했으므로, 뎀폴리 공작부인은 비앙카를 상대로는 마음 편하게 최초의 여자친구에 대해 이야기할 수 있어 그녀를 좋아하고 있었다. 이제는 그녀를 곁에 두고 언제나 함께 뜰을 산책하는 것은 그녀의 행복에서 빠질 수 없는 요소였다.

공작부인은 매우 재지가 풍부하고 예전에는 놀랍도록 아름다웠던 여성으로서, 지금도 여전히 남자의 마음을 끌 수가 있는데도 불구하고 거의 연애를 몰랐다. 그녀는 사교계에서 마치 장리스 부인이 그 저서에 의해 차지하고 있는 위치를 차지하고 있었다. 즉 '연애의 적'이었던 것이다. 그리고 그것도 생각건대 같은 이유에 의해서였다. 그녀는 정열에 굴복하기에는 너무나도 숭고한 마음을 지니고 있었다. 그녀에게 있어서는 지배하는 쾌락이, 사랑하는 사람에게 굴복하여 그와 하나가 되는 달콤한 쾌락을 능가하고 있었던 것이다. 생각건대 이 강한 영혼에게는 저 다정한 영혼의 몽상에 근거하는 다소의 과장된 섬세함과 약간 로마네스크한 색조가 없었던 것이다. 세상 사람들은 그녀가 언제나 누군가 연인을 갖고 있을 것이라고 믿고 있었다. 그것이 일반적인 현상이기 때문이었다. 그러나 그녀가 최초의 여자 친구에 대해 품고 있었던 기묘한 우정 및 지금 백작부인에 대해 공언하고 있는 우정은 그녀가 연정을 느끼는 것을 방해했을 게 틀림없었다. 그녀는 우정으로는 질투심밖에 갖지 않았다. 사랑하는 사람을 완전히, 혼자만이 지배하고 싶어했다.

뎀폴리의 저택에는 사교적인 남편을 비롯하여 말과 마차 등 모든 호사스러움이 갖추어져 있었고, 매주 30명 가량의 손님이 번갈아 초대되고 있었다.

이 저택에서 해마다 두 달을 보내는 것이 일가의 관습이었다. 공작부인이 이 저택에 온 지 6주일 정도 지났을 무렵, 1818년 7월 말에 어떤 친구가 폴로스키를 데려왔다. 그는 폴란드 인으로서 전에 나폴레옹의 휘하에서 근위장교로 있었다고 한다. 그러나 전혀 두드러진 점이 없었으므로, 그녀는 무심코 보았다. 다만 어느 날 밤, 그녀는 그가 눈물을 글썽이고 있는 것을 보았다. 그녀는 단지 이상한 사람이구나 하고 생각할 뿐이었는데, 문득 뒤돌아보니 비앙카가 다정하게 츠안보니의 팔에 기대고 있는 모습이 눈에 띄었다. 그녀는 흥미가 생겨 폴로스키에게 말을 걸었다. 그의 목소리는 변해 있었다. 그는 그녀가 하는 다정한 말에 가까스로 예의바르게 대답을 할 수가 있었다. 공작부인의 빛나는 짓궂은 눈은 그의 눈을 똑바로 응시하고 있었다. 그도 이것을 알았지만, 그 의미를 헤아릴 만한 지혜가 없었다. 그리고 여전히 비앙카가 츠안보니와 이야기하는 소리가 들리므로, 어떻게 하고 있는가 하여 그쪽을 바라보았다. 폴로스키가 다시 시선을 공작부인에게 돌렸을 때, 그는 그 눈에서 격렬하고도 엄격한 표정을 읽을 수 있었다. 그녀는 그가 비앙카를 응시한 것을 일종의 무례이며, 자기의 분수를 모르는 짓이라고 비난하고 있는 것 같았다.

폴로스키가 이제 틀렸다고 생각한 것은 이때부터이다. 폴란드 인에게는, 사랑을 하는 남자의 조심성 없는 예에서 으레 볼 수 있는 것처럼 마음을 털어놓는 친구가 있었다. 그 사람은 다름 아닌 그를 이 집에 소개한 츠앙카 남작이었는데, 그는 남작에게 말했다. "나는 돌아가는 편이 좋을 것 같네."

"그야 자네 자유이지. 공작부인에게는 내가 양해를 구해두지. 그러나 이 시골은 왜 기분이 상쾌하지 않은가. 볼로냐보다 덥지도 않고 말야. 볼로냐에 돌아가도 좋은 연극은 없네. 그곳에서 무엇을 하겠다는 건가?"

"연극과 더위는 문제가 아냐. 뎀폴리 부인은 내가 그녀의 여자친구를 사랑하는 것을 인정할 것 같지 않아."

"이것 봐, 중위님. 또 예의 그 어리석은 짓이 시작되었군. 깨끗이 단념하라고. 다시 한번 말해두겠네만, 자존심의 덩어리, 남자를 사랑할 수가 없는 여자를 사랑하는 일은 그만두게나. 무엇보다도 그녀처럼 남자에 대해서 정절을 중요하게 생각하는 여자가 외국인 따위를 좋아할 까닭이 있겠는가? 오늘은 볼로냐에 있지만 내일은 나폴리, 그 다음날에는 바르샤바, 또 1주일 후에는 어디에 있을지 모를 그런 외국인을 말일세. 게다가 자네가 지금 당장 단념하도록 하기 위해 솔직히 말한다면, 지난 4, 5일 동안 그녀는 츠안보니를 미묘한 눈빛으로 보고 있었지 않는가. 지난번에도 피아노를 치고 노래하면서 미묘한 눈빛을 짓는 것을 보았지. 그녀만큼의 자연스러움이 없는 여자였다면, 그것은 꽤 노골적인 교태라고 할 수 있었겠지."

폴로스키는 이 말을 듣자 거칠게 츠앙카의 팔을 잡고서 뜰로 데리고 나가 반 시간이나 자기의 사랑을 고백하며 그를 괴롭혔다. 츠앙카는 이 외국인의 우스꽝스러움이 재미있었다. 때때로 "얼마나 이상한 외국인인가!" 하고 외쳤다. 그러나 상대는 사랑으로 흥분한 나머지, 비앙카 백작부인이 볼로냐에 있었을 무렵 그가 열두 번인가 열네 번쯤 방문했을 때의 상황을 자세히 이야기했다.

츠앙카는 물었다. "어째서 다른 여자를 택하지 않는가? 누구에게도 팔을 빌려주는 피올리나 부인[4]은 자네에게도 그럴 것이 분명하네. 자네에게 특별한 호의를 베풀어주는 니네타[5]도 있지 않은가? 그녀를 보통 여자, 즉 바람둥이 여자라고 생각하고 있나? 잔소리 같지만 그녀로 하여금 정열을 일으키게 하지 못한다면 자네는 한 걸음도 전진할 수 없어. 정사를 꾸며도 아무런 소용이 없지. 상대는 볼로냐 제일의 오만한 여자야. 게다가 어쩌다 그녀가 자네를 연모하는 일이 있다 하더라도, 자네는 자신이 츠안보니보다 미남이고 재능이 있으며 부자라고 생각하나? 자부심을 가져서는 안 되네. 물론 나는 자네 쪽이 백 배나 좋아. 우리들은 정치적 의견까지 일치되고 있지만, 그 녀석으로

4 아마도 카세라 백작부인을 가리킬 것이다. 〈단장〉 120 참조.
5 Ninetta 비가노의 무용수 니나를 말한다. 이 시기에 스탕달이 사실 마틸드에게 충성을 바치고 있었으므로 두세 번의 사랑의 기회를 놓쳤다.

말하면 말(馬)보다 좋은 것은 없으니까. 그러나 여자의 눈에는 자네와 그 녀석과는 하늘과 땅 차이라는 것을 잊지 말게."

이 말은 폴로스키에게는 너무도 냉정하게 들렸다. 미칠 것같이 질투하고 있는 남자를 이렇듯 칭찬하고, 게다가 그것이 사실이었으므로 그는 발끈했다. "옳은 말이야."라고 그는 냉정하게 츠앙카에게 말했다. "이제 이런 일은 더 이상 생각하지 말기로 하세. 살롱의 입구까지 함께 가세. 그러나 나는 좀 더 걷다가 들어가겠네. 살롱의 촛불은 더워서 견딜 수가 없어."

두 사람은 한마디도 않고서 헤어졌다.

프랑스 창문에 거의 다다랐을 때 츠앙카가 좇아와서 폴로스키의 팔을 잡았다. 그리고는 강하게 움켜쥐면서 새삼 이탈리아식 웅변으로 말했다. "그녀의 머릿속에는 자존심과 교태밖에 없네. 저 남자는 잘생겼고, 볼로냐에서 제일가는 부자야. 게다가 저 냉정한 여자에 대해 승리를 거둘 수 있는 유일한 특징, 즉 놀라운 냉혹함을 가지고 있네. 그런데 자네는 정체를 알 수 없는 외국인이고, 게다가 조금 정신이 이상하지. 시시할 게 아닌가."

폴로스키는 걸어가 버렸다. 그리고는 불빛이 미치지 않는 곳까지 가자 쓰러지듯이 나무에 기댔다. 그는 화가 나서 거의 정신을 잃을 지경이었다. 게다가 그의 분노를 한층 고조시킨 것은 싸움을 걸 상대가 아무도 없다는 점이었다. 모든 사람들이 하는 말은 각각 옳았다. 공작부인은 정열적인 우정을 가졌고, 비앙카는 아름답고 다정하며 무관심한 여자이다. 미남인 츠안보니는 자기의 유리한 점에 내맡기고 있는 데 불과하지만, 츠앙카는 재지가 풍부한 사교가이고, 뿐만 아니라 상황을 옳게 판단하고 좋은 충고를 준다. 폴로스키는 오로지 자기 자신을 향해 분노를 터뜨릴 수가 있을 뿐이었다. 츠앙카와 의논을 하고 있는 사이 그는 최초의 생각을 망각하고 말았지만, 이것이야말로 현재의 상황으로는 유일한 좋은 생각이었던 것이다. 만일 츠앙카가 좀더 우정을 중요시하고 좀더 덜 사교적이었다면 그는 친구를 떠나도록 한다는 생각이 아주 올바른 일임을 깨닫고, 친구가 떠나지 않을 수 없게 만드는 지혜를 발휘했을 텐데. 이야기하고 있는 동안 츠앙카는 친구가 비앙카를 잊을 수 있도록 떠나게 하는 것이 어떨까 하는 생각을 해보았었다.

하기야 이런 일은 사랑에 빠진 남자에게는 도저히 받아들여지지 않는 것이지만 말이다. 하지만 그는 친구를 떠나도록 해야만 했다. 그가 비앙카를 잊도록 하기 위해서(이것이 만일 가능하다면), 그리고 그를 공작부인의 증오로부터 구하기 위해서.

그러나 폴로스키가 떠나는 일은 생기지 않았다. 그리하여 이때부터 폴로스키는, 이제부터 이야기할 불행을 맞게 되었던 것이다. 젊은 시절부터 사교계에 발을 들여놓고 있었는데도 불구하고 그는 공상적인 꿈을 꾸는 시적(詩的) 성격의 소유자로서, 사랑의 불행에 대해 깊이 생각하곤 했다. 그는 나폴레옹을 사랑하고 있었다. 그리고 나폴레옹은 야심적 성공밖에는 바라고 있지 않았으므로, 그도 오랫동안 자기 자신이 야심가라고 확신하고 있었다.[6]

6 이 미완성의 초안 마지막 페이지의 뒷장에는 '소설의 끝'이라고 씌어 있다. 스탕달은 이 부분의 게재를 포기한 것이다.

《연애론》에 관한 찬미의 대화[1]

1822년

노인 무엇을 그리 열심히 읽고 있나?

청년 《연애론》이라는 책입니다.

노인 뭐라고, 연애에 관해서라고? 물론 소설일 테지?

청년 아닙니다. 당신은 연애를 해보신 경험이 있습니까?

노인 연애? 여자를 가진 적이라면 있지.

청년 그런 일이 아닙니다. 당신은 연애에 열중하신 적이 있습니까? 그 때문에 잠을 못 이룬 적이 있습니까?

노인 한 번도 없네.

청년 답답하군요. 이를테면 당신은 누군가 한 여자를 위해 사교계에서 웃음거리가 된 적이 있느냐는 말이죠.

노인 조금 기다려 보게. 글쎄, 오래된 일이라 생각이 잘 안 나지만…… 그렇지, 1789년이었어. 어느 날 아침 친구의 방문을 받고 사랑스러운 데르빌의 마님이 살롱에 들어서자, 모두가 나의 얼굴을 보더니 지적을 해준 적이 있었다네. 나의 굳어진 얼굴이 몹시 우습다는 것이었지.

1 다음 장의 '찬미의 논문'과 더불어 스탕달이 《연애론》의 선전을 위해 잡지에 낼 목적으로 쓴 것은 분명하지만, 실제로는 사용되지 않고 초고 속에 남아 있었다. 1822년에 씌어졌고, 재판의 계획이 있었던 1825년에 원고에서 삭제되었다.

청년 바로 그것입니다. 지금 제가 권해드리는 아주 좋아하는 책은, 그러니까 그 우스꽝스러움을 분석하고 있는 것이지요.

노인 별로 좋은 취미는 아니군.

청년 연애를 하게 되면 누구든지 곧잘 하는 일이죠. 그러나 《연애론》은 그것을 막는 방법을 가르쳐줍니다.

노인 아냐, 자네의 책이 나에게 다시 한 번 그런 꼴을 당하게 해주는 편이 훨씬 좋지.

청년 드디어 본심을 털어놓으셨군요. 이 작은 책은 당신이 이미 나았다고 생각하는 그 병을 참으로 생생하게 묘사하고 있으므로, 마치 다시 한 번 그 병에 걸린 듯한 느낌이 들겠지요. 그리하여 책을 덮어놓고 추억에 잠기게 될 겁니다. 이 책은 마치 망원경과도 같은 것입니다. 당신의 현재와 청춘 사이에 가로놓인 30년의 거리를 없애줍니다. 사람이 연애를 할 때 보이는 광적인 행동을 보고 처음에 당신은 웃으시겠죠. 그러나 잘 생각해 보면 자신도 그곳을 지나왔다는 사실을 깨닫게 될 것입니다. 나는 다만 인내심을 갖고 읽어달라고 부탁할 뿐입니다. 저자는 독창적이며, 그 문체는 좀 이색적입니다.

노인 예의에서 벗어나지 않기를 바라네.

청년 천만에요! 저자가 가장 고심하는 것은 그 점이지요. 그는 연애의 미묘한 순간을 참으로 진지하게 열심히 분석하고 있으므로, 아마 남자들보다는 여자들에게 더 환영을 받게 될 겁니다.

노인 나도 낄 수 있을까? 아무튼 연애에 관해 두 권은 너무 긴 것 같군.

청년 저자는 연애의 발생과 질투와 우레의 일격을 묘사하고 있습니다. 예화도 많이 있지요. 그는 쉴 새 없이 지난 10년 동안 상류사회에서 일어난 사건을 인용하고 있습니다. 이름과 날짜는 바꾸고 있지만, 나는 언제나 사교계에 퍼지고 있던 여러 가지 이야기를 떠올립니다.

찬미의 논문

드 스탕달 저(著) 《연애론》 또는 '감정의 기술', 1826년

'연애'를 일종의 병이라고 간주하고 그 모든 증상의 정확하고도 상세한 기술을 하는 일, 이것은 실로 저 《로시니전》의 저자인 드 스탕달의 창견(創見)이라고 하지 않을 수 없을 것이다. 《연애론》처럼 짧은, 그러나 광대한 제구(題句)에 의해 환기된 흥미가, 저자가 그것을 둘러싸는 과학적 · 논리적 혹은 수학적 부속물 속에서 상실되지 않도록 하기 위해서는 매우 열성적인 마음과 기상천외한 재치, 주제에 관한 경탄할 만한 지식이 필요했다. 얼핏 보기에 가장 평정한 철학, 가장 교묘한 변론술이 이 인간 마음의 가장 가공할 만한 정념의 비판 검토에 사용되었다. 나는 흡사 저 하늘의 불을 그 대담무쌍한 실험으로 굴복시킨 프랭클린을 보는 느낌이 든다. 그러나 문제의 가공할 힘이란 인간 정신의 모든 노력에 완강히 저항한다고 생각되는 만큼 특히 그 냉정함에 감탄하지 않을 수 없다. 사람은 2000년 동안 연애에 관한 노래를 짓고 있지만, 카바니스가 열병 및 그 밖의 모든 병을 기술 검토한 것처럼 연애를 검토하고 기술한 것은 이것으로써 효시로 한다. 이와 같은 기획의 결과는 매우 우스꽝스럽든가, 아니면 매우 뛰어난 것이든 어느 한쪽일 것이다.

우리들은 문제의 책이 매우 뛰어난 것이라고 단언하는 데 주저하지 않는다. 다만 저자는 그 독창적인 상상력에 의해, 그 자체가 이미 이 같은 기묘한

기획의 곤란을 한층 가중시킴을 즐기고 있다. 대담성과 간결성 때문에 저자는 자주 독자를 멈추게 한다. 이것은 큰 결함이다. 저자는 15세기에 이와 같이 유행되고, 오늘날 이와 같이 비난되고 있는 '몽롱'에 전락한다. 성급한 19세기의 독자는 저자에게 말한다. '명료 · 투철 · 쾌적하라, 아니면 우리는 책을 덮겠노라'고.

목차를 포함한 개권(開卷)의 1페이지도 이미 본서의 가장 독창적인 부분을 이루고 있다. 이하 각 장의 표제를 들겠다. '연애의 발생에 관해', '희망에 관해', '남자의 마음 및 아름다운 여자의 마음에 생겨나는 사랑', '연애에게 왕좌를 빼앗긴 미', '첫 대면에 관해', '열중에 관해', '우레의 일격'.

잠시 마지막으로 든 일장에 머물러 이하 그 전문을 베껴본다. 독자는 스스로 직접 판단하는 게 좋을 것이다. 전제로서 한마디 한다면, 나는 저자가 인용하는 일화가 발생했을 때 베를린에 있었다. 그리고 당시 북부 독일에 커다란 선풍을 일으킨 이 사건에 관한 그의 서술만큼 정확한 것은 없다. 독자는 이미 저자가 얼마나 여러 가지 흥미로운 삽화로부터 일반적 결론을 끌어내는지 보았다. 다음에는 간략하게 그의 책의 구조를 말하겠다. 구상은 아주 간단하다. 저자는 먼저 '연애'를 그 발생에 있어 포착하고, 다음에 그 모든 양상을 이 정념의 죽음에 이르기까지 추구한다. 책은 질투나 '쟁투의 사랑', 다시 연애의 요법에 관한 위안적이라기보다는 오히려 기지에 넘치는 일장으로 끝나고 있다.

'사람들에게는 각각의 견해가 있듯이 연애에도 방식이 있다'고 저자는 쓰고 있다. 모든 연애는 다음과 같은 네 가지 종류 중 어느 하나에 포함하여 생각할 수 있는 것처럼 여겨진다.

1. '정열적 연애', 엘로이스의 아벨라르에 대한 사랑.
2. '취미적 연애', 프랑스에는 인생의 봄의 이런 유쾌한 생활의 많은 묘사

가 있다. 몇 개월 전 그처럼 대단한 성공을 거둔 《로잔의 회상록》도 그 매력 있는 조묘(粗描)를 주고 있다. 뒤크로의 기지에 넘치는 소설이나 크레뷔용의 너무나도 무시되고 있는 소설을 성공시킨 것도 '취미적 연애' 이다. 데피네 부인의 《회상록》에 넘치고 있는 것이 '취미적 연애' 이지만, 1780년의 프랑스를 그토록 아름답게 매혹적으로 만든 저 사랑스런, 재지 있고 바람 끼 많은 사람들의 생활에 넘치고 있었던 것 역시 이것이었기 때문일 것이다.

'취미적 연애' 에 이어 '육체적 연애' 가 나타난다. 우리들은 저자가 그랬던 것처럼 이 연애에 대해 한 줄로써 표현하자. '사냥을 나가 숲으로 도망치는 신선하고 아름다운 시골 처녀를 보는 일.'

그리고 제4의, 또한 마지막 종류가 나타난다. 즉 '허영적 연애' . 유감스러운 일이지만 이것이 가장 많다. 젊은 사람들은 사교계에서 처음에는 그것을 구별하지 못한다. 왜냐하면 다소 자기를 부끄러워하는 '허영적 연애' 는 항상 변장을 하고자 노력하게 마련이기 때문이다. 정열적 연애를 사칭하는 일도 있다. 때때로 진심으로 그와 같이 생각한다. 18세로서 큰 저택과 사람이 많이 모이는 살롱을 가졌으며 화려한 무도회를 여는 여성에 대해 자기가 생 프르나 베르테르와 같은 연애를 하고 있다고 생각하지 않는 남자는 드물다. 장 자크 루소가 한번 본 귀부인에게는 거의 전부 반하고 있었던 것도 이 때문이다. 가난 및 자기의 가난을 부끄러워하는 마음이 이 연애를 낳는다.

그러나 몇 개월이 지나 이 지속적이어야 할 연애가 권태로 바뀌었을 때, 우리들은 자기가 언제까지나 사랑한다고 생각하고 있던 여자가 훌륭한 까닭은 그 사교계에서 차지하는 다소 쾌적한 위치 때문이며, 그 위치를 자기도 함께 하고 싶다고 생각하고 있었을 뿐임을 깨닫는다. 이런 여자가 그 연인에게 아낌을 받는 까닭은 남자의 소심함을 고쳐주기 때문이다. '공작부인은 부르주아지에게 있어 30세 이상으로는 보이지 않는 법이죠.' 숀 공작부인이 자크

씨와 결혼했을 때 말했다.

저자는 이러한 사랑과 그 모든 시기, 온갖 변혁을 잇달아 묘사한다. 그는 매우 교묘하게 생생하고도 회화적으로, 자주 흥미를 고조시키도록 쓰고 있다. 그의 작품의 첫번째 미점(美點)은 사람들로 하여금 읽게 만든다는 것이다. 이 두 권의 소책자는 한번 읽기 시작하면 결코 그만둘 수가 없다. 몇 번이고 반복하여 읽으면서 즐긴다. 저자는 구상에 있어서 철학자이며, 실행에 있어서는 시인이다.

눈길에 관해서 그는 말한다. '눈길, 이것은 정숙한 교태의 커다란 무기이다. 눈은 무엇이든 말할 수 있다. 그러나 언제라도 부정할 수 있다. 왜냐하면 눈길을 그대로 재현할 수는 없기 때문이다.'

여성이 위인을 이해하는 방식에 관해—'생 크르의 정녀(廷女)들은 나폴레옹이 말라빠진 산문적인 성격의 소유자였다고 주장하지 않았던가. 위인은 독수리와 같은 존재여서, 높이 오르면 오를수록 사람들로부터는 보이지 않게 된다. 위대한 까닭에 영혼의 고독에 의해 벌을 받는 것이다.'

《연애론》을 읽는 사람은 끊임없이 지금 인용한 구절에 감동된다. 사상은 항상 올바르다고는 할 수 없지만, 대체로 독창적인 탓에 언제나 재미있다. 비평가로서는 드문 일이지만, 나는 지금 여기에 소개하는 두 권의 소책자를 두 번 읽었다. 그리하여 두 번째로 읽고 나서 나는 감히 저자의 편에 서서 이렇게 선언한다. "그는 애매하지 않는 한 결코 지루하게 만들지는 않는다"고. 대담한 생략법 때문에 그의 문체는 자주 이런 결함에 빠지고 있다. 제2판에 있어서는 그는 그 사상을 좀더 자세히 설명하고 구절을 늘려야만 할 것이다. 그가 표현한다고 하기보다는 '암시' 하고 있는 많은 사상은 정열에 관한 다른 작품에 양보해야 할 것이다. 이 작가의 커다란 결점은—매우 드문 결점이긴 하지만— '사상의 과다' 라는 점이다. 독자는 끊임없이 책을 덮는다. 나는 여성 독자에게 말하고 싶다(저자는 분명히 여성을 위해 쓰고 있다). 이런 유의 사고방식은 생활을 흔드는 다정한 감정에 관해 기쁘게 상기시키는 것이 아닐까 하고. 이것은 '연애는 가장 좋은 소설의 모든 매력을 갖추고 있다' 고 하는 것이 아닐까?

《연애론》 서평

《이탈리아 회화사》, 《하이든, 모차르트, 메타스타지오전》의 저자에 의한 2권본 12절 560페이지, 푸아소니에르 가(街) 몽지 출판사 간행, 1822년.

책의 제목으로서 얼마나 매력적인가! 이런 매혹적인 단어의 유혹에 누가 거역할 수 있겠는가. 젊은이로서는 불가능하다. 그들은 그곳에서 현재 갖고 있는 감정에 대한 설명이나 뒤에 맛보게 되는 감정의 '앞맛'을 찾아낼 수 있으리라고 기대한다. 노인으로서도 불가능하다. 왜냐하면 그들은 자기들의 청춘이나 황홀의 순간, 그들 생활의 찬란히 빛나는 부분을 이룬 저 달콤한 젊은 시절의 추억을 새로이 하고자 이 책에 한사코 매달리며, 그 빛나는 부분에 대해 끊임없이 선망의 시선과 약하기만 한 자애를 던질 것이 분명하기 때문이다. 그러나 이 저작이 일부러 한편의 상상을 부추기거나 다른 한편의 추억을 위로하기 위해 씌어진 것이 아님은 이들 존경할 두 세대의 사람들에게도 양해를 구해두는 편이 좋을 것이다. 이 책이 목표로 하는 바는 훨씬 진지한 것이다. 이 책은 마치 소설과도 같은 흥미를 불러일으키는 것을 목표로 하지 않는다. 그것은 흥분된 상상력의 소산이 아니라 하나의 시도로서(대개는 잘되지만 아주 어렵다). 연애에 관한 체계적 · 형이상학적인 개론인 것이다. 한마디로 말하면 희망 · 걱정 · 행복 · 질투 · 절망 등의 이자택일과 함께 이 모든 정념에 관한 인간 마음의 정신해부학적 강의이다. 저자는 이 노작(勞作)에서 변화무쌍한 풍부한 체험과 명백한 진지함과 날카로운 분석적 고찰력, 그리고 사고나 표현의 커다란 독창성을 도입했다.

이 책은 먼저 여러 종류의 연애를 체계적으로 열거한다. 저자는 연애의 종류를 네 가지로 분류하고 있다. 즉 '정열적 연애', '취미적 연애', '육체적 연애', '허영적 연애'이다. 그 하나하나는 짧지만 극히 특징적인 표현으로 묘사되고, 그것에 어울리는 실제적인 보기로 설명되고 있다. 그리고 이 정념의 전개가 찬미의 첫 희미한 빛으로부터 몸을 태우는 사랑의 격렬한 불길에 이르기까지 묘사된다. 다음에 연애의 여러 가지 단계나 실상을 든다. 첫째로 감탄, 둘째로 욕망, 셋째로 희망, 넷째로 연애가 태어난다. 그리고 다섯째로 제1의 결정작용이 시작된다. 솔직히 말해서 결정작용이라는 낱말에 처음으로 부딪히면 독자는 용어의 기이함에 놀라게 된다. 쉽게 말하면 흡족하지 않은 심정이 되는 것이다. 이와 같이 미리 정의되지 않은 고립된 용어는 부적당하고 또한 본래의 의미를 상실한 것처럼 보이지만, 저자가 매우 교묘한 아름다운 주석을 베푼 다음에는 우리들은 완전히 그 낱말과 융화하게 된다. 저자가 이런 낱말을 사용한 이유를 제시하는 주석은 우리들을 납득시킨다고 여겨지며, 실제로 반복을 피하고 계속하여 번거로운 설명에 의지하지 않기 위해서는 그 단어를 사용하는 일은 필요하다고 여겨진다. 그리고 그 설명, 주석은 다음과 같은 것이다.

'사랑에 빠진 남자의 사고를 활동하는 대로 두면…… 요컨대 하나의 미점을 연인 속에서 찾아내기 위해서는 단지 일반적으로 그러한 미점이 있다는 것에 생각을 고정시키기만 하면 되는 것이다. 나는 이미 〈결정작용〉이라는 새로운 단어를 쓰지 않으면 안 되었던 일에 관해 충분히 용서를 구하고 있는 것이다.'

제6의 단계는 연인의 머릿속에 생기는 의혹에 의해 형성된다. 그는 정열의 대상이 정말로 무관심한지 혹은 그런 척 가장하고 있는지를 스스로에게 묻는다. '연인은 자기가 기대한 행복을 의심하게 되고, 이해하고 있다고 생각했던 기대의 근거에 대해 불신하게 된다. 그는 인생의 다른 쾌락을 즐기고 싶다고 생각한다. 그러나 그런 쾌락들도 이미 몰락해 버렸음을 발견한다. 무서운 불행에의 두려움과, 동시에 주의 깊은 조심성이 그를 포착한다.'

그런 뒤에 '제2의 결정작용' 이 시작된다. 그러나 지면이 적게 할당되는 경우도 있으므로 각가지 정념 중에서도 가장 변덕스런 이 정열의 제상(諸相)이나 변화의 과학적인 분류를 통해 저자의 뒤를 좇는 것은 불가능할 것 같다. 두뇌와는 거의 관계없는, 인간의 심정에 밀접하게 관련되는 주제에 관해 정확한 이론을 세우고자 하는 것은 절망적인 시도라고 생각하는 사람도 있을 것이다. 사실 저자는 이러한 제재에 관해 윤리적이며 체계적이고자 하는 곤란을 재빨리 인정하고 있다. 그곳에 엄밀함을 두고자 하여 우아함과 같을 만큼의 성실성을 갖고 노력해도 그것은 어렵다는 사실을 저자는 현명하게도 인정하고 있다. '나는 담담하게 이야기하기 위해 가능한 한 모든 노력을 한다. 마음속에서는 말하고 싶은 일이 많이 있더라도 나는 자기의 마음에 침묵을 명하려고 한다. 나는 하나의 진실을 기록하고 싶다 생각할 때에도 실은 하나의 탄식을 기록한 것이 아닐까 하여 전전긍긍한다.'

비록 저자의 체계가 완전하게는 승인할 수 없다 하더라도, 독자는 하나의 진지한 흔들림 없는 기반 위에 서는 저작에는 참된 뛰어난 가치를 인정해야만 할 것이다. 이 가치는 특히 연애의 정열과의 항쟁에 있어 연구된 인간성에 관한 일련의 깊은 관찰에 있다. 그 관찰의 몇 가지는 참신하여 더할 데 없이 섬세하고 교묘한 표현에 의해 자세히 풀이되고 있다. 또한 몇 가지는 새로운 눈부실 만큼의 광채가 주어지고 매우 정확한 풍속이나 충분한 증거력이 있는 일화의 특징에 근거하고 있으므로, 전체적으로 공리의 권위를 갖고서 우리들의 눈에 비치지 않을 수 없다. 이 책 속에 전개된 견해는 너그럽고 감수성이 풍부한 정신에서만 생겨날 수 있다. 많은 고찰은 추론이라는 것의 위력을 증명하고 있다. 그러나 유감스러운 점은, 이 추론의 위력은 시대에 뒤떨어진 판단력을 가진 우리 영국인에게 있어서는 비난할 만한 것은 아니라 하더라도 매우 기이하고 위험하게 보이는 원리를 자주 지지하는 것처럼 여겨진다는 사실이다. 저자로서도 우리들로서도 여기에 주어진 한계 속에서 공정성을 결여하지 않고서 이 점에 대해 논의하는 일은 불가능할 것이다.

이 저자의 스토리 부분은 훌륭하다. 그곳에는 저자의 재능이 빛나고 있다. 서술 방식은 상황에 따라 속도감이 있고 반짝이는 듯하며, 명랑하고 비창적이다. 전체적으로 싱싱한 회화인 것이다. 저자에게는 독자로 하여금 묘사하고 이야기하는 하나하나에 입회하는 듯한 감동을 주는 비길 데 없는 뛰어난 자질이 있다. 연애의 여러 가지 형태가 다른 나라들의 풍토 · 교육 · 풍속 · 종교 · 관습의 영향하에 흥미로운 진기한 방법으로 묘사된다. 저자는 국민적인 선입관과는 동떨어져 있는 것처럼 생각된다. 그는 자국민의 결점에 대해 여러 외국인의 결함에 대해서와 마찬가지로 공정하다. 저자는 이탈리아적인 것이라면 거의 무엇에 관해서도 편애가 있다고 솔직히 시인하고 있지만, 우리나라의 아름다운 여성이 가진 개개의 아름다움에는 주저없이 찬사를 보낸다.

런던, 1817년 8월—나는 태어난 이래 오늘 밤에 개최된 파스타 부인의 음악회만큼 눈앞의 미에 충격을 받고 두려움을 느낀 적이 없다. 그녀는 어린 소녀들이 세 겹으로 에워싼 가운데 노래했는데, 소녀들은 아주 아름답고 순수한 천상적인 미를 가지고 있었으므로, 나는 존경심에서 눈을 내리깔았다. 결코 눈을 들어 탄상(嘆賞)하며 즐길 수가 없었던 것이다. 다른 나라에서는, 저 사랑하는 이탈리아에서도 이런 일은 없었다. 몇몇 장의 제목은 흥미를 끄는 기대를 주고, 또한 그 기대가 환멸로 변하는 일은 결코 없다. 이를테면 '제일보', '대사교계', '연애에 왕좌를 빼앗긴 미' 등. 우리들이 한 여성을 깊이 사랑하고 있을 경우, 그녀의 아름다움에 거의 주의를 기울이지 않도록 하는 것이 정신의 어떠한 활동에 의하는가는 이 마지막 장을 보면 아주 분명해진다. 이것은 확실히 모든 아름답지 않은 여성—만일 있다고 하면—의 흥미를 끄는 장이다. 다음에 제21장 '첫 대면에 관해' 나 제22장 '우레의 일격' 이 나타난다. 제23장에는 대략 10년 전쯤 베를린에서 일반의 흥미 대상이었던 상류사회의 어떤 젊은 여성에 관한 삽화가 있다.[1]

'나는 베를린의 잘생긴 남자들의 손에 닿지 않는 꽃, 아름답고 품위 있는 빌헬미네가……을 보았다……귀족 중에서도 거의 말단일 뿐이고, 아주 가난하며 궁정에는 나가고 있지 않았다.'

'신중한 눈길에 관해'[2]라는 제목이 붙은 1장은 조소적인 섬세함으로 서술되어, 거의 악의에 가깝다는 지적이 있다. 그것은 정숙한 교태라고 하는 커다란 무기이다. 시선 하나로 어떠한 것이라도 말할 수 있다. 그러나 시선은 부정할 수도 있다. 시선을 '원문 그대로' 되풀이할 수는 없기 때문이다. '여성의 오만에 관해' 라는 1장은 놀랄 만한 정열로 씌어 있어, 여성의 성격에 관해 극히 심오하고도 정확한 지식을 준다. 나는 그 전부를 소개하고 싶지만, 사정이 여의치 않으므로 짧은 발췌로 만족하고자 한다.

1 당시 베를린에 있었던 사람에게서 들은 말인데, 불행한 빌헬미네는 독약을 먹었고 그의 연인도 자살했다. 두 사람의 마지막 만남은 명배우 가리크가 〈로미오와 줄리엣〉의 비극에 덧붙인 저 애처로운 장면과 매우 유사했었다.

2 제27장은 단지 '눈길' 이라는 제목을 붙이고 있지만, 여기서는 그 의미를 명확히 한정시키고 있다.

'관대한 성격의 여성은 연인을 위해 자주 일생을 희생한다. ……눈물은 극에 달하면 미소가 된다.'

아무래도 다음의 1상까지 인용하고 싶어지지만 그 끝에 있는 예화는 행복감에 도취하여 상상되고, 우아함과 단순성으로써 이야기되고 있는 것처럼 생각된다.

'로잔 공작의 성격(1660년의). ……그는 영혼의 고독에 의한 위대성 때문에 처벌되었다.'

그러나 인용은 그만두지 않으면 안 된다. 사고의 독창성이나 인간의 마음에 관한 지식, 세련된 스토리의 구성, 흥미를 끄는 표현에 의한 탁월한 문장의 전부를 적어야 한다면, 우리들은 짧은 논문 대신 한 권 분량의 내용을 제시하는 것이 된다. 그러나 이런 뛰어난 요소가 있는 것으로서는 다소 기이한 일이지만, 이 작품에는 독자의 기쁨이 완벽하게 지속되는 것을 방해하는 몇몇 특징이 있다. 생생한 상상력이 너무 강한 탓인지, 이 주제를 오랫동안 곰곰이 생각해온 사람에게 상세한 점이 천박하게 보이게 됨을 두려워하는 탓인지 저자는 때때로 이야기나 이론의 최초로부터 결론으로 비약한다. 중간의 사고(思考)의 대부분을 생략함으로써 불행한 독자를 지치게 만들며, 무의미한 추적을 하도록 만드는 셈이 된다. 또한 자주 저명도가 지나치게 한 지방적 혹은 일시적이라서 대다수의 독자에게 알려져 있지 않은 사실로부터 결론을 끌어낸다. 이리하여 사고상의 '생략'이나 예화의 신비성으로 인해 중요한 지적의 몇 개는 무녀와도 같은 애매성의 그늘에 가려져, 독자가 그런 지적들의 의미에 대해 고찰하는 기쁨을 극히 불완전하게 하고 있는지도 모른다.

그리고 저자가 비난되어야 할 것은 또 하나의 훨씬 중대한 잘못이다. 왜냐하면 그곳에 악의의 경향이 엿보인다고 생각되기 때문이다. 그것은 굶주린 여행자를 여러 가지 접시로 가득한 식탁에 초대하고 수고스럽게도 그 접시 하나하나에 대해 정성을 다하며, 목구멍에서 손이 나오는 듯한 찬사의 말을 스스로 하는 《아라비안나이트》 속의 바르메시드(barmecide : 형식적인 대접)를 연상시킨다. 한 접시는 아라비아의 모든 향료의 냄새를 풍기는 진기한 맛의 스튜, 또 한 접시는 호도나 피스타치오(pistachio : 옻나무과의 일종) 열매를 채운 부드럽고도 영양가 높은 새끼 양고기라고 하는 식이다. 그러나 유감스럽게도 덮인 테이블보를 벗기고 보면 접시는 비어 있는 것이다. 우리의 저자도 그와 마찬가지여서, 독자를 실망시키기 위해 우리들의 지적인 탐욕을 고조시키는 데 만족하고 있는 것처럼 보인다. 저자는 우리들에게 흥미를 고조시키는, 또는 교육적인 일화를 읽고자 하는 마음가짐을 갖게 한다. 그래서 우리들이 그것을 탐욕스럽게 맛보려고 하면, 눈앞에 있는 것은 우리들을 안타깝게 만드는 공백 또는 점선인 것이다(114페이지의 각 부분[3] 참조). 그러나 우리들은 다음과 같은 요리를 내놓는 바르메시드처럼, 저자가 재판에서 이 빈 접시 대신 귀중한 실질을 보이고 우리들의 굶주린 호기심을 진정시켜 주기를 바라자. 저자가 간직하고 있는 것에 대한 우리들의 성급한 욕망은 이미 주어진 것에서 가치가 있음을 증명하고 있다.

이러한 이의에도 불구하고 이 책이 깊은 흥미를 느끼게 한다는 점, 각자가 자기야말로 전문가라고 자부하고 있는 주제에 새로운 빛을 비추고 있다는 점을 기꺼이 인정하도록 하자. 우리들의 의견으로는, 이것은 우리들이 오래 전

3 第126장 '수치심에 관해' 중에서 '수치심에 있어 비난해 마땅하다고 생각되는 유일한 것은, 그것이 거짓말을 하는 습관으로 인도한다는 점이다' 등의 부분을 가리킨다.

부터 보아온 것 가운데 프랑스가 낳은 가장 독창적인 것이다. 그것은 사상으로 넘치고 있을 뿐 아니라 독자에게 다시 한 번 생각하기를 재촉하는 귀중한 재능도 있다. 게다가 그 솔직함은 매우 강한 매력을 이루고, 실제로 이 저자는 작품이란 작가의 정신의 순전한 전사(轉寫)라는 것의 무시할 수 없는 증거이다. 확고한 영속적인 명성을 확립하고자 하는 사람에게는, 문학에 있어서도 전장에 있어서와 마찬가지로 필요한 저 '숭고한 용기'를 얼어붙게 하고 마비시키는 망령, 재능의 악몽이기도 한 인색한 비평을 두려워하지 않고 머릿속에 떠오른 대로 종이 위에 옮겨놓은 저 신선하고도 대담하기 짝이 없는 명상의 복사(複寫)인 것이다.

옮긴이의 말

저자 스탕달(Stendhal : 본명은 Marie Henri Beyle)은 말할 것도 없이 《적과 흑》(1803)이나 《파르므(Parme)의 승원》(1839)의 작자로서, 프랑스 문학사상에서도 손꼽히는 소설가 중 한 사람이다. 스탕달은 1783년 프랑스 남동부의 알프스에 인접한 그레노블에서 변호사의 장남으로 태어났다. 일곱 살 때 어머니를 여읜 그는, 체면만을 중시하는 아버지와 열렬한 가톨릭 신자인 숙모 및 엄격한 가정교사인 사제의 '압제'에 시달려 고뇌했으며, 계몽사상의 신봉자였던 외조부의 애정에서 구원을 발견했다. 이 소년시절에 관해서는 만년의 유니크한 자서전 《앙리 브륄라르전》에 자세히 설명되고 있다.

그와 같은 환경의 영향으로 그는 일찍부터 반항정신과 반종교사상에 눈을 뜨고, 혁명정부가 설립한 '그레노블 중앙학원'에 입학하여 '위선이 허락되지 않는 유일한 학문'인 수학에 열중했다. 1799년 '고등이공과 학교'에 진학하기 위해 파리로 갔지만 제2의 몰리에르가 되려고 연극관람과 극장에 몰두했다. 결국 한 편의 희곡도 완성시키지 못했지만, 그에게 있어 이 극작에의 정열은 이후 30년 가까이 계속되었다.

1800년에 그는 친척의 주선으로 육군에 입대했으며, 나폴레옹의 휘하에서 그를 따라 여러 곳으로 원정했다. 1814년 나폴레옹의 몰락과 함께 그는 가장 사랑하는 땅 이탈리아에 갔으며, 주로 밀라노에서 오페라나 미술 감상 · 독서 · 사교 등을 즐기며 행복한 나날을 보냈다. 그 사이 이탈리아 각지를 여행했으며, 《하이든, 모차르트, 메타스타지오전》(1814), 《이탈리아 회화사》(1817), 《로마, 나폴리, 피렌체》(1817) 등을 저술했다. 그리고 1818년부터 20년에 걸쳐 그는 가장 열렬한 사랑을 한다. 그 상대는 밀라노의 장군의 아내인 마틸드 뎀보스키였다.

당시의 이탈리아는 소공국으로 분할되고 북이탈리아는 '비인회의' 결과 다시 오스트리아의 지배하에 들어가 있었다. 밀라노는 나폴리와 함께 독립 · 통일운동의 중심지로서, 마틸드의 살롱에도 이른바 애국자가 드나들고 있었다. 그 때문에 스탕달은 비밀결사인 '카르보나리(Carbonari)' 에 가담하고 있다는 혐의를 받았으며, 결국 1821년 상심 속에 귀국하고 말았다. 이듬해 간행된 것이 《연애론》으로서, 이것은 이때의 실연의 고뇌가 실마리로 씌어진 책이다.

파리에서도 그는 문단이나 사교계에 드나들었지만 경제적 필요에 의해 본격적인 문필활동에 들어가 영국 및 프랑스의 잡지에 서평이나 시사평론이나 미술론 등을 발표했고, 또는 《라신과 셰익스피어》(1823~1825)로 당시 유행하기 시작한 낭만주의운동의 대변자가 되기도 했다. 그밖에 《로시니전》(1824), 《실업가에 대한 새로운 음모》(1825)를 발표했다.

1828년경부터 그는 현대의 진실은 소설형식에 의해서만 표현이 가능하다는 신념에 도달하여 극작을 단념했으며, 《바니나 바니니》, 《민나 드반게르》 등의 단편소설이나, 실제 소송사건에서 힌트를 얻은 불후의 장편 《적과 흑》을 발표했는데, 이것은 날카로운 심리분석과 사실적인 사회관찰을 비로소 융합한 기념할 만한 작품이었다.

그 간행 직전 스탕달은 이탈리아의 트리에스테 주재 영사로 임명되고, 이듬해 교황령 치비타베키아 주재 영사로 옮겨 죽기까지 그 직위에 있었다. 그러나 직무에 충실한 명사는 아니었던 모양이어서 곧잘 로마의 사교계에 나타나곤 했으며, 임지에서의 여가를 이용하여 《에고티즘의 회상》, 《앙리 브륄라르전》 등 미완성의 자서전과, 《뤼시앙 루뱅》이라는 미완성의 장편을 썼다.

1836년에는 휴가를 얻어 프랑스에서 3년을 보냈다. 그 동안 남프랑스, 스위스, 벨기에, 네덜란드 등을 여행하여 《한만유자의 각서》(1838)를 썼으며, 이탈리아의 옛 사본을 바탕으로 《카스트로의 수녀》, 《첸치 일족》 등의 단편을 발표했다. 이런 단편들은 사후 《이탈리아 연대기》라는 제목으로 출판되고 있다. 그중의 하나가 발전된 것이 제2의 걸작 장편 《파르므의 승원》으로서, '1행마다 숭고함이 폭발하고 있다' 고 발자크는 격찬하고 있다.

그 뒤 휴가를 마치고 치비타베키아로 돌아가 《라미엘》의 집필에 착수했으나, 중풍과 신경성 뇌졸중에 시달린 나머지 요양을 위해 다시 휴가를 신청했다. 그리하여 1841년에 귀국했지만, 이듬해 3월 22일, 거리에서 쓰러져 59세로 사망하고 만다. 그가 쓰러진 자리에는 노트며 쓰다만 원고지, 일기장과 같은 많은 종이들로 쌓여 있었다. 그리고 그 일기장의 한 권에는 이상하게도 미래를 예견한 듯한 다음과 같은 말이 씌어 있었던 것이다.

'일부러 그렇게 하는 것이 아닌 한 거리에서 죽는다는 것을 나는 결코 우스꽝스럽다고 생각하지는 않는다.'

그가 죽은 지 48년 뒤의 1888년, 파리에 새로운 도로를 내기 위해 그가 묻힌 묘지의 이동작업 중 이 무덤의 비명과 매장자의 신원이 화제가 되었다. 마침 같은 무렵 우연히 그레노블 도서관에서 먼지투성이가 된 그의 원고가 발견되고, 비로소 그의 자서전 《앙리 브륄라르전》이 사람들의 눈에 띄게 되었다. 그리하여 생전에 출판된 것으로서 그리 평판이 좋지 않았던 《적과 흑》, 《파르므의 승원》이 불멸의 빛 속에서 다시 떠올랐다.

이런 생애를 보아도 알 수 있듯이 스탕달은 결코 직업적인 작가가 아니었고, 군인으로서도 외교관으로서도 그다지 유능하지 않았으며 직무에 충실하지도 않았다. 누군가 "당신의 직업은 무엇이오?" 하고 물었다면 만년의 그는 "예술 애호가, 보답되지 않는 연인, 영원한 아마추어 작가"라고 대답했을 것이 분명하다. 그는 모든 점에서 '딜레탕트'였다. 이는 곧 '자유인'이었다는 의미가 된다.

군인으로서는 독재적 나폴레옹을 섬겼고 외교관으로서는 입헌군주제를 표방하는 루이 필립 왕정에 봉사했지만, 사상적으로는 시종일관 공화주의자였다. 그러나 민중에게 아첨하거나 목적에 의해 모든 것을 정당화하기를 끝내 거부하는 의연한 공화주의자였다. 작가로서의 그는 항상 걸작을 쓰게 되기를 꿈꾸었다. 그러나 자기가 쓰고 싶은 내용을 쓰면 당시의 정부나 경찰이나 문단의 유력자에게 의심을 받게 되고, 독자에게는 이해를 거부당하게 되리라는 것을 그는 잘 알고 있었다. 그럼에도 불구하고 권력이나 출판사나 독자에게 아첨하기를 거부했고, 어디까지나 자기의 즐거움을 위해 썼다. 그럼으로써 이윽고 1880년이나 1900년에 독자를 얻게 되리라고 확신했던 것이다.

《연애론》은 얼핏 보기에 그 구성이 기묘하다.

《연애론》의 내용과 사상은 이미 주석에서 상세히 설명되고 있지만, 스탕달은 '연애를 취급하고 있다고는 하나 이 얇은 책은 소설이 아니며, 특히 소설처럼 재미있지도 않다. 이것은 요컨대 프랑스에서는 찾아보기 힘든 어떤 종류의 광기의 정확하고도 과학적인 기술이다'라고 그 집필 의도를 밝히고 있다. 그러나 그 집필 동기는 어디까지나 마틸드와의 이루지 못한 사랑이었다.

마틸드(라고 그는 그 일기 등에서 불렀다)가 실제로 그를 사랑하고 있었던가? 오늘날까지 스탕달 연구가의 견해에 따르면 그것은 부정 쪽으로 기울고 있지만, 확실한 것은 그가 일생 동안 마틸드를 잊지 못했다는 사실로서, 1825년 그녀가 죽고서부터는 '다정하고 슬픈 망령처럼 언제나 나타나 착하고 바르며 너그러운 마음을 갖도록 그를 인도했던 것이다'. 그리하여 스탕달은《뤼시앙 루뱅》의 샤테레르 부인,《파르므의 승원》의 클레리아 등에서 마틸드의 초상을 추구한다.《연애론》은 이런 '한 손을 암벽에 대면서 걷는 벼랑길'과 같은 괴로운 연애를 하면서 '머리가 맑을 때' 두서없이 쓴 단편들로 구성된다. 주요 부분은 1819년 12월 29일부터 1820년 6월 3일까지 비어졌던 것 같다(제59장까지와 단장의 '실패' 항목까지).

아무튼 스탕달의《연애론》은 오늘날 서구에서 가장 잘 읽히는 사랑의 글이 되었지만, 반대론이 없는 것도 아니다. 가장 유명한 것은 올테가 이가세트가 1933년에 쓴《사랑에 관해서》이다. '결정작용은 상대에게 없는 미점을 부여한다고 한다. 그러나 없는 것이 어찌하여, 비록 한쪽의 마음속에 있어서라도 실패할 수 있겠는가? 사랑의 결정작용은 정신을 높이고 풍부히 한다고 한다. 그러나 동시에 의식생활을 좁히고 황폐시키는 게 아닌가?' 하는 것이다. 가세트의 지적은 철학자로서 당연한 논리적인 의문으로, 이론가가 아니었던 스탕달의 결함을 찌르고 있다. 인간의 마음의 예리한 관찰가였던 스탕달의 시야를 벗어난 것은 별로 없었다. 그는 실제 아무런 결론도 끌어내려고는 하지 않았으므로, 그 때문에 더할 나위 없는 공평성에 도달했음은 보부아르(Beauvoir, Simonede : 1908~1988)의《제2의 성》에서도 지적되고 있다. 이혼의 자유, 여성교육, 여성해방 등 여성의 사회적 지위에 관해《연애론》제2권에서 전개되고 있는 견해는 시대에 앞서 남성의 편견과 질투심을 벗어난 것이다. 스탕달은 항상 그 결론에 의해서가 아니라 사고과정의 자유로움에 의해 공평에 도달하고 있는 것이다.

끝으로 이 책의 텍스트는 주로 가르니에판(ed. Garnier Frere, 1959)에 의하고 있으며, 영역본도 참조했다. 고유명사는 원발음대로 표기했으나 일부 지명 등은 영어발음으로 표기했음을 양해해 주기 바란다.

고전으로 미래를 읽는다 029

연애론

초판 발행_1990년 11월 20일
개정판 중판 발행_2019년 1월 10일

옮긴이_권오석
펴낸이_지윤환
펴낸곳_홍신문화사

출판 등록_1972년 12월 5일(제6-0620호)
주소_서울시 동대문구 안암로50-1(용두동) 730-4(4층)
대표 전화_(02) 953-0476
팩스_(02) 953-0605

ISBN 978-89-7055-698-7 03860

*값은 뒤표지에 있습니다.
*잘못 만들어진 책은 바꾸어 드립니다.